中国石油企业协会
中国石油大学（北京）经济管理学院

成品油与新能源发展报告蓝皮书

（2023—2024）

孙仁金　高潮洪◎主编

石油工业出版社

图书在版编目（CIP）数据

成品油与新能源发展报告蓝皮书. 2023—2024 / 孙仁金，高潮洪主编. —北京：石油工业出版社，2024.4
ISBN 978-7-5183-6646-0

Ⅰ. ①成… Ⅱ. ①孙…②高… Ⅲ. ①石油产品—产业发展—研究报告—世界— 2023-2024 ②新能源—能源发展—研究报告—世界— 2023-2024 Ⅳ. ① F764.1 ② F416.2

中国国家版本馆 CIP 数据核字（2024）第 072055 号

成品油与新能源发展报告蓝皮书（2023—2024）
孙仁金　高潮洪　主编

出版发行：石油工业出版社
　　　　　（北京市朝阳区安华里二区 1 号楼 100011）
网　　址：www.petropub.com
编 辑 部：(010) 64523609　图书营销中心：(010) 64523633
经　　销：全国新华书店
印　　刷：北京中石油彩色印刷有限责任公司

2024 年 4 月第 1 版　2024 年 4 月第 1 次印刷
710 毫米 ×1000 毫米　开本：1/16　印张：24
字数：370 千字

定　价：198.00元
（如发现印装质量问题，我社图书营销中心负责调换）
版权所有，翻印必究

成品油与新能源发展报告蓝皮书
（2023—2024）

编委会

主　　编：孙仁金　高潮洪

编　　委：（按姓氏笔画为序）

于　楠　马　宁　马　杰　田海杰

冯晓丽　兰志轩　毕　希　朱汪友

齐　明　安珍妮　李　柔　吴　金

张慧芳　周昕洁　宗旭明　孟思琦

赵　振　赵少琼　胡东欧　胡启迪

段斌扬　姜红金　郭　风　郭　召

唐大麟　董　鹏　薛淑莲

前言
PREFACE

2023年国际局势错综复杂，地缘冲突此起彼伏，乌克兰危机长期化，巴以冲突骤然升级，红海危机持续发酵，世界地缘格局不断演变；欧洲社会内部分化趋势明显，民生问题频发；新兴经济体和发展中国家的影响力不断增强，全球南方崛起；中美博弈不确定性增加。国际经济格局也呈现出新变化，世界经济展现一定韧性，全球通胀压力得到一定缓解，产业链供应链正在逐步恢复并重构中，但依然面临经济增速放缓、债务危机陡升等困境，2023年世界经济在"困"与"韧"中艰难复苏。

2023年全球范围内油气需求增加，但随着全球能源转型进程的推进，资源国对油气勘探开发投资下降，供给紧缺形势显现。受到全球经济疲软和地缘冲突的影响，国际油价宽幅波动，上半年国际油价在中低位震荡，下半年冲高后又明显下跌。为了应对全球气候变化，许多国家不断寻求能源供应途径多样化，减碳需求带动了新能源产业的蓬勃发展。全世界有超过130个国家和地区做出了碳中和承诺，《联合国气候变化框架公约》第二十八次缔约方大会（COP 28）推动承诺落地，共同迈向可持续发展和低碳转型。

2023年，随着全球产业链供应链逐步恢复，新冠疫情的阴影逐渐散去，中国经济形势回升向好，国内生产总值（GDP）同比增长5.2%，全国居民人均可支配收入同比实际增长6.1%，货物进出口总额同比增长0.2%。能源消费持续增长，原油和成品油产量保持增长，供给保持较高水平，能源供需总体平稳，价格总体处于合理区间，成品油出口配额也相较去年有所增加。随着能源转型和低碳技术创新成为主要趋势，国家大力支持重点行业领域绿色低碳转型，光伏、风电、生物质能、氢能、储能等新能源品种以及新能源汽车市场蓬勃发展，以新能源为代表的非化石能源消费比重持续提高。

2024年，中国经济会延续长期向好的基本趋势。炼化行业将持续转型升级，成品油供给端将得到明显恢复，产量会有明显提高，汽油价格将在小幅下降后保持稳定，航空煤油（航煤）市场下半年快速增长，柴油和汽油价格面临下行压力；成品油市场需求将继续实现稳步增长，汽油需求和航煤需求仍将保持小幅增长，柴油需求增长预计将进一步放缓，成品油出口量或较2023年小幅下降。2024年，中国将会进一步大规模发展新能源，促进绿能消纳，提升新能源利用比例，新能源汽车产销将持续增长。

《成品油与新能源发展报告蓝皮书（2023—2024）》（以下简称《蓝皮书》）分析全球成品油和新能源发展概要、中国成品油和新能源发展分析，并进行国内与国际、国内年度间对比分析，分析全球、中国成品油与新能源行业发展趋势。由中国石油企业协会、中国石油大学（北京）合作完成，按年度向全社会公开出版发行。《蓝皮书》是第二次发布，秉持高质量、高水准、高品质的理念，突出行业及市场深度分析、需求趋势预测的特点，是全面及时了解成品油与新能源市场及发展趋势的年度资讯类报告。成品油市场主要聚焦汽油、柴油、煤油、加油站以及非油业务；新能源市场则聚焦光伏、风能、生物质能、氢能、储能以及新能源汽车的发展。

《蓝皮书》前三篇和附录的编写人员如下：行业环境与政策篇——薛淑莲、安珍妮、陶倩；成品油篇——齐明、彭晨敖、范慧姗、黄子睿、刘帅、王哲、赵文慧、冯晓丽、李慧慧、邓钰暄、倪好；新能源篇——赵少琼、于楠、毕希、赵振、安珍妮、李慧慧、贺美、杨溯、李昱萱、张涵、张心馨、郭风、石红玲、刘子越；附录——石红玲、周昕洁。

《蓝皮书》专题篇的编写人员如下：绿色金融全球发展研究——胡东欧、

周仕杰、周颖、刘晓洁；电动重卡助力成品油物流绿色转型——万波、孙彬、孙文荣、郭召；新能源企业共享服务中心建设对策——赵少琼；中国绿氢产业链发展的战略思考——胡启迪；"双碳"目标下中国清洁能源国际合作现状及建议——高菲、杨溯、于楠；中国可再生能源补贴政策优化设计——孟思琦；中国新能源汽车国际竞争力提升路径研究——郭风；碳中和目标下碳-电价格的相关性研究——邓钰暄、孙仁金、冯晓丽、胡启迪；"双碳"目标下加油站数字化转型之路——单建明、韩志勇、陶倩、杨溯、高菲、秦曼曼；能源央企产业链自用能低碳转型及对策——邓钰暄、孙仁金。

孙仁金、高潮洪统领《蓝皮书》框架设计，并负责组织全书编写；安珍妮负责稿件收集和统稿工作；孙仁金负责《蓝皮书》最终统撰与核定工作。本书撰写过程中还得到了众多专家及机构的指导和帮助，在此一并致谢。由于时间仓促、编者水平有限，本书中难免有疏漏之处，恳请读者批评指正。

编委会
2024年3月

目录
CONTENTS

行业环境与政策篇

国际环境及其影响分析 ·· 2
 一、国际宏观环境分析 ·· 2
 二、全球能源市场热点及对成品油、新能源的影响 ············ 6

中国经济环境与能源市场分析 ···································· 11
 一、中国经济环境分析 ··· 11
 二、中国能源市场热点分析 ····································· 13
 三、中国经济环境对成品油与新能源的影响 ··················· 17

中国成品油与新能源政策分析 ···································· 20
 一、成品油政策分析 ·· 20
 二、新能源政策分析 ·· 23
 三、中国成品油与新能源政策展望 ···························· 26

成品油篇

成品油市场分析展望 ··· 30
一、炼油厂发展现状及变化分析 ······································ 31
二、成品油价格及变化分析 ·· 42
三、成品油批发、仓储与物流特点分析 ····························· 51
四、成品油供给、价格及仓储运输展望 ···························· 63

成品油需求、加油站及非油业务发展分析与展望 ············· 69
一、成品油需求分析 ··· 70
二、加油站及综合能源服务站现状分析 ····························· 85
三、加油站非油业务发展分析 ·· 96
四、成品油需求、加油站及非油业务展望 ························ 101

新能源篇

光伏发展现状及对比分析 ··· 108
一、全球光伏发展现状分析 ··· 109
二、中国光伏发展现状分析 ··· 114
三、中国与全球光伏发展对比分析 ································· 118
四、光伏发展展望 ··· 122

风能发展现状及对比分析 ··· 125
一、全球风能发展现状分析 ··· 125

二、中国风能发展现状分析……………………………………………130
　　三、中国与全球风能发展对比分析……………………………………135
　　四、风能发展展望………………………………………………………138

生物质能发展现状及对比分析……………………………………………140
　　一、生物质能发展概况…………………………………………………140
　　二、全球生物质能发展现状分析………………………………………141
　　三、中国生物质能发展现状分析………………………………………146
　　四、中国与全球生物质能发展对比分析………………………………154
　　五、生物质能发展展望…………………………………………………156

氢能发展现状及对比分析…………………………………………………158
　　一、全球氢能发展现状分析……………………………………………159
　　二、中国氢能发展现状分析……………………………………………169
　　三、中国与全球氢能发展对比分析……………………………………182
　　四、氢能发展展望………………………………………………………187

储能发展现状及对比分析…………………………………………………190
　　一、全球储能发展现状分析……………………………………………191
　　二、中国储能发展现状分析……………………………………………197
　　三、中国与全球储能发展对比分析……………………………………203
　　四、储能发展展望………………………………………………………205

新能源汽车发展现状及对比分析…………………………………………208
　　一、全球新能源汽车发展现状分析……………………………………208
　　二、中国新能源汽车发展现状分析……………………………………213
　　三、中国与全球新能源汽车发展对比分析……………………………219
　　四、新能源汽车发展展望………………………………………………221

专题篇

绿色金融全球发展研究 ·· 226
 一、全球产业发展现状 ·· 226
 二、全球产业发展形势 ·· 229

电动重卡助力成品油物流绿色转型 ································ 231
 一、成品油物流及电动重卡发展现状 ······························ 231
 二、成品油物流配送环节存在的主要问题 ·························· 236
 三、电动重卡的优势分析 ·· 238
 四、利用电动重卡助力成品油物流绿色转型的建议 ················ 241

新能源企业共享服务中心建设对策 ································ 244
 一、引言 ·· 244
 二、共享服务中心的发展概况 ······································ 244
 三、共享服务中心的理论基础 ······································ 245
 四、共享服务中心的建设要素 ······································ 246
 五、共享服务中心的建设对策 ······································ 248
 六、总结 ·· 251

中国绿氢产业链发展的战略思考 ···································· 252
 一、引言 ·· 252
 二、氢能的发展与利用 ·· 253
 三、中国绿氢产业链发展现状与问题分析 ·························· 256
 四、中国绿氢产业链发展的建议 ···································· 261

"双碳"目标下中国清洁能源国际合作现状及建议 ································ 263

  一、中国清洁能源国际合作现状 ································ 264

  二、中国清洁能源国际合作发展机遇 ································ 269

  三、中国清洁能源国际合作发展面临的挑战 ································ 271

  四、中国推动清洁能源国际合作的建议 ································ 273

  五、中国清洁能源国际合作展望 ································ 274

中国可再生能源补贴政策优化设计 ································ 276

  一、引言 ································ 276

  二、中国可再生能源补贴问题分析 ································ 278

  三、可再生能源动态补贴政策建议 ································ 279

  四、结论 ································ 280

中国新能源汽车国际竞争力提升路径研究 ································ 281

  一、新能源汽车国际竞争力分析 ································ 281

  二、主要国家新能源汽车产业国际竞争力分析 ································ 282

  三、中国新能源汽车的发展现状 ································ 284

  四、提升中国新能源汽车产业国际竞争力的建议 ································ 287

  五、结论 ································ 289

碳中和目标下碳–电价格的相关性研究 ································ 291

  一、引言 ································ 291

  二、向量自回归模型与 Copula 模型的构建 ································ 292

  三、碳价与电价关联性的实证分析 ································ 294

  四、结论与建议 ································ 305

"双碳"目标下加油站数字化转型之路 ······ 307
- 一、加油站数字化转型的意义 ······ 308
- 二、中国加油站发展现状 ······ 309
- 三、CSY石油销售公司数字化转型案例分析 ······ 312
- 四、CSY石油销售公司加油站转型给国内加油站的启示 ······ 314

能源央企产业链自用能低碳转型及对策 ······ 317
- 一、能源央企能耗结构分析 ······ 317
- 二、勘探开发环节能源替代 ······ 319
- 三、油气储运环节能源替代 ······ 320
- 四、炼制化工环节能源替代 ······ 321
- 五、结论及建议 ······ 324

附　录

附件1　2023年成品油与新能源行业大事记 ······ 326
附件2　国内外成品油与新能源相关数据 ······ 358

参考文献 ······ 365

行业环境与政策篇

2023年国际环境复杂多变，世界经济增长乏力，增速放缓，冲突频发，地区分化加剧。随着《联合国气候变化框架公约》第二十八次缔约方大会（COP28）的召开，近200个缔约方达成了气候变化领域的"阿联酋共识"，全球50家石油和天然气公司已加入《石油和天然气脱碳章程》，新能源产业迎来新的发展机遇。

2023年中国经济形势整体向好趋势明显，GDP增速达到5.2%，经济结构进一步优化。能源生产和消费总量稳步增长，能源消费结构进一步优化，油气价格回落。成品油消费随经济稳步复苏而增长，原油进口量同比增长11%，成品油出口量在国内成品油供应过剩压力下回升，增长16.7%。政策支撑不断强化，国家出台27项新能源产业政策，省市相关文件约50个，共同支持引导新能源产业持续发展。

2023年中国成品油政策主要围绕加强市场监管、规范市场运行、促进成品油行业清洁低碳和高质量发展方面，新能源政策主要涵盖新能源高质量发展、可再生能源发电补贴、新能源汽车、充换电、储能、氢能、光伏和风电等方面。展望2024年，中国成品油政策将聚焦在进一步强化成品油市场监管、进一步推动成品油行业数字化智能化发展。中国新能源政策将聚焦在推动新型储能多元化和产业化发展、强化新能源产业再生资源的循环利用要求、完善碳交易机制，扩大规模。

国际环境及其影响分析

2023年乌克兰危机、巴以冲突、红海危机等地缘冲突深刻影响着国际格局，由此引发一系列后续反应，不断加速世界格局的变化与重组。2023年世界经济在艰难前行中呈现出一定韧性，产业链供应链逐渐得到恢复，但仍面临着全球通货膨胀压力、经济低迷等众多困境。

一、国际宏观环境分析

2023年，全球局势依然复杂且紧张。乌克兰危机仍在延续，巴以冲突和红海危机相继爆发，大国博弈强化，中美博弈不确定性增加，欧洲局势依然不稳定以及"全球南方"的崛起，共同催生出新的国际格局，全球环境依然存在很大不确定性。

（一）国际非经济环境分析

1. 地缘冲突加剧全球局势紧张

2023年，乌克兰危机延宕不止，战事陷入相对胶着状态，东欧地缘政治版图进一步撕裂，给诸多相关国家带来沉重负担，美国和北约的影响力上升。巴以冲突加剧了全球产供链和物流体系的不稳定性，世界银行警告称，巴以冲突爆发后，国际原油价格已上涨约6%，如冲突升级扩大将严重影响全球原油供应，引发世界经济震荡。此外，随着红海危机的持续发酵和油轮运费的不断飙升，2023年12月中旬以来，从中东至欧洲西北部港口的油船运费飙升约一半，苏伊士运河商船的吞吐量降至近3年来最低水平。

2. 三大地缘板块明显活跃

2023年，分布于亚欧大陆的三大地缘板块出现新的异动与冲突，即西部的俄罗斯与北约冲突、东部区域内博弈加剧，以及中部的阿拉伯世界与地区代理人的对抗。第一，乌克兰危机正走向长期战略僵持，俄罗斯与北约形成了不稳定均衡态势。第二，美国将战略重心放在亚太地区，试图升级对中国台湾的模糊战略，亚太地区出现阵营化、集团化、北约化倾向。第三，以色列深陷与阿拉伯世界的新一轮冲突，中东局势依然紧张。

3. 中美博弈不确定性增加

2023年，中美博弈呈现复杂性特征。一方面，中美两国博弈持续加强，美国对中国的制裁不断加码。一是美国大幅削减从中国的进口，2023年美国对中国进口额为5002.91亿美元，下降13.1%；二是美国持续扩大对中国的出口管制，尤其限制中国高科技产业的发展；三是美国不断挑战中国主权、安全与发展利益，从无人飞艇事件到台湾问题、南海问题，频频对中国施压。另一方面，中美博弈中蕴含着合作，中美互动频繁。2023年，中美元首在旧金山举行会晤，达成了20多项共识，向外界释放了积极信号。同时，中美还在亚太事务、海洋、外交政策、军事等领域开展对话，并建立商务、经济和金融工作组。

4. 欧洲地缘局势走向发生变化

2023年欧洲内部社会撕裂冲击了全球化时代形成的传统版图，乌克兰危机的延宕拉锯改变了欧洲外部地缘局势的走向。第一，欧洲极右翼民粹主义力量迅速崛起。极右翼政党"意大利兄弟党"党魁就任意大利总理，其领导下的意大利政府在2023年实施了一系列右翼保守主义、民族主义和疑欧主义内外政策；荷兰极右翼政党"自由党"获得众议院最多席位，首次成为众议院第一大政党；法国的"国民联盟"、匈牙利的"青年民主联盟"、芬兰的"正统芬兰人党"等在主流舞台上越来越活跃。第二，由于乌克兰危机延续和欧洲自身经济困境，欧洲对美国的战略依赖逐渐加深，美欧互动越来越频繁，双边战略协作趋于机制化。美欧达成了关于"时代转折""新冷战"和"去风险"的战略共识，双方对外战略决策的节奏与焦点越来越同步。

5. 发展中国家影响力进一步提升

面对美西方所主导的国际体系，诸多新兴经济体和发展中国家展现出更为团结的姿态，积极扩大对国际事务的影响力，使得全球南方的崛起成为2023年国际环境的一个显著特征，推动着世界进一步向多极化方向发展。7月，伊朗加入上海合作组织成为第九个成员国，上海合作组织的国际影响力进一步提升。8月，南非约翰内斯堡金砖峰会上，金砖组织时隔12年首次实现扩容，吸纳了埃及、埃塞俄比亚、伊朗、沙特阿拉伯和阿联酋5个新成员，使得金砖国家合作机制扩容至10国，未来势必会在推进可持续发展、加强包容性多边主义、构建更加公平合理的国际新秩序方面发挥更大作用。此外，随着加沙地带平民伤亡的急剧攀升，联合国大会于12月12日以压倒性多数通过决议，要求立即在加沙地带实现人道主义停火，展示出全球绝大多数国家，尤其是发展中国家对美以两国所作所为的不满与谴责。

（二）国际经济环境分析

2023年，世界经济延续2022年下行趋势，虽然全球就业形势有所改善，通胀压力有所缓解，但债务风险高位累积。美国经济展现一定韧性、欧洲经济持续低迷、亚洲经济呈复苏态势、全球产业链供应链逐步恢复成为2023年国际经济环境的主要特征。

1. 美国经济增长韧性凸显

2023年美国经济展现一定韧性，居民消费支出较为强劲，劳动力市场逐步向好，通货膨胀有所缓解。美国商务部公布的报告显示，2023年美国经济增长2.5%，超过2022年2.1%的增速。居民消费支出增长势头明显，2023年第四季度个人消费支出增长2.8%，占美国经济总量约70%。劳动力市场持续向好，2023年美国家庭就业人数与非农就业人数分别增加188.3万和269.7万，分别比2022年减少129.3万和209.6万；新增家庭就业略低于2019年的202.8万，新增非农就业略高于2019年的195.9万。通货膨胀总体降温，12月美国消费者物价指数（CPI）同比上涨3.4%，环比上涨0.3%，相较于2022年6月的历史性高点9.1%已大幅下降；能源价格环比上涨0.4%，同比下降2.0%。

2. 欧洲经济持续低迷

2023年，受全球需求减少、融资条件收紧、能源供应危机延宕等多重因素的影响，再叠加乌克兰危机、巴以冲突的冲击，欧洲面临经济复苏乏力、制造业低迷以及通胀等多重困境。欧盟统计局数据显示，2023年第三季度，经季节性调整的欧元区国内生产总值（GDP）比上一季度下降约0.1%，欧盟 GDP 保持不变。在地缘冲突和持续加息的影响下，欧洲制造业持续弱势运行，2023 年欧洲制造业采购经理指数（PMI）全年均值为 46.3%，低于荣枯线 50%，较 2022 年下降 5.6 个百分点。同时，由于欧洲通胀上行风险尚未解除，欧洲央行不得不继续对通胀保持政策压力，短期内逆转加息周期的可能性较低，高利率环境或将在 2024 年的大部分时间内持续对生产、投资、消费等领域形成抑制。2024 年 2 月，红海危机加剧，表明欧洲地缘风险仍处于上升期，这将对货运和能源价格起到推动作用，进一步阻碍通胀水平回落，增加了欧洲央行抗击通胀的难度。既要应对地缘危机的冲击，又要突破通胀压力和增长乏力的困境，欧洲经济复苏困难，经济低迷的状况预计将延续至 2024 年。

3. 亚洲经济逐步复苏

2023 年亚洲经济增长势头逐步向好，总体上扭转了 2022 年的经济下行趋势，但部分国家和地区之间仍存在较大差异。2023 年亚洲经济形势主要呈现如下特点：第一，亚洲经济逆势增长。随着亚洲国家疫情政策的全面调整，疫情对亚洲经济的负面影响逐步消退，消费和投资实现较快复苏，对外贸易也呈现较快增长势头。亚洲经济体 2023 年加权实际国内生产总值增长 4.5%，高于 2022 年的 4.2%，成为世界经济放缓大背景下的一大亮点。第二，亚洲各地区经济增长表现不一，部分国家和地区之间甚至存在较大差距。分地区来看，东亚与太平洋地区是经济增长率相对较高且回升最明显的地区，从 2022 年的 3.4% 上升至 2023 年的 5.1%，上升 1.7 个百分点。除日本经济增速相对较低外，东亚其他国家和地区经济总体保持较高增速，其中菲律宾、柬埔寨和越南的经济增速分别达到 5.3%、5.5% 和 4.7%。南亚地区经济增速下降明显，但仍维持较高水平，2023 年经济增速为 5.3%。中亚地区经济增长率约为 4.1%，较 2022 年的 3.9% 有小幅提升。西亚地区经济增长率约为 2.9%，在亚洲各地区中最低。

4. 全球产业链供应链在复苏中持续重构

2023 年，全球产业链供应链活动逐步走出新冠疫情影响，但受制于贸易保护主义以及地缘冲突等因素，全球产业链供应链深度重构，区域化、多元化、碎片化特征日益突出，未来将面临诸多新的挑战。2023 年全球物流供应体系整体运转情况明显好转，制造业采购经理指数、海运和企业库存等方面的大部分指标回到疫情前水平。联合国贸易和发展会议、世界贸易组织等国际机构发布的报告指出，2023年非必需消费品短缺和交货延迟现象有较大改善，表明全球产业链供应链从新冠疫情的干扰中逐步恢复。同时，全球产业链供应链格局持续重构，从以成本、效率、科技为侧重转向以安全、稳定和政治为侧重，呈现多元化、区域化等演进特征，并存在进一步碎片化趋势。首先，个别国家推行不当产业政策和"脱钩断链"行径，严重阻碍了产业链供应链全球化进程；其次，新技术、新产业的发展使得各国资源禀赋比较优势出现变化，对跨国公司供应链投资决策和生产布局产生显著影响，这点在新能源汽车、人工智能等创新产业中体现得尤为明显。

二、全球能源市场热点及对成品油、新能源的影响

2023年，地缘冲突、OPEC+频频减产以及新冠疫情的消散持续影响着全球石油市场，国际油价在震荡中多次呈现跌势，全球石油消费有所提升。同时，随着《联合国气候变化框架公约》第二十八次缔约方大会的召开，各国新能源汽车优惠政策的出台，欧盟碳关税的正式运行以及美国国家创新路径的发布，全球新能源产业迎来新的发展机遇。

（一）地缘冲突频发，外溢风险冲击全球石油市场

2023年，全球地缘局势愈加紧张，能源供需格局加速重构。首先，延续至2023年的乌克兰危机改变了全球能源的贸易流向，国际油气贸易流向由"逆时针"转向"顺时针"。亚太与欧洲供应来源转换，欧洲油气进口"脱俄倚美"，并加大对中东及非洲资源的获取，俄罗斯油气出口"转东向南"，积极扩展亚洲市场。其次，巴以冲突爆发后，原油等大宗商品价格应声上扬，国际油气市场对战争延续的恐慌情绪升温，大宗商品风险溢价普遍抬升，但影响主要集中在短期层面。最后，红海危机的爆发使得红海航线受到影响，对全球石油市场造成直接影响。继多家航运企业陆续宣布暂停红海航线之后，由于全球海运运价不断上涨，12月通过苏伊士运河的油轮运输量比11月份下降了23%，液化石油气和液化天然气的降幅更为明显，分别下降了65%和

73%。其中，从印度和中东地区运往欧洲的柴油和航油以及欧洲发往亚洲的石脑油受红海危机影响最严重，亚洲地区的石脑油价格创下近两年来新高。整体而言，受成本影响，石油交易商更倾向于在本地和周边进行采购。若地缘冲突继续升级，大宗商品价格前景将迅速转暗，地缘冲突、经济衰退、高通胀高利率等因素给全球石油供给和价格带来的冲击将延续至2024年。

（二）OPEC+产油国持续减产，国际油价震荡运行

2023年，OPEC+扩大减产规模并延长减产时限。2023年第一轮减产中，OPEC+产油国减产165.7万桶/日，时限至2024年底；第二轮减产计划以沙特阿拉伯和俄罗斯为主，沙特阿拉伯自7月份起自愿减产100万桶/日，直至2023年第四季度，俄罗斯则在4月份时决定将原油日产量减少50万桶，8月份调整至减少30万桶；第三轮减产中，OPEC+的多个成员国同意额外自愿减产，总减产量达到220万桶/日。OPEC+持续深化减产计划旨在提振国际油价，但从市场的反应来看，最近一次重申减产对于油价的推动作用十分有限。截至2023年12月15日，WTI年均价为77.75美元/桶，较2022年下跌17.57%；布伦特年均价为82.28美元/桶，较2022年下跌16.92%。市场对经济增长前景信心不足将继续对油价施压，OPEC+的减产效应被原油需求下滑预期所抵消，油价并未就此得到提振，油价震荡运行。

（三）COP28加速全球气候行动，石油流通行业面临转型压力

在迪拜举行的《联合国气候变化框架公约》第二十八次缔约方大会（COP28）上，全球50家石油和天然气公司加入《石油和天然气脱碳章程》，此次签署章程的油气公司的产量占全球石油产量的40%以上，其中，国家石油公司占签署公司的60%以上，是历史上承诺实施脱碳倡议的国家石油公司数量最多的一次。该章程规定，石油天然气行业在2050年或之前实现净零排放、在2030年之前基本消除甲烷排放以及停止例行焚烧，并继续努力实现行业减排最佳实践。COP28达成的共识将促进全球能源转型，给石油流通行业带来清洁低碳转型的压力。

（四）新冠疫情的影响逐渐消散，全球石油消费创新高

2023年，随着疫情结束，全球航空客运全面恢复，亚洲航空市场在中国疫情管控措施调整后加速复苏。英国能源研究所2023年《世界能源统计评论》数据显示，2019年全球石油消费为9795.9万桶/日，2020年下降到8913.9万桶/日，2021年恢复到9437.2万桶/日，2022年恢复到9730.9万桶/日，但2020年、2021年及2022年每年的全球石油消费均未超过2019年的水平。从目前世界三大能源机构的最新报告来看，2023年全球石油消费总量超过2019年水平，创下新的历史纪录。全球成品油需求进一步增长，汽油和柴油需求基本恢复到疫情前水平，煤油也恢复到疫情前90%左右。从消费结构来看，2023年成品油消费结构与之前类似，三大成品油消费增量中，柴油增量最多，汽油和煤油增量相对较少。

（五）全球能源转型进程不断加速，新能源行业迎来新契机

2023年，化石能源系统凸显的脆弱性、不稳定性及其对气候造成的危害，使得各国发展清洁能源的决心不断加强，能源转型持续推进。多国开始减少对传统石油能源的依赖，增加可再生能源使用。欧盟实现了风能和太阳能两种主力可再生能源在发电中的贡献超过化石燃料的突破。美国能源部宣布共计投入约15.34亿美元支持能源转型变革性技术、氢能技术、建筑及交通减排技术、碳捕集利用与封存技术和小企业研发创新等。各国能源转型进程加快将增加对新能源的需求，尤其在交通领域，随着电动汽车技术成熟和新能源汽车推广，汽车制造商转向电动汽车将增加对氢能等清洁能源的需求。此外，越来越多的国家开始实施推动能源转型的政策，包括对碳排放的限制、对可再生能源的补贴及对传统能源的税收或限制。

（六）各国出台优惠政策，推动新能源汽车产业蓬勃发展

2023年，世界各国出台一系列优惠支持政策，推动了新能源汽车的快速发展。2023年3月，欧盟理事会决定，从2035年起欧盟境内将禁止销售非零碳排放的新燃油车。中国、德国、意大利、荷兰、韩国、马来西亚、泰国等

国家也纷纷出台助力新能源汽车发展的产业政策。根据国际能源署（IEA）发布的全球碳中和路线图，2035年大部分国家都将禁售燃油汽车，全球步入新能源汽车时代。补贴等利好政策和碳中和目标推动全球新能源汽车产业发展进入新阶段。2023年全球新能源汽车销量为1465.3万辆，同比增长35.4%；全球新能源汽车渗透率不断上升，2023年达到15.7%；全球公共充电桩保有量呈现持续增长态势，预计2023年为280万台。目前，全球新能源汽车产业发展已驶入快车道，世界各国将继续合作，加快新产品、新技术的研发运用，加快汽车产业技术转型，加快新能源汽车产业生态发展，以技术创新带动产业持续升级。

（七）欧盟碳边境调节机制试运行，推动新能源高质量发展

欧盟碳边境调节机制（CBAM）于2023年10月1日起正式进入试运行阶段，过渡期到2025年底，2026年至2034年逐步全面实施，2035年后则完全取消欧盟碳排放交易体系（EU ETS）和欧盟碳边境调节机制所覆盖高碳产品的免费碳配额。欧盟将对从境外进口的特定产品额外征收碳边境调节费用，即"碳关税"，产品覆盖电力、钢铁、铝业、水泥、化工、氢能六大行业，这将为世界各国的能源转型带来更大压力。欧盟碳边境调节机制的正式运行有助于推动全球产业低碳化发展，倒逼各国结合各自资源禀赋，积极推进风电、太阳能、氢能等新能源产业向更高比例、更高质量发展，促进绿色技术创新开发，降低行业碳足迹，加快全球能源转型步伐。

（八）美国发布国家创新路径，加快推进清洁能源关键技术创新

2023年美国发布《美国国家创新路径》，制订了"创新、示范和实施"三方面的净零行动计划，以加快推进清洁能源关键技术创新，实现2035年电力领域零碳目标和2050年净零排放目标。《美国国家创新路径》报告掀起了美国清洁能源领域技术创新的热潮：一是投资清洁能源领域颠覆性的创新技术研发项目，确保创新示范项目稳步推进；二是支持清洁能源新兴技术的早期部署，包括先进的海上风电、碳捕获和储存、先进的核电和清洁氢气技术等，有助于增强市场信心，推动新兴技术所需的基础设施的建设；三是利用法律

法规和财政激励加速现有技术的制造、部署和采用，包括发展太阳能、风能、电池以及输电网络，提高可再生能源利用率和电气化，扩大清洁能源技术规模。《美国国家创新路径》报告的提出为其他国家发展清洁能源技术提供了良好示范，有助于在全球范围内刺激清洁能源技术创新，扩大清洁能源市场规模。

中国经济环境与能源市场分析

2023年，在世界经济复苏乏力，中国内部周期性和结构性问题叠加的环境下，中国经济运行呈现企稳回升态势，经济结构进一步优化，产业结构和贸易结构持续升级。2023年，中国能源生产稳步增长，能源供给和消费结构同时得到优化，清洁能源建设加快，能源绿色低碳发展进一步深入。受上述因素影响，2023年中国成品油消费量和出口量同时增长，对原油的进口需求增加，新能源产业的新动能不断发展。

一、中国经济环境分析

2023年，中国经济实现了量的合理增长和质的有效提升，工业生产稳步增长，新产业和新优势加快布局和形成，外贸总量增长并实现结构进一步优化。

（一）国民经济回升向好，主要预期目标圆满实现

2023年中国经济社会全面恢复常态化运行，宏观组合政策发力显效，经济增速回升，就业形势改善，物价温和上涨，国际收支基本平衡。从经济增长看，2023年全年国内生产总值（GDP）1260582亿元，比上年增长5.2%，增速加快2.2个百分点；分季度看，四个季度GDP同比分别增长4.5%、6.3%、4.9%、5.2%，呈现前低、中高、后稳态势。从就业看，2023年全国城镇调查失业率均值为5.2%，比上年下降0.4个百分点；城镇新增就业1244万人，比上年多增38万人。从物价看，2023年居民消费价格指数（CPI）比上年上涨0.2%，扣除食品和能源价格的核心CPI上涨0.7%，保持温和上涨态势。从国际收支看，在外需收缩、国际竞争加剧、对比基数较高的情况下，中国外贸促稳提质，货物进出口总额达41.8万亿元，比上年增长0.2%，年末外汇储备余额超过3.2万亿美元。

（二）经济结构调整优化，居民收入稳步增长

从经济结构看，2023年中国经济结构调整优化，服务业和消费主引擎作用凸显，城镇化率稳步提高。2023年，服务业增加值对经济增长的贡献率为60.2%，比上年提高4.9个百分点；最终消费支出对经济增长的贡献率达到82.5%，比上年提高43.1个百分点；年末常住人口城镇化率为66.16%，比上年提高0.94个百分点。从居民收入看，2023年居民人均可支配收入39218元，比上年实际增长6.1%，超过同期GDP增速；居民恩格尔系数为29.8%，比上年下降0.7个百分点，人民生活进一步改善。

（三）工业生产稳步回升，制造业产业结构转型升级趋势明显

工业产业作为实体经济的主体，2023年中国规模以上工业增加值比上年增长4.6%。分三大门类看，采矿业增加值增长2.3%，制造业增长5.0%，电力、热力、燃气及水生产和供应业增长4.3%；其中，装备制造业增长迅速，增加值增长6.8%，增速比规模以上工业快2.2个百分点。2023年，全社会研究与试验发展经费投入强度2.64%，比上年提高0.08个百分点；规模以上装备制造业增加值比上年增长6.8%，服务机器人、3D打印设备等高技术产品产量快速增长，有力支撑了工业稳定发展。从2023年用电量数据看，制造业中的高技术及装备制造业全年用电量同比增长11.3%，超过制造业整体增长水平3.9个百分点，各季度的同比增速及两年平均增速均呈逐季上升态势；从行业情况看，2023年光伏设备及元器件制造业用电量同比增长76.8%，新能源车整车制造用电量同比增长38.8%，制造业中的四大高载能行业全年用电量同比增长5.3%，低于制造业整体增长水平2.1个百分点，显示出中国制造业产业结构转型升级趋势明显，经济增长新动能正持续壮大。

（四）货物进出口总体平稳，贸易结构持续优化

2023年中国货物进出口总额417568亿元，比上年增长0.2%。其中，出口237726亿元，增长0.6%；进口179842亿元，下降0.3%。进出口相抵，贸

易顺差57884亿元。民营企业进出口增长6.3%，占进出口总额的53.5%，比上年提高3.1个百分点。对共建"一带一路"国家进出口增长2.8%，占出口总额的46.6%，比上年提高1.2个百分点。机电产品出口增长2.9%，占出口总额的58.6%。在产业转型升级带动下，中国出口产品的产业链更长、附加值更高，出口产品结构持续优化升级。以电动载人汽车、锂离子蓄电池、太阳能电池为代表的"新三样"逐渐成为外贸新动能。2023年"新三样"产品合计出口1.06万亿元，首次突破万亿元大关，增长29.9%，拉动中国出口贸易加速绿色化转型、提升出口产品自主创新能力、带动出口附加值跃升。服务贸易对外贸增长贡献度逐步提高，成为外贸转型升级的重要支撑。2023年中国服务贸易稳中有增，规模创历史新高，全年服务进出口总额65754.3亿元，同比增长10%。其中，知识密集型服务进出口总值27193.7亿元，同比增长8.5%；旅行服务进出口14856.2亿元，同比增长73.6%。

二、中国能源市场热点分析

2023年，中国能源生产稳步增长，绿色低碳转型持续深入，清洁能源项目加快建设，能源生产消费结构进一步优化。油气勘探开发加快与新能源融合发展，新型储能发展迅速，光伏产业结构性过剩明显，价格大跌。此外，绿氢首次实现规模化工业应用，全国统一电力市场建设加快。

（一）能源生产消费稳步上升，能源供需结构进一步绿色低碳优化

2023年，中国规模以上工业原煤、原油、天然气、电产量分别实现2.9%、2.0%、5.8%、5.2%的增长；煤炭、原油和天然气进口分别实现61.8%、11.0%、9.9%的大幅增长。电力绿色低碳转型也在加快，截至2023年底，全国累计发电装机容量约29.2亿千瓦，同比增长13.9%。其中，太阳能发电装机容量约6.1亿千瓦，同比增长55.2%；风电装机容量约4.4亿千瓦，同比增长20.7%。2019—2023年，风电和太阳能发电装机增速每年保持在10%以上。截至2023年底，水电、风电和太阳能发电三类可再生电源装机占比约为50.4%，历史性超过47.6%的火电装机占比。

2023年，中国全社会能源消费总量比上年增长5.7%。此外，能源消费的

绿色低碳转型进程加快。非化石能源占能源消费总量的比重稳步提升，比上年提高 0.2 个百分点；煤炭消费比重下降 0.7 个百分点，石油消费上升 0.4 个百分点，天然气消费上升 0.1 个百分点。新能源汽车产销两旺，连续 9 年位居世界第一。

（二）油气勘探开发投资增加，油气田新能源业务加快发展

2023 年，中国油气勘探开发投资同比增长 7%，新建原油产能 2250 万吨、天然气产能 420 亿立方米；勘探开发取得多项成果：塔里木盆地深地工程增储上产，海洋油气勘探开发再获新突破，非常规油气勘探开发取得重要突破。2023 年，全国油气产量当量超过 3.9 亿吨，创历史新高，年均增幅达 1170 万吨油当量，连续 7 年保持千万吨级快速增长势头，形成新的产量增长高峰期；原油产量 2.08 亿吨，同比增产 300 万吨以上，较 2018 年大幅增产近 1900 万吨；天然气产量达 2300 亿立方米，连续 7 年保持百亿立方米增产势头。

国家能源局印发《加快油气勘探开发与新能源融合发展行动方案（2023—2025 年）》，大力推动油气勘探开发与新能源融合发展，各油气开发企业紧密结合油气生产实际，推动绿色低碳转型和高质量发展。2023 年，中国石油吉林油田新立采油厂Ⅲ区块光热系统正式并网运行，标志着亚洲最大陆上采油平台集群零碳示范区建成投运，这也意味着中国第一桶"零碳原油"就此诞生。中国石化新星公司风电、光伏项目绿电发电量突破 4 亿千瓦·时，同比增长 106%，提前 30 天完成全年 4 亿千瓦·时绿电发电目标任务；该公司累计绿电发电量达 10.3 亿千瓦·时。中国海油首个陆地集中式光伏发电项目——甘南合作市"牧光互补"40 兆瓦集中式光伏发电项目成功并网发电，正式从草原深处向甘南电网输送清洁电力。中国首座深远海浮式风电平台"海油观澜号"成功并入文昌油田群电网，海上油气开发迈出进军"绿电时代"的关键一步。

（三）炼化综合能力提升，炼化企业加快全产业链发展

2023 年，中国炼油行业整体保持较快增长，炼化产业链和供应链均表现出较强韧性。中国石化和中国石油继续对旗下千万吨级炼厂进行全厂优化转

型升级，积极布局下游化工产业链条，提升企业的综合竞争力。天津南港、海南炼化、九江石化、大庆石化、大庆炼化等炼化转型项目陆续投产，岳阳石化、广西石化、四川石化、吉林石化的炼油化工转型升级项目已经完成立项环评等环节，待项目投产后国有炼化企业的综合能力将进一步提高。炼化企业布局一批炼化转型升级项目的同时，高端新材料、绿色石化产品、生物能源、氢能、CCUS（二氧化碳捕集、利用与封存）等领域迎来发展新机遇。2023年"齐鲁石化–胜利油田百万吨级CCUS项目"二氧化碳输送管道正式投运，每年可将170万吨齐鲁石化生产捕集的二氧化碳输送到胜利油田的地下油藏进行驱油封存，是中国石化建设的中国首个百万吨级CCUS项目，标志着中国首次实现液体二氧化碳长距离密相管输。

国内千万吨级以上的炼厂已经超过30家。随着炼化一体化大型项目、炼化单体项目变多变大，石化企业对原材料需求随之增大，国际油气市场的多变性给石化企业带来诸多不确定性。2023年，荣盛石化、盛虹石化、山东裕龙石化等与沙特阿美签署股东协议，中国海油和壳牌集团签署初步投资协议，与国际大型石油公司合作为国内石化企业发展提供了新的解决方案。

（四）新型储能项目加速落地，储能装机规模快速增长

2023年已投产、规划和建设中的百兆瓦级新储能项目数量明显增加，抽水蓄能装机规模超5000万千瓦、核准与开工规模达到1.6亿千瓦左右，其中2023年核准电站35个，总装机容量4560万千瓦。多个300兆瓦等级压缩空气储能项目、100兆瓦等级液流电池储能项目、兆瓦级飞轮储能项目开工建设，重力储能、液态空气储能、二氧化碳储能等新技术落地实施，项目总体呈现多元化发展态势；新型储能新技术不断涌现，已投运锂离子电池储能占比97.4%，仍占绝对主导地位。

2023年，中国新型储能发展迅速，已投运装机超3000万千瓦。全国已建成投运新型储能项目累计装机规模达3139万千瓦/6687万千瓦·时，平均储能时长2.1小时。新增装机规模约2260万千瓦/4870万千瓦·时，较2022年底增长超过260%，近10倍于"十三五"末装机规模。

（五）光伏结构性产能过剩，全产业链价格大幅下降

2023年中国光伏产业保持量增质优势头。中国光伏行业协会发布的数据显示：2023年前10个月，光伏制造端产值超过1.3万亿元；2023年前三季度，光伏硅料、硅片、电池、组件四个环节的产量均已超过上年全年，硅片、电池片和组件的出口量同比分别增长88.3%、74.3%和33%。2023年以来中国光伏产品产量和出口量表现亮眼，但也面临中低端产能过剩、价格连续走低等挑战。2023年是中国光伏产能释放最快的一年，经过2022和2023年的快速扩产，硅料、硅片、电池和组件等环节均出现产能过剩风险。受阶段性产能过剩拖累，2023年光伏全产业链出现断崖式降价。2023年1—10月，多晶硅、组件产品价格降幅分别达到60%和40%；组件价格从年初的每瓦1.8元左右，快速下探至1元以下；有的制造环节产品同质竞争激烈，甚至出现价格与成本倒挂的情况。全产业链产品价格下跌引发激烈的同业竞争，一些中低端产能被出清。

（六）绿氢规模化应用实现零的突破，绿氢氨醇打通下游市场

2023年，中国规模最大的光伏发电直接制绿氢项目——新疆库车绿氢示范项目全面建成投产，这标志着中国绿氢规模化工业应用实现零的突破，被业界认为是中国绿氢产业发展的里程碑。随着配套的光伏电站全部建成、实现全容量并网，该项目可以满负荷生产绿氢，每年生产的2万吨绿氢，全部就近供应中国石化塔河炼化公司，用于替代炼油加工中使用的天然气制氢，实现现代油品加工与绿氢耦合低碳发展。

广东、山东、吉林等省市已经明确，电解水制氢等绿氢项目及其制氢加氢一体站无须在化工园区内建设，绿氢生产无须取得危险化学品安全生产许可，氢能突破危化管制约束。总投资296亿元的中能建松原氢能产业园（绿色氢氨醇一体化）项目正式开工建设，该项目是目前全球最大体量的绿色氢氨醇一体化项目；新疆奇台风电制氢醇智慧能源装备产业园项目开工；首个甲醇制氢加氢一体站在大连建成投用。

（七）首个电力现货市场基本规则发布，全国统一电力市场体系加快建设

2023 年中国电力市场基本规则体系逐步完善，目前已形成衔接省间、省内，覆盖全国范围、全时间周期、不同交易品种的市场体系。其中，省内市场的定位是通过优化省内资源配置，保障电力电量供需平衡和安全供电秩序；省间市场则在高峰期供需调节及资源优化配置方面发挥重要作用，特别是在电力供需紧张的情况下，省间交易对各省电力电量平衡的重要性明显提高。

国家发展改革委、国家能源局印发中国首个电力现货市场基本规则《电力现货市场基本规则（试行）》的通知，对规范电力现货市场建设和运营做出部署，明确了电力现货市场建设的下阶段任务。2023 年山西电力现货市场由试点转入正式运行，成为中国首个正式运行的电力现货市场，广东电力现货市场紧随其后正式运行，南方区域电力现货市场完成首次全域结算试运行。电力现货市场构建了"能涨能降"的市场价格机制，依托分时价格信号动态反映市场供需形势及一次能源价格变化趋势，并通过短时尖峰价格信号有效激励火电、燃气机组顶峰发电，电力用户移峰填谷，将显著提升电力保供能力，支撑经济社会高质量发展。

三、中国经济环境对成品油与新能源的影响

2023 年中国出台一系列促进经济发展的政策，国内经济逐渐走出阴霾，居民出行意愿增强，成品油消费量和出口量均实现增长，原油进口量大增。新能源产业迅猛增长，发展动能不断增长。

（一）中国经济稳定复苏，成品油消费呈现恢复性增长

2023 年，受经济建设、消费修复、出口扩张等因素支撑，休闲旅游和商务出差等出行活动集中释放，国内成品油消费不断恢复并实现增长。中国成品油需求上升，全年成品油表观消费量为 3.87 亿吨，同比增长 15.5%。

2023 年随着交通、物流等自由度恢复，居民出行意愿得到释放，全国跨区域流动量大增，私家车出行频次和半径大幅提升；加之年内机动车产、销

量同比较快增长，一定程度上也增加了汽油消费，全年汽油消费量约 1.68 亿吨，同比上涨 0.14 亿吨；中国经济稳定发展，货运量、港口吞吐量、交通固定资产投资同比均实现较快增长，各地还将加快推进基础设施建设，如道路建设、水利设施等，这些基建投资项目的开工共同推动柴油需求回暖，柴油消费量 2.21 亿吨，同比增长 0.08 亿吨；相较 2019 年，2023 年中国国内航线航班量恢复至 115% 以上水平、国际航线航班量恢复至 50% 左右，受此推动，航空煤油消费持续且快速增长，全年航空煤油消费量同比上涨 92.7%。

（二）原油进口量激增，对外依存度增至 72.9%

2023 年，国内石油需求回暖，国内石油公司一方面提高自身原油产量，一方面积极利用国际油价下跌的时期大量增加原油进口。中国海关总署数据显示，2023 年中国进口原油总量为 56399 万吨，同比增长 11.0%，全年原油进口量超过 2020 年水平，中国原油对外依存度达到 72.9%；但从金额方面来看，2023 年中国原油进口金额 3374.94 亿美元，同比下降 7.7%。

（三）成品油出口配额增加，成品油出口量回升

2023 年，成品油内需向好，在整体成品油产量明显增加的情况下，供应过剩压力依然存在，国内成品油出口积极性明显提升。出口政策也在考虑平衡炼厂整体盈利、国内经济情况及整体供需情况等多方面因素后适度松绑，2023 年中国成品油出口配额累计下发 3999 万吨，较 2022 年增加 274 万吨，成品油出口管控进一步松动。

2023 年根据海关总署数据，2023 年中国出口成品油 6269 万吨，比去年同期增加 16.7%；成品油出口总量止跌回升。其中，出口汽油 1228 万吨，比去年同期下降 2.3%；出口航空煤油 1585 万吨，比去年同期增加 45.3%；出口柴油 1377 万吨，比去年同期增加 26%。

（四）新能源产业势头强劲，不断推动创新发展

2023 年中国新能源产业发展强劲，全球首台 16 兆瓦国产化的海上风电机组成功并网发电，海上 18 兆瓦机型下线，陆上 15 兆瓦机型发布。光伏高效

电池转换效率持续提高，中国量产先进高效电池转换效率已达到 25.5%，晶硅电池研发最高效率达到 26.81%，晶硅 – 钙钛矿叠层电池转换效率达到 31.8%。全年新能源投资保持快速增长，全国在建和年内拟开工新能源重点项目完成投资额约 2.8 万亿元，同比增速较去年高出 1.6 个百分点。

2023 年，中国通过加强风电、光伏、前沿性、颠覆性技术攻关，抢占未来新能源发展技术制高点。在大型风电光伏基地项目和海上风电基地项目等重大工程中推进新能源工程技术创新及应用，提升新能源产业国际竞争力。新型储能技术也在不断涌现，锂离子电池储能仍占绝对主导地位，压缩空气储能、液流电池储能、飞轮储能等技术快速发展。积极培育新能源发展新模式、新业态，加大构网型新能源、可再生能源局域网微网、分布式新能源发电交易、可再生能源离网制氢、制氨等试点示范力度。打造了一批零碳电厂、零碳园区，进一步催化和激发新能源作为新质生产力的新活力，形成绿色可持续的增长新动能。

中国成品油与新能源政策分析

2023年中国成品油政策主要围绕市场化运作、市场监管、规范化经营、低碳可持续发展展开；新能源政策主要围绕充电基础设施体系建设、光伏项目与回收、储能与碳交易市场提出。

一、成品油政策分析

2023年，中国主要针对提高成品油市场流通门槛、完善成品油消费税监管制度、推动炼油行业绿色低碳发展方面，制定成品油的相关政策。

（一）提高成品油市场油品资源流通门槛，秩序愈加清晰化

2023年为提高成品油市场油品资源流通门槛，让油品市场秩序愈加清晰，中国主要出台了两项政策，一是《应急管理办公厅关于修改〈危险化学品目录（2015版）实施指南（试行）〉涉及柴油部分内容的通知》，二是《成品油流通管理办法（征求意见稿）》。

修改后的《危险化学品目录（2015版）实施指南（试行）》将柴油调整为危化品的内容，多省市相继下发配套通知，对从事柴油生产、经营活动的企业经营许可资质进行了明确规范指引，原则上要求在2023年3月31日前依法取得《危险化学品安全生产许可证》或《危险化学品经营许可证》，这标志着柴油贸易准入门槛提高。

为加强成品油流通管理，规范企业经营行为，维护国内流通秩序，商务部研究起草了《成品油流通管理办法（征求意见稿）》（以下简称《意见稿》）。《意见稿》中成品油批发是指利用油库设施批量销售成品油的经营行为；成品油仓储是指利用油库设施提供成品油代储服务的经营行为；成品油零售是指利用自有或租赁的成品油零售网点（零售装置）向最终用户销售成品油的经营行为。《意见稿》对批发、仓储企业和零售企业做了一个明确的界定，要求

成品油批发、仓储经营企业应自取得危险化学品经营许可证和营业执照之日起 30 日内，通过全国石油市场信息管理系统备案企业基本信息，按要求建立管理台账，提供经营数据，建立成品油流通智慧监管系统。

（二）完善成品油消费税监管，推动成品油市场良性发展

为完善成品油消费税监管，进一步推动成品油市场良性发展，2023 年中国主要出台两项政策，一是《成品油消费税征收范围注释》，二是《关于提高成品油消费税税率的通知》，对成品油消费税征收做出细致的范围说明。

财政部发布关于部分成品油消费税政策执行口径的公告，对符合《成品油消费税征收范围注释》规定的部分成品油消费税政策执行口径进行公告。本次成品油消费税征收范围和口径调整，是继 2021 年 5 月财政部、海关总署、税务总局联合发文，将进口混合芳烃、轻循环油、稀释沥青等产品纳入成品油消费税征收范围后，中国对成品油消费税征收范围的再一次扩大。此项公告涉及产品多为汽柴油原料，纳入征税范围后可以进一步肃清市场环境，不合规资源将逐步萎缩，促进成品油市场的合规运营。

财政部和国家税务总局联合发布《关于提高成品油消费税税率的通知》，明确了符合《成品油消费税征收范围注释》规定的部分成品油消费税政策执行口径。汽油成本存在上升预期，主营炼厂生产成本随之上升。市场将通过价格及供需格局的调节来应对，逼迫上游更快地向终端转嫁压力，从而推动消费行为的转变。

（三）加大环境保护，积极进行污染治理

低碳排放、保护环境、积极进行污染防治一直是国家关注的重点，2023年中国针对交通运输产生的污染排放主要推出两项举措，一是颁布《关于推进原油成品油码头和油船挥发性有机物治理工作的通知》，二是《关于实施汽车国六排放标准有关事宜的公告》。

生态环境部、交通运输部颁布《关于推进原油成品油码头和油船挥发性有机物治理工作的通知》，提出将原油成品油码头和油船作为当前挥发性有机物（VOCs）治理的重要领域。加大政策支持力度，发挥财政金融引导作用，

积极支持码头、油船油气回收设施建设和回收油品资源化定向利用，加快推进原油、成品油码头和油船 VOCs 治理。按标准要求推进油气回收设施建设，原油、成品油货主企业，依法加强运输及装船过程油气回收治理情况的调度、分析，优先选用具备条件的航运、码头等企业开展合作，制定时间表，逐步提高油气回收比例。

生态环境部、工业和信息化部、商务部、海关总署、市场监管总局联合发布《关于实施汽车国六排放标准有关事宜的公告》，自 2023 年 7 月 1 日起，全国范围全面实施国六排放标准 6b 阶段，禁止生产、进口、销售不符合国六排放标准 6b 阶段的汽车。本次汽车排放标准提升包括轻型汽车和重型柴油车。

（四）炼油行业有序优化，加快绿色低碳发展

2023 年，为进一步有序优化炼油行业，加快绿色低碳可持续发展，国家发展改革委、国家能源局、工业和信息化部、生态环境部联合发布《关于促进炼油行业绿色创新高质量发展的指导意见》（以下简称《意见》），指出统筹发展与安全，系统考虑原油进口、成品油供应保障、已建成配套设施等因素，进一步优化有关区域炼油产能布局，推动新建炼油项目有序向石化产业基地集中，实现集约集聚发展，并与乙烯、对二甲苯（PX）项目做好配套衔接；引导中小型炼厂向科技型方向发展，做精做特，满足区域市场、细分领域需求；进一步营造公平竞争的市场环境，通过市场竞争实现优胜劣汰；采用政府引导、地方推动、市场化、法治化方式，研究推进地方炼油企业改革重组；统筹原油、成品油管网布局，优化完善炼油项目配套码头、油库、管道、运销体系；引导现有炼厂加快产品结构调整和生产技术改造，提高清洁油品、特色油品、化工原料、化工产品的生产灵活性；鼓励已有炼厂改造升级、上优汰劣，稳妥有序推动企业实施产能优化整合。《意见》指出，到 2030 年，产能结构和生产力布局进一步优化，化工原材料和特种产品保障能力大幅提升，能效和环保绩效达到标杆水平的炼油产能比例大幅提升，技术装备实力、能源资源利用效率达到国际先进水平；绿氢炼化、CCUS 等技术完成工业化、规模化示范验证，建设一批可借鉴、可复制的绿色低碳标杆企业，支撑 2030 年前全国碳排放达峰。

二、新能源政策分析

2023 年，中国出台多项新能源相关政策，新能源汽车方面聚焦充电基础设施建设；光伏发电方面聚焦光伏发电项目工作统筹和光伏回收；储能方面聚焦新型储能产业；碳市场方面聚焦碳交易；此外，还致力于推动新能源产业和油气上游领域的融合。

（一）构建高质量充电基础设施体系，支撑新能源汽车高质量发展

随着新能源汽车数量逐年攀升，市场对充电基础的要求也越来越高。为构建高质量充电基础设施体系，支撑新能源汽车高质量发展，2023 年中国主要出台两项政策，一是《关于进一步构建高质量充电基础设施体系的指导意见》，二是《汽车行业稳增长工作方案（2023—2024 年）》。

国务院办公厅印发《关于进一步构建高质量充电基础设施体系的指导意见》（以下简称《指导意见》），提出了充电基础设施体系构建的总体要求和 2030 年发展目标，设计了优化完善的充电基础设施网络布局，规划了充电基础设施重点区域建设方案，制定了提升充电运营服务水平的政策规范，布局了加强科技创新引领的战略行动，出台了加大支持保障力度的具体措施。《指导意见》为到 2030 年基本建成覆盖广泛、规模适度、结构合理、功能完善的高质量充电基础设施体系提供了全方位宏观规划、政策指引和落实措施，将会对中国新能源汽车产业高质量发展、交通运输绿色低碳转型和现代化基础设施体系建设发挥巨大推动作用，并对充电设施与电动汽车智慧能源领域的前沿科技创新产生深远影响。为稳定汽车行业增长势头，完成汽车行业经济发展目标，工业和信息化部等七部门印发了《汽车行业稳增长工作方案（2023—2024 年）》，指出支持扩大新能源汽车消费，组织开展公共领域车辆全面电动化先行区试点工作，进一步提升公共领域车辆电动化水平，推动新能源汽车与能源深度融合发展。文件明确鼓励大功率充电、智能有序充电、"光储充放"一体站等新技术推广应用，提升充电服务保障能力。

（二）统筹光伏发电项目工作，建立光伏回收体系

2023年为统筹光伏发电项目工作，确保电站开发建设平稳有序，进一步建立光伏回收体系，中国出台的主要政策有《国家能源局综合司关于做好2023年风电、光伏发电开发建设有关事项的通知》《关于2023年新建风电、光伏发电国家指导规模有关事项的通知》和《关于促进退役风电、光伏设备循环利用的指导意见》。

国家能源局发布《国家能源局综合司关于做好2023年风电、光伏发电开发建设有关事项的通知》，指出按照"以收定支、先立后破"原则，统筹光伏发电项目前期工作和并网消纳，确保电站开发建设平稳有序。国家发展改革委发布《关于2023年新建风电、光伏发电国家指导规模有关事项的通知》，指出2023年新建风电、光伏发电国家指导规模比2022年进一步增加，各地要认真做好项目储备，切实提高项目质量和纳入国家规模管理比例。国家发展改革委等六部门联合发布《关于促进退役风电、光伏设备循环利用的指导意见》，提出支持光伏设备制造企业通过自主回收、联合回收或委托回收等模式，建立分布式光伏回收体系，鼓励风电、光伏设备制造企业主动提供回收服务。

（三）科学安排储能建设，推动新型储能多元化产业化发展

2023年新型储能多元化高质量发展取得显著成效。为科学安排储能建设，推动新型储能多元化产业化发展，国家能源局发布了《发电机组进入及退出商业运营办法》(以下简称《办法》)，将独立新型储能视作发电机组进行管理。《办法》明确了并网调试工作条件和程序、进入商业运营的条件、进入和推出商业运营的程序、调试运行期上网电量结算等内容。《办法》规定首次并网调试时，独立新型储能的市场主体，需与电力调度机构、电网企业签订并网调度协议和购售电合同；进入商业运营前，独立新型储能按照相应工程验收规范完成整套启动试运行；可再生能源发电机组、独立新型储能自首台机组或逆变器并网发电之日起纳入电力并网运行和辅助服务管理；调试期间上网电量结算方面，独立新型储能自完成整套设备启动试运行时间点起至满足直接

参与电力市场交易条件前，上网电量继续由电网企业收购，纳入代理购电电量来源；调试运行期上网电量，按照当地同类型机组当月代理购电市场化采购平均价结算；在退出商业运行程序上，独立新型储能进行扩建、改建并按规定解网的，从解网时刻起自动退出商业运营。

（四）构建油气上游领域与新能源新产业融合，实现多能互补的发展新格局

2023年，为构建油气上游领域与新能源新产业融合，实现多能互补的发展新格局，实现能源保供稳价，中国主要出台了《加快油气勘探开发与新能源融合发展行动方案（2023—2025年）》和《2023年能源工作指导意见》两项政策。

国家能源局印发《加快油气勘探开发与新能源融合发展行动方案（2023—2025年）》，提出要形成油气上游领域与新能源新产业融合、多能互补的发展新格局，统筹推进陆上油气勘探开发与风光发电，着力提升新能源就地消纳能力。在油气矿区及周边地区，积极推进油区内风电和光伏发电分布式开发，重点推广应用低风速风电技术，合理利用荒山丘陵、沿海滩涂等资源，积极推进风电就地就近开发。统筹推进海上油气勘探开发与海上风电建设，形成海上风电与油气田区域电力系统互补供电模式，加快提升油气上游新能源存储消纳能力。推动新型储能在油气上游规模化应用，有序推动储能与新能源协同发展；海上打造以风电与天然气发电融合发展为主的综合能源模式。国家能源局印发《2023年能源工作指导意见》，提出要把"四坚持"作为2023年工作的基本原则，即坚持把能源保供稳价放在首位、坚持积极稳妥推进绿色低碳转型、坚持创新驱动提升产业现代化水平、坚持高水平改革开放增强发展动力。2023年能源工作主要目标：供应保障能力持续增强；结构转型深入推进，非化石能源占能源消费总量比重提高到18.3%左右。非化石能源发电装机占比提高到51.9%左右，风电、光伏发电量占全社会用电量的比重达到15.3%；质量效率稳步提高，单位国内生产总值能耗同比降低2%左右。

（五）试点碳市场政策推陈出新，走在碳交易机制创新前沿

2023年，中国多个试点碳市场出台创新性碳交易制度，从核算制度、交易制度等多个方面不断优化碳市场建设，为全国碳市场持续提供优良经验。

北京市发布《北京市生态环境局关于做好2023年本市碳排放单位管理和碳排放权交易试点工作的通知》，对2023年北京市试点碳市场的管理和交易等工作做出具体安排。最大的变化是明确"重点碳排放单位通过市场化手段购买使用的绿电碳排放量核算为零"，该举措对于企业外购电力产生的间接排放核定将产生重要影响，可能大幅降低用电大户的碳排放量核算结果，对于绿电交易的审核和认证也变得更为重要，此举为完善碳市场与绿电交易市场有效衔接提供了重要思路。福建省发布《关于核定碳排放权交易和用能权交易服务收费的函》，规定了按照交易规则向交易双方提供碳排放权交易服务和用能权交易服务，收费标准为："采用挂牌点选方式交易的，按成交金额的6‰向交易双方分别收取；采用协议转让、单向竞价和定价转让等其他方式交易的，按成交金额1.5%向交易双方分别收取。"这份文件为碳排放权和用能权交易服务收费制度提供了重要参考。

三、中国成品油与新能源政策展望

展望2024年，中国成品油政策将主要集中于进一步完善成品油市场监管、推动成品油行业数字化和智能化发展；中国新能源政策将主要集中在储能项目建设、新能源产业再生资源回收利用体系建设、完善碳交易制度方面。

（一）进一步加强成品油市场监管，促进市场公平化

市场监管总局、公安部、商务部、税务总局印发了关于《综合治理加油机作弊专项行动方案》的通知，要求坚决遏制加油机作弊，严厉打击计量作弊、偷逃税等违法行为，时间定于2023年8月至2024年7月开展综合治理加油机作弊专项行动。持续性的合规化检查使得终端市场竞争环境更为公平，加油站整体采购完税率提高，不过对部分加油站而言，运营成本相应提高，竞争力有所下滑。预计2024年针对成品油市场，中国将进一步完善监管政策，

整顿市场作风，确保成品油市场有序规范运作。

（二）推动数字技术与成品油行业深度融合，促进行业低碳发展

《国家能源局关于加快推进能源数字化智能化发展的若干意见》（以下简称《意见》）提出，要推动数字技术与能源产业发展深度融合，到2030年，能源系统各环节数字化智能化创新应用体系初步构筑，数据要素潜能充分激活，数字技术与能源产业融合发展对能源行业提质增效与碳排放总量和强度"双控"的支撑作用全面显现。《意见》提出要加快行业转型升级，并设定了6个发展方向，以数字化智能化技术加速发电清洁低碳转型、以数字化智能化技术支撑新型电力系统建设、以数字化智能化技术带动煤炭安全高效生产、以数字化智能化技术助力油气绿色低碳开发利用、以数字化智能化用能加快能源消费环节节能提效、以新模式新业态促进数字能源生态构建。能源行业数字化发展是大势所趋，预计2024年将出台更加具体的政策措施，指导数字化技术与成品油产业深度融合，为成品油行业低碳发展提供更加科学的方案。

（三）进一步推动储能项目建设，储能产业加快发展

《国家能源局综合司关于开展新型储能试点示范工作的通知》（以下简称《通知》）宣布将以推动新型储能多元化、产业化发展为目标，组织遴选一批典型应用场景下，在安全性、经济性等方面具有竞争潜力的各类新型储能技术示范项目，项目原则上已完成备案，且预计在2024年底前投产。各省级能源主管部门、中央企业集团有资格推荐新型储能项目业主单位参与，每个推荐单位推荐项目原则上不超过3个，同一技术路线的项目不超过2个。为更好地开展工作，《通知》同步印发了《新型储能试点示范工作规则（试行）》，将"新型储能项目"界定为除抽水蓄能外以输出电力为主要形式，并对外提供服务的储能项目。新型储能日益成为中国建设新型能源体系和新型电力系统的关键技术，培育新兴产业的重要方向及推动能源生产消费绿色低碳转型的重要抓手。预计2024年中国将配套更多有关储能项目建设政策，确保储能产业多元化产业化发展。

（四）完善新能源产业再生资源回收体系，能源循环利用要求趋于严格

新能源产业将迎来首次大规模退役潮，废弃处置和废物循环利用成为产业政策重点。《关于促进退役风电、光伏设备循环利用的指导意见》明确了 2025 年、2030 年的责任机制、标准规范、技术体系、产业布局目标。《风电场改造升级和退役管理办法》，明确了发电企业负责风电场改造升级和退役的废弃物循环利用和处置，行业标准规范制修订工作将加快推进。预计 2024 年新能源产业再生资源回收利用体系建设将加快推进，项目开发投资的生命周期后半程因素的决策权重增大。

（五）进一步推出碳交易政策，完善碳交易机制

中国碳市场管理稳步前行，新规灵活性增加。生态环境部发布《关于做好 2021、2022 年度全国碳排放权交易配额分配相关工作的通知》，明确全国碳市场第二个履约期的配额核算与分配方法等细则。2023 年度配额预支机制，帮扶经营困难企业，对配额缺口率在 10% 及以上的重点排放单位，确因经营困难无法完成履约的，可从 2023 年度预分配配额中预支部分配额完成履约，预支量不超过配额缺口量的 50%。全国碳市场已构建起要素完整的制度框架，参与主体分工逐步明确，支撑平台安全高效运转，碳价格发现机制初步形成，碳减排激励约束效果初显。2024 年预计中国碳市场将不断完善制度体系，出台碳市场管理条例、引入有偿分配机制、明确配额结转规定。

成品油篇

2023年全球石油消费及成品油需求继续上扬，炼油产能继续增加，加工量增加190万桶/日，炼厂平均开工率为88.9%，炼油重心逐渐东移。国际油价全年宽幅震荡，布伦特原油期货年均价格83美元/桶，WTI期货年均价格78.1美元/桶。成品油需求整体呈增长态势，加油站数量持续增长，加油站呈现多功能化趋势，加油站非油品销售业务比重不断上升。成品油仓储物流智能化、网络建设进入大规模运营阶段，为成品油市场的快速发展提供了有力支撑。

2023年中国炼油扩能放缓，行业监管强化，倡导理性竞争。原油加工量7.35亿吨、表观消费量7.7亿吨，同比分别增加9.3%和8.5%，原油进口5.64亿吨，炼厂平均开工率72.4%，同比增长6.8%，成品油需求反弹。成品油产量提升至42835.8万吨，同比增长16.4%，国内成品油价格呈"M"形波动。中国成品油表观消费量3.87亿吨，同比增长15.5%。中国传统加油站数量继续呈下降趋势，综合能源服务站数量不断增长，充电基础设施建设不断完善，非油业务稳步发展。

展望2024年，全球炼油产能和成品油产量将持续上升，国内成品油价格总体上将呈现前低后高的趋势。中国成品油需求量将缓慢增长，综合能源服务站将规模化发展，非油业务的服务链将不断延长。

成品油市场分析展望

2023年，全球炼油产业主要呈现两个基调，绿色转型加速与市场低迷放缓。全球炼油产业面临绿色转型压力的背景下，欧美炼油产能扩张放缓，而亚太和海湾地区正在加速布局现代化炼油项目，全球炼油产能重心逐渐东移。虽然疫情冲击逐渐消散，但全球经济和油品需求增速不及预期，对产能的支撑作用有限，全球成品油市场供应紧张局势仍在持续。

中国炼油产业扩能放缓，加工负荷再创新高。2023年中国炼能再创新高，成为世界第一大炼油国，成品油产量实现进一步增长，市场竞争加剧。随着中国经济稳中向好以及疫情影响渐渐消退，炼厂平均开工率由2022年的67.8%上涨至2023年的72.4%。独立炼厂平均炼油能力提升，呈现规模化发展。炼油企业正在加快绿色能源转型步伐，数字化、智能化水平不断提升。汽油、柴油、煤油产量均有所上升，尤其是航空煤油产量增速明显，已经恢复至疫情前水平。

2023年，由于经济疲软和地缘事件频发，国际油价频繁波动。上半年，国际油价在中低位震荡，下半年冲高后又受多种因素推动下跌明显，已基本回吐前期涨幅。中国及国际汽油零售价格总体变化不大，年底呈下跌趋势；航煤市场价格整体呈跌；国际柴油市场价格呈现"V"形走势，全年国际柴油市场价格与近五年内水平较为接近。

2023年，中国成品油批发市场呈现供需两旺的局面，供需平衡或略有富余。成品油批发交易方式单一、价格竞争无序；成品油批发市场呈现区域、企业竞争格局；市场竞争加剧，亟待推进能源结构优化和转型；各级政府和相关部门进行定期安全检查，不断加强综合治理。国内成品油仓储市场整顿升级，综合治理不断推进，促使成品油仓储逐渐走向规范化、绿色化、多元化和智能化，区域性油库建设持续发力，整个行业正在经历一场正向的革新。

成品油物流领域，中国成品油物流安全、高效和可持续性强，管道运输在维持体量优势的同时继续向智能化方向寻求突破，铁路运输和国内沿海成品油运量发展态势良好，运输体量呈上升趋势，成为管道运输的有效补充。

一、炼油厂发展现状及变化分析

2023 年，全球炼厂呈现库存降低、产能下降的趋势，供给紧缺形势难改。中国作为全球第一炼油大国，成品油炼厂产能与产能利用率均处于高位，但开工率未达到理想水平，存在炼油产能相对国内成品油市场过剩的情况，而独立炼厂平均炼油能力有所提升，在 2023 年呈现规模化发展趋势。

（一）全球炼油产能和流向分析

2023 年，受地缘冲突、供应链困扰和市场避险情绪升温等因素影响，成品油供需错配，市场跌宕起伏。全球炼厂平均开工率为 88.9%，美国炼厂年均开工率为 90.1%，亚洲炼厂年均开工率为 92.8%，欧洲炼厂年均开工率为 81.6%。在激进绿色转型迫使美欧炼油产能扩张脚步变慢的背景下，未来全球新增产能重心将加速东移。

1. 驱散疫情阴霾，全球开工率与产能有所回升

如图 1 所示，2020 年，受新冠疫情冲击和能源转型战略影响，全球炼厂呈现库存低、产能下降的趋势，全球炼厂开工率大幅下降，之后开始震荡回升。

2023 年，随着疫情的影响逐渐消散，全球炼厂开工率升高，原油加工量将超过 5 年平均水平。2023 年第三季度，欧美地区炼厂开工率上升至年最高水平，美国炼厂第三季度平均开工率为 93.08%，欧洲炼厂第三季度平均开工率为 82.73%。高利润是促使炼厂保持高开工率、低检修水平的最主要原因。

2023 年，全球炼厂的加工利润虽然同比 2022 年下滑，但仍处于相对高位，二季度欧美催化型炼厂的平均利润仍在 10 美元/桶以上。在高利润的支撑下，短期内预计炼厂检修量将继续保持低位，炼厂对原油的需求有支撑。

图 1　全球炼厂开工率走势

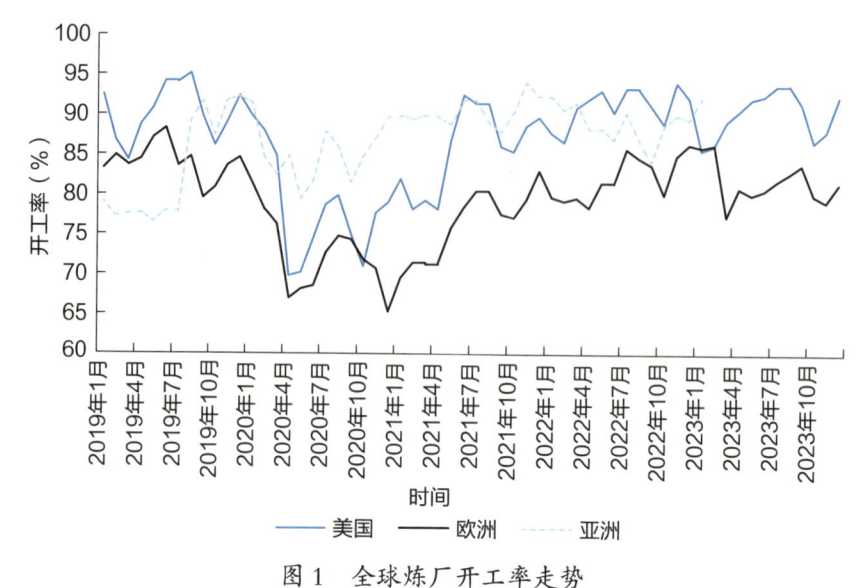

数据来源：OPEC 石油市场报告

新炼厂投产及扩建将使全球成品油供应逐渐充裕。IEA 预计，2023 年全球炼油产能将增加 160 万桶/日。2023 年 4 月初，伊拉克卡尔巴拉（Karbala）炼厂正式投产，产能为 14 万桶/日，预计会减少该国 60% 的成品油进口；阿曼 4 月初在杜库姆（Duqm）投产了一家产能为 23 万桶/日的炼厂，主要生产柴油、石脑油、航空煤油和液化石油气；5 月，尼日利亚的丹格特（Dangote）炼厂投产，产能达到 65 万桶/日；埃克森美孚在美国的博蒙特（Beaumont）炼厂产能扩建计划由 34 万桶/日增至 50 万桶/日。

2. 地缘危机持续发酵，成品油供应区域性问题严峻

2023 年二季度，全球主要成品油需求均保持增长，炼厂开工率维持高位，市场整体供应充足，但受到地缘危机影响，仍显现出结构性、区域性供应不足的问题。

全球炼油供需分布不完全匹配。美国、中东、俄罗斯是全球三大主要石油产品净出口地，而欧洲等国家和地区是石油产品净进口地。净出口地需通过海运、管道等贸易方式满足其他地区的炼油缺口，一旦出现地缘危机、运输不畅等重大影响因素，全球成品油市场可能会面临供应短缺问题。乌克兰危机前（2022年1月至2月），俄罗斯70%以上的成品油出口至欧盟、美国和英国，出口量分别为8078万吨/年、2275万吨/年和807万吨/年，合计为1.12亿吨/年。在西方经济制裁后，美国已在4月停止进口俄罗斯成品油，欧盟和英国也在2022年底逐步停止进口俄罗斯成品油。俄罗斯成品油供给缺口短期难以弥补。短期内，欧洲地区可以恢复的极限炼油产能为0.75亿吨/年，加上目前美国剩余可恢复的闲置产能为1500万吨/年左右，欧美地区可恢复的极限炼油产能约为0.9亿吨/年，很难抵消2022年俄罗斯成品油出口受限引致的炼能下降幅度。

3. 绿色转型加速，炼油产能重心东移

随着全球绿色转型加速，炼厂扩产动力愈发不足，未来炼油产能增长较为有限，中长期内供给不足局面将很难缓解。与此同时，在激进绿色转型迫使美欧炼油产能扩张脚步变慢的背景下，未来全球新增产能重心将加速东移。美欧国家在下游炼油领域投资主要以维护、更新、优化老旧产能为主，尤其是加速推进绿色转型的欧洲地区，对于在建和新增炼油项目的投入均呈下滑态势。未来，美欧地区的炼油产能将锐减。与之形成鲜明对比的是，亚太和海湾地区正在加速布局现代化炼油项目，未来全球炼油重心将"由西转东"。此外，抛弃俄罗斯原油和石油产品的欧洲，急需物美价廉的替代来源，这无形中增加了具有地理和原油双重优势的海湾国家提升炼油能力的动力。

4. 成品油供应短缺局面难改，市场紧张局势加剧

成品油短缺可能会让全球经济陷入更深度衰退。随着欧盟对俄罗斯原油和成品油的禁令正式实施，全球争夺汽柴油等成品油的竞争进一步加剧。2023年第三季度开始，全球大部分炼油厂进入季节性维修，加上法国持续不断的大罢工，全球中间馏分油短缺日渐加剧。中间馏分油主要用于货运、制造、农业、供暖、采矿等多个行业，鉴于其库存远低于正常水平，柴油和取暖油价格居高不下，导致消费品和取暖费更加昂贵，从而加剧通胀规模。

无论短期还是中期，全球成品油市场维持平衡的能力都较为脆弱。尽管

炼油利润率很高，但行业布局新炼油项目的速度却很慢，因为绿色转型和脱碳政策的推动，导致对未来汽柴油需求的预期普遍看衰，成品油供给短缺局面难改。

（二）中国炼油产能分析

2023年，中国炼油产能和原油加工量均取得了突破。其中，炼油产能再创新高，全年炼油能力达到9.49亿吨，同比增长1.3%；原油加工量7.35亿吨，同比增长9.3%。主营炼厂和独立炼厂平均开工率均维持高位，主营炼厂成品油产量平稳增长，共计3.01亿吨，较2022年上涨3.1%。炼化一体化项目取得新进展，多家企业均有大型炼化一体化项目相继投产，炼油能力持续增长，产能过剩压力进一步加大。

1. 中国炼油行业扩能放缓，加工负荷再创新高

2023年全国整体产能变化不大，扩能速度有明显下降趋势。《2030年前碳达峰行动方案》明确要求到2025年原油一次加工能力控制在10亿吨以内，相比2022年9.24亿吨的炼油能力，仅有不到1亿吨的增长空间。2023年国家发展改革委、能源局等部门针对炼油行业出台《关于促进炼油行业绿色创新高质量发展的指导意见》，部署17项重点任务，进一步明确严控新增炼油产能、加快淘汰落后产能。政策管理趋严的形势使独立炼厂面临新挑战。炼油企业正在加快绿色能源转型步伐，数字化、智能化水平不断提升。

随着中国经济稳中向好以及疫情影响逐渐消退，炼厂平均开工率由2022年的67.8%上涨至2023年的72.4%。国际原油价格整体呈现宽幅震荡走势，均价重心明显下移，加之上半年国内成品油需求快速恢复，价格支撑较强，因此炼厂炼油利润较为可观，带动生产积极性明显提升。虽然四季度国内成品油需求转弱，加之零售限价经历"六连跌"导致批发价格明显下跌、炼厂开工负荷高位回落，但整体来看，2023年主营炼厂平均开工负荷同比仍明显上涨。中国炼厂在炼油能力进一步提升的同时，仍然存在产能过剩问题，炼化产业结构将会进一步优化。其中，独立炼厂将继续向下延伸产业链，往精细化工方向发展。独立炼厂产能将继续增长，行业竞争会进一步加剧，而低硫船燃产能将提高，其市场份额增加，炼化技术创新将会加快，并突破高端技术制约，不断提高自身竞争力。炼油技术与设备的发展将继续朝着绿色化、低碳化、高效化、精细化方向推进，炼油企业能源转型和数字化、智能化转型将进一步加快，智能炼厂建设将不断完善。

2. 中国成品油炼厂开工率处于高位，产能和产能利用率较平稳

在疫情防控解除、经济回暖等因素提振下，2023年主营炼厂平均开工率为77.9%，较2022年提升3.6个百分点，如图2所示。主营炼厂开工率总体呈波动上升趋势，其中，1月开工率最低；2—9月开工率迅速上升，尤其是9月受"金九"旺季需求以及出口提升的影响，开工率达到近十年峰值；第四季度后，"金九银十"的传统需求旺季结束，炼厂生产积极性下降，开工率转跌。

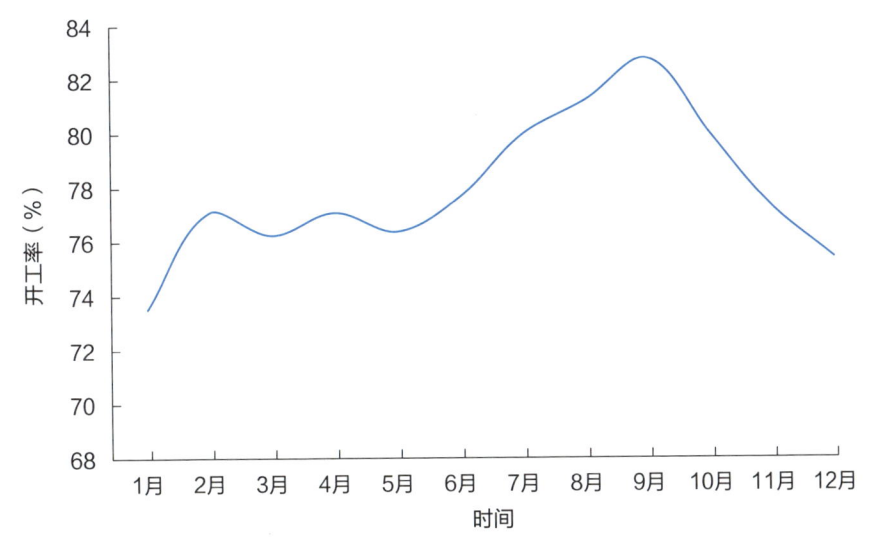

图2 2023年中国主营炼厂开工率

数据来源：隆众资讯

3. 中国独立炼厂整体形势向好，开工率同比增长

2023年，终端需求陆续复苏，中国独立炼厂整体炼油形势向好发展，生产运营表现平稳，如图3所示。2023年全年独立炼厂开工率在60%～69%

波动，平均开工率为 64%，同比增加 6.5 个百分点。随着独立炼厂不断优化布局自身产能结构，独立炼厂开工率总体向好，各月平均开工率均在 60% 以上，其中，6 月开工率最低，为 60.97%；7—10 月开工率迅速上升，10 月开工率达到全年峰值，为 68.65%；11 月独立炼厂开工率急速下降，12 月开工率又有小幅回弹。

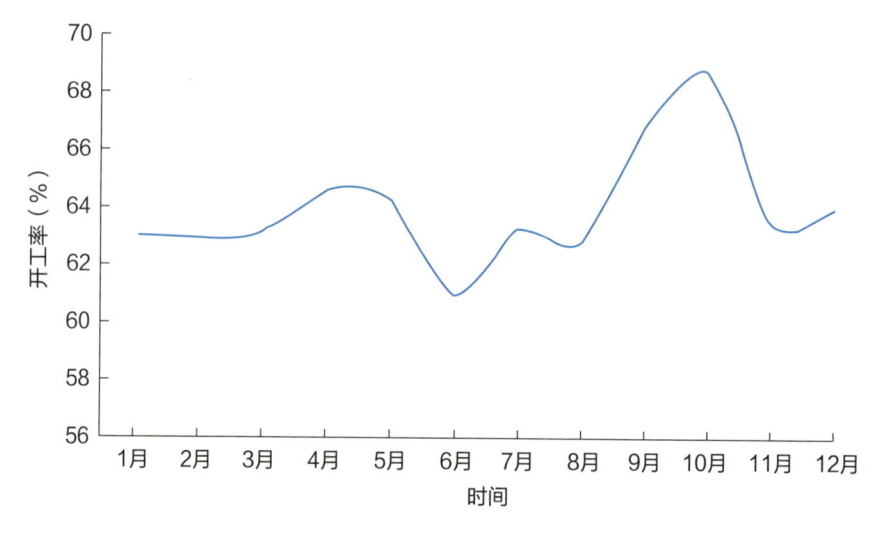

图 3　2023 年中国独立炼厂开工率

数据来源：隆众资讯

2023 年第三季度，山东个别炼厂因炼油利润下滑降量生产，不过鑫岳、齐成、万通和利津均检修结束开工，抵消之下开工率整体仍然有所上涨。2023 年 9 月，华北和东北地区也有重要炼厂开工或提高负荷（河北鑫海开工、辽宁宝来开工、盘锦浩业提负），虽然西北永坪炼厂检修拉低负荷，但整体负荷仍然在众多炼厂集中开工下明显提高。

2023 年第四季度，因利润不佳和原料缺乏，独立炼厂开工率下跌明显。11 月，山东独立炼厂常减压平均产能利用率为 56.97%，环比跌 5.93%。其余地区东北、华北、华东、华南、西北、华中地区多有重要炼厂负荷降低，带动总负荷出现明显下滑。

（三）中国成品油产量分析

2023年，中国炼油产能再创新高，成为世界第一大炼油国，成品油产量实现进一步增长，市场竞争加剧。

1. 中国汽油产量年度变化分析

需求面的提振有效促进了汽油的生产。2022年底开始，防控政策优化后，中国经济正式进入复苏阶段，旅游业、餐饮业、工业以及物流运输业等均呈现出了明显的好转迹象。由于汽油是基础的民生产品，因此市场对于汽油需求的恢复也存在较强的信心。乘用车出行频率大幅回升，存量汽车的消费潜力充分显现。同时，国家及各地政府多次发文强调继续促进汽车的消费。

如图4所示，2023年第一季度，汽油库存相对较高，为了加快去库存，炼厂下调汽油收率，汽油产量同比降低。2023年第二季度开始，库存高位的现状得以缓解，炼厂开工率开始上升，汽油产量也随之上升。同时，2023年上半年的汽车产销量出现上涨，在一定程度上对汽油需求带来提振。3—7月汽油产量的平均同比增长率超过了15%。2023年三季度初期，汽油受假期出行季、高温空调用油影响，消费增速明显，产量上涨显著。供需自8月份后呈宽松状态，供需支撑减弱抑制汽油进一步上行动力，汽油产量有所下降。

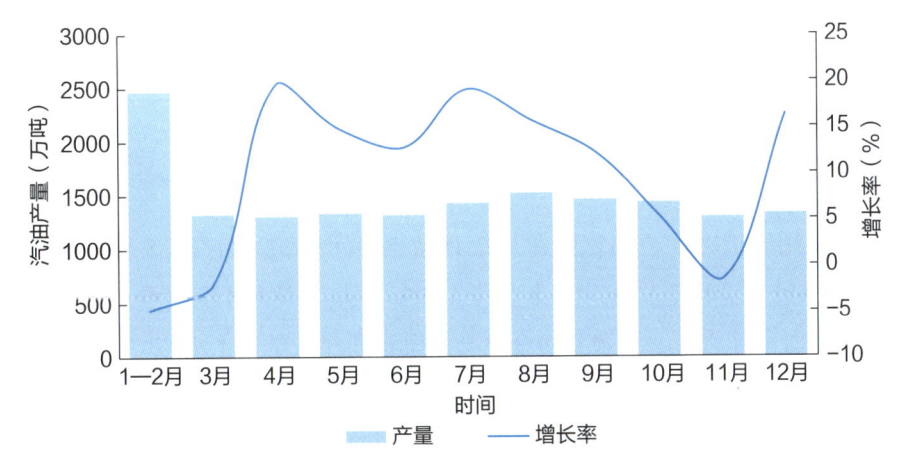

图4　2023年中国汽油产量及同比增长率

数据来源：隆众资讯

2023年第四季度，汽油产量环比有所下降，但由于交通运输业刚需支撑，整体同比增长明显。12月汽油产量同比增长率达到16.4%。

2. 中国柴油产量年度变化分析

虽然全球炼油产能的下降和乌克兰危机导致的西方对俄罗斯石油禁运使得国际市场柴油供应持续紧张，但世界经济复苏以及部分利好政策的推行也让柴油市场出现了复苏迹象。加上中国的疫情政策优化，柴油作为基础的民生产品，其需求也迅速升高。2023年中国柴油产量相比2022年有明显上升，尤其是2023年1—8月柴油产量的同比增长率在20%以上，如图5所示。

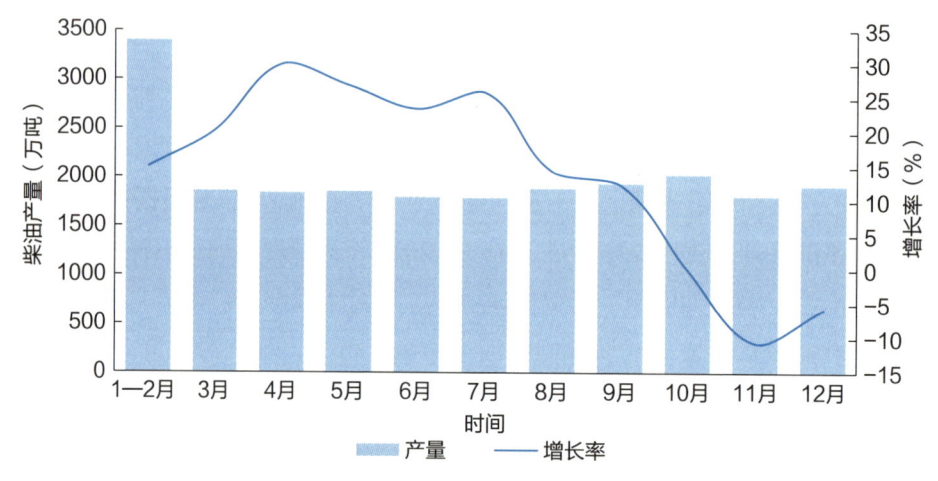

图5　2023年中国柴油产量及同比增长率

数据来源：隆众资讯

社会用电量方面，国家能源局统计数据显示，2023年1—5月，全社会用电量35326亿千瓦·时，同比上涨5.49%。从具体的月份来看，除了1月份同比有所下降之外，剩余月份全社会用电量同比皆呈现上涨态势，尤其是2月份，全社会用电量同比上涨超过10%。社会用电量同比上涨，且1—5月公路货运量达到155.4亿吨，同比增长8.2%，也对柴油需求带来提振。

2023年上半年柴油的需求和产量居高不下，但供过于求的现状越来越突出。柴油需求在年中进入峰值平台，未来需求将稳中趋降。国内柴油供需自8

月后呈小幅收紧状态，与此同时，在产业升级、传统行业油耗下降、运输结构调整、替代能源等因素影响下，柴油需求有明显回落。尤其在进入第四季度后，产量同比下降明显。

3. 中国煤油产量年度变化分析

煤油市场中，航空煤油占了绝大比例。航空煤油是成品油中受疫情影响最明显的油品，消费量与生产量随疫情变化大起大落。2022年，受新冠疫情的影响，航空煤油市场受到了巨大冲击，需求端和供给端均持续低迷。随着2022年底中国疫情政策的优化，中国航空市场迅速复苏，2023年中国航空煤油市场得到极大恢复。2023年1—12月，中国航空煤油产量猛增，第二季度的同比增长率约为100%，基本恢复到疫情前的水平，如图6所示。

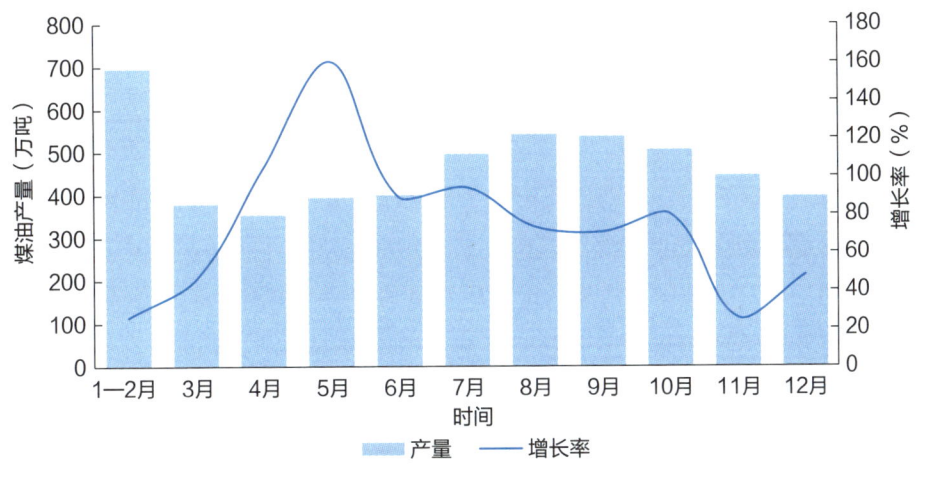

图 6　2023 年中国煤油产量及同比增长率

数据来源：隆众资讯

（四）国际成品油产能及产量对比

1. 需求削减严重叠加利润率偏低，欧洲炼能难改下降趋势

2020—2022年的新冠疫情给全球经济和油品需求带来了巨大的冲击，欧洲炼厂开工率大幅下降，叠加欧盟趋严的碳中和政策，道达尔、埃尼、埃克森美孚、壳牌等公司在欧洲设立的至少10家炼厂都先后关停或转产可再生能源。此外，炼油毛利持续走低也是加速欧洲炼厂产能退出的重要原因。2023

年，欧洲加深了对美国和中东成品油的依赖。从欧盟进口视角来看，2023年6月欧盟成品油进口总量为396万桶/日，比2月减少16万桶/日。来自美国的成品油进口量显著上升，较2月提升24万桶/日，为最大的增量来源。柴油是2月后国际成品油市场最为关注的品种。6月欧盟进口柴油合计106万桶/日，与2月相比，来自美国、阿联酋和沙特阿拉伯的进口量显著上升，分别提升12万桶/日、7万桶/日和7万桶/日。

2. 美国成品油库存处于低位，成品油供需失衡局面难以缓解

美国能源信息署（EIA）指出，美国目前炼油产能低于疫情前水平。美国大部分炼油厂在2020年因疫情而被迫关闭或转型成生物燃料工厂，这使得美国炼油产能出现大规模"断层"。2023年11月，美国柴油库存量出现1951年以来的最低水平，包括柴油和取暖油在内的成品油库存正在加速消耗。事实上，美国部分炼油产能在2020年新冠疫情暴发之后被迫永久性关闭，但随着疫情缓解，需求迅速回暖，供给侧难以跟上需求的增长，导致美国成品油供需失衡的局面愈演愈烈。密西西比河干旱、铁路大罢工等因素进一步给美国柴油供应带来冲击。密西西比河的干旱迫使更多产品转向铁路和卡车运输，而铁路大罢工则导致可用路线减少，柴油供应速度赶不上需求增速。为了尽快填补供应缺口，美国东海岸的炼油厂开足马力，尽可能多地生产柴油。EIA指出，东海岸4座炼油厂6月和7月的开工率为100%，截至10月最后一周开工率高达102.5%，已无法提供更多石油产品。

3. 俄罗斯限制出口禁令颁布，成品油市场承压

在强化本土供应、国内炼油厂维修、卢布持续疲软的背景下，俄罗斯成品油市场面临较大压力。乌克兰危机爆发前，俄罗斯炼油厂每日出口280万桶石油产品，目前已经降至100万桶左右。2023年9月21日，俄罗斯正式对车用汽油和柴油出口实行临时限制，禁令立即生效且没有明确结束日期；10月6日，俄罗斯解除了一项通过管道向海港出口柴油的禁令，但仍然保持对汽油出口的限制。目前，全球柴油库存已处于较低水平，俄罗斯作为全球主要原油出口国、最大柴油供应国之一，此次无限期禁止向大多数国家出口汽柴油，将打乱全球成品油市场，导致供应短缺进一步加剧。

4. 全球炼油产能格局亟待调整，亚太和海湾地区或将引领全球增长

IEA 数据显示，2020 年至 2026 年，全球范围内宣布关停的炼化产能约为 360 万桶/日。在美欧等发达地区，尽管炼油利润率很高，但行业布局新炼油项目的速度很慢，因为绿色转型和脱碳政策的推动，市场对未来汽柴油需求的预期普遍看衰，投资者投资意愿下降。亚太地区的经济增速有所放缓，但增速仍将位列世界各地区之首。亚太地区的能源转型任重道远，油气消费在未来较长时期内仍将在能源消费中占较高比重，对成品油产能产生有力支撑。与此同时，现代化炼油项目的加速布局，也让亚太和海湾地区未来成品油产量的增长有迹可循。数据分析与咨询公司 GlobalData 预计，到 2024 年，海湾地区的炼化能力将从 2023 年的 1160 万桶/日，增至 1360 万桶/日，增幅达 17%。新增的 200 万桶/日产能之中，约 150 万桶/日来自计划中的项目，剩余 50 万桶/日来自在运项目。

（五）国际成品油产量年度变化分析

1. 汽油需求回暖，供应不足问题仍然存在

2022 年美国与欧洲炼厂的关停潮与转型潮对汽油产量的下降影响还未完全散去。同时，地缘危机的加剧会导致汽油的运输与进出口不畅等一系列问题。随着美国、英国和欧盟逐步停止进口俄罗斯成品油与普京签署总统令扩大反制裁措施，全球范围内汽油供需分布不完全匹配，从而引致产能下降。

汽油需求主要来自交通运输及居民生活用油，随着新冠疫情防控转段后经济恢复发展，汽油消费维持稳定复苏态势，汽油的需求提振有利于汽油产量的恢复。然而在国际形势错综复杂的当下，叠加各国清洁能源的政策导向，永久关停的炼厂不会轻易恢复生产。2023 年国际汽油产量有小幅提升，但仍显现出结构性、区域性供应不足的问题。

2. 世界经济恢复缓慢，柴油供应短缺问题加剧

2023 年，柴油产能不足依然是全球的普遍情况，这可以追溯到疫情时期，当时由于需求萎缩，大量炼油厂倒闭，2021 年世界炼油产能 30 年来首次下降，加上乌克兰危机爆发后美国、欧盟等对俄罗斯的石油制裁，导致以柴油为主的全球性油品供应紧张。尽管疫后消费反弹，大部分产能却已经"永久消失"。

在此背景下，大部分炼油厂仍在努力提产，但第三季度的季节性维护又带来新的压力。2023年9月前两周，俄罗斯柴油出口下降三分之一。由于炼油厂维修工作在9月下半月至10月中旬达到峰值，柴油产量受到的影响还将持续。与此同时，世界经济恢复缓慢，全球柴油库存也处于较低水平，扩产动能不足和炼厂转型导致柴油市场供需失衡情况难以缓解。

3. 疫情的影响消除，航煤市场稳步复苏

2021年，中国境外疫情形势严峻，国际航线大幅削减，导致国际航线航煤消费量出现萎缩，减幅超8%。2022年，国际疫情应对经验逐步积累，负面冲击也在下降。从全球范围来看，疫情制约将逐步下降。在较高的疫苗接种率下，航空业获得了较好的恢复。2023年，随着全球疫情渐渐退散，全球航空客运全面恢复，航煤市场也迅速复苏，但增长率略低于国内市场。目前，全球航空煤油的产量已经与疫情前基本持平。

二、成品油价格及变化分析

（一）2023年度国际油价现状

2023年，受全球经济形势、地缘冲突、供需关系变化以及国际货币政策等因素的影响，国际油价总体上呈现高位宽幅震荡趋势，全年在70～95美元/桶之间波动。2023年布伦特原油期货年均价格83美元/桶，同比下降17.8%；西得克萨斯中质油（West Texas Intermediate, WTI）期货年均价格78.1美元/桶，同比下降17.2%。受国际油价波动、供需关系变化以及经济增长放缓等因素影响，国际成品油价格也频繁波动。

1. 国际油价高位宽幅震荡，全年在70～95美元/桶之间波动

2023年，从WTI月均期货价格和布伦特月均期货价格的全年变动趋势来看，国际油价在70～95美元/桶的区间内呈宽幅震荡趋势。如图7所示，1—3月，国际原油市场对全球经济衰退的担忧加剧，尤其是欧美地区的银行业风险凸显，抑制了经济信心，对原油需求预期形成拖累，布伦特月均价格和WTI月均价格呈小幅下降趋势；4月，因美国原油库存大幅下降、银行业危机缓解、通胀放缓、"OPEC+"决定大幅度减产直到年底等因素支撑，国际油价有所回升；5—6月，"OPEC+"两度宣布减产但未收获长久成效，市场预期需求增长放缓以及各国央行的加息预期使得国际原油价格宽幅震荡，6月份WTI和布伦特价格分别跌至70.27美元/桶和74.7美元/桶，均为全年最低价格；7—9月，市场对原油供应担忧加剧、中美经济数据良好、美国商业原油库存持续下降、美联储加息预期降温等因素推动国际油价回暖，并持续回升走高，9月份WTI和布伦特价格分别涨至89.58美元/桶和94美元/桶，均为全年最高价格；10月，巴以冲突爆发、欧美收紧对俄罗斯原油出口的制裁计划等因素共同推动国际油价剧烈波动，国际油价开始回落；进入11月，国际油价继续在地缘博弈及全球经济增速放缓中震荡下行；截至12月底，WTI和布伦特原油期货价格分别收于72.11美元/桶和77.93美元/桶。

总体来看，2023年WTI年均价格78.1美元/桶，同比下降17.2%；布伦特年均价格83美元/桶，同比下降17.8%。对比2022年的WTI和布伦特原油期货价格水平总体上在80美元/桶以上波动，2023年总体在70～95美元/桶区间波动，呈现明显的宽幅震荡特征。

图7 2023年WTI和布伦特原油价格走势图
数据来源：隆众资讯

2. 经济环境不稳定，成品油价频繁波动

（1）2023年国际汽油零售价格现状。

受2023年上半年以来多种因素的影响，全球原油价格剧烈波动，导致国际汽油价格也变动较大。直到2023年度中旬，全球平均汽油价格高达1.31美元/升；全球168个主要国家和地区中，有30个地区汽油价格高于1美元/升；汽油价格最低的是主要中东产油国，委内瑞拉汽油价格仅0.02美元/升，埃及汽油价格0.28美元/升，伊朗汽油价格0.36美元/升。

但作为产油量最大的三个国家，其国内的汽油价格较低；其中6月份沙特阿拉伯每升汽油价格0.62美元，全球排第39位；俄罗斯每升汽油价格0.64美元，全球排第38位；美国每升汽油价格0.95美元，全球排第32位。

从全球主要经济体看，日本年中汽油价格平均每升1.20美元，中国年中平均汽油价格每升0.95美元；韩国年中平均汽油价格每升1.21美元。中日韩作为亚洲主要的经济体，原油也以进口为主，三个国家原油进口成本应当差别不大，造成汽油价格差异的主要原因是不同国家执行不同税收机制。进口石油为主的国家，在国内成品油价格中都要征收比较高的税率，来适当抑制原油消费，优化能源结构，减少污染和外汇储备压力等；而对外石油依赖度不高的国家，则在成品油中征收税率不高。

（2）2023年国际煤油零售价格现状。

2023年1—12月，新加坡煤油价格走势呈跌后反弹再跌走势运行，其中，在1—5月主要得益于中国公共卫生方面管控解除，不仅带动国内还刺激国外航煤的需求。而国际原油价格虽对煤油市场有影响，但其影响程度变小。据测算，2023年1—8月，新加坡航煤与布伦特原油的相关性为0.79，较去年同期下降了6.36%。可见，今年新加坡航煤市场不仅受原油影响，还受到供需的影响比重增加。尤其是今年1—2月比较明显，该阶段新加坡航煤与原油的相关性仅为0.4。

国际煤油零售价格分析以西北欧航空煤油FOB价格变化为例。其1月、5月、9月、12月价格分别是115.15美元/桶、85美元/桶、118.2美元/桶、96.58美元/桶，表现出先下降后上升再下降的趋势。新加坡航空煤油FOB价格在观察期内表现出显著的波动和不稳定性。这些波动可能受多种因素影响，包括但不限于全球原油价格、地缘因素、供需关系等。

（3）2023年国际柴油零售价格现状。

2023年国际柴油市场价格呈现"V"形走势，价格重心明显下移。一季度国际柴油市场价格在102～125美元/桶区间波动。二季度国际油价大幅下跌后呈弱势盘整态势，美国硅谷银行突发破产，欧洲瑞信股价暴跌，欧美银行业风险骤然凸显，严重冲击经济信心及需求前景。受成本面国际油价下行利空影响，国际汽柴油市场价格承压回落。6—9月份，国际油价呈现上涨态势，布伦特涨幅达30.42%。沙特阿拉伯宣布进行额外减产并将期限延长至年底，加剧供应趋紧特征，显著提振市场气氛。国际柴油市场价格涨至年内最高点131.42美元/桶。9—10月份，国际油价呈现先跌后涨态势，利空主要是回吐前期涨幅，且美国燃油需求出现季节性下降。但随后10月7日巴以冲突爆发，地缘不稳定因素再次拉涨油价，国际柴油市场价格整体呈现跌后反弹的走势。

（二）2023年度国内成品油价现状

1. 2023年中国汽油零售价格现状

2023年上半年，汽油市场开盘价格在7894元/吨，收盘价格8590元/吨，上涨696元/吨，涨幅8.82%。从官方的汽油调价记录来看，2023年汽油调升10次，调降12次，暂不调整三次。在2023年上半年，有6次汽油价格的调降，有5次汽油价格的调升，整个2023年上半年汽油价格上涨幅度不大。在2023年下半年，汽油价格在7、8、9这三个月一直在调升，10月中旬开始持续调降，直至12月月底。由于调降的价格幅度大于调升的幅度，12月月底汽油的价格已经跌回6月底的价格。

汽油价格驱动在成本逻辑和供需逻辑之间不断转换。如表1所示，一季度，原油窄幅震荡下行，汽油价格受消费复苏以及复苏预期带动，价格强势上涨，与原油出现背离，截至季度末，原油较年初下跌7.7%，而国内汽油价格上涨7.9%；二季度，原油表现持续疲软，价格呈现跌势，截至季度末，原油季度内跌幅6.2%，汽油受供需支撑，价格在季度内上涨0.1%；三季度，原油表现强势，季度内涨幅28.2%，汽油受原油向好及暑假消费增长带动，价格呈现上涨走势，但裂解价差持续处于区间高位，上涨空间有限，阶段内涨幅 8.5%，表现不及原油；10—11 月，原油消费表现均不及市场预期，且原油成本端出现下行趋势，带动汽油价格高位回落，其中原油跌幅 14.3%，汽油跌幅 8.6%，柴油跌幅 7.7%；12 月，国际油价大幅下降，受国际油价的波动和供求关系的影响进行大幅度下调。

表 1　2023 年汽油调价

月份	调整时间	汽油
1 月	1 月 3 日 24 时	上调 250 元 / 吨
	1 月 17 日 24 时	下调 205 元 / 吨
2 月	2 月 3 日 24 时	上调 210 元 / 吨
	2 月 17 日 24 时	不做调整
3 月	3 月 3 日 24 时	不做调整
	3 月 17 日 24 时	下调 100 元 / 吨
	3 月 31 日 24 时	下调 335 元 / 吨
4 月	4 月 17 日 24 时	上调 550 元 / 吨
	4 月 28 日 24 时	下调 160 元 / 吨
5 月	5 月 16 日 24 时	下调 380 元 / 吨
	5 月 30 日 24 时	上调 100 元 / 吨
6 月	6 月 13 日 24 时	下调 55 元 / 吨
	6 月 28 日 24 时	上调 70 元 / 吨
7 月	7 月 12 日 24 时	上调 155 元 / 吨
	7 月 26 日 24 时	上调 275 元 / 吨
8 月	8 月 9 日 24 时	上调 240 元 / 吨
	8 月 23 日 24 时	上调 55 元 / 吨
9 月	9 月 6 日 24 时	本次不调整
	9 月 20 日 24 时	上调 385 元 / 吨
10 月	10 月 10 日 24 时	下调 85 元 / 吨
	10 月 24 日 24 时	下调 70 元 / 吨

续表

月份	调整时间	汽油
11 月	11 月 7 日 24 时	下调 140 元 / 吨
	11 月 21 日 24 时	下调 340 元 / 吨
12 月	12 月 5 日 24 时	下调 55 元 / 吨

数据来源：公开数据整理。

2. 2023 年中国煤油零售价格现状

中国经济的稳定发展，城镇化建设持续推进，居民收入不断增加，航空出行需求日益增长，民航运输业的发展，为航煤需求市场增长提供强力支撑。2023 年国内煤油市场价格处于近五年价格高位区间。煤油除了 90% 以上的用量用于航空用油外，还可作为柴油的重要原料，因此柴油价格是影响煤油价格走势的关键点。年内煤油最低价出现在 6 月底，为 6580 元 / 吨，因 6 月为柴油需求淡季，市场看跌心态居多，采购心态谨慎，国内煤油价格处于下跌态势。进入 7 月份，受国际原油上涨及出口套利高位刺激，柴油价格一路高涨，带动煤油市场价格上涨。步入金九后，在部分业者节前备货利好带动下，9 月 20 日煤油市场价格达年内最高价 8150 元 / 吨。备货结束后，因节后柴油需求未见明显改善，多数业者持消库观望心态，煤油市场价格下行。

横向来看，2019—2023 年中国煤油价格走势与原油价格走势相似，相关性达到 88.03%，多数时候国内煤油价格涨跌会受到原油市场影响。纵向来看，2023 年中国煤油市场处在相对高位，其中，10 月份，煤油价格处在近五年来相对高位，4 月初至 12 月底煤油价格仅较 2022 年同期低，较 2019—2021 年同期价格都高。一方面主要得益于原油价格高位支撑，另一方面则是全国管控放开后，人们出行频次及半径增加，民航对煤油需求亦增加。

3. 2023 年中国柴油零售价格现状

2023 年国内柴油行情基本呈现"V"形走势，现货价格保持在近五年的高位运行；年内柴油市场均价为 7760 元 / 吨，同比下跌 7.64%；其中，年内最低点出现在 6 月底为 7055 元 / 吨，最高点在 9 月下旬为 8330 元 / 吨，年内最大振幅 18.07%。

2023年年内，成本与供需逻辑继续主导柴油市场。一季度柴油市场价格强势开局、心态向好是该阶段行情上涨的主因。国内经济开始艰难复苏，业者对柴油消费信心稳增，春节期间便开始主动囤货，以备后用。但受国际油价下行及下游需求不足影响，自2月起国内柴油价格便开始从超涨区间理性回落。二季度柴油市场表现亦始终不及预期，行业整顿、危险化学品政策等使一众贸易单位踟蹰；仅在五一前夕，供应收紧、需求走强预期助推下，市场出现了一波短暂的上涨行情；5—6月，柴油价格再次在原油下跌及后市唱衰引导下步入下行通道。不过，经过前期市场的不断补跌修复，7月初期业者抄底心态便逐渐显现；另叠加原油反弹相配合，月内市场行情显著上行。后续，由于旺季预期提前透支，8—9月柴油价格的续涨动力明显趋缓；但国际油价在此期间力破新高，起到了一定减缓价格跌幅，助涨市场行情的作用。四季度，柴油价格则伴随消费及成本下滑同步走跌。

（三）国内外油价变化分析

1. 全球原油价格变化分析

2023年布伦特原油平均价格为每桶83美元，低于2022年的101美元/桶，相差19美元/桶。全球市场适应了新的贸易动态，来自俄罗斯的原油找到了欧盟以外的目的地，全球原油需求低于预期。这些动态抵消了OPEC+原油供应限制的影响。

2023年上半年，由于欧盟对俄罗斯原油及产品实施进口禁令、全球央行多次加息以及通胀和经济衰退担忧，原油价格出现波动。然而，2023年上半年布伦特原油价格的波动性明显低于2022年，当时由于俄乌战争，价格达到多年高点。2023年下半年，紧张的地缘局势和对原油需求的担忧导致价格波动加剧。布伦特原油价格收于78美元/桶，比2023年初低4美元。

2023年6月，OPEC+成员国宣布将原油减产延长至2024年底。在6月的会议之后，沙特阿拉伯宣布，除了OPEC+减产外，7月份还将自愿减产100万桶/日（可选择延长）。

2023年9月初，沙特阿拉伯宣布把该国的自愿减产延长至2023年底。美国商业原油库存下降，9月29日处于2022年12月以来的最低点。有限的供应给原油价格带来了上行压力，9月底，布伦特原油价格达到98美元/桶的年内高点。原油价格从9月高点回落后，在10月初巴以冲突开始后再次上涨；布伦特原油价格在10月初达到91美元/桶。

随着对更广泛冲突和供应中断的担忧缓解，对原油需求的担忧再次推动原油价格下跌。截至2023年10月底，布伦特原油价格跌至89美元/桶，几乎与10月上旬的价格持平。布伦特原油价格继续下跌，12月12日收于74美元/桶。

12月中旬，由于巴以冲突外溢对红海航运船只多次袭击，地缘紧张局势加剧，油价再次开始上涨。这些袭击导致过境红海的保险费率急剧上升，包括英国石油公司在内的托运人开始在非洲顶端改变船只的航线。航程延长和地缘风险增加，推动布伦特原油价格在12月29日（2023年最后一个交易日）上涨至78美元/桶。

2. 国内成品油价格变化分析

（1）国内汽油零售价格变化分析。

在2023年的上半年，有6次汽油价格的调降，2次不做调整，其余全部是汽油价格的调升。在2023年的下半年，汽油价格三季度上升、四季度下降，国际汽油价格则与国内汽油价格走势大体相当。

从需求端来看，2023年汽油全年表观消费量约14864万吨，较之2022年增加1551万吨，增幅约12%。2023年新能源汽车替代掉的汽油消费量已占到传统汽油消费量的12.4%，替代率达11%。新能源汽车的普及，对于传统汽油市场的冲击越来越大。截至2023年12月底，国内主营92号汽油均价8897元/吨，较之2022年底走高779元/吨，年内汽油价格涨幅9.6%。

（2）国内煤油零售价格变化分析。

自2022年底以来国内经济开始艰难复苏，加之有关旅游业的利好政策也频频发布，地方惠民措施协同助力，中国旅游市场加速回暖，航班量恢复情况亦相当可观。据民航局数据统计，2023年民航全行业共完成运输总周转量1188.3亿吨公里、旅客运输量6.2亿人次、货邮运输量735.4万吨，同比分别增长98.3%、146.1%、21%，分别恢复至2019年的91.9%、93.9%、97.6%。

中国的煤油零售价格分析以中国石油化工集团有限公司出厂价为例。航空煤油企业出厂价格从2022年1月从4851元/吨开始，价格上涨到2022年7月的最高点9755元/吨，随后出现波动并略有下降到2023年12月的7038元/吨。整体看，尽管中间有波动，但趋势显示价格上涨了相当一部分。最高点为2022年7月的9755元/吨，最低点为2022年1月的4851元/吨。这种差距表明在这一期间内市场有极高的不确定性。在达到最高点9755元/吨之后，价格出现了明显下跌，最低下降到2023年6月的5750.71元/吨，但2023年12月又有所反弹到7038元/吨。这可能表明市场正在寻找一个新的平衡点。2022年1月至2023年8月的数据的均值是7125.70元/吨，中位数是7247.5元/吨，显示价格大多数时间在这两个数值附近波动。

（3）国内柴油零售价格变化分析。

2023年柴油均价为7532元/吨，同比2022年下跌675元/吨，跌幅8.19%。2023年中国柴油市场价格呈现"N"字形走势，走势波动性大于汽油。年内柴油共出现两段明显的上涨，第一段在1月，第二段在7月中到10月。第一段1月受政策调整和汽油大涨的情绪带动，中下游提前对柴油进行大量备货，带动柴油价格在1月需求淡季开始上涨；而2022年1月份的柴油价格为7500元/吨左右，处于下降趋势，主要受冬季户外用油企业开工受限，且春节临近，柴油需求持续转弱等因素影响。第二段因价格到达年内低点刺激中下游抄底积极性，且华东和华南部分贸易商空单到期后大量采货交付，带动柴油价格一路走高。而2022年同时期柴油价格也是波动上涨，多次突破9000元/吨，这主要是因为受政策影响，国内开工率迅速提高，柴油需求量迅速增加。

2023年内共出现两波明显下跌，第一波在5月至6月，部分贸易商在5月初开始提前抛售柴油，柴油进入下跌趋势，且6月柴油需求进入季节性淡季，价格亦一路下跌；第二波段在9月中旬至12月，旺季特征不明显，且价格处于高位后中下游投机积极性被压制，均拉动柴油价格高位下滑。

整体来看，2023年柴油市场总结为"旺季不旺，淡季不淡"，市场持续表现为预期引领市场，而非需求引领市场，与2022年需求引领市场有着明显差异。

三、成品油批发、仓储与物流特点分析

2023年，随着全球经济活动逐渐恢复，成品油需求逐渐回升。然而，由于疫情期间全球库存的积累、原油价格上涨、新建项目投产以及主要产油国的增产，国际原油市场出现了供大于求的局面，供需缺口约为2000万吨。这对国际油价形成一定的下行压力，同时也给出口国提供了更多的市场空间。国际原油市场的供需格局已经发生变化，需求端的主导作用逐渐显现，这将对国内市场产生深远的影响。受国际油价影响，国内成品油价格也出现了持续下跌，成品油价格的波动将继续对消费者和企业产生影响。在成品油仓储方面，国内仓储市场整顿升级，行业监督管理体系正在逐步完善，此外，中国成品油仓储行业正朝着绿色环保、经营多元化、智能化和数字化等方向持续推进。中国成品油物流安全、高效和可持续性强，管道运输体量持续加大，取得许多重大进展，铁路运输和国内沿海成品油运量发展态势良好，运输体量呈现上升趋势，成为管道运输的有效补充部分。

（一）成品油经营市场主体、仓储及运输能力

1. 中国成品油经营市场主体更加多元，竞争日益激烈

根据加入世界贸易组织承诺和《中华人民共和国对外贸易法》《中华人民共和国货物进出口管理条例》，中国对原油、成品油进出口实行国营贸易管理，并且允许一定数量的非国营贸易进口。随着石油成品油流通"放管服"改革深入推进，越来越多的民营和外资企业参与到成品油流通行业中来，市场经营主体更加多元，竞争日益激烈。同时，根据"十四五"规划，中国将会逐步减少对于化石能源的依赖，加快低碳、新能源的建设。根据企业所有制、市场主体和发展规模等因素，可以将中国石油市场主体归为四大类，即三大传统石油集团、新兴国有石油企业、民营石油企业和外资石油企业。2023年中国经济社会稳步发展，居民收入水平不断提高，并且国家出台相关政策，为成品油行业提供了公平竞争的环境，因此国内在交通运输、工业生产、航空运输等领域对成品油的需求继续增长。同时，随着全球疫情防控取得进展和经济活动恢复，国际市场对成品油的需求将逐步回升，为中国成品

油出口提供了良好的机遇。但是，随着新能源技术的进步和政策的支持，新能源汽车、飞机、船舶等交通工具将逐渐取代传统燃油车辆，这在一定程度上削弱了对成品油的需求。尤其是在"双碳"目标的引领下，中国必须加快推进能源结构的优化和转型，新能源的发展将对成品油行业带来巨大的冲击和挑战。而且国际市场需求的回升和新兴市场的崛起，中国成品油行业将面临来自国际市场的激烈竞争。与中国成品油经营主体不同，美国成品油市场主体众多，性质不受限制，不存在国有炼油企业，并且政府非常重视私人投资在国内能源发展和建设中的作用，所有中上游资产均由私营企业及其股东拥有，拥有下游资产的反而是国有公司。比如西提哥石油就是委内瑞拉政府完全拥有的委内瑞拉石油的独资子公司，在美国拥有若干炼油厂、零售网点和管道系统，加油站总数达数十万座。

2. 中国成品油仓储行业处于稳定发展阶段，集中度较高

在仓储方面，中国石油储备建设相对滞后，与发达国家相比起步较晚，但效率较高。2001年，中国首次提出石油资源战略；2003年，正式启动国家石油储备基地计划；2007年，成立国家石油储备中心，加强中国战略石油储备建设，健全石油储备管理体系。决策层决定用15年时间分三期完成石油储备基地的建设，三期工程全部投用后将使中国储备总规模提升至5亿桶。近年来，国内成品油库库容保持快速增长态势。中国成品油库建设项目在不断推进，中外合资企业等新进入这一市场的企业在不断新建、收购成品油库，扩容态势迅猛。整体而言，中国成品油仓储行业处于稳定发展阶段，集中度较高。2023年，全球经济形势总体稳中带柔，国内经济活动得到有序恢复。但2023年中东战争的爆发对全球能源供应产生重大影响，对包括中国在内的世界各国造成经济冲击。因此，在疫情和地缘冲突双重压力下，传统化石能源市场表现出震荡与不确定性特征，对全球能源安全造成威胁。能源安全关系重大，因此未来中国石油储备仍需继续加强。作为全球石油领域行业主导者的美国，成品油仓储设施发达，市场化程度较高；管道遍布各州，管道运营市场化程度高；具有管道输送比例高、运输品种多、管网布局密集等特点，在世界处于领先地位。

3. 中国成品油运输能力保持稳定上升趋势

在运输方面，成品油作为炼厂产品，更贴近下游消费。成品油货种多元，但需求对应的下游行业相对单一，运输量由炼厂产能和产销地理结构主导，形成需求地域分散、区域航线为主的特性。中国管道运输和航运发展在2023年都取得显著成效，在管道运输方面，中国今年有多个重点管道工程建设投产，大大增强了中国的管道运输能力；另外，中国的航运规模也保持整体上升态势，总之，中国成品油运输能力保持稳定上升趋势。随着全球疫情防控取得进展，全球出行需求复苏，成品油需求也反弹复苏，运输需求增加。同时，全球炼厂在发达国家碳中和路径下持续向发展中国家转移，炼厂转移速率快于能源转型速率，为炼厂产能增加提供运量基础；炼厂产能分布不均衡拉长运输距离，这两方面不仅提升了成品油的运输需求，对物流能力的提高也有着积极作用。与此同时，国际市场也在积极进行物流建设：北美等发达地区油气管道建设及规划活动保持稳态，管网完善及出口通道建设有序推进；成品油海运运输需求呈多元化态势，贸易航线相对复杂，也为提高船只利用率提供了机会，进而促进经济发展。

（二）成品油批发市场特点分析

2023年，国内成品油批发市场受到经济建设、消费修复、出口扩张等因素影响，成品油消费量不断增加。同时，由于新炼厂产能释放、进口原料利润改善、替代能源发展等因素，成品油供应量同步上升。中国成品油批发市场呈现供需两旺的局面，供需平衡或略有富余。

目前，中国与美国是全球最大的炼油国，且长期处于美国第一、中国第二的位置，远远超越全球其他国家。美国成品油批发贸易非常发达，实货与期货相结合，国内外资源统筹运用，是完全的市场化运作模式。中国成品油批发市场则有以下几个特点。

1. 成品油批发市场呈现区域化、大企业竞争格局

山东是国内炼油产能最大的省份。从成品油产量来看，山东占比高达15.48%；辽宁省、广东省、浙江省、江苏省分别以占比13.28%、10.47%、5.1%和5.09%，位居成品油生产能力第二至第五位。排名前五位省份成品油生产

能力已占中国成品油总生产能力的 49.42%，前五位省市均分布于中国经济最发达东部及南部沿海一带，产能区域集中明显。

中国成品油市场近年来发展十分迅速，在成品油批发市场开放后，国内成品油市场正在改变原有中国石油、中国石化两大集团集中批发成品油的市场格局。随着中国加入 WTO 后关税减让、市场准入等扩大开放承诺的兑现，以美欧大石油石化公司为主的外资企业抢滩中国大陆市场，国内市场进一步具有国际化的特征，并且逐步形成以国有石油公司为主导，国外大石油公司和国内民营企业积极参与的多元化市场格局，市场竞争愈加激烈。

中国石油和中国石化分别在各自的区域市场占有主要的市场份额，泾渭分明。中国石油在东北、西北地区拥有绝对的市场份额优势，在西南地区也拥有较多的市场份额；而中国石化在华东、华南和华中地区拥有极强的市场份额优势，在华北地区也拥有较强的市场优势。从成品油销售模式上来看，虽然中国石油、中国石化成品油多以零售为主，但两者依然掌控着大量的批发资源。中国石化和中国石油在汽油直销分销和批发市场上和地方炼厂的竞争十分激烈，两者合计占比 34%，其中中国石化和中国石油各拥有 17% 的市场份额；在柴油市场上，两者直销分销和批发量总占比 62%，中国石化、中国石油分别占据 35% 和 27% 的市场份额。

2. 成品油批发交易方式单一、价格竞争无序

国内成品油交易链条以实物交易为主，还没有引入金融期货、纸货等交易工具，缺乏批发贸易保值工具，依托市场发现价格还处于较为初级的阶段。近年来由于资源供大于求、竞争主体不断增加，国内成品油批发贸易已经逐步转向市场化运作，成品油批发呈现市场化定价的趋势。与大多数商品价格运行机制相同，成品油资源的供需是影响批发价格的首要原因，当供大于求的时候，商品价格往往下跌，当供小于求的时候，商品价格往往上涨。

由于国家政策对成品油管控较为严格，成品油批发尚不能做到完全市场化定价，成品油批发价格受国家零售最高限价变动预期影响较大，主营往往根据国际油价涨跌，推断零售价格变动情况，随之影响批发价格的变动。综合来看，成品油批发价格主要是受炼厂原油成本变化、政策变动、市场供需变化、市场竞争激烈程度、市场消息的交织影响。

目前中国市场上还没有权威的批发基准价，全国批发市场行情信息并不透明，各大主营对外发布的信息有限，各层级的批发贸易商主要依靠信息不对称和对市场价格的判断获利。由于没有权威的批发基准价，在销量低迷时期，很容易出现各大主营恶性竞争，降价放量抢夺市场的情况，导致效益流失。另外，批发商对终端客户的定价工具还不够丰富，依托基准价作价的方式还难以实现。成品油批发市场价格受到市场竞争、经济环境和政策等多种因素的影响，价格波动频繁，使得企业控制成本变得更加困难，同时油品销售涉及大额资金，客户转账交易线下拼单、倒单和油票分离，成品油市场监管难。而油品批发销售企业用工多效率低，在交易过程中，价格协商、资金确认等过程高度依赖客户经理的自觉性，存在降低价格和资金流失等风险，销售提货单的开具和传递、油品交付、客存签认纸质单据较多，存在丢失、伪造、变造风险。

3. 市场竞争加剧，受政策影响显著

在国内成品油批发市场，随着"放管服"改革深化，大量市场主体将继续涌入成品油批发市场，成品油批发市场即将迎来大规模洗牌，竞争将更加激烈。在国际成品油批发市场，随着全球石油市场的复杂多变，中国成品油行业将面临来自国际市场的激烈竞争。一方面，随着 OPEC+ 等产油国的产量恢复和美国页岩油的复产，国际原油供应将增加，对中国炼化企业的利润空间形成压力；另一方面，随着国际市场需求的回升和新兴市场的崛起，国际成品油市场将出现新的竞争者和消费者，对中国成品油出口形成挑战。

随着公众对健康、安全、环保的意识的不断提高以及政府对环境保护和碳排放的要求不断提高，成品油行业将面临更加严格的监管和约束。尤其是在"双碳"目标的指引下，中国将加快推进能源消费总量和强度双控，积极进行车用汽油、柴油的标准升级，降低污染，成品油消费将受到一定的限制。以中国石油、中国石化为代表的大型油气企业纷纷从"油气"供应商向"综合能源"供应商转型，提高清洁低碳能源在能源结构中的比例，采取更为积极的应对气候变化的行动措施。同时，成品油行业也将面临更高的环保标准和排放要求，成品油质量将不断提升，炼化过程中的污染物排放将不断减少。

中国成品油批发市场受政策影响显著。首先，中国成品油价格受到政府的严格调控，政府通过精细化的定价机制，确保市场价格在合理范围内波动，防止价格异常波动对市场和消费者造成不利影响。同时，政府严格把控市场准入管理，设定明确的经营资格要求，限制非法和不合规企业进入市场。在环保质量监管方面，政府通过制定严格的油品质量标准，加强对油品质量的监管力度，确保市场上销售的成品油符合环保要求。此外，政府还通过税收财政政策，对成品油市场进行调控，通过调整消费税税率等手段，影响市场需求和价格。最后，政府还注重成品油批发市场的安全与应急管理，通过制定相关法规和标准，要求企业加强安全生产管理，确保市场供应和稳定，推动中国成品油批发市场的健康有序发展。

（三）成品油仓储市场特点分析

成品油仓储是指利用油库设施提供成品油代储服务的经营行为。国内成品油储存主要有三种类型：炼油厂储存、油库储存（商业）和油库储存（国储）。随着经济的发展和人民生活水平的提高，油品需求量逐步增加，因此油库行业市场需求日益旺盛。

近年来，国际宏观环境日趋复杂，地缘冲突以及传统能源转型等因素相互叠加，全球能源产业格局发生巨大变化，将逐步导致未来石油流向改变、需求结构分化和数量下降，石油仓储需求将继续缩减。面对未来发展形势，国际石油仓储公司发生以下转变，一是部分大型国际公司已开始出售其石油仓储资产，如欧德拟出售印尼 Karimun 项目；二是现存仓储公司竞争加剧，如大新加坡地区（包括新加坡、马来西亚南部的柔佛州，印度尼西亚的廖内省和巴淡岛）目前平均储罐出租率为 89.0%，低于过去 10 年 97.4% 的平均水平，客户合同也明显趋于短期化；三是国际石油仓储巨头开始结合能源转型发展趋势，布局低碳能源设施以及气体、化工品仓储设施。

从中国代表性油库的容量来看，东营原油库、浙江台州临海油库容量处于领先水平，分别达到 52 万立方米及年吞吐量 180 万立方米左右。其他代表性油库还包括江西南昌石油昌北油库 9.6 万立方米、浙江绍兴油库 20.3 万立方米等。2023 年 5 月 30 日，中化珠海三期项目正式建成投运。项目位于珠海高栏港石化仓储区，包括3个罐组，共20座化工品和油品储罐，总容量16.4万立方米。自此，中化珠海总罐容达到81万立方米，成为中国华南地区最大的第三方成品油中转基地，将有助于中国中化完善在华南地区石化仓储的网络化布局和资源配置。

1. 国内成品油仓储市场整顿升级，行业监督管理体系逐步完善

自2023年1月1日柴油全面列入危险化学品以来，国内危化品经营许可证的新办陆续关停。3月底前，部分省市陆续下发关于成品油危化品经营许可及成品油流通管理的相关通知，停止对无仓储设施的成品油企业进行危化品经营许可，无仓储设施的成品油经营单位不予开通成品油发票开票模块，不得从事成品油经营活动，小型无仓储经营企业面临逐步退市。6月12日，商务部《成品油流通管理办法（征求意见稿）》下发，对仓储做了明确的界定；此外还要求成品油批发、仓储经营企业应自取得危险化学品经营许可证和营业执照之日起30日内，通过全国石油市场信息管理系统备案企业基本信息，按要求建立管理台账，提供经营数据，建立成品油流通智慧监管系统。此举能够有效对成品油批发、仓储和零售企业进行经营监督，并有效加强成品油企业统一化、标准化和信息化水平，通过仓储、物流等全流程信息的配套监管，成品油经营合规化水平进一步提升。

2. 成品油仓储朝着绿色环保方向发展

随着环境保护日益被重视，油库的发展趋势将朝着绿色环保的方向发展。油库将采用更多的环保技术和设备，减少对环境的污染。同时，也会加强对储罐和设施的安全监管，防止发生泄漏和火灾等事故。2023年初以来，中国石油东北销售公司加快推动绿色低碳发展，持续打好污染防治攻坚战，完善空气污染应对机制，细化应对减排措施，通过创建"无异味工厂"、全天候监测源头、控制污染因子等举措，加快解决挥发性有机物异味治理存在的突出问题。东北销售对所属各油库实施浮盘改造，更换高效密封浮盘，减少储罐VOCs无组织排放50%以上，着力打造安全环保、绿色节能、量效齐增的"绿色生态油库"。广西钦州油气库是广西区内最大的沿海油库，是区内成品油中转站，目前为钦州、防城港以及区内多个地市供应和周转油品。钦州油气库大力实施库容库貌提升工程，扎实开展绿色油库建设，通过增加绿化面积、修补破损路面、刷新管线油漆、增加油气回收系统投入、完善污水收集、雨水回收利用系统等措施，使库区绿色面貌焕然一新。2023年上半年，钦州油气库完成油品吞吐总量约156万吨，创近年来吞吐量新高，满足了社会生产生活对油品的需求。11月2日，浙江温州石油滨海油库成为温州市首座"无废油库"，通过加强环境检测和日常监管，严格固体废物处置，并投资建设光伏和充电桩项目，为温州地区提供绿色、清洁能源。

3. 油库经营多元化，变身综合能源服务体

政府将鼓励油库及码头市场的多元化发展，拓展服务领域。始建于1983年的杭州萧山城厢成品油油库，随着时代发展，变身为集能源补给和汽服业务于一体的综合服务驿站，2023年9月28日正式投营，是浙江石油首个综合能源服务体。此次投用的综合能源服务体建有"石化易电"大型充换电站、隧道式洗车机，可提供充换电、洗车和购车服务，还有易捷养车工厂店、易捷便利店和快餐等便捷配套服务也将满足顾客的高品质消费需求。

4. 油库建设智能化和数字化持续推进

中国加快推进油库及码头市场的智能化发展，借助信息技术优化管理和操作流程，应用物联网、大数据等技术，提高油品仓储运输的效率和精确度。

中国石化江苏盐城石油分公司上冈油库建设了江苏省首家智能油库综合管理平台，率先打造全省首家"智能智慧"油库。上冈油库是座新油库，是苏北成品油管道的末站，地处建湖县上冈镇204国道之西，黄沙港之北，占地150亩，库容6.4万立方米。该油库设备先进，自动化程度高，配有液位自动计量系统、阀控系统、视频联动系统、视频AI智能分析等15个系统，满足了油库运行的各方面需求。为了更好地实现系统操作，强化安全管理，建湖县应急管理局多次和上冈油库进行对接，分析讨论，督促油库打造全面的、一览式的信息展示平台，使系统之间有效连锁与联动，形成数据集成化管理，进一步提高运营效率，降低劳动强度，提升智能化水平。2023年上半年，油库完成"智能智慧"平台建设并进入运行阶段。

5. 各地油库扩建步伐加快

近年来，国内成品油库库容保持快速增长态势且达到较高水平。延长石油四川销售公司长期致力于保障四川地区油品资源稳定供应，销售半径覆盖

云、贵、川、渝等省市，为国家能源安全和发展战略需要、推动地方经济建设贡献积极力量。2023年3月，四川销售公司在原11具储罐总库容15万立方米的基础上，利用现有闲置预留地对油库进行扩建，并增加铁路发运设施设备，以此增强油品储备和调节能力，扩大延长石油在全川乃至大西南区域的辐射范围。

2023年6月9日，中国石油西藏销售公司725油库扩容改造项目建设正式投产，改造后的725油库库容达到9.8万立方米，第四次扩容改造建成后，将承担着格拉管道年输油量80%的接油任务，满足西藏经济发展、提高西藏成品油保供能力，是西藏目前最大的集智能化、信息化、数字化为一体的国内一流现代化成品油库，将对保障西藏成品油市场、助推西藏经济社会高质量发展发挥积极作用。

（四）成品油物流市场特点分析

1. 国内成品油物流特点

（1）管道运输体量持续加大，管道建设取得新进展。

2023年以来，中国大力推动油气管网基础设施建设，一批国家重点项目加速建设、顺利投产，1—9月中国新建主干油气管道里程突破2500千米，创历史新高。2023年10月，经过一年多建设，全长583千米的国家"十四五"石油天然气发展规划重点项目——西气东输四线天然气管道工程新疆段主线路管道焊接正式完成。整个工程预计2024年10月建成，每年可向中东部地区输送天然气300亿立方米。西四线建成投产后，将与西二线、西三线联合运行，进一步完善中国西北能源通道，提升中国天然气管网系统管输能力，提高能源输送的抗风险能力。

2023年11月3日，国内凝点最高的长输原油管道魏荆新线一次投产成功，对保障区域成品油及化工原料稳定生产，更好服务中部地区经济发展，具有重要意义。魏荆新线起自河南南阳，途经河南、湖北两省三市，终至湖北荆门，全长232千米，设计年输油量90万吨。

（2）管道运输智能化水平显著提升。

中国长庆油田输油二处围绕"数智运营、完整性管理、新能源发展"

三大建设，建成全面感知、自动预判、智能优化、自我调整的智慧输油管道，实现场站无人值守运行和管网全智能化运营，不仅可以提高管道输送效率，优化了站库运行能耗，还避免了意外损失和资源浪费。根据 2023 年 5 月 15 日中国石油石化工程信息网新闻，中国石油管道局完成了中缅油气管道静态数据和动态数据高效融合，实现了管道实体数字化、一体化和可视化。WisPipeline 是构建管道数字孪生体的工具，在数字化交付和智能管道建设方面成绩斐然：中缅油气管道的数字化恢复及数据应用项目通过 WisPipeline 载体平台，实现 1315 千米管线中 79.7 万条竣工、施工、采办和运维的结构化数据以及 2.9 万条站场各专业数据的数字化恢复及交付工作；长庆油田管道输油生产运行智能化建设项目上线应用后，单个站场交接时间由原来的两个小时缩短为 15 分钟。WisPipeline 载体平台在中国管道输油发展历史上具有里程碑意义。

总而言之，管道输油智能化是未来管道输油系统发展的趋势，能够提高管道输油的安全性、效率性和可持续性。通过引入先进的信息技术和智能化控制系统，实现对管道系统的智能监测、远程操作、自主巡检、故障诊断和能源优化，将对管道输油行业的发展起到重要推动作用。

（3）成品油铁路运输发展势头强劲，运输体量呈现上升趋势。

中国石化湖北恩施铁路油库每年有近 50 万吨的成品油通过铁路运输，通过开行成品油专列每年可节省物流成本 700 万元。仅 2023 年 4 月 27 日至 5 月 3 日期间，荆门至恩施成品油运输专线累计开行成品油专列 10 列，装运成品油 359 车、2 万吨，装运吨数同比增长 34.5%，跑出了成品油运输"加速度"。

2023 年以来，随着复工复产和春耕备耕用油需求增加，西藏地区成品油销量迅速增长。尤其是进入 5 月，西藏地区工矿陆续开工、旅游迅速升温，成品油需求量同比增长 13%。中国石油西北销售公司当月通过铁路向西藏地区发运成品油 11.49 万吨，同比增长 65%，充分发挥了青藏铁路运能，协调追加铁路运输计划，加快铁路罐车取送节奏，实现铁路进藏发运满负荷运行，有效保障了西藏成品油资源稳定供应，创造了成品油铁路单月入藏量历史最高纪录。

9 月 8 日，编组 66 辆铁路罐车、装载 3366 吨 92 号汽油的 48009 次成品油出口专列，从中国铁路哈尔滨局集团有限公司大庆车务段大庆东站发出，前往大连金港。2023年初至9月初，该段为大庆油田炼化企业累计发运成品油出口运输8505车46.3万吨，帮助油田企业不断拓展国外成品油销售市场，缓解了国内销售困境。

12月8日，陕西延长石油三原油库铁路专用线建成投运，这条专用线是西北地区最大、高智能油库——三原油库的配套工程。专用线新铺轨道15.425千米，新增道岔18组，投运后将大大提高三原油库的运输装卸和仓储能力，预计每年装卸成品油量可达400万吨。铁路专用线的建成投运，将使三原油库年周转量提高1.7倍，充分发挥"蓄水池"作用，进一步夯实延长石油油品保供能力，为陕西省经济社会发展提供有力保障。

总而言之，成品油铁路运输作为中国石油运输的重要组成部分，在国内油品供应、能源安全和经济发展中具有重要地位，具有广阔的发展前景。

（4）国内沿海成品油运量发展态势良好。

受益于经济快速发展、固定资产投资加大、汽车保有量不断提高、城市公路系统不断完善等因素，中国成品油消费量不断提升。12月1日，上海航运交易所发布的中国沿海成品油运价指数（CCTFI）综合指数1107.34点，较上期下跌0.2%；市场运价指数1040.79点，较上期下跌0.4%。成品油供需市场的快速发展相应拉动了水上运输市场的扩张，国内沿海成品油运量持续上升。国内沿海成品油水上运输是国内成品油物流的重要组成部分，为保障中国能源安全，中国对国内沿海成品油水上运输实施宏观调控政策，近年来中国沿海油品运输市场运力供需相对平衡，运力规模、船舶数量虽有所波动，但整体较为平稳，行业整体发展呈现健康有序的局面。交通运输部数据显示，截至2022年12月31日，中国共拥有沿海省际运输油船（含成品油船、原油船，不含化学品、油品两用船）共计1194艘、1142.2万载重吨，同比减少30艘，但吨位增加了28.1万载重吨，吨位增幅2.52%。目前中国沿海油运市场的运力供需相对平衡，市场总量基本稳定。与此同时，伴随着国内大型炼化一体化项目陆续投产，成品油沿海运输需求整体上升，船舶运力需求大型化趋势明显，且出现了阶段性运力供不应求的情况，发展态势良好。

《2022年水路运输市场发展情况和2023年市场展望》提出，沿海原油运输需求和运价水平有望企稳，成品油运输市场需求复苏势头明显。2023年成品油运输方面，由于炼化产业转型升级加快，民众出行需求加速释放，汽油、煤油需求呈现稳步回暖态势，运价随供需情况预计有所上升。此外，沿海化学品和液化气运输需求持续增长，运力结构进一步优化。2023年，在沿海炼化新增项目投产带动下，散装液体化学品、液化气运输需求预计持续增加，但随着国内化工产业链布局日趋合理，区域内航线明显增加，使得船舶整体运距呈现缩短趋势，后续随着新增运力逐步投放市场，市场供需有望保持动态平衡，运力结构将进一步优化，运价保持基本稳定或总体需求带动运价温和上涨。

2. 国外成品油物流特点

（1）全球成品油海上运输运距拉长。

乌克兰危机爆发后，欧美国家陆续对俄罗斯实行一系列制裁措施，在2023年2月5日开始制裁成品油海运。根据过往相关资料，俄罗斯成品油主要通过波罗的海和黑海出口至欧洲（超过50%）、美国（16%）和亚太地区（14%），出口油品主要为柴油和石脑油；乌克兰危机爆发后，俄罗斯成品油出口将逐步转向非洲、南美及亚洲地区。同时，俄罗斯成品油出口量在受制裁后约为200万桶/日，假设各地进出口量不变，仅贸易路线变化，平均运距将从2750海里上升至4562.5海里，运距上升约66%。此外，俄油占欧盟进口成品油的比例一度上行至60%，期间下降至约30%的水平，在俄成品油禁令生效之前，该比例再度回升至约40%的水平，从结果来看，2022年欧盟进口俄成品油的量下降了约37%；而在2023年2月的俄成品油禁令开始后，欧盟进口俄油的量下降为0，欧盟需要从运距更长的中东、印度、美国等地进口更多成品油以填补俄油的缺口。从运输路线来看，成品油船行业运输路线拉长。

（2）国际成品油运输行业格局以区域内为主。

成品油贸易的航线众多，格局以区域内为主。石油在生命周期中需要经过产油国生产原油、炼油国加工原油并产出成品油、最终消费国使用成品油的过程，炼能与消费需求的不匹配带来了成品油的贸易、运输需求，造就了成品油海运航线的多样性。而由于运输需要成本，过长的运输距离会导致经济性下降，因此成品油贸易以区域内为主，亚洲区域内及欧洲区域内是成品油海运需求最旺盛的地方。

四、成品油供给、价格及仓储运输展望

2024年，随着能耗双控向碳排放双控转换，"减油增化"趋势明朗，行业监管趋严，传统燃料炼厂或加速退出，独立炼厂向炼化一体化转型加速，成品油产量增速将总体呈现下降趋势。全球经济增长放缓，预计新能源替代增长将导致石油需求下降，同时石油供应相对充足。IEA预测2024年石油需求增长将减缓，EIA预计布伦特原油价格将小幅上涨。受全球经济放缓、国际局势不稳定、原油供应充足和能源转型等因素影响，预计2024年汽油价格将窄幅波动，航空煤油价格将有所下降，柴油价格同样存在下行压力。中国成品油批发市场呈现供需稳定的局面，企业正在以技术创新、优化供应链管理与智能化等方向为新的切入点逐步提高自身竞争力；成品油仓储处于良好水平，未来成品油仓储行业将继续稳定发展、提高现代化水平；成品油物流中管道运输与沿海水路运输将继续保持稳定态势，铁路运输规模也在持续增大，但无论哪种运输方式都离不开技术创新加持，成品油物流的效率与质量有待继续提升。

（一）成品油供给展望

展望2024年，能源清洁替代、能源消费电能替代、车辆节能和燃油替代加速发展，"减油增化"趋势明显，在较大程度上抑制了炼油供应的增长。同时，在炼油产能过剩而需求增长即将进入平台期的背景下，炼油将向炼化一体化加速转型，传统燃料炼厂或加速退出，叠加2024年能源转型趋势下对新炼油厂投资减少，同时考虑市场需求变化、产品结构化升级的影响，预计2024年炼能保持平稳增长，成品油产量增速将呈现下降趋势。

1."双碳"目标下环保规制加大，汽油产量增速放缓

随着中国政府对"双碳"目标的持续推进，汽油将面临越来越严格的环保限制和碳排放控制。同时，新能源替代产品快速发展，汽油需求进一步遭到挤压。"双碳"目标下，未来中国炼油能力增长空间有限，叠加严控新增产能等多重因素，预计2024年汽油产量或将加快接近达峰，汽油生产增速放缓。

2. 经济缓慢复苏背景下监管趋严，柴油产量将小幅下降

2023 年 7 月，国六排放标准 6b 阶段全面实施，加速淘汰工业设备落后的旧小产能、促进炼厂工艺优化，减少非正规炼厂低质量柴油生产。同时，为规范柴油市场，对于柴油生产、储存、使用、经营、运输等环节的管控收紧。2024 年进入"十四五"规划的攻坚之年，中国经济或将有更多的刺激政策。但在经济大环境复苏缓慢的制约下，未来房地产行业或步入去库存化阶段，将在一定程度上抑制国内柴油市场需求扩张。柴油消费面临诸多挑战，继而限制产量增长空间。综合以上柴油标准升级、政府加强监管与经济复苏缓慢等因素，预计 2024 年柴油产量将出现小幅下降。

3. 旅游业回暖提速，航空煤油产量继续提升

2024 年，航空业将持续回暖。后期随着经济复苏，旅游业亦将得到提振。再者，国际航线放开力度进一步加大，航煤产量依然有持续上涨的动力，但增速将放缓。

4."减油增化"趋势稳定，独立炼厂向炼化一体化加速转型

2024 年，在能耗双控和"双碳"的目标背景下，清洁能源在能源领域的地位不断提升，车辆节能和燃油替代加速发展，原油加工过程成品油产率将逐年下降，"减油增化"趋势明显。

2024 年，随着宏观经济恢复节奏平稳，大型独立炼厂有望实现价值回归。从全球市场看，欧洲欠缺炼油能力，并且俄罗斯实行原油和成品油禁运政策，这使欧洲不得不在全球范围内寻找供应者，这可能促进中国独立炼厂产能的提高。炼厂装置方面，基础装置逐渐淘汰，中国独立炼厂将集中投产较大规模的连续重整和加氢裂化装置，成品油收率会相应降低，进而提高独立炼厂的原料化率。独立炼厂产品紧跟市场需求，生产经营将持续优化；地方大炼厂的价值有望迎来重估，未来上行弹性充足。

2024 年，独立炼厂炼油产能结构性调整将持续进行，"减油增化"仍是重点，专精特新产品将有所增加，有望形成"油头化尾、油化相宜"的新型生产格局；随着"双碳"目标持续推进，独立炼厂也将不断向绿色、低碳、和谐、高效的方向迈进。炼化新型一体化发展方向是"竞争力、绿色化、高端化、数智化"。

（二）成品油价格展望

全球经济在 2024 年仍会有持续放缓风险，预计世界石油需求也将放缓。受石油需求不足影响，澳洲煤炭和美国天然气价格预计将有所下降，但仍将是过去五年平均水平的两倍。受供需和国际原油价格等因素影响，预计汽油价格将窄幅波动；随着乌克兰危机、巴以冲突等世界地缘局势不确定性持续，航空煤油价格预期将有所下降；受全球经济疲软等多因素的影响，预估 2024 年柴油价格同样存在下行压力。

1. 国际油价前景展望

经过几年的大范围复苏和石油需求的强劲增长，预计 2024 年世界石油需求将放缓。主要原因是预期全球经济仍增长疲软，占据全球石油需求增长的主要经济体的经济可能会有持续放缓风险。此外，随着能源使用效率的提高和电动汽车数量的增加，石油消耗量将有所减少。IEA 已经将 2024 年关于石油需求增长的预测从 100 万桶/日下降到 88 万桶/日。EIA 预测 2024 年上半年的布伦特原油现货价格将从 2023 年 12 月的平均 78 美元/桶上涨到平均 84 美元/桶，预计 2024 年全年平均为 70～85 美元/桶。预计 2024 年，澳洲煤炭和美国天然气价格仍将是过去五年平均水平的两倍。

2. 汽油价格前景展望

2024 年全球石油市场仍将面临诸多挑战。经济复苏乏力、石油供应充足等多重利空因素或将导致油价承压。2024 年，在潜在的经济衰退风险和石油供应充足等多重因素作用下，国际油价预计不会大幅反弹，或将在当前水平保持震荡行情。

从供应端看，尽管 OPEC+ 计划在 2024 年第一季度额外减产 100 万桶/日，但美国产量的强劲增长或将抵消 OPEC+ 的减产效果。与此同时，巴西和圭亚那等非 OPEC 国家的产量也在持续激增。IEA 报告显示，2024 年，非 OPEC 产油国的供应量将增加 120 万桶/日。整体来看，原油市场短期内将呈现供应宽松格局。从需求端看，主要经济体经济复苏态势不容乐观，全球经济增长速度可能继续放缓。经济增长乏力将在很大程度上抑制全球石油需求的增长，这将难以支撑国际油价在高位运行。国内来看，"双碳"目标严控新增炼油产能，汽油产能扩张受限。新能源汽车市场持续发力，交通运输及居民生活用油清洁替代加快，汽油供需趋于宽松。但是在短期内，新能源尚无法完全替代传统能源，因此汽油油价仍受到原油市场供求关系影响巨大。受供需和国际原油价格等多种因素影响，2024年汽油批发价格可能在8500～9000元/吨区间内波动。

3. 煤油价格前景展望

2024—2028年国内煤油价格将呈现震荡式下跌走势。经过"十四五"炼油产能的扩张，航煤加氢后续新增产能有限，而煤油作为调和柴油原料用量将愈来愈少，北方冬季用于置换负号柴油仍存部分需求，炼厂煤油将多用于出口或供航空用油。

未来五年，预计国际原油价格重心整体将呈现小幅下移，逐渐向相对低位区间收敛。2025年开始OPEC+减产或将结束，供应趋紧的格局将有所转变，乌克兰危机也有结束契机；全球经济也将在2024—2025年持续复苏，美联储大概率将在2024年开启降息周期，因此未来全球经济环境或逐渐改善。未来几年油价的底部支撑依然稳固，以布伦特为例，80美元/桶是高低油价的分界线，这一水平附近的油价符合各产油国的利益，沙特阿拉伯的未来愿景计划也需要偏高油价的支撑。随着需求逐渐复苏，新冠疫情以来的持续减产或将在2025年开始结束，供应端表现逐渐充裕，或一定程度上对油价形成压力。预计2024—2028年油价或有小幅下行趋势，但底部仍显坚固，布伦特期货或围绕70～90美元/桶的主流区间运行。预计2024—2028年煤油价格在6421～7162元/吨区间范围内，其中2024年煤油价格或为最高位7162元/吨，2028年或降至最低位6421元/吨。

4. 柴油价格前景展望

2024年国际原油市场成本端支撑将有所减弱，且供应端依然充裕，预计2024年柴油价格整体将出现回落，可能会在7700元/吨以下，年均价较2023年下跌145元/吨左右，原油成本面尚存不确定性，成本面支撑减弱是主要利空。供需均有下降预期，在出口减少的情况下，国内柴油很难出现供应趋紧的情况，国内库存中低位运作，对价格有支撑但无拉涨能力，对独立炼厂来说，供需的作用小于原油，但后期主营主导作用加强，或将再次回归供需。

另外，行业规范化后，炼厂成本增加，部分成本转移到柴油价格中，导致柴油年均价的跌幅跟不上原油的频繁波动。与汽油情况接近，季节性淡旺季表现明确，一季度的主要支撑在原油和低库存下的需求恢复；二季度原油价格下滑和需求下降会压低柴油价格；三季度需求进入高峰价格随之上涨；四季度需求回落后价格由涨转跌。

（三）成品油仓储物流展望

1. 成品油批发市场展望

总体而言，2023年国际油价缺少明显利好提振，呈现震荡波动局面。随着全球新冠疫情缓解、国际贸易逐渐恢复，全球经济形势总体稳中带柔，国内经济社会稳步发展。同时，伴随居民出行需求复苏、基建等项目的开工持续增加，成品油的需求不断增长，中国成品油批发市场呈现供需两旺的局面。但是随着石油成品油流通"放管服"改革深入推进，越来越多的民营和外资企业参与到成品油流通行业中来，市场经营主体更加多元，竞争日益激烈。为提高自身竞争力，企业逐渐开始利用大数据、云计算等技术，建立智能化交易平台，实现成品油交易的线上化和智能化，提高交易效率；不断进行供应链优化管理，借助物联网、区块链等技术，实现成品油供应链的全程跟踪和可视化，提高库存周转率和物流效率；进行能源质量管理，加强能源质量检测技术的研究和应用，保证成品油的质量和安全性；利用大数据分析、人工智能等技术，实现精准营销和个性化服务，提高客户满意度；持续加强安全管理技术创新，例如引入智能监控系统、防泄漏技术等，实现对成品油储存和运输过程的全面监控和管理，提高成品油储存和运输的安全性，降低安全风险。

2. 成品油仓储展望

中国成品油仓储处于较好的水平，成品油仓储行业处于稳定发展阶段，集中度较高。为进一步推动中国成品油仓储行业的持续发展，企业应该持续进行技术创新，加大在智能化、物联网、清洁能源等方面的技术投入，不断引入新的技术和设备，提高仓储设施的现代化水平；优化服务品质，通过提供定制化仓储服务、加强仓储安全管理、提高订单处理速度等，增强客户的信任度和满意度；积极拓展市场份额，通过兼并收购、战略合作等方式，实现规模扩张和业务拓展。同时，还应该关注环保和安全问题，加强相关技术的研发和应用，通过采用清洁能源、环保设备等措施，减少成品油仓储过程中的环境污染，推动行业的可持续发展。

3. 成品油物流展望

2023 年以来，中国大力推动油气管网基础设施建设，一批国家重点项目加速建设、顺利投产，管道运输体量持续加大，管道建设取得新进展；成品油铁路运输和沿海水上运输发展势头强劲，运输体量呈现上升趋势，在国内油品供应、能源安全和经济发展中具有重要地位，具有广阔的发展前景。但也不可否认，目前中国成品油物流业务链长、产销矛盾突出，未来发展还面临众多挑战，需要石油企业根据业务发展积极进行技术创新，如在成品油智能仓储、智能调度等方面开展小范围探索建设，应用物联网、大数据、运筹优化、人工智能等技术赋能物流业务精准、高效、安全、低成本运行，实现成品油"智慧物流"，提高成品油物流运行效率与效益。未来，通过"智慧物流"，成品油产、运、销、储将实现智能联动一体化发展，成品油物流运行效率和效益将得到大幅度提升。随着物联网、云计算、大数据、人工智能、机器智能、区块链等新技术的进一步发展，成品油物流装备智能化、物流信息匹配平台等行业新赛道已经开启，传统物流运营模式将被重塑，行业正进入一个由技术驱动的"互联网+"成品油物流新时代。

成品油需求、加油站及非油业务发展分析与展望

2023年世界经济表现出弱复苏态势，从2022年底开始，各国政府为应对经济下行周期采取了一系列的刺激措施，促进经济的阶段性复苏，但全球经济的增速依旧放缓。国际成品油市场依旧复杂。

2023年全球成品油需求进一步增加，但随着新能源汽车的普及和替代能源的发展，成品油需求的增长减缓。成品油消费结构与之前类似，三大成品油消费增量中，柴油增量最多，汽油和煤油增量相对较少。亚太地区的成品油消费仍居于全球首位，北美位居第二，成品油消费量增长明显；再次是欧洲，成品油消费增速进一步加快。受到经济建设、消费修复、出口扩张等因素的支撑，中国成品油市场需求处于恢复性增长区间，各类成品油表观消费量同比均大幅增长，受航空业恢复的影响，煤油消费量同比增长最为显著。汽油、煤油消费量实现高增长。

2023年，全球加油站数量持续增长，跨国加油站分布较多。各代表性国家的着力点各不相同。全球加油站的经营以自有他营模式为主流，经营模式不断推陈出新。加油站呈现多功能化趋势，不断推进加氢站建设，加速拓展充电业务。中国加油站的综合能源服务站数量不断增长，投资建设力度加大；中国传统加油站数量低于2022年，降速继续增加；充电基础设施建设不断完善，国有企业积极延伸充电业务；加油站光伏发电与储能获得了新的发展。中国和全球加油站经营的差异主要体现在经营主体、发展模式、数字化转型程度和综合能源站的建设力度上。

全球加油站非油品销售业务比重不断上升，通过调整经营方式，为消费者提供多方面的服务。美、英、德、日、韩等主要代表国家的非油业务模式都有所差异和侧重。中国加油站便利店数量趋于饱和，数量略减；非油业务稳步发展，整体盈利水平稳中有升；非油业务向多元化、体系化、全面化发展；不断完善非油专业线分级协同运营模式。中国和全球加油站非油业务的

差异主要体现在盈利能力、品牌多样性和服务多元化程度、全渠道运营程度等方面。

一、成品油需求分析

2023年，美联储加息引领的全球货币政策收紧对经济的滞后损伤进一步显现，在全球经济放缓的宏观背景下，石油消费增速面临挑战。供应侧博弈激烈，OPEC+减产稳价，继续发挥市场供应管理作用，美西方对俄石油制裁持续扰动市场，俄罗斯采取反制，同时其原油及成品油出口受到一定制约，叠加全球石油库存、上游投资处于低位，石油市场供应弹性下降、脆弱性增强。2023年全球成品油需求进一步增加，成品油市场整体呈现供大于求的局面，对国际油价形成一定的下行压力，同时也给出口国提供了更多的市场空间。

受到经济建设、消费修复、出口扩张等因素的支撑，中国国内成品油增长动力回归，成品油市场呈现供需两旺局面，供需平衡或略有富余。其中，汽油、煤油消费量实现高增长，而柴油消费量微增。全球成品油市场供需格局正在发生变化，需求持续增长的同时供应也在增加。然而，随着新能源汽车的普及和替代能源的发展，成品油需求的增长减缓。

（一）全球成品油需求分析

2023年，随着疫情的结束，世界经济保持稳步增长，市场进一步复苏。全球主要成品油需求均保持增长，全球航空客运得到全面恢复，炼厂开工率维持高位，市场整体供应充足，总体已接近疫情前水平。但受到地缘因素影响，仍显现出结构性、区域性供应不足的问题。

1. 全球成品油消费总量及变化

根据EIA数据，2019年全球成品油消费总量为30.01亿吨，增长0.84%。2020年开始，受到新冠疫情影响，全球成品油需求出现大幅下滑，2020年消费总量为25.89亿吨，较2019年下滑13.73%；2021年消费总量为27.93亿吨，同比下滑6.93%，连续两年下滑幅度超过5%。2022年，新冠疫情得到控制，全球成品油消费量增长了3.72%，高于2018—2021年的平均水平，基本恢复至疫情前水平，达到 28.97 亿吨，如图 8 所示。2023 年，受到新冠疫情缓解、经济复苏、出行恢复等因素的推动，全球成品油需求量进一步增加。

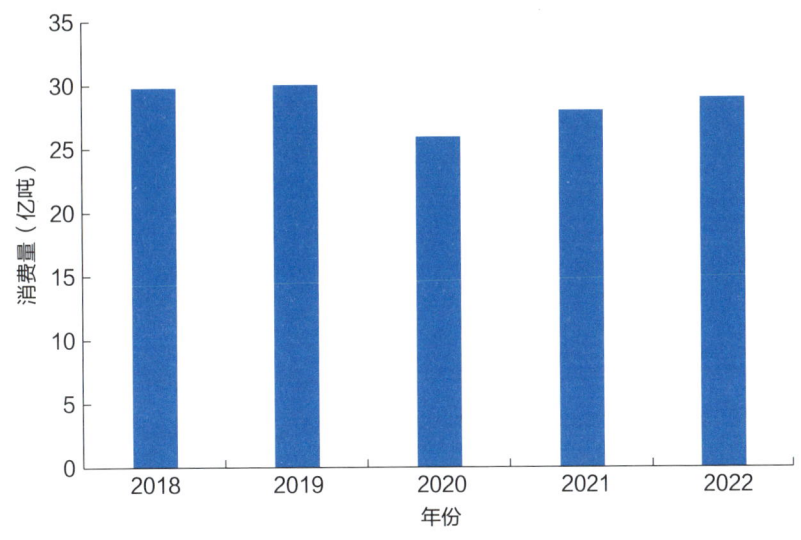

图 8　2018—2022 年全球成品油消费总量变化

数据来源：bp 世界能源统计年鉴

2. 全球成品油消费结构及变化

从油品结构来看，在三大成品油消费中，煤油的占比较小，汽油和柴油加总占比超过 85%。从三大油品的消费变化趋势来看，2020 年受新冠疫情影响，全球汽油、柴油和煤油的消费量都出现大幅下滑。其中，航空煤油需求受疫情影响最大，汽油居中，柴油最小。2021 年，随着疫情有所好转，成品油消费小幅上涨，煤油消费涨幅最大。2022 年，成品油消费结构与之前类似，三大成品油消费增量中，煤油增量最多，柴油次之，汽油增量最少，如图 9 所示。2023 年，成品油消费结构与之前类似，三大成品油消费增量中，煤油增量最多，汽油和柴油增量相对较少。

从消费区域结构来看，2018—2022 年，成品油消费量排名依次为亚太、北美、欧洲、中东和非洲。受新冠疫情影响，各地区在 2020 年都出现下滑；2021 年，随着疫情好转，各地区的成品油消费都出现小幅上涨；2022 年，各地区成品油消费稳步增长，如图 10 所示。2023 年，全球成品油消费的增长受到亚洲和北美地区的拉动，欧洲、南美洲、中美洲、非洲等地区的成品油消费量也有所增长。亚太地区的成品油消费仍居于全球首位，占全球的 40%；北美地区位列第二，成品油消费量增长明显；再次是欧洲，成品油消费增速进一步加快。

图 9　2018—2022 年全球汽油、柴油、煤油消费总量变化

数据来源：bp 世界能源统计年鉴

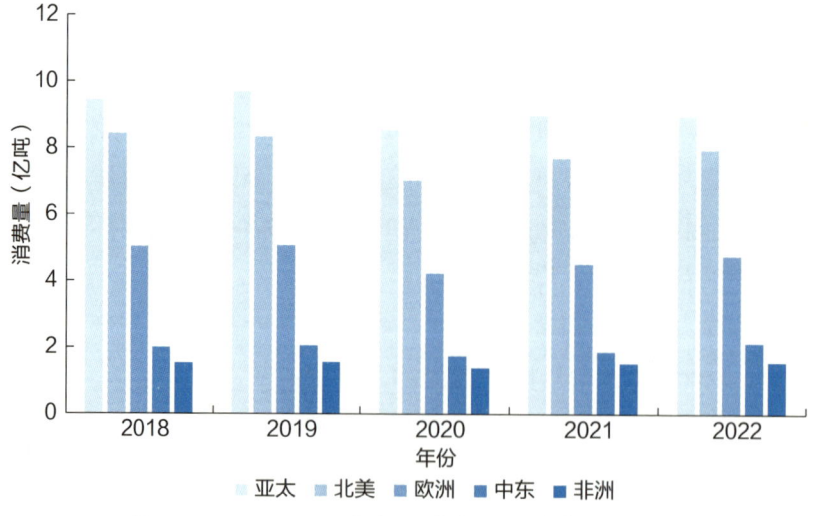

图 10　2018—2022 年分区域成品油消费总量变化

数据来源：bp 世界能源统计年鉴

3. 典型国家及地区的成品油消费情况

（1）美国成品油消费情况。

美国是成品油消费大国，约占全球成品油消费总量的23%。2023年，在相对较高的油价刺激下，美国炼厂开工积极性提高，累库刺激原油出口创纪录。根据bp统计数据，2018—2022年美国成品油消费量总体呈现下降趋势，还未恢复至疫情前水平。2020年，受新冠疫情及国际原油价格波动影响，美国成品油消费量出现大幅下滑，下降15.10%。2020—2022年，美国成品油消费量持续增长，处于稳定恢复状态。2022年，美国成品油需求出现小幅增加，达到6.6亿吨，增加0.76%，进一步接近疫情前水平，如图11所示。2023年，美国经济年度增长保持在积极的轨道上，成品油消费量增长明显，但前期成品油需求处于稳定恢复状态。以美国为主的北美地区，成品油消费量呈现上涨趋势，位居全球第二。

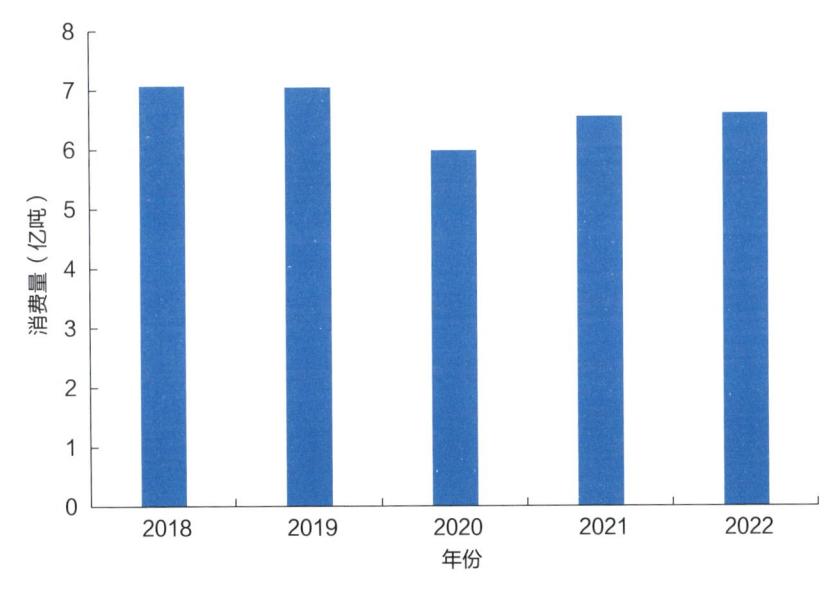

图11 2018—2022年美国成品油消费总量变化

数据来源：bp世界能源统计年鉴

从油品结构来看，汽油消费量最高，柴油次之，煤油消费量最少。2020年美国成品油消费量大幅下跌主要集中于汽油和煤油，分别下降13.59%、38.09%。2022年，美国各油品的消费量均未恢复至疫情前水平，其中煤油消费量较上年有所增加，增长13.62%，而汽油和柴油均出现下跌，分别下降0.51%、1.14%，如图12所示。2023年，上半年汽油价格高企，带动商品通胀的反复。下半年在汽油旺季过去后，需求低迷。柴油是下半年支撑欧美需求的主要油品。美国柴油基本面更强于欧洲，在重中质原油进口没有大幅增加的基础上，美国柴油比例难以有效提升。同时，美国柴油出口较强，支撑了柴油需求。

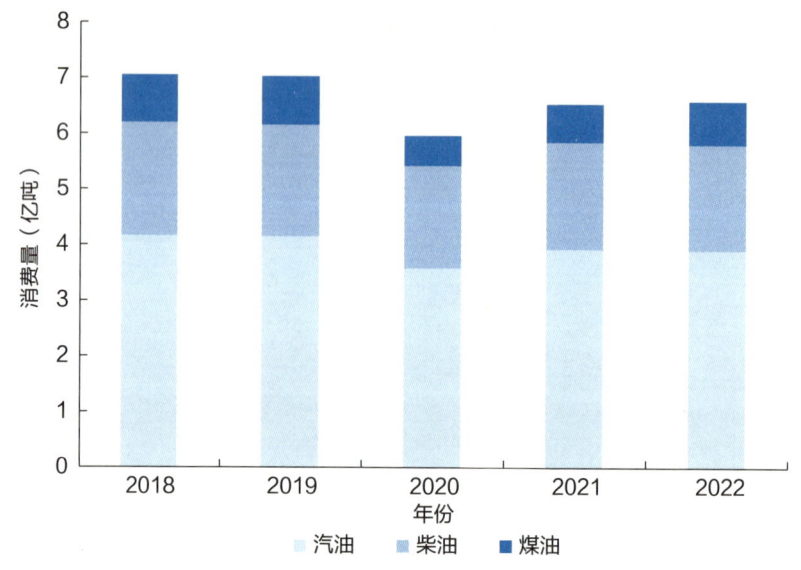

图12 2018—2022年美国汽油、柴油、煤油消费总量变化

数据来源：bp世界能源统计年鉴

（2）欧洲成品油消费情况。

欧洲原油消费占全球比例约为15%，是仅次于亚太和北美的全球第三大消费地区。欧洲的成品油消费量在2018—2022年间，基本保持稳定，年消费量约4.7亿吨。2020年，受新冠疫情影响，欧洲地区成品油消费量出现大幅下降，占全球成品油消费比例也低于疫情之前的三年，占比为16.42%。2021年随着疫情好转，成品油消费量增长约6.71%，但与2019年和2020年两年平均消费量相比，出现2.83%的降幅。2022年，欧洲成品油消费增速进一步加快，较2021年增加5.43%。2020—2022年欧洲地区成品油消费量呈现不断递升的态势，如图13所示。2023年，欧洲地区能源通胀虽有逐步缓解的迹象，

但成品油需求仍受限制，以德国、法国、意大利和英国为主的欧洲地区成品油消费量保持低速增长。

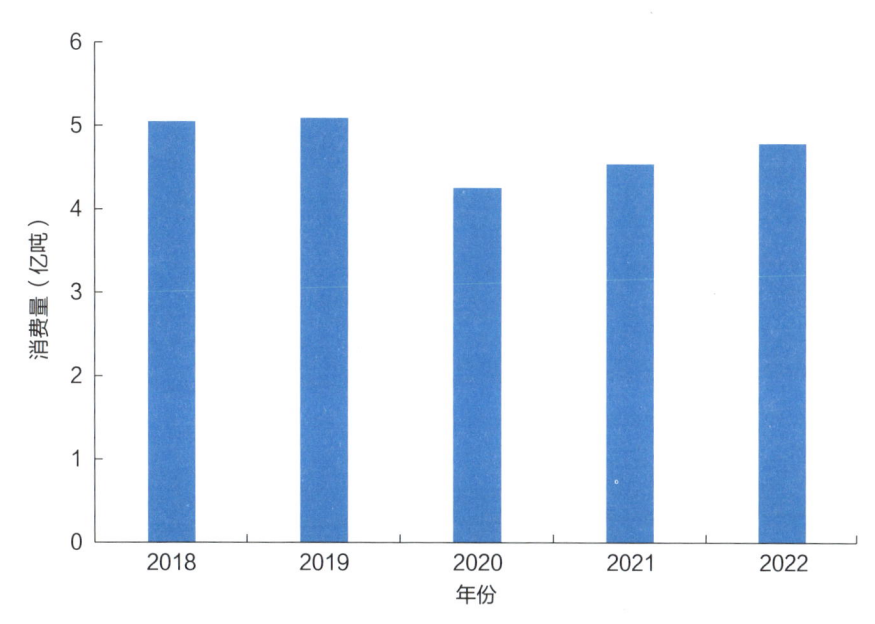

图 13 2018—2022 年欧洲成品油消费总量变化

数据来源：bp 世界能源统计年鉴

从油品结构来看，欧洲成品油消费仍旧以汽油、柴油和煤油为主，其中柴油消费量最高，汽油次之，煤油消费量最少。2022 年，汽油、柴油、煤油分别占比 20.7%、65.9%、13.4%。2020 年，受疫情影响，欧洲成品油消费量也出现了大幅下跌，主要集中于柴油和煤油，分别下降 8.57%、52.81%。2022 年，欧洲各油品的消费量均未恢复至疫情前水平，其中汽油和煤油消费量较上年有所增加，分别增长 4.11%、51.65%，而柴油出现小幅下跌，下降 0.38%，如图 14 所示。2023 年，上半年成品油需求中汽油和航煤需求保持相对高位，而柴油需求则维持弱势。由于疫情后自驾游等恢复，汽油需求回升较快；而工业需求较为疲弱使得柴油加工需求回落，且 2022 年进口柴油库存相对较高也放缓了进口节奏。汽油相对柴油偏强。下半年随着能源价格回落，欧洲 CPI 和核心 CPI 同比增速下降幅度较大，欧洲进入降息周期，油品需求进一步回升。

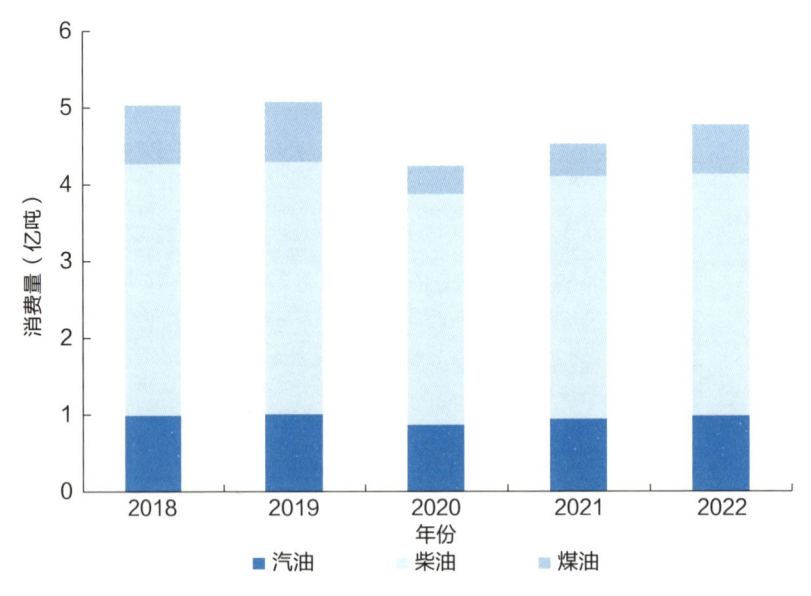

图 14　2018—2022 年欧洲汽油、柴油、煤油消费总量变化

数据来源：bp 世界能源统计年鉴

（3）亚太地区成品油消费情况。

亚太地区的大部分成品油需求来自中国和印度。在 2018—2022 年间，亚太地区的成品油消费量从 9.5 亿吨下降到 9 亿吨。2020 年受新冠疫情影响，成品油消费量随之下降，但由于中国疫情防控措施到位，亚太地区的成品油消费量降速低于北美和欧洲，约为 11.73%。2021 年随着疫情好转，成品油消费量增长约 5.22%，但仍低于疫情前的消费量。2022 年，因为疫情反复，亚太地区成品油消费量出现下降，较 2021 年下降 0.23%，如图 15 所示。2023 年，亚太地区成品油消费量小幅增长，已经基本恢复至疫情前水平。

从油品结构来看，2020 年，受疫情影响，亚太地区的成品油消费量出现下跌，主要是受煤油消费量影响，下降了 34.11%。而汽油和柴油下降幅度较小，分别为 8.15%、7.67%。2022 年，亚太地区的汽油、柴油、煤油消费量分别占比 37.8、52.4%、9.8%，柴油消费量较上年增加 1.29%，而汽油和煤油的消费量都有所下降，分别下降 1.79%、2.21%，如图 16 所示。2023 年，亚太地区的成品油消费以汽油、柴油和煤油为主,其中柴油消费量最高,汽油次之,煤油消费量最少。

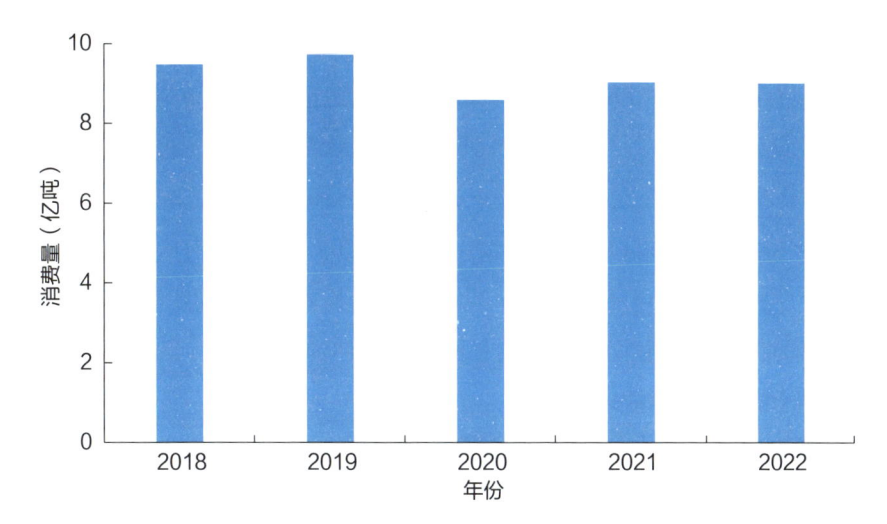

图 15　2018—2022 年亚太地区成品油消费总量变化

数据来源:bp 世界能源统计年鉴

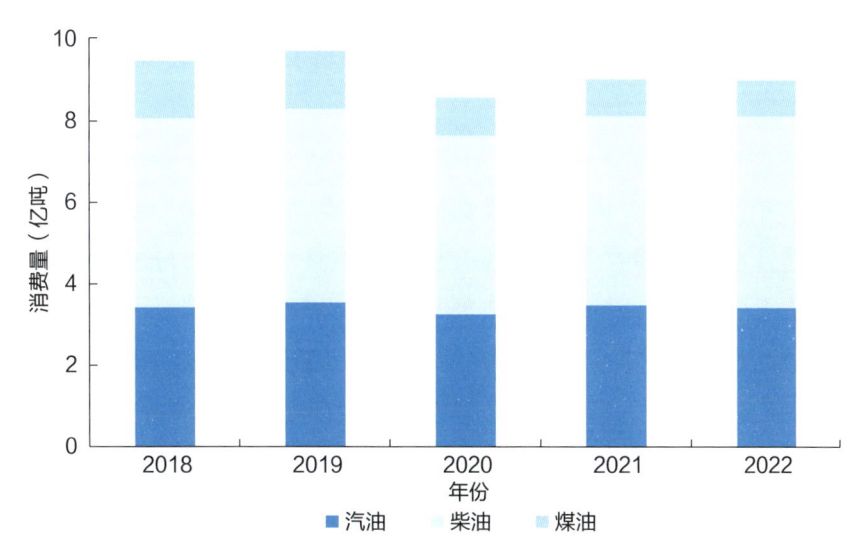

图 16　2018—2022 年亚太地区汽油、柴油、煤油消费总量变化

数据来源:bp 世界能源统计年鉴

（二）中国成品油需求分析

2023年世界经济缓慢复苏，中国经济持续恢复向好，GDP同比增长5.4%。国际原油供需总体宽松，国内成品油市场需求处于恢复性增长区间，各类成品油表观消费量同比均大幅增长，受航空业恢复的影响，煤油消费量同比增长最为显著。

1. 中国成品油消费总量及变化

2023年，国内受疫情防控的影响显著减小，能源市场逐步回暖。2023年第一季度，世界经济逐步复苏，市场预期也显著改善，国内生产总值比去年同期上涨4.5%，国际油价震荡下行，国内成品油市场需求逐步回升，上半年的成品油消费同比增长率超过20%。第一季度由于交通运输量同比回升，成品油消费量从1月的2941万吨震荡回升，3月之后每个月的成品油消费量均超过3000万吨，同比增长率将近30%。进入第二季度后，国内的成品油消费进一步增加，上半年国内成品油表观消费量达到18714.16万吨，照比2022年上半年增加2128万吨，同比增长率达到12.83%。第三季度国内成品油消费量持续走高，月度消费量的波动较小，国内成品油表观消费量达到28868.92万吨，比2022年上半年增加4207万吨，同比增长率达到17.06%，如图17所示。

2. 中国成品油消费结构分析

2023年，从中国的成品油消费结构来看，柴油消费最高，占比超过50%，汽油次之，在40%左右，煤油消费最低，占比不足10%；与2022年的成品油消费结构相比，汽油与煤油的消费占比小幅提升，柴油消费占比略有下降。从三种成品油的消费场景来看，汽油主要应用于交通运输中汽油车的驱动；柴油的主要消费场景为柴油车驱动以及工业生产中的机械设备耗能；煤油则主要应用于航空运输业的燃料供能。2023年新冠疫情防控平稳转段，交通运输的周转量迅速提升，燃油私家车的使用比例照比2022年同期大幅提升，汽油消费比例稳定在38%～40%，与2022年平均水平相差无几；航空周转次数也同比迅速拉高，使得煤油的表观消费量整体与2022年同期水平相比宽幅拉涨，煤油的消费比重逐步提高到10%，同比增长3%；生产制造业的开工率照比疫情期间有所上升，柴油消费量也表现出增加态势，但增加的幅度略低于汽油和煤油，所以柴油虽然消费量增加，但占成品油的消费比例却表现出小幅下降趋势。综上分析，成品油消费结构表现为汽油与煤油消费占比提高，柴油消费占比小幅度下降。

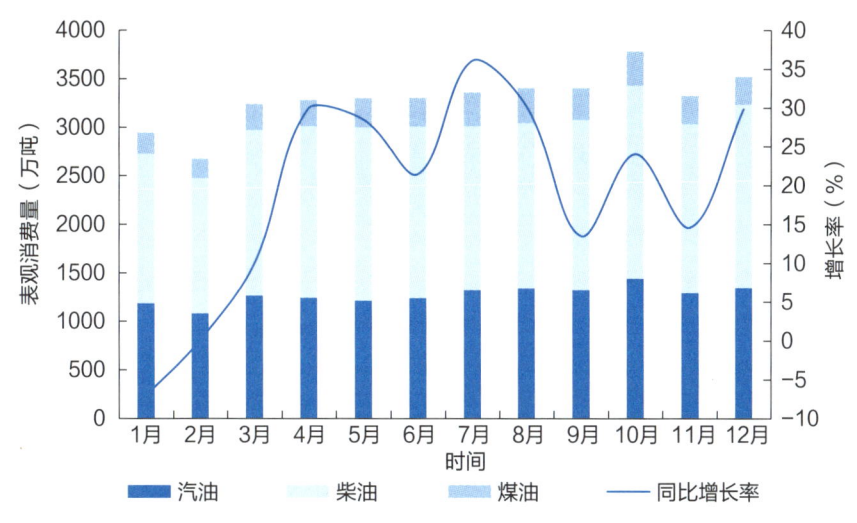

图 17　2023 年国内成品油表观消费量

数据来源：国家统计局

3. 不同油品消费水平分析

2023 年，中国成品油消费水平大幅拉高，全年共消费 39481.43 万吨，同比增加约 6163.7 万吨，增长率达到 18.5%。其中煤油消费量增长最为显著，同比增加约 1555.5 万吨，年增长率达到 78.99%；柴油消费量同比增加约 2693.1 万吨，年增长率达到 14.9%；汽油消费量同比增加约 1915.1 万吨，年增长率达到 14.43%。

（1）汽油消费水平分析。

2023 年新冠疫情防控平稳转段，国民长途出行频次提高、汽车的使用量显著增加，汽油的需求量逐步回升；但在新能源汽车的持续增长之下，中国汽油消费量增速逐步放缓。全年汽油表观消费量为 15187.45 万吨，同比增加 1915.09 万吨，增加 14.43%，居民生活与交通运输领域的汽油消费分别同比增长 1.5% 和 4.1%。第一季度新冠感染的高峰逐渐结束，汽油表观消费量表现出低位回升态势，1月份由于处在春节期间，汽油消费量低于2022年同期，2月之后，国民的交通出行逐步恢复疫情前水平，汽油消费震荡回升，逐步超过2022年消费。第二季度汽油消费量先降后增，照比3月略有下降，同比增长超过10%。进入第三季度，汽油的消费量照比第二季度整体增加，7、8、9月消费量差异较小，前三季度汽油的表观消费量达到11132.33万吨，照比2022年同期增加941.19万吨，升高9.24%。进入第四季度后，10月份的国庆长假出游人数增加，交通运输量大幅增长拉高成品油消费，汽油消费处于高位，进入11月后逐渐回落，整体消费水平同比2022年增长均在20%以上，如图18所示。

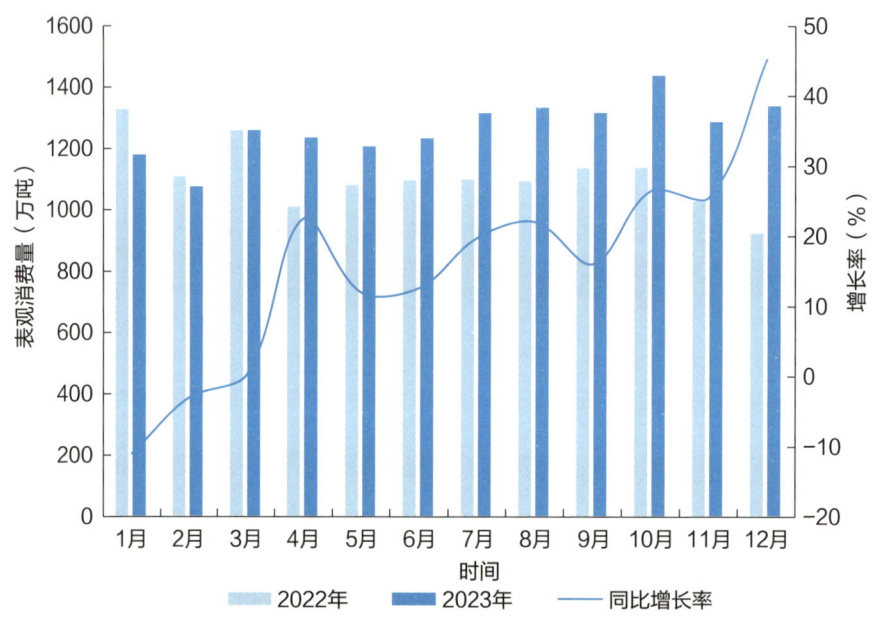

图18 2022—2023年中国汽油表观消费量及增长率

数据来源：国家统计局

（2）柴油消费水平分析。

2023年中国的工业发展态势良好，柴油的消费量整体呈上升趋势，全年柴油的表观消费量为20769.24万吨，同比增加22683.14万吨，同比增长14.9%。整体来看，柴油行业的主要消费终端是交通运输与基建，2023年国家不断出台促进消费的政策，大型客车及货运需求不断增长，经济利好政策促进柴油消费量增加；同时制造业、建筑业及工程基建领域刚需支撑，柴油消费提振。

1—2月略低于2022年同期水平，3月份之后同比大幅增长，增长率超过20%。第二季度依旧保持大幅度走高。进入第三季度后，柴油价格呈现出强劲上涨走势，带动柴油价格走高的主要原因是贸易商囤货积极性增加，8月份的备货提前到7月份进行，因此8月份传统的备货期中游贸易环节开始消化库存，市场成交量减少，供大于求的形势下，柴油消费量环比窄幅回落，但与2022年同期相比依旧表现为增加趋势。前三季度柴油的表观消费量达到15142.26万吨，相比2022年同期增加22218.16万吨，增长率达到17.16%。四季度伊始，原油价格的下跌导致贸易环节投机操作减少，社会库存低位，但柴油需求尚存利好支撑，10月份的柴油消费环比增长232.22万吨，但进入11月后，消费量也逐步回落，与2022年同期水平相差无几，同比仅增长2.98%，如图19所示。

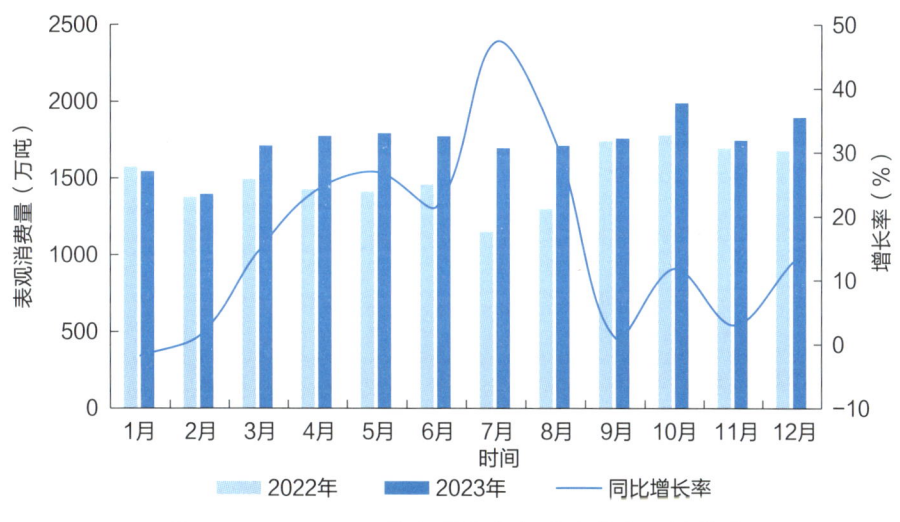

图19 2022—2023年中国柴油表观消费量及增长率

数据来源：国家统计局

（3）煤油消费水平分析。

中国的煤油主要用于航空运输，在经济发展和消费升级拉动下，中国航空出行渗透度提升空间较大；随着国内新建机场陆续投入运营，航空通达性、便利度持续提高；自 2022 年末取消熔断机制，中国航空运输周转次数显著上升，煤油需求大幅拉高。

2023 年全年的煤油表观消费量 3524.74 万吨，照比 2022 年同期增加 1555.54 万吨，升高了 78.99%。第一季度，1 月份航煤的消费水平略低于 2022 年同期，从 2 月之后，航煤需求量在波动中逐月攀升，5 月的需求量达到 301.2 万吨，甚至超过 2022 年同期的 2.8 倍，截至 6 月末，煤油的表观消费量达到 1557.2 万吨，照比 2022 年同期增加 575.21 万吨，升高了 58.58%。第三季度正值暑期，旅行人数增多，国民的航空出行量增加，7、8 月份的煤油表观消费量照比第二季度大幅增加，9 月环比稍有回落。前三季度煤油的表观消费量达到 1557.2 万吨，照比 2022 年同期增加 575.21 万吨，升高了 58.58%。10 月份在国庆长假期间航空周转次数增加，煤油的消费量环比增长 22.57 万吨，同比增加 220.57 万吨，增长率达到 168.63%；11 月的表观消费量则小幅下降，仅达到 290.86 万吨，但与 2022 年相比依旧显著增长，消费量提高 110.29 万吨，同比增长率达到 61.08%，如图 20 所示。

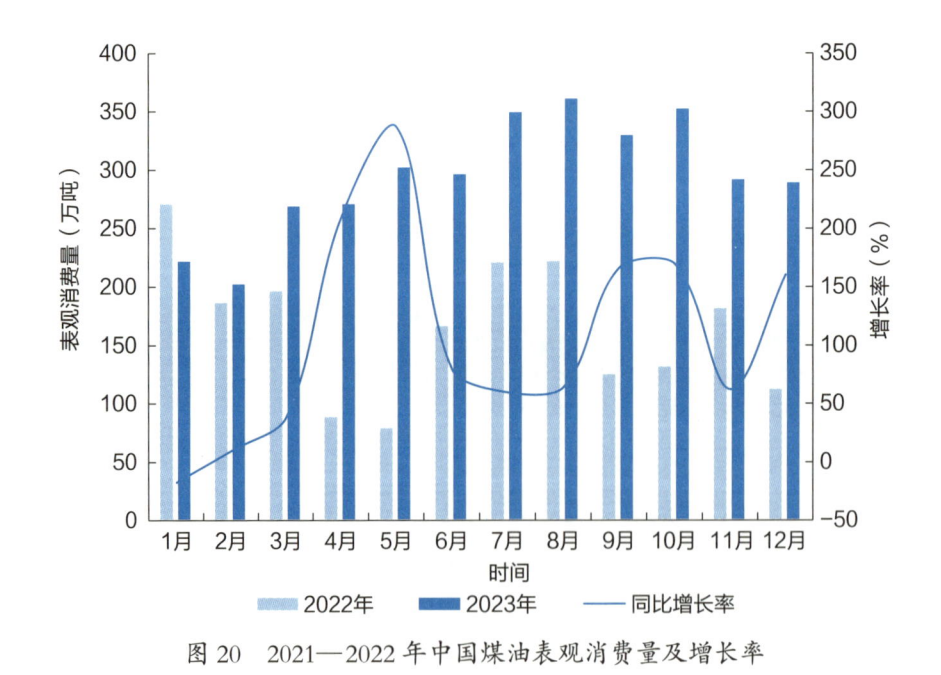

图 20　2021—2022 年中国煤油表观消费量及增长率

数据来源：国家统计局

（三）中国和全球成品油需求对比分析

中国与全球的成品油需求水平大致相同，自新冠疫情暴发，全球经济形势动荡，成品油表观消费量先回落后上升，增长率变化幅度较大；油品消费种类也较为相似，柴油消费比例最高，接近50%，汽油次之，煤油消费占比最低。

1. 成品油消费总量对比

中国与全球的成品油消费水平走势大体相同，受宏观经济形势的影响，从2019年以来，消费量先降后增，增长率也呈现较大波动。

2019年以来，受全球贸易放缓、地缘局势紧张以及脱欧等因素影响，全球经济增速整体呈放缓趋势，成品油消费的增长率缓慢，全球成品油消费量达到30.01亿吨，同比仅增长0.82%，中国成品油消费量为3.1亿吨，出现负增长局面，同比下降4.66%。2020年新冠疫情暴发更是严重影响了全球的经济发展，工业生产开工率下降，交通运输周转次数降低，全球的成品油消费水平都呈现大幅下降趋势，消费量仅为25.89亿吨，同比下降13.72%，中国的成品油消费量为2.89亿吨，同比下降6.74%。2021年，新冠疫情得到一定控制，企业开工率回升，交通运输逐步恢复，经济形势逐步回暖，全球范围内的成品油消费量同比大幅增长，全球成品油消费量小幅提高，达到27.93亿吨，同比增长7.9%，中国的成品油消费量达到3.33亿吨，同比增长15.24%，增长幅度略高于全球水平。2022年，乌克兰危机严重影响了国际的能源市场与贸易，成品油消费增速放缓，国际油价大幅走高，全球的成品油消费量小幅增长，达到28.97亿吨，同比仅增长3.71%，中国受到疫情管控的影响，成品油消费量则小幅度下降，仅为3.17亿吨，同比下降4.85%，如图21所示。

2. 成品油消费结构对比

中国与全球在成品油的消费种类及比例方面较为相似，柴油消费比例最高，在45%以上；汽油次之，可达到40%；煤油消费最少，不超过15%。

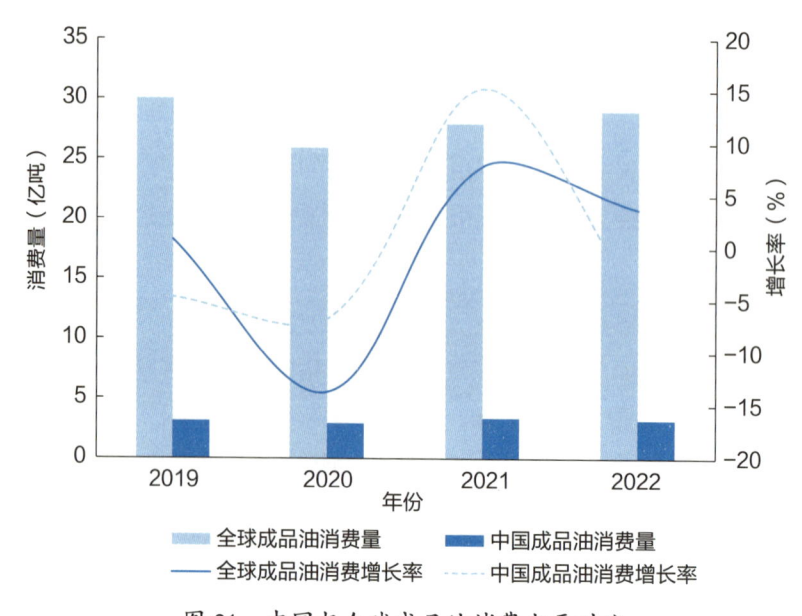

图 21　中国与全球成品油消费水平对比

数据来源：国家统计局、bp 世界能源统计年鉴

全球的汽油整体消费比例变化不大，2019 年汽油消费达到 12.16 亿吨，2020 年后受新冠疫情的影响，消费量降低到 10.67 亿吨，2021 年后则逐步恢复，稳定在 11 亿吨以上的水平，其消费量占成品油消费量整体的比例也稳定在 40% 左右。中国在 2019 年的汽油消费量为 1.25 亿吨，2020 年在疫情的冲击下，减少至 1.16 亿吨，2021 与 2022 两年由于疫情防控措施较为合理，国民的生产活动与日常生活逐渐恢复，汽油的消费量也回升至 1.3 亿吨以上的水平，其消费量占成品油总量比例在 40% 左右，与全球汽油消费比例相差无几。

全球柴油消费量呈现先降后升的趋势，2019 年达到 13.89 亿吨，消费占比为 46.29%；2020 年受到疫情的冲击跌至 12.85 亿吨，其消费占比却有所提升，达到 49.62%；2021 年后生产恢复，柴油消费量也逐步回升，在 2022 年达到 14.01 亿吨，其消费占比也整体走高，达到 48.36%，甚至反超疫情前水平。中国的柴油消费量与消费占比均波动较大，2020 年受疫情冲击小幅下降，与 2019 年的 1.46 亿吨相比，减少 600 万吨，消费比例稳定在 47% 上下；

2021年由于生产制造业的开工率逐步提高，柴油消费量大幅拉高，达到1.81亿吨，其消费占比一度达到54.25%，甚至反超疫情前的水平；2022年受到新冠疫情反弹与乌克兰危机的双重影响，柴油消费量下降至1.46亿吨，消费占比也回落至45.98%。

中国与全球的煤油消费量与消费比例走势大体相同，都表现为下降趋势。2019年全球的煤油消费量达到3.96亿吨，消费量占成品油消费总量比例达到13.18%；2020年消费量跌落至2.37亿吨，消费比例也下滑至9.16%，2021与2022两年虽然逐步回升，2022年消费量回升至14.01亿吨，但消费比例却维持在10.67%，不及疫情前的水平。中国在2019年的煤油消费量为0.39亿吨，消费比例为12.48%；2020年新冠疫情暴发后航空周转次数大幅减少，消费量与消费比例均呈下降趋势，消费量减至0.33亿吨，消费比例也减少到11.45%；2021年煤油消费量一度跌至0.2亿吨，消费比例也仅为成品油总消费量的5.91%；2022年消费量小幅回到0.32亿吨，消费比例也提高至10.18亿吨，但依旧不及疫情前的水平。

3. 美国与中国的成品油消费结构对比分析

美国的成品油消费结构为重汽，轻柴、煤——汽油的消费比重接近60%，柴油消费占比在30%左右，煤油消费比重最少，在10%左右。美国的成品油消费变化与全球的走势大体一致，2020年受到新冠疫情的冲击，消费量从2019年的7.03亿吨跌落至5.97亿吨，2021与2022两年逐步恢复至6.5亿吨的水平，其消费比例则一直稳定在60%左右。

二、加油站及综合能源服务站现状分析

2023年，全球加油站数量持续增长，跨国加油站分布较多。各代表性国家的着力点各不相同。全球加油站的经营以自有他营模式为主流，经营模式不断推陈出新。加油站呈现多功能化趋势，不断推进加氢建设，加速拓展充电业务。而中国传统加油站数量低于2022年，降速继续增加；综合能源服务站数量不断增长，投资建设力度加大；国有企业延伸充电业务；加油站光伏发电与储能获得了新发展。综合来看，中国和全球加油站经营的差异主要体现在经营主体、发展模式、数字化转型程度和综合能源站的建设力度上。

（一）全球油品销售终端特点分析

2023年，全球加油站数量持续增长，其中发展中国家规模不断扩大，但发达国家的加油站数量正在减少。跨国加油站分布较多，代表企业包括bp、壳牌等。从各代表国家来看，美国以便利店加油站模式为主流，建设环保加油站；日本大力发展环保和自助加油站；英国着力建设充电站；而德国开始强制加油站建设充电桩。从全球加油站经营特点来看，是以自有他营模式为主，经营模式不断推陈出新。全球加油站不断呈现多功能化趋势，向综合能源服务站转型，不断延长服务链以构建生态圈。2023年，全球加油站正不断推进加氢站建设，加速拓展充电业务。

1. 全球加油站数量持续增长，跨国加油站分布较多

2023年，全球加油站数量持续增长，加油站行业在全球范围内具有巨大的市场规模，尤其在发展中国家，由于汽车拥有量的快速增长，加油站的需求也在不断增加。但美、英、日、德等发达国家的加油站数量正在减少。全球加油站数量合计约70万座。由于石油和天然气价格的波动以及电池驱动汽车的日益普及，全球加油站市场目前正处于转型的关键阶段。全球加油站市场规模已突破2万亿美元，2017—2022年的复合年增长率将超过5%。

如表2所示，从全球典型国家的加油站品牌来看，大型跨国石油公司分布较广，代表企业包括bp、壳牌等。美国、英国有较多大型连锁超市下的加油站品牌，如乐购（Tesco）、好市多（Costco）等，但在中国加油站行业，国企石油公司占据主要市场，代表企业有中国石油、中国石化等。从全球代表国家的加油站数量来看，中国加油站数量处于领先地位。

表2　典型国家的加油站类型及代表企业

国家	分类	代表企业
美国	主流品牌	埃克森美孚、壳牌、大陆菲利普斯、bp、太阳石油等
	非主流品牌	好市多、大型连锁超市Kroger、沃尔玛旁的Murphy油站等
英国	大型跨国石油公司	bp、壳牌、埃克森美孚、雪佛龙等
	连锁超市	乐购、阿斯达、Sainsburys等

续表

国家	分类	代表企业
中国	国企	中国石油、中国石化等
	大型跨国石油公司	壳牌、埃克森美孚、bp、道达尔等
	民营企业	长联石油、南京蓝燕石化储运等

数据来源：公开资料整理。

结合全球加油站行业的发展现状来看，全球加油站行业主要呈现规模大型化+网络布局合理化、服务综合化+品牌多元化、设备自动化+服务自助化及更健康+更安全+更环保四大发展趋势。其中设备自动化+服务自助化是技术进步的必然结果。顾客对便利性与快捷性追求的提升及企业对高效率与低成本的不懈追求也进一步推动着加油站智能化的实现。

2. 代表性国家加油站数量和发展概况

（1）美国：便利店加油站为主流，环保加油站成趋势。

美国是全球最大的加油站市场之一，其加油站行业发展较为成熟。美国加油站数量在过去的二十年中急剧下降，主要是由于新能源汽车的出现和低油耗汽车的普及。截至2023年4月，美国加油站的总数为132024座。美国车用燃料的销售绝大部分是由便利店所属的加油站售出的。截至2023年4月17日，美国运营中的便利店有150174家，其中出售车用燃料的便利店有118678家，占便利店总数的79%，销售了美国近80%的车用燃料。从所有权来看，所有出售车用燃料的便利店中只有不到0.2%为大型石油公司所有，约4%为炼油公司所有，约95%都是由独立公司拥有的。此外，美国还有一些"加油站/售货亭"也出售车用燃料，总数为13346个。

据统计，美国有140余个加油站品牌，其中最有名的是壳牌、埃克森美孚、雪佛龙等。美国加油站高度分散化，每个加油站或企业都有不同的商业策略。随着环保意识的不断增强，美国绿色能源市场发展迅速。2023年美国绿色能源占比已超11%。这些加油站使用更环保的燃料，采用太阳能和风力等可再生能源。未来几年，美国绿色能源市场将继续扩大，绿色能源产业将成为美国能源产业发展的重要方向。2023年，美国有2200家自助加油站，提供24小时不间断的服务。

（2）日本：加油站数量减少，发展环保和自助加油站。

日本加油站数量相对较少，由大型加油站主导，便利店等多元化服务较发达。日本汽车保有量较高，但近年来由于混合动力汽车和电动汽车的普及，汽油需求下降，以及高龄化程度日趋严重，日本加油站数量不断减少，并且加油站减少的趋势正在加速。据统计，日本加油站关闭数是开业数的7倍以上。截至2023年4月13日，全日本的加油站数量为27013家。目前，日本现有加油站的自有品牌比例约为10%，在日本新开业的加油站中，自有品牌的比例较高。此外，现有的加油站也在积极地进行改建和更新，将从全服务转变为自助服务，以实现成本削减和效率提高。目前的自助加油服务比例约占加油站总数的40%。同时，日本加油站注重环保要求，采用先进的设备和技术以减少污染排放。

（3）英国：加油站数量减少，着力建设充电站。

2023年，英国加油站数量下滑至8000余座，这是由于英国政府对零售汽油采取了高征税政策，包括燃料税与增值税，并鼓励人们使用公共交通，减少私人汽车的使用。目前英国的汽油零售系统已经形成基本被15家重要世界性大石油企业和连锁超市所控制的格局。英国各地加油站的规模和设置虽各不相同，但服务和价格设置均类似。按所有者细分，英国的加油站可以归属于三大类实体：一是大型跨国石油公司，如bp、壳牌、埃索、雪佛龙等；二是包括英国几家大型超市在内的连锁超市，如乐购、阿斯达、Sainsburys等；三是英国本国的其他社会经营者。

英国电动汽车充电桩从2011年开始迅猛增长。据Zap-Map数据统计，截至2023年11月，英国有53029个公共充电桩。电动汽车产业快速发展是电动汽车充电桩迅猛增长的主要原因。2023年，英国电动汽车销量为31.5万辆，较2022年增长了18%，是欧洲第二大电动车市场，电动汽车成为新的市场增长点。

（4）德国：加油站数量减少，强制加油站建设充电桩。

由于成品油零售市场竞争日趋激烈，德国的加油站总量一直处于下降的趋势，截至2022年6月，德国全境的加油站（包含359座高速公路加油站）

仅剩14460座，下降了近70%。原因一是德国当局对于环境的保护法规日趋严格和对从业者更加严格的限制意味着更大的投资负担，加上更加规范、完善的道路网络，很多私营加油站被逼无奈纷纷选择退场；二是大型石油公司旗下加油站的垄断。三大石油公司旗下加油站Aral、壳牌和道达尔覆盖了三分之一以上的加油站网络，占比达到38%。2020年，德国强制国内所有加油站都必须配套建设充电桩，同时不断加大对电车的补贴，大力发展加油站充电业务。

3. 加油站经营特点分析

2023年，全球加油站经营以自有他营模式为主流，经营模式不断推陈出新，以适应不断变化的市场需求和技术发展。随着激烈的市场竞争，全球加油站的经营方式和服务内容由单一的加油服务转向多元化服务。目前，各国不断推进加氢站建设，全球加氢站建设进度情况整体平稳。同时，不断扩大的电车市场带来了持续增长的充电桩建设需求，全球充电桩迎来加速建设期。

（1）以自有他营为主流，经营模式不断推陈出新。

目前，全球石油公司品牌加油站总体上有自有他营、自有自营、合资联营和特许加盟四种经营模式，其中自有他营经营模式占主流。以美国为例，加油站可分为挂石油公司牌的加油站和其他独立经营的社会加油站两大类，其中自有他营是美国加油站经营模式的主流，约占石油公司品牌加油站总数的75%。不同国家和地区的加油站经营模式有所不同，受当地法规和市场环境的影响。

2023年，全球加油站出现了一些新兴的经营模式，以适应不断变化的市场需求和技术发展。新兴经营模式包括：电动汽车充电站，提供电动汽车充电服务；可再生能源加油站，利用可再生能源来供应电力以支持油品销售和其他服务；移动加油服务，顾客可以通过手机应用程序或在线平台预订加油服务，随后加油车辆会直接前往指定地点为其加油；加油站与共享经济结合，一些加油站与共享出行平台合作，提供汽车共享、租赁和短期停车等服务。

（2）加油站多功能化。

随着激烈的市场竞争，全球加油站的经营方式和服务内容由单一的加油服务转向多元化服务。一是向综合能源服务站转型。全球加油站开始大力推动综合能源服务站的构建，发展充电基础设施，建设充电桩，发展氢能以及其他综合能源服务，如能源储存技术、智能电网解决方案和能源管理服务等，以适应不断变化的能源市场和可持续发展的需求。二是不断延长服务链，构建生态圈。国外大石油公司或与大型零售企业联合，或自己在加油站增设便利店，开发汽车用品销售、汽车检维修、汽车美容、车辆出租、货运信息分享等功能。

（3）不断推进加氢站建设。

2023 年，各国不断推进加氢站建设。截至 2022 年底，欧洲有 254 座加氢站，其中 105 座在德国，法国有 44 座，其次是英国和荷兰，各有 17 座；北美共有 89 座加氢站；日本和韩国分别有 165 座和 149 座。中国第一座燃料电池加氢站于 2006 年 6 月由清能华通和 bp 公司合建，在北京中关村新能源交通示范园正式投入运营，随后中国的加氢站进入较长的缓慢发展期。2016 年后，中国加氢站建设迎来快速发展，截至 2023 年上半年，中国已累计建成超过 350 座加氢站，约占全球总数的 40%。目前，美国超过半数的加氢站位于加州，大都能实现 35 兆帕和 70 兆帕双压力等级加注，相当一部分加氢站具备可再生能源制氢能力，而欧洲全部在营加氢站以 70 兆帕加注为主。日本加氢站大都以站外制氢为主，东京、爱知县等城市地区的加氢站数量较多，可在 70 兆帕压力标准下 3 分钟左右加注 5 千克氢气。据相关数据表明，目前中国以 35 兆帕为主；在加氢站的加注能力上，以 500～1000 千克/日规模为主；在氢气形态上，以高压气态加氢站为主。中国主要应用外供氢加氢站。目前站内制氢加氢站由于初期设备投资较高、工艺复杂、占地面积大等因素限制，在中国较难推广。

当前全球加氢站建设进度整体平稳。根据《美国氢能经济路线图》发布的规划，到 2030 年预计在全美范围内建设 4300 座加氢站，欧盟委员会公布的《可持续和智能交通战略》提出 2030 年欧洲预计将有 1500 座加氢站，日本政府最新一版的《氢能基本战略》中提出 2030 年建设加氢站达到 1000 座，《中国氢能产业基础设施发展蓝皮书》提出中国到 2030 年建成加氢站 1000 座。

（4）加速拓展充电业务。

随着全球对环保和可持续发展的日益关注，电动汽车的市场份额逐年增加。不断扩大的电车市场带来了持续增长的充电桩建设需求，全球充电桩迎来加速建设期。预计欧洲 2025 年市场规模将达 36 亿美元，美国将达到 28 亿美元，中国将达到 84.45 亿美元。

欧洲各国之间充电设施分布不均匀。根据欧洲汽车工业协会（ACEA）统计，2021 年欧洲有一半的电车充电站集中在荷兰和德国，法国、瑞典、意大利分别位列三、四、五名，而其余国家充电桩建设仍相当分散，整体数量偏少。欧洲充电桩市场具有巨大的市场需求和增长空间。因此，欧洲多国出台激励补贴政策。根据欧盟《欧洲绿色协议》，各成员国应确保主要道路每隔 60 千米就有 1 座电动汽车充电站。在迫切的充电桩建设需求下，德国、英国、法国、瑞典、荷兰、冰岛等国家相继推出针对充电桩建设的激励政策。2020 年，德国出台了一项新的政策，强制国内所有加油站都必须配套建设充电桩。英国也曾计划立法强制要求加油站建设充电基础设施。近年来，英国电动汽车充电桩数量持续快速增长。截至 2023 年 11 月，英国约有 5.3 万个公共充电桩，较 2022 年 9 月增加了 52%。作为欧洲最大的加油站运营商之一，英国加油站运营商 EG 集团宣布购买特斯拉的超快速充电装置，以帮助其在欧洲推广电动汽车充电网络。这是电动汽车行业发展的一大里程碑，推动电动汽车在欧洲市场的普及。

相比欧洲，美国汽车的电动化程度较低，2020 年前，美国电动汽车渗透率总体较低，2021 年后，在政策推动下，新能源车销量强势增长，2022 年销量达 99.8 万辆，2021 年、2022 年销量同比增速分别达 100% 和 50%。为推动充电业务发展，美国将发放 75 亿美元补贴，其中 50 亿美元用于向各州提供充电站建设资金，剩余 25 亿美元为可自由支配赠款，旨在为农村和服务不足的社区等区域提供充电基础设施，力求到 2030 年在全美范围内安装 50 万个公共充电桩。2021 年，美国新能源车 64% 的充电均在家中，公共场景相对较少，随着新能源车降本与受众下沉，以及政策端对充电基础设施建设的发力，美国公共场景充电占比有望提升，2030 年公共充电场景占比预计将提升 20%。

日本充电基础设施严重不足，平均每 4000 人只有一个充电桩。因此，日本政府计划到 2030 年将全国电动汽车充电桩的数量增加到 30 万，较此前目标 15 万翻番。目前日本全国的充电桩数量 3 万余个。

全球行业巨头将加大充电桩建设。大众集团宣布于 2023 年与合作伙伴一起新建 2.5 万台充电桩，叠加此前已规划的 7 万台，2025 年前或累计新建投放 9.5 万台充电桩，届时将具备在中国、欧洲及美国全球三大市场的业务辐射能力。在 ElectrifyAmerica、bp 等大型运营商的协同帮助下，大众已完成约 1.5 万台充电桩建设，正朝着更高目标继续前进。

（二）中国加油站及综合能源服务站现状分析

2023 年，中国的传统加油站数量低于 2022 年，降速持续增加，国有石油公司加油站数量微弱增长，民营企业逐渐淘汰经营不善的加油站。综合能源服务站数量增长，投资建设力度加大。各石油公司加快新能源发展战略部署，继续落实充换电、光伏项目等布局。2023 年，政府发布了多项关于新型储能的政策，进一步推动了国内加油站光伏发电与储能的新发展。

1. 综合能源服务站数量增长，投资建设力度加大

2023 年，新能源汽车快速崛起。全球多个国家和地区已制定停产或者停售燃油车的明确目标。美国加州宣布，将在 2035 年前全面禁售新的燃油车。国内方面，海南省宣布，到 2030 年全岛将全面禁止销售燃油汽车。截至 2023 年 9 月新能源乘用车渗透率已经涨至 37%，而新能源汽车在运营车领域使用率接近 20%。

2022 年 2 月 10 日，国家发展改革委、国家能源局发布《关于完善能源绿色低碳转型体制机制和政策措施的意见》提出，鼓励传统加油站、加气站建设油气电氢一体化综合交通能源服务站。2023 年 4 月，国家能源局发布《2023 年能源工作指导意见》，明确提出要建设以可再生能源为主的综合能源站和终端储能。各省市能源发展规划中，关于"壮大综合能源服务、积极培育综合能源商"的政策表述集中爆发。

各石油公司加快新能源发展战略部署，继续落实充换电、光伏项目等布局，构建综合能源供应和服务格局，推动综合能源服务站向规模化发展，尤其是充换电站建设驶入快车道。中国石油加快开发加油、加气和光伏、充换电、氢能等新能源站点一体化布局。中国石化推动加气、加氢、充换电业务进一步发展，打造油气氢电服综合能源服务商，加快碳中和加油站建设，建设新能源服务网络。截至2023年上半年，各个省市已有至少62座综合能源服务站投入运营，在建以及计划建设的综合能源服务站项目越来越多，并且有密集落地的趋势。

2. 传统加油站数量低于2022年，减速增加

近几年，传统加油站总量趋于饱和，新能源汽车的超预期发展对成品油消费替代作用越来越强，部分国有企业逐渐淘汰经营不善的加油站，导致传统加油站数量逐渐减少。2023年，中国加油站数量从2022年的10.76万座减少为约10.58万座，降速约1.72%，高于2022年0.11%的降速。其中，国有石油公司加油站快速推进加氢站、综合能源服务网络的建设，加油站数量增减不一。民营油站数量呈明显下滑趋势。外资收缩资产收购等重资产投资方式，更多通过特许加盟等轻资产模式获得发展，同时加速布局充换电业务。

3. 充电基础设施建设不断完善，国有企业积极延伸充电业务

面对新能源汽车特别是电动汽车快速增长的趋势，2023年6月国务院办公厅发布的《关于进一步构建高质量充电基础设施体系的指导意见》明确提出，适度超前安排充电基础设施建设，同时提出，到2030年，基本建成覆盖广泛、规模适度、结构合理、功能完善的高质量充电基础设施体系。截至2023年10月底，全国已建成带充电停车位的服务区共计6257个，占高速公路服务区总数的94%；全国高速公路服务区累计建成充电桩2万个，覆盖4.9万个小型客车停车位。中国电动汽车充电基础设施促进联盟数据显示，截至2023年10月，充电基础设施增量为274.4万台，桩车增量比为1∶2.7。其中，公共充电桩增量为72.8万台，随车配建私人充电桩增量为201.7万台，同比上升29.4%。

国内充电服务市场的主导力量一直是民营企业为主导，截至2023年7月，在全国充电运营企业中，排名前六的企业充电桩数量均超过10万台，其中特来电43.9万台、星星充电39.9万台、云快充36.1万台、国家电网19.6万台、小桔充电12.1万台、蔚景云10.4万台。2023年9月8日，中国石油在官网宣布，已正式收购普天新能源有限责任公司100%股权。在收购普天新能源后，中国石油将一跃成为排名第十五的国内充电运营企业。虽然充电桩数量比起民企头部充电运营商还有差距，但其后发优势也十分明显。从中长期看，中国石油这样的传统能源巨头，在电动汽车充电领域可能将会越来越发挥主导作用。其丰富的资源和资金实力，可以为充电设施建设提供强大支撑。

中国石油收购普天新能源进军充电服务市场，是国内传统能源巨头转型新能源的一个缩影。国内"三桶油"中另外两家也在布局充电业务，中国石化计划到 2025 年在 5000 多个加油站建设快速充电站，目前已建成 2000 多个站，中海油首座自主投资、建设、运营的站外充电站已于 2023 年 8 月在惠州投运。

4. 加油站光伏发电与储能获得新发展

2023 年，政府发布了多项关于新型储能的政策，这些政策聚焦于发电机组的商业运营、充电基础设施建设、抽水蓄能电站容量电价等多个方面。特别值得关注的是，政府鼓励电动汽车与电网双向互动（V2G）、光储充协同控制的关键技术研究，并探索在农村地区建设提供光伏发电、储能、充电一体化的充电基础设施，进一步推动了加油站光伏发电与储能的新发展。

2023 年 9 月 15 日，中国石油山西智慧综合能源补给站——晋中魏榆路奥莱加油站亮相。该站利用站房及罩棚顶的 219 块双玻光伏板进行发电，采取"自发自用、余电上网"模式，除了满足站内加油机、便利店、洗车房、员工办公生活等日常用电的需要，还可以将余电外供，既能为新能源汽车充电直接提供电能，还能与国家电网不间断切换，从而实现加油站的"绿电"供应，抵消加油站的碳排放量，达到"碳中和"。

（三）中国和全球加油站经营对比分析

将中国和全球加油站的经营情况进行对比，差异主要体现在以下几个方面。

1. 经营主体不同

中国加油站的经营主体主要是中国石油、中国石化、中国海油这三大国有企业以及部分民营企业和外资企业。目前，中国加油站行业同时存在重资产模式（自建、收购等方式）和轻资产模式（租赁、加盟）等。规模化品牌经营成为加油站发展新趋势。部分加油站经营企业利用其体系化的管理能力和品牌连锁优势，在重资产模式无法施行的情况下，积极向轻资产的商业模式转型，开拓连锁加油站的创新运营模式。而全球其他代表国家的经营主体更加多样化，更有部分加油站依附于便利店、超市等业态。

2. 发展模式不同

例如美日等国家大力推行自助加油站，致力于将全服务转变为自助服务。而中国的自助加油站较少，加油站点的经营受到政府的严格管控。主要原因如下：一是自助加油存在一定的安全风险，例如非法加油和火灾等。为了确保加油过程的安全，国内加油站更倾向于由工作人员进行操作和监督。二是中国消费者对于加油服务有较高的期望，他们更倾向于由工作人员提供更全面的服务。三是受到技术和成本的限制，自助加油技术需要投入较高的成本，并且需要与支付系统、车辆识别系统等进行整合。

3. 数字化转型程度不同

相较于全球加油站智慧化水平，中国加油站的数字化程度处于领先地位。国内石油公司逐渐将数字化的管理方式与自动控制技术应用于加油站，推出智慧加油站。加油站充分利用互联网、物联网以及人工智能等技术，精准分析客户的需求，为顾客提供全方位的服务，打造数字智能加油站，有效发展销售网络，加快数字化建设。中国石油运用物联网、云平台、大数据、人工智能等数字技术，积极探索开展"油、气、氢、电、非"综合能源服务平台建设，进一步加快加油站管理系统 3.0 和零售会员体系建设，深入推进试点加油机器人项目；推出刷脸办卡免到站、线上支付免接触、自主开票免排队等服务。中国石化将单一的智能加油站拓展至各地理区域和销售环节，打通了数字人民币与加油、购物等十多种业务的使用通道，同时大力推动"一键加油""无感加油""POS 扫码付""易捷到车"等无接触业务，大力推进站级一体化、智慧油站、线上业务等建设。民营加油站也通过数字化升级对加油站进行赋能。

4. 综合能源站的建设力度不同

相较于全球，中国的新能源综合站建设走在前列。中国石油深化细化绿色低碳发展战略的实施，建成投产39个新能源项目，推进实施绿色产业布局，打造化石能源与新能源融合发展的"低碳能源生态圈"。中国石化推动加气、加氢、充换电业务进一步发展，打造油气氢电服综合能源服务商，致力于打造中国第一氢能公司，2万吨的绿电制绿氢项目正在快速建设中。中国海油把打造"零碳"油气产业链作为现实路径抓紧抓实，着力推动能源绿色低碳转型发展"再提速"，把推动新能源新产业发展作为转型方向抓紧抓实，推动公司绿色低碳转型。

三、加油站非油业务发展分析

2023年，全球加油站非油品销售业务比重不断上升，通过调整经营方式，为消费者提供多方面的服务。美、英、德、日、韩等主要代表国家的非油业务模式都有所差异和侧重。中国加油站便利店数量趋于饱和，数量略减；非油业务稳步发展，整体盈利水平稳中有升；非油业务向多元化、体系化、全面化发展实现新突破；不断完善非油专业线分级协同运营模式。将中国和全球加油站非油业务进行对比分析，差异主要体现在盈利能力、品牌多样性和服务多元化程度、全渠道运营程度等方面。

（一）全球加油站零售店分析

2023年，全球加油站非油品销售业务比重不断上升，致力于为消费者提供多方面的服务。

1. 非油品销售业务比重不断上升

全球石油公司通过调整经营方式，为消费者提供多方面的服务，以扩大自己的市场份额，非油品销售目前已逐渐成为油品销售行业获利的主要手段，也是企业新的利润增长点，非油品销售业务比重不断上升。在全球成熟的非油业务体系中，主要以"加油站+便利店""加油站+汽车维护""加油站+便利店+快餐+休闲服务""加油站+自动贩运机"几种搭配模式为主流。非油业务在某种程度上也可被称为"便利型零售业"。国外特别是欧美国家由于市场化较早，为了使企业的竞争力更强，加油站运营商不断采用新管理模式或新技术，推出新的增值服务，以在持续增强的竞争环境中生存下来。

2. 主要代表国家的非油业务模式

截至 2023 年，非油产业发展最成熟的是美国，美国至今仍是世界上非油业务收入最高的国家，其以低廉的油品吸引顾客，再引导顾客消费非油品。美国有 15.3 万家便利店，其中 83% 销售油品。美国便利店行业有两个特点：一是油品和非油品零售联系紧密，便利店成为油品销售的主要业态，传统的单一加油站日益衰落。目前全美销售油品的便利店为 12.7 万座，与此同时，传统加油站数量从 6.3 万座下滑至 2.6 万座。从全美油品销量来看，便利店占比约为 80%，大卖场（沃尔玛、好市多等）占比约为 13%，其余 7% 来自传统加油站。二是便利店成为油品销售的主要业态，但格局非常分散。销售油品的便利店 58% 为单店经营，拥有超过 500 家店的连锁运营商店数总和占比仅为 16%。五大国际石油公司埃克森美孚、壳牌、bp、雪佛龙和康菲逐步剥离下游零售资产，不再运营加油站，仅保留品牌。在全美销售油品的 12.7 万家便利店中，只有约 430 家为五大油公司运营；但使用五大油公司品牌的便利店数量为 4.8 万家，占比为 38%。约 62% 的便利店销售的油品来自 15 个大型炼油公司的油品品牌（38% 来自五大油公司，24% 来自其他大型炼化公司），其余 38% 为"无品牌"油品。通常独立的便利店公司会建立自己的油品品牌。

英国设有加油站的超市销售的汽油占英国零售汽油销售量的 40% 以上。同时石油公司也采取与超市合作的方式进入零售领域，这种合作带动了双方销售的共同提升。

德国成品油实行的高税收政策及油品市场的激烈竞争，使得各大石油公司非常重视非油业务的发展，德国因此成为欧洲非油业务收益最高的国家。同时，德国商场营业时间不得超过晚上 8 点，周末也不允许营业，而加油站则可以 24 小时营业。依托于此的便利店便可以满足不同时段的消费需求，因此加油站便利店有时成为德国人生活之必需，变相提升了非油业务的收益。在德国加油站的总收入中，油品销售占 22.2%，非油品占 77.8%（其中便利店 50.4%，洗车 14.8%，其他 12.6%）。

日本加油站大部分属于特许经营，由于劳动成本高等原因无法推广连锁销售经营，因此改为辅助存在的"加油站+自动贩卖机"的形式。其非油业务更侧重于与汽车有关的服务，如车用商品的销售、洗车和快修。典型的例子如日本的初光公司在开展非油业务时专注于提供轮胎、蓄电池、汽车零部件的服务。这种占地不多、利润较高的 TBA（tire、battery、autoparts，即轮胎、电池、汽配等销售与汽车维护保养）销售模式是日本目前的主要非油业务形式。

韩国选择了与汽车服务相关的非油业务。如拥有 3700 多座加油站、以 40% 的市场份额位居韩国之首的 SK 集团，截至 2023 年，只有 250 座加油站建有 OKMART 便利店，还不到其加油站总数的 7%，但其直营加油站中 300 余座开设了汽服店，汽服利润占加油站利润的 30%，占非油品利润的 90%。另外还在站外开设了近 400 家汽车快修店。

（二）中国加油站非油业务发展分析

2023 年，中国加油站便利店数量趋于饱和，这类加油站便利店占加油站总数的比例逐步降低。石油公司创新营销模式，积极调整经营策略，非油业务稳步发展，整体盈利水平稳中有升。非油业务向多元化、体系化、全面化发展，打造"人·车·生活"生态圈。不断完善非油专业线分级协同运营模式，实现客户从单一油品消费转化为"油非一体化"消费，进一步扩大非油销售规模。

1. 便利店数量趋于饱和，数量略减

加油站便利店，尤其是国有石油公司绝大多数加油站便利店的开发工作已基本完成，便利店数量趋于饱和，并略有减少。便利店占加油站总数的比例也在降低。截至 2023 年底，中国石油便利店数量为 19583 家，相比 2022 年底减少了 1017 家，降幅为 4.94%；便利店占其加油站数量的比例由 91.21% 降为 86.06%。中国石化开发建设便利店继续增速，便利店占加油站总数的比例也在同步提高。截至 2023 年第二季度便利店数量为 28364 家，相比 2022 年底增加了 192 家，增加 0.7 个百分点；便利店占其加油站数量的比例由 91.44% 增加为 91.74%。

2. 非油业务稳步发展，整体盈利水平稳中有升

2023 年，石油公司积极推进非油品销售业务专业化发展，大力推进线上营销，改善供应链质量，努力增收创效，努力提升非油品业务盈利能力。

中国石化加强自有品牌商品建设，积极拓展新业态。互联网在线业务快速发展，用户满意度大幅提升，非油业务经营质量和效益持续提升。2023年上半年营销及分销事业部非油业务收入为216亿元，同比增加23亿元，增幅为11.92%；非油业务利润为27亿元，同比增加1亿元，增幅为3.85%。

中国石油坚持批发零售一体、油品非油品相互促进、线上线下融合，分区域实施差异化营销策略，创新非油品业务经营模式，非油业务收入、盈利能力实现双增长。2023年上半年，加油站非油品销售额为170.49亿元，相较于2022年同期增加20.04亿元，增幅为13.32%。2023年，加油站非油品销售额为322.65亿元，较2022年增加16.75亿元，增幅为5.48%，非油业务毛利继续大幅增长。

3. 多元化、体系化、全面化发展，开发非油"新赛道"

以国有石油公司为代表，通过跨界经营、战略合作、共享资源等新模式，不断拓展电商、汽服、餐饮、保险等新业务，助力销售企业打造"人·车·生活"生态圈。

中国石化易捷积极创新商业模式，加快发展新能源终端，推动油气氢电服综合能源服务商建设取得更大突破；加强数字化赋能，完善非油业务综合服务生态，提高协同创效水平。

中国石油昆仑好客的电商、汽服、餐饮等业务收入同比分别增长超过56%、50%、30%。昆仑好客公司着重强化"1+1+N"线上渠道发展，结合"实体服务＋平台增值"发展思路，上半年加大了非油信息化建设力度，不断提升线上商城、直播带货、到家等业务能力，2023年上半年共直播208场，与美团、京东到家、饿了么合作，全国开展到家业务门店突破2000家，建设乡村综合服务站1000多座，打造消费帮扶专柜上万个。昆仑好客品牌价值突破170亿元，持续位列全国零售业品牌榜前茅，连续3年入选"我最喜爱的中国品牌"。

4. 完善非油专业线分级协同运营模式

面对复杂多变的市场环境，国有石油公司统一管理标准和运行方式，坚持一体化运作，提升综合竞争能力；坚持规模和效益并重，促进协调发展；坚持市场导向，以客户需求引领业务发展；坚持品牌发展战略，提升专业化运营水平，通过跨界经营、战略合作、共享资源等新模式，不断拓展电商、汽服、餐饮、保险等新业务，深度挖掘客户消费需求，依托现有平台和资源，通过增项、增服务，实现客户从单一油品消费转化为"油非一体化"消费，进一步扩大非油销售规模。

开发自有品牌商品是非油品业务变资源优势为商品优势、实施专业化运营、差异化策略的战略选择，优选产品质量优、超高性价比、获得客户青睐的商品纳入自有商品，为车主及加油站周边居民解决生活、车行需求。

（三）中国和全球加油站及非油业务对比分析

将中国和全球加油站非油业务进行对比分析，差异主要体现在以下几个方面。

1. 盈利能力不同

面对国际油品利润稀薄化的趋势，在加油站业务发展较为成熟的国家，加油站的主要盈利来源就是非油业务。例如，在德国加油站的总收入中，油品销售占 22.2%，而非油品则占 77.8%。2023 年，中国加油站盈利的主要来源还是油品销售，非油业务的盈利能力虽然在逐年增加，但依然难以匹敌国外加油站。

2. 品牌多样性和服务多元化程度不同

由于国外的非油业务起步较早，品牌的多元性和服务的多元化程度都领先于中国。聚焦国内，加油站便利店的主要产品仍集中在香烟、饮料和润滑油三类产品，部分加油站的非油品服务内容相对单一。

3. 全渠道运营程度不同

中国加油站非油业务的全渠道整合及线上平台的搭建领先于国际。中国非油业务坚持店内店外同步发力，线上线下协同推进，联合供应商资源在线上商城推出线上拼团、限时抢、限量购等营销活动，打通线上、线下的加油、购物、洗车电子券互促等，实现客户全覆盖。2023 年，国有石油企业非油业务推出多种服务项目，完善电商平台，线上线下全渠道营销，维护了加油站良好的品牌形象。线上线下的充分融合，跨界直播带动利益增长的跨界新零售举措，有力拓展了新营销渠道和宣传推广的影响力。

四、成品油需求、加油站及非油业务展望

2024年，中国经济将持续增长，但增长乏力。成品油需求进入中低速发展阶段，需求量缓步增长，增长率将略低于2023年。不同油品需求增长有所差异。汽油需求总体上仍将保持平稳增长，柴油需求增长预计将进一步放缓，航煤需求将呈现小幅上升的趋势。加油站将继续呈现连锁化、规模化趋势，轻资产开发将成为加油站重要发展模式，综合能源服务站，尤其是充换电业务将快速、规模化发展，智慧油站建设不断深化。加油站将开拓向综合能源供应转型的特色非油业务，呈现多元化发展趋势，服务链不断延长；将创新营销模式，注重品牌塑造，推动非油业务的数字化赋能。

（一）中国成品油需求展望

1. 中国成品油消费进入中低速发展阶段，需求量缓步增长

2024年中国经济增长乏力的问题或持续存在，灰犀牛风险日益增大。居民收入水平低，消费增长有限，难以支撑内循环。2023年，中国交通周转与企业生产全面恢复，成品油消费照比2022年势必大幅增长，增长率也高于过去几年，2024年的成品油消费将会随着产业发展进一步增长，但由于2023年的生产已经恢复至疫情前水平，其同比增长幅度将小幅下降。同时，国际经济大环境表现欠佳，出口提升受限，在经济环境以及新能源汽车对汽油市场的双重冲击之下，成品油消费量将会缓步增长，但消费增长率将略低于2023年。

2. 成品油消费结构整体变化不大，但不同油品需求增长有所差异

成品油消费结构中，仍以柴油为主，汽油居于第二位，煤油占比最小。在主要油品需求方向，汽油需求受新能源汽车的快速发展影响，传统汽油需求增长可能会受到一定限制。预计2025年电动汽车保有量占比突破10%，2035年保有量占比突破50%，这将促使汽油需求增速将逐步放缓，并于2025年前后达峰。但短期来看，随着居民出行需求的增加和汽车消费市场的扩大，汽油需求总体上仍将保持平稳增长。节能减排的政策压力和清洁能源的替代将使得柴油市场需求增长受到一定的抑制，柴油需求增长预计将进一步放缓。

随着国内外航空业的复苏和航班数量的逐渐增加，航空业将继续繁荣发展，预计航煤需求将呈现小幅上升的趋势。

（二）中国加油站展望

1. 加油站坚持高质量发展，呈现连锁化、规模化趋势

成品油零售企业将秉持效益优先，坚持高质量发展。加油站数量的增加将维持低位，石油公司将重点发展高效市场，重视战略区域优质站点的开发，继续关停经济效益不佳的加油站。加油站经营中，将更加重视差异化及精准化营销。从注重扩大规模的粗放式管理转变为精细化管理，推动加油站的高质量发展。新能源汽车的快速增长，将在一定程度上抑制加油站投资。得益于轻资产加油站数量的快速增长，预计中国石油加油站将快速扩张。中国石化增量预计多为自营加油站。

加油站将呈现连锁化、规模化发展趋势，通过统一管理标准、统一服务质量、统一营销策略，对经济活动开展标准化、信息化、数字化管理，以降低流通费用、实现规模经济。民营加油站将通过连锁联盟的方式，重塑品牌形象，快速形成连锁化、规模化优势，提升行业竞争力。具备一定规模、有抗风险和盈利能力是民营加油站发展的重点和方向。另外，规模较大的民营加油站企业将通过收购零散民营加油站来形成规模化管理。

2. 非油业务重要性日益凸显，轻资产开发模式将成为加油站重要发展渠道

随着成品油市场逐步成熟和外资成品油销售企业带来的竞争压力，加油站开始走向微利时代。非油业务的发展和壮大成为加油站新的利润增长点，被视为弥补成品油利润下降带来损失的最佳解决方案。国外的大型超市加油站由于低价成品油销售吸引了许多顾客，"低价格、高销量 + 非油业务"的经营模式给传统的加油站带来了强烈的冲击。

轻资产开发模式将成为国内加油站建设的重要渠道。分散运营的小规模加油站将逐渐集中为中大型品牌加油站，从而形成全国性和地区性的民营加油站品牌。通过服务提升和油源保障，民营加油站的品牌优势和规模化扩张将迎来快速发展。同时，标准化的流程是加油站连锁扩张的关键因素。要对加油站运营模式按不同模块进行提炼，形成加油站建设标准，最终达到模板化输出，实现加油站品牌连锁的模式。

3. "油气氢电服"综合能源服务站建设不断提速，呈规模化发展

随着新能源汽车加速发展，汽油消费增长疲软。交通运输方式的绿色低碳对加油站的基础设施建设与经营管理方式提出新要求，传统加油站的经营模式不再能满足客户需求。在此背景下，支持发展综合能源服务的利好政策也相继出台。2023年2月10日，国家发展改革委、国家能源局发布《关于完善能源绿色低碳转型体制机制和政策措施的意见》，鼓励传统加油站、加气站建设油气电氢一体化综合交通能源服务站。海南、浙江、上海自贸试验区临港新片区等多地已明确提出发展综合能源服务的规划。加油站将向加油、充电、加氢等多元能源服务延伸，从能源补给向购物、餐饮等多元消费场景延伸。加油站将加速综合能源服务站建设，以实现提供能源补给、基础服务、辅助服务的一站式综合服务。综合能源服务站不仅能满足客户的多元化需求，操作便捷高效，还可以提高能源利用效率、提升社会综合能效水平。越来越多的能源公司将综合能源站升级改造纳入发展规划中，综合能源服务正逐渐成为能源企业转型的主要方向和行业共识。

4. 加油站将加速布局充换电业务，推进充电基础设施建设

2023年，在政策推动和市场需求的双重驱动下，新能源汽车产业继续高速发展。根据中汽协数据，2023年，新能源汽车销量约940万辆，同比增长超过40%。2024年，新能源汽车将继续保持高速增长，预计销量将达到1100万~1300万辆。而全国新能源汽车与车桩比例仅为3∶1，充电桩仍存在较大缺口。为推进构建高质量充换电基础设施体系，国务院、国家发展改革委和国家能源局等出台多个文件，提出要加快推进充电基础设施建设。

油气公司将加速与汽车品牌、电池行业龙头公司合作，加快布局充换电业务，尤其是独立的充换电站投资建设。中国石油、中国石化等企业已经开始并将加速布局传统加油站中的充换电业务，大力开展充电基础设施建设。中国石油提出在未来三年完成充电桩业务在全国的战略性布局，力争进入充换电头部企业行列。

5. 智慧油站建设不断深化

以 5G、大数据、云计算、物联网和人工智能等为代表的新兴技术带来了新的经济增长点。随着全球经济下行和石油价格不断降低，打造数字化智能化平台成为油气企业应对低油价挑战、实现高质量发展的重要手段。加油站未来将向智慧化转型，"自动化、自助化、无人化"或成为大势所趋。所谓的智慧化油站，就是将互联网与传统加油站"融为一体"，实现自动化油品供应、自动收费等功能，对加油站的运营情况进行精准分析，并且通过数据分析，为客户提供个性化的服务，同时帮助油站实现降本增效，提升运营效率，最终实现能源零售终端的数字化。

加油站可以强化数字技术与实际场景的融合与应用力度，满足消费者个性化需求，打造数字化场景体验。尤其是在后疫情时代，满足消费过程健康无接触的商业模式更需要数字技术的驱动。通过推进智慧加油站建设，推行自助结算、扫码支付、刷脸支付、ETC 支付等支付方式，实现降本增效、技术赋能。同时，在智能化数字系统基础上，加油站可推出"共享员工"计划等共享经济模式，将闲置资源优化利用，带动扩大就业。

（三）中国加油站非油业务展望

1. 将开拓向综合能源供应转型的特色非油业务

在"双碳"与能源转型背景下，加油站、加气站、充电站等新型功能站对非油业务的多元需求与日俱增。综合能源服务要求传统的加油站业务与天然气、氢气、充电桩等非油品业务进行融合，实现一站式供应。加油站将以非油业务为依托，不断开拓向综合能源补给站、综合能源港转型的非油特色之路，建立完善的营销体系，加强从产品、价格、渠道、促销全流程的优化管理，助力非油业务品质化发展。

2. 呈现多元化发展趋势，服务链不断延长

中国加油站非油业务市场容量呈现逐步增大、竞争日益激烈、发展潜力大的趋势。其中，以便利店为代表的零售业务将继续扩大，提供零食、饮料、生活用品、快餐等便利商品，品种丰富货源齐全，逐渐向小型商超发展。同时，与快递、汽车、出行服务等生活服务业务相结合，融合网络营销、直播

带货等新业态,加速非油业务的多元化发展。

各加油站非油业务可围绕"人·车·生活"打造非油生态圈,叠加多重消费场景,不断推进加油站快餐、休闲、广告、金融、保险、专卖、车辅产品、便民服务等业务。还可借鉴国外加油站提供咖啡、烘焙、鲜花、彩票、生鲜等多种多样的商品与服务,积极与银行、保险等企业开展跨界合作和交叉营销,给消费者带来一体化、一站式消费和服务体验。除了为客户提供基本、便捷、增值的物质层面的服务外,加油站非油业务的服务升级还应体现在精神层面上,实现差异化运营。

3. 将创新营销模式,注重品牌塑造

如今,在成品油市场竞争日趋激烈的背景下,非油业务已成为石油公司新的业绩增长点,零售业务将逐渐由传统线下向"线上+线下""预售+自提""社团+社群+社交"等模式发展。同时,加油站非油业务方面还注重品牌塑造。应建立一体化的品牌生态,在渠道中注入品牌优势;持续培育自有品牌,结合时下热点把牢消费的痛点与热点,形成产品特色,设计极致单品、爆款产品;强化品质承诺,建立市场化运营机制,利用口碑宣传强化品牌定位。非油业务品牌架构要适应零售企业的运营管理能力,建立一个设计定位明晰、管理完善的品牌架构。不仅注重品牌包装、品牌合作和制作统一品牌标识,还关注营销策略的运用、管理体系的运转、商品的优选升级以提升品牌影响力,进而扩大加油站收益。同时,加油站应实现品牌全渠道覆盖。因地制宜、特色营销、网络化连锁经营、高品质服务成为加油站非油业务多元化和高质量发展的关键。

4. 推动非油业务的数字化赋能

互联网、物联网、综合智慧能源管理等新技术、新产品快速推广应用,智慧油品和非油品数字化运营管理体系,营销活动交叉联动、组合混合优惠券发放与核销、进销存数据的智能关联等功能,为加油站油非互促奠定了基础。数字化赋能传统加油站成效显著,未来将不断深入发展。未来石油公司将探索建立"互联网+加油站+便利店"线上线下共进互促的跨境商品销售商业模式,实现非油业务对油品销售业务的反哺。

随着商品服务与流通数字化、消费者信息管理数字化、物流终端配送数

字化、营销模式数字化的全面提升，未来石油公司将继续深化精准营销，定制产品和服务；继续通过智能补货、可视化陈列等方式提高商品更新和淘汰速度；将深化设备设施智能化，推进试点机器人项目，全方位建设智慧化非油业务。通过 APP 或小程序购买商品并选择购物到车、购物到家等配送方式将成为非油业务未来的发展方向。

新能源篇

2023年全球新能源呈快速发展势头。光伏累计装机容量和发电量分别达到15.79亿千瓦和16120亿千瓦·时，同比增长34.2%和24.8%；风能累计装机容量和发电量分别达到10.06亿千瓦和23087亿千瓦·时，分别同比增长11.9%和8.6%；生物质能累计装机容量和发电量也保持了快速增长态势。氢能成为新能源领域的一大亮点，加氢站数量同比增长13.1%，氢燃料电池车保有量同比增长25.4%。储能累计装机容量2.94亿千瓦，同比增长24.0%，新型储能累计装机容量占比达到30.0%。新能源汽车市场呈现快速发展态势，销量同比增长35.4%，充电桩数量持续增长。展望2024年，光伏、风能等可再生能源将继续保持高速增长，氢能、储能等新技术也将逐步成熟并广泛应用。新能源汽车市场将进一步扩大，渗透率不断提升，成为未来汽车产业的重要发展方向。

2023年中国新能源各领域同样呈现出蓬勃发展的态势。光伏累计装机容量达到创纪录的6.09亿千瓦，同比增长55.4%，发电量也实现了33.7%的同比增长。风能累计装机容量和发电量分别为4.41亿千瓦和8090亿千瓦·时，分别同比增长20.7%和6.1%。生物质能也在稳步推进，装机容量和发电量均有所增长。加氢站数量位居世界首位，氢燃料电池车产销量均创下历史新高。储能实现了爆发式增长，已投运的电力储能项目累计装机规模0.81亿千瓦，同比增长45%。新能源汽车产销量持续创新高，分别增至958.7万辆和949.5万辆，充电桩保有量也实现了65%的同比增长。展望2024年，中国可再生能源占中国能源供应的份额将进一步扩大。储能产业有望继续保持爆发式增长态势，为新能源的消纳和电网的稳定运行提供有力支撑。新能源汽车产业也将持续稳定发展，市场渗透率进一步提升，预计将超过45%。

光伏发展现状及对比分析

在全球积极应对气候变化的背景下，推进绿色低碳技术创新，加速能源低碳转型已是全球发展趋势。新能源作为全球能源体系的重要组成部分，对保障世界各国能源安全、改善环境保护、增加各国就业发挥了重要作用，在世界能源消费中占据重要地位，在发电、供热及交通等领域得到了广泛应用，2023年可再生能源在电力中的份额上升至38.4%。太阳能因资源量巨大、清洁安全、易于获得等优点，被普遍认为是最有发展前途的新能源之一。太阳能发电包括光热发电和光伏发电，其中，光伏发电是最主要、占比最大的利用方式，故发展光伏产业对全球调整能源结构、推进能源生产和消费革命具有重要意义。

2023年，世界各国纷纷出台光伏产业扶持政策，促进光伏产业持续快速发展，光伏产业市场规模持续扩大。全球全年光伏累计装机容量15.79亿千瓦，同比增长34.2%；光伏新增装机容量4.02亿千瓦，同比增长76.3%；光伏发电量16120亿千瓦·时，同比增长24.8%。亚洲是光伏产业发展最迅速的区域，光伏装机容量达到9.69亿千瓦，发电量达到9231亿千瓦·时，均位居世界榜首。2022年，全球光伏总装机成本下降至876美元/千瓦，全球公用事业规模太阳能光伏项目平准化度电成本下降至0.049美元/（千瓦·时），成本结构不断改善，2023年将继续呈现下降趋势。

2023年，中国光伏累计装机容量达到6.09亿千瓦，同比增长55.4%，在所有品类中增长最快；光伏新增装机容量2.17亿千瓦，同比增长约2.5倍，约占全国发电新增装机容量的60.3%；光伏发电量5503亿千瓦·时，同比增长33.7%，占全球光伏发电量的34.1%，占全社会用电量92241亿千瓦·时的6.0%。华东地区是中国光伏累计装机容量最多的地区，占比29.6%；光伏发电量主要来自西北、华北和华东三个地区，累计贡献全国70.9%的发电量。得益于光伏产业的规模化效益，中国光伏发电成本始终优于世界平均水平，2022年，中国光伏总装机成本降至715美元/千瓦，2023年将继续保持下降趋势；公用事业规模太阳能光伏项目平准化度电成本为0.037美元/（千瓦·时），进入平价发展新阶段。

2023年，在政策利好支持下，中国光伏市场快速发展，在全球遥遥领先，不仅有完整的光伏产业链和技术，还有全球最大的光伏发电规模和发电量。随着光伏产业技术的进步，全球光伏发电成本逐渐下降，中国光伏发电成本始终优于世界平均水平。中国光伏企业在全球竞争中逐渐具备产能规模经济优势、技术进步、低成本劳动力、国内市场需求和政府支持等多方面优势。

一、全球光伏发展现状分析

2023年，世界各国为了促进光伏产业发展，纷纷出台了相应的产业支持政策，扶持本国光伏产业的发展，产业政策支持力度逐渐加大，全球光伏行业总体呈快速向上发展态势，全球光伏装机容量和发电量均实现双增长。

（一）全球光伏装机容量、发电量现状分析

2023年，得益于各国和各地区对可再生能源的政策支持和投资增加，全球光伏累计装机容量稳定增长，同比增加34.2%。与此同时，由于光伏技术成本逐渐下降和效率提高，为满足更多的电力需求，全球光伏发电量持续增加，同比增长24.8%。

1. 全球光伏累计装机容量稳定增长，增速持续提高

2023年，世界各国相继出台了资助计划、激励措施、税收补贴等政策，大力推广和发展可再生能源。政策支持、技术进步和成本降低等因素共同发力，促使全球光伏市场再次强势增长，全年新增装机容量4.02亿千瓦，累计装机容量达15.79亿千瓦，同比增长34.2%（图22）。

2. 全球光伏发电量持续增长，增速小幅回落

2023年，日益增长的环境意识推动了全球对可再生能源的需求，光伏发电作为最为成熟和广泛应用的可再生能源之一，实现了稳定发展。此外，技术的进一步创新和成本的进一步下降，推动光伏发电量稳定增长，全年光伏发电量16120亿千瓦·时，同比增长24.8%。然而，一些市场规模较大的国

家面临政策问题，如印度的基础关税造成进口条件较差、巴西对小型分布式项目开始征收电网使用费等，政策的变化使全年光伏市场增长难以维持 2022 年的增速，增速同比放缓 1.8 个百分点（图 23）。

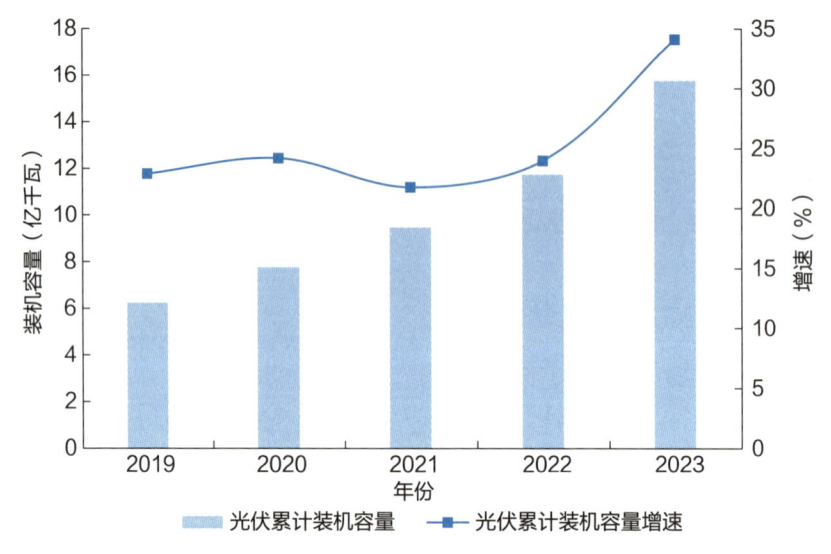

图 22　2019—2023 年全球光伏累计装机容量及增速

数据来源：IEA

图 23　2019—2023 年全球光伏发电量及增速

数据来源：IEA

（二）全球分区域光伏装机容量、发电量现状分析

2023年，全球能源革命持续推进，世界各区域光伏市场均维持持续向好发展。亚洲地区在全球光伏市场中占据非常重要的地位，不仅是光伏产业链的中心，且在光伏装机容量和发电量上也已连续多年位居全球首位。

1. 各区域光伏累计装机容量均实现稳定增长，亚洲地区位居榜首

2023年，随着能源转型的加速推进，各区域对清洁能源的需求持续增加，对光伏产业的投资也逐渐加大。亚洲仍是全球光伏累计装机容量和发电需求量最大的区域，全年累计装机容量9.69亿千瓦，同比增长38.6%，占全球总累计装机容量的62.8%。其次是欧洲和北美，光伏累计装机容量3.08亿千瓦和1.89亿千瓦，占全球总累计装机容量的19.9%和12.2%（图24）。

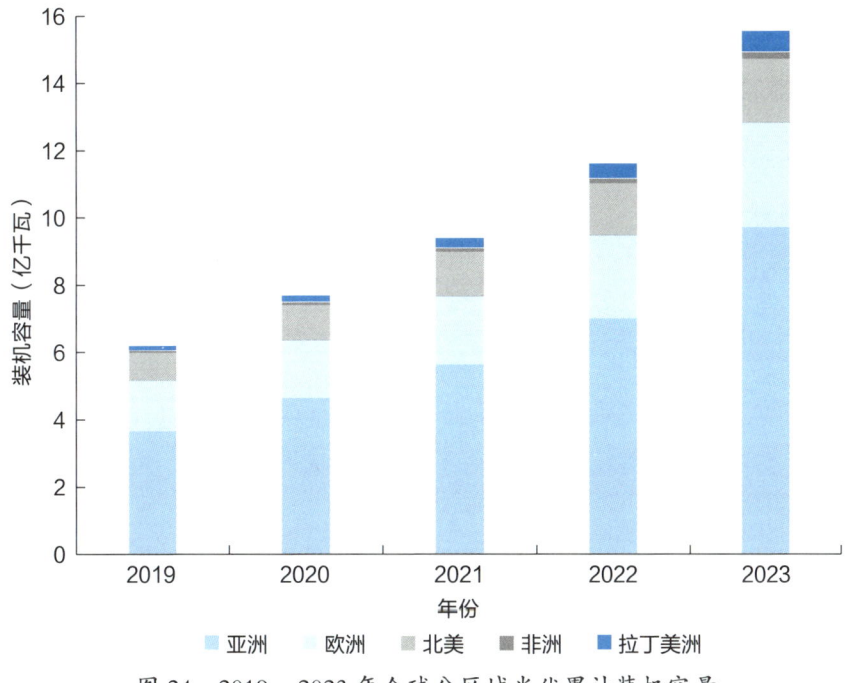

图24 2019—2023年全球分区域光伏累计装机容量

数据来源：IEA

2. 各区域光伏发电量持续增长，一半以上发电量来源于亚洲

2023年，全球各区域光伏发电量继续呈现强劲增长趋势，全球有一半以

上的光伏发电量来源于亚洲地区，达到 9231 亿千瓦·时。欧洲在可再生能源方面也位居全球前列，光伏发电在其能源转型中扮演着重要角色。根据欧盟的目标，到 2030 年，欧洲的可再生能源消费量将达到总能源消费量的 32%。为实现这一目标，欧洲各个国家大力推动光伏产业发展，提供激励措施吸引更多投资者，全年光伏发电量 2985 亿千瓦·时，同比增长 23.9%。北美地区光伏市场也保持扩大趋势，美国一直是全球光伏市场的重要推动者之一，政府积极推动可再生能源发展，并提供丰厚的税收减免和补贴政策，吸引大量投资者，全年光伏发电量 2523 亿千瓦·时，在全球区域发电量中排名第三（图 25）。

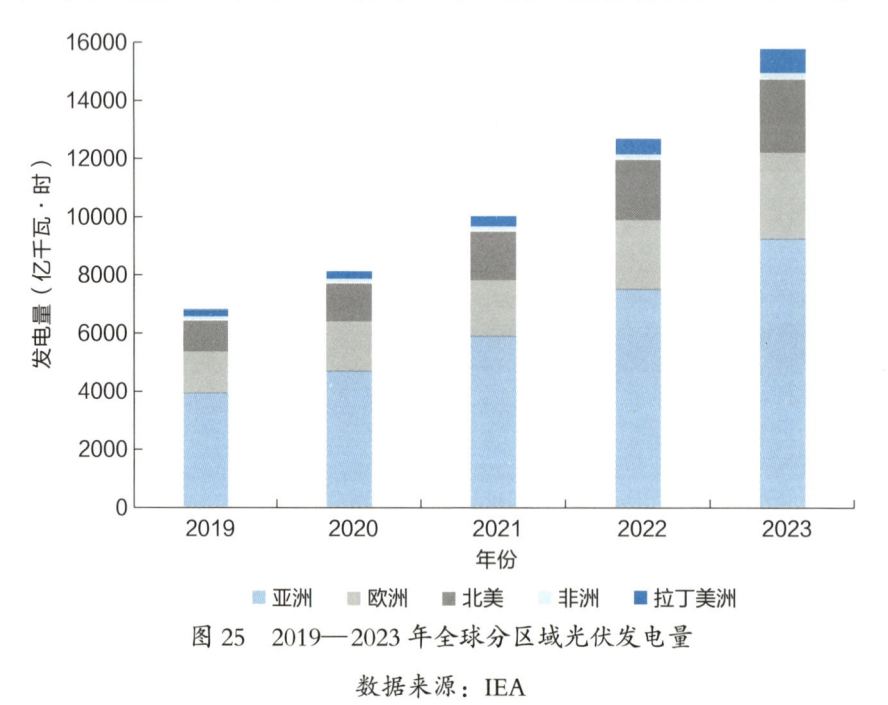

图 25 2019—2023 年全球分区域光伏发电量

数据来源：IEA

（三）全球光伏成本现状分析

2023 年，太阳能电池板的造价已经降至历史新低，并在研究开发和制造工艺方面取得了显著进展。随着技术的不断进步和规模的持续扩大，全球光伏发电成本持续下降，成本结构持续优化。

1. 全球光伏总装机成本逐年下降，成本结构持续改善

2022 年，投入运营的公用事业规模项目的全球容量加权平均总装机成本为 876 美元/千瓦，同比下降 4.6%。随着光伏技术的不断创新和改进，光伏组件效率显著提高。新一代的太阳能电池技术，如单晶硅、多晶硅和薄膜太阳能电池，不仅能够更好地转换太阳能为电能，而且制造成本也得到了有效控制。此外，太阳能跟踪系统和优化的电池储能技术的引入，使得光伏系统的发电效率进一步提高，降低了总装机成本，预计 2023 年的光伏装机成本将进一步下降，如图 26 所示，全球光伏总装机成本范围呈现长期下降趋势，所有项目的第 5 百分位和第 95 百分位的装机成本差距由 2013 年的 4031 美元/千瓦下降至 2022 年的 1309 美元/千瓦，表明在光伏市场上，光伏总装机成本结构在持续改善。

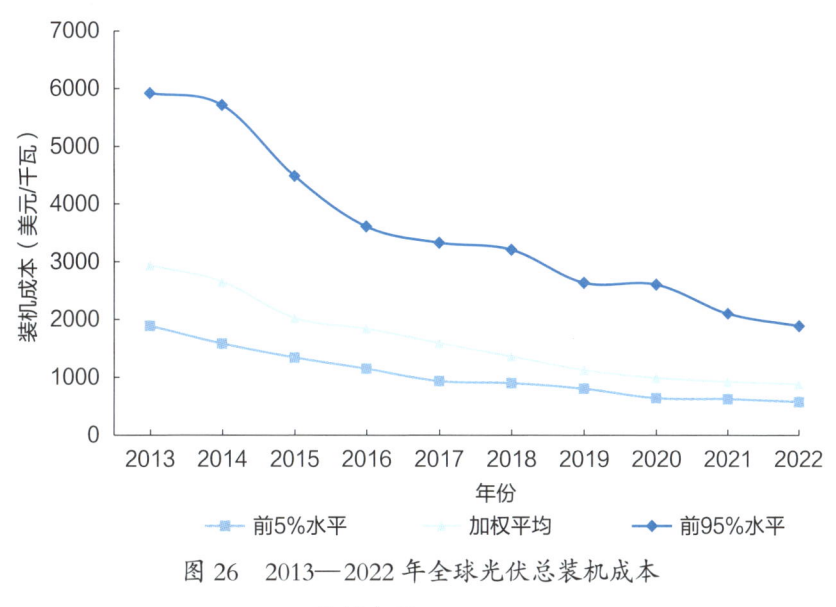

图 26 2013—2022 年全球光伏总装机成本

数据来源：IRENA

2. 全球光伏平准化度电成本不断下降，国家间差距逐渐缩小

2022 年，公用事业规模光伏电站的全球加权平均平准化度电成本为 0.049 美元/（千瓦·时），同比下降 3.9%。所有项目的第 5 百分位和第 95 百分位在 0.03 美元/（千瓦·时）至 0.12 美元/（千瓦·时）之间，在第 5 百分位和第 95 百分位上分别下降了 2.9% 和 5.5%，平准化度电成本范围持续降低，说明国家间差距正在逐渐缩小，如图 27 所示。

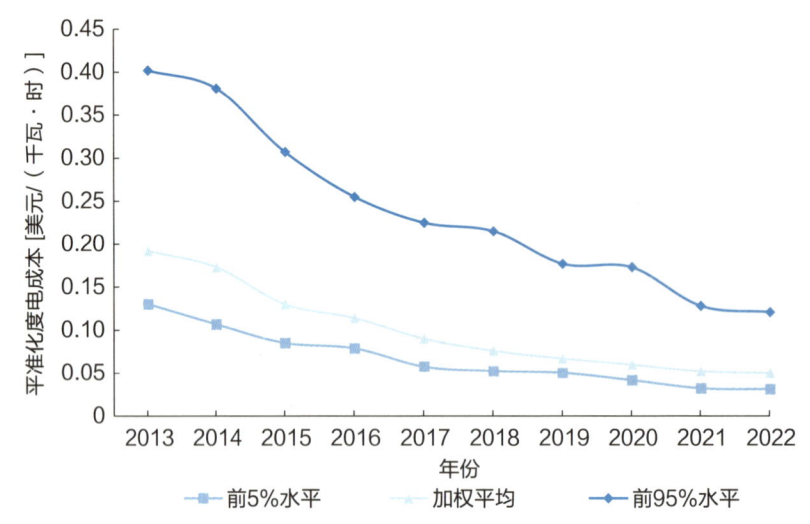

图 27　2013—2022 年全球公用事业规模太阳能光伏项目平准化度电成本

数据来源：IRENA

二、中国光伏发展现状分析

2023 年，中国光伏产业发展仍处于迅速增长的阶段，光伏技术研发和创新取得了显著进展。政府的政策支持、强大的制造业基础和光伏技术的不断创新，驱动中光伏产业蓬勃发展，为可再生能源的推广和碳减排做出了重要贡献。全年光伏累计装机容量和发电量实现同步正增长。

（一）中国光伏装机容量、发电量现状分析

2023 年，国家政策支持力度的持续加大，为光伏市场的发展注入了强有力的动力，全年光伏累计装机容量持续上升，发电量不断增加。光伏产业已成为中国能源转型的重要组成部分，有着巨大的潜力和发展空间。

1.中国光伏装机容量稳定增长，增速略有波动

2023 年，随着光伏产业技术的进步、成本的降低、政策支持的延续以及国际市场的拓展为中国光伏产业发展注入了新的活力，中国光伏发电产业进入大规模、高比例、高质量的快速发展阶段。全年光伏新增装机容量 2.17 亿千瓦，创历史新高，累计装机容量达到 6.09 亿千瓦，同比增长 55.4%，如图 28 所示。

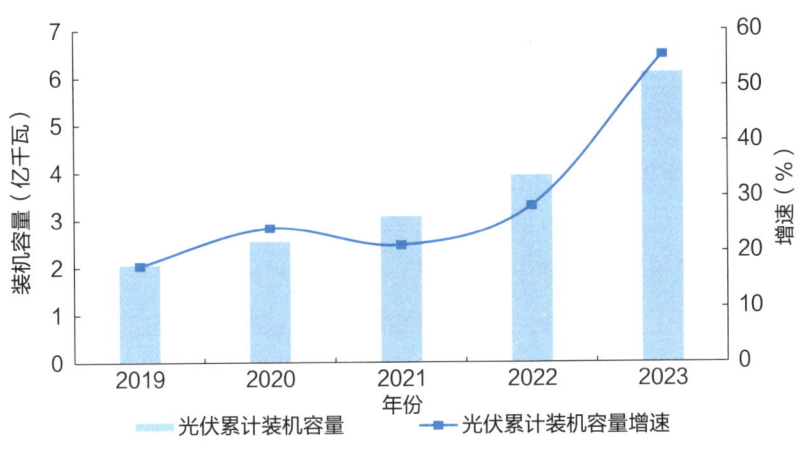

图 28　2019—2023 年中国光伏累计装机容量及增速

数据来源：国家能源局

2. 中国光伏发电量稳步上升，增速区间内起伏

2023 年，国家政策、地方规划密集出台，国有企业强势加入，直接推动光伏电站投资进入白热化，大力发展光伏产业已经成为实现"双碳"目标的必然选择以及国家促投资、扩内需、稳增长的重要政策工具。在此背景下，2023 年，中国光伏发电量实现高速增长，全年达到 5503 亿千瓦·时，同比增长 33.7%，如图 29 所示。

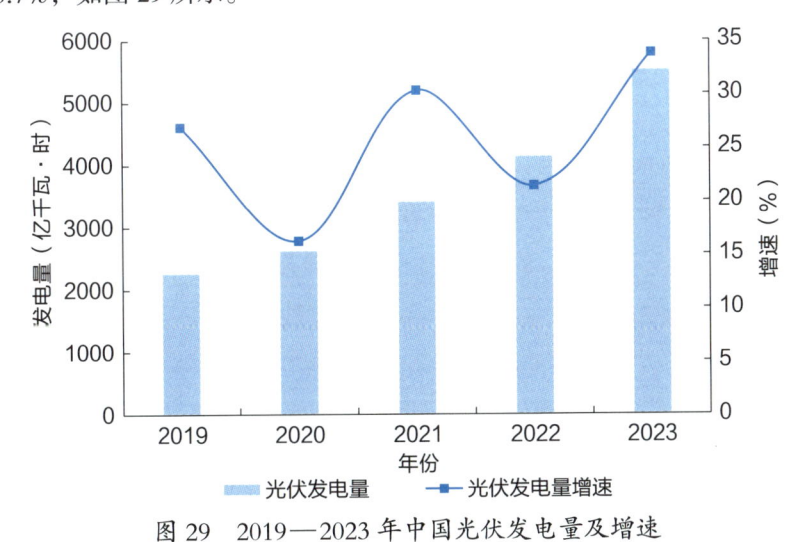

图 29　2019—2023 年中国光伏发电量及增速

数据来源：国家能源局，IEA

（二）中国分区域光伏装机容量、发电量现状分析

2023 年，中国分布式光伏主要集中于河北、山东、江苏、浙江、河南等少数省份，区域市场集中度较高。光伏发电产业在政策支持和技术革新的影响下快速发展，但部分地区的市场和民众积极性仍待调动。

1. 光伏装机呈现区域集中趋势，华东地区位居区域榜首

2023 年，中国光伏装机主要集中在以山东、江苏、浙江、安徽等为主的华东地区，累计装机容量 17364.21 万千瓦，占比达到 29.6%，相比 2022 年的 19.9% 提升了约 10%；其次是以陕西为首的西北地区和以河北为代表的华北地区，两大地区合计占比在 38.7% 以上，如图 30 所示。

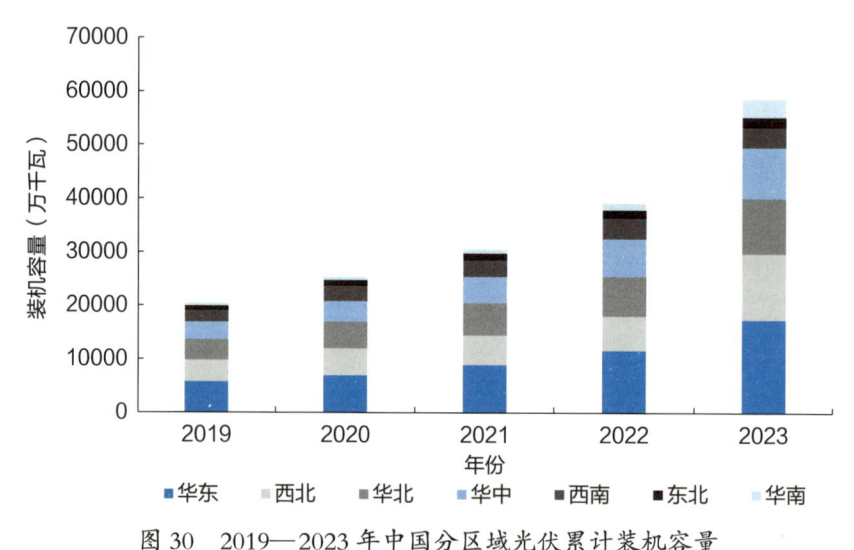

图 30　2019—2023 年中国分区域光伏累计装机容量

数据来源：国家能源局

2. 区域光伏发电呈现三足鼎立格局，华东、华北和西北为主要贡献区域

2023 年，随着技术的不断成熟和成本的不断下降，光伏发电项目在中国大陆的各个地区得到了大规模的推广和建设。与中国光伏装机区域分布格局相同，光伏发电量也延续了 2022 年的分布格局，西北、华北和华东为全国发电量的三大贡献区域，呈现三足鼎立的格局，发电量分别为 941.4 亿千瓦·时、622.8 亿千瓦·时和 521.7 亿千瓦·时，三个区域光伏发电量之和占全国的

70.9%，相比 2022 年 72.4% 的占比有所下降，如图 31 所示。

图 31　2019—2023 年中国分区域光伏发电量

数据来源：国家能源局、全国新能源消纳监测预警中心

注：分区域光伏发电量指规模以上工业企业累计发电量

（三）中国光伏成本现状分析

2023 年，由于市场需求不断增加，光伏行业竞争逐渐加剧，企业之间在技术创新方面加大了投入力度，进一步推动了中国光伏成本的下降。

1. 光伏装机成本进一步降低，进入平价发展新阶段

2023 年，中国政府持续推出了一系列政策和措施鼓励光伏发展，包括逐步退坡补贴、光伏扶贫计划等，光伏发电成本显著下降，已基本进入平价无补贴发展的新阶段，行业未来发展空间广阔。2022 年，全年光伏装机成本 715 美元/千瓦，如图 32 所示。

2. 技术优势发挥重要作用，光伏发电成本不断下降

2022 年，中国在光伏技术研发和应用上保持了强劲的动力，使得太阳能光伏电池组件成本不断下降，有助于降低光伏发电成本，全年为 0.037 美元/（千瓦·时），如图 33 所示。

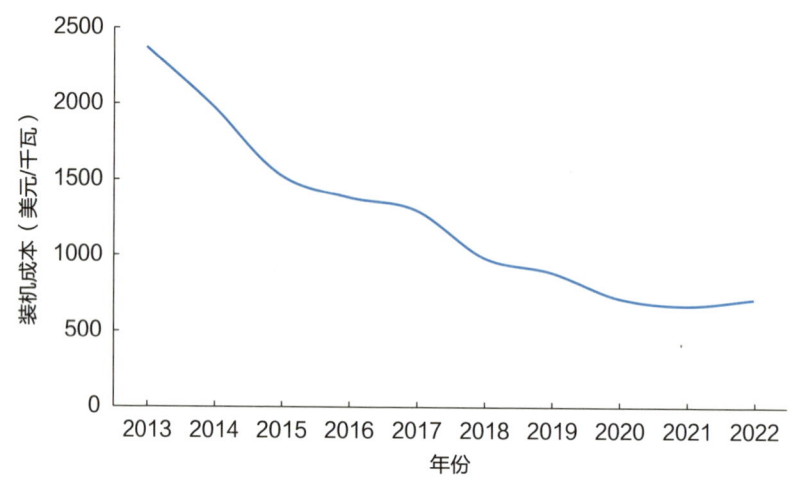

图 32　2013—2022 年中国公用事业规模太阳能光伏加权平均总装机成本

数据来源：IRENA

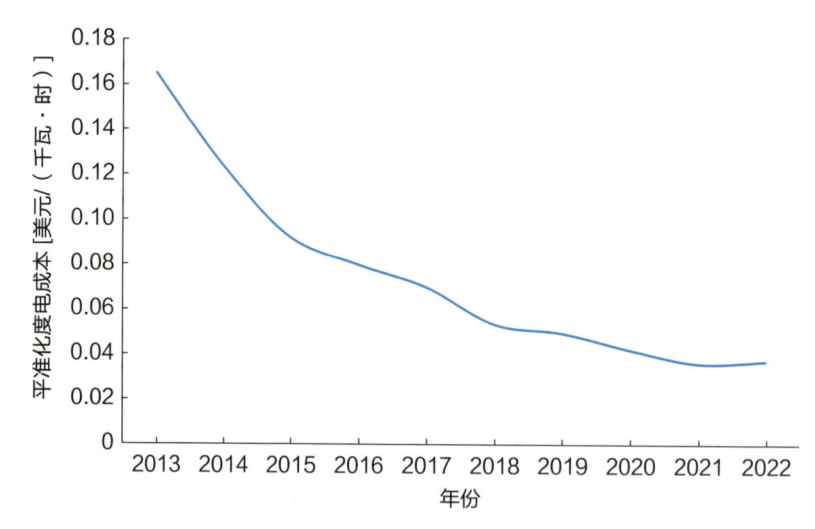

图 33　2013—2022 年中国公用事业规模太阳能光伏项目平准化度电成本

数据来源：IRENA

三、中国与全球光伏发展对比分析

全球光伏正以令人瞩目的速度发展，成为能源领域的重要组成部分。在竞争激烈的光伏行业中，中国光伏行业通过强大的产能和成本优势扮演着重要角色。2023 年，中国仍是世界上最大的光伏市场之一，是全球光伏发展的领导者。这一成就的实现，得益于中国政府在可再生能源领域的长期承诺和支持，以及中国光伏产业技术创新的成果。

（一）中国与全球光伏装机容量、发电量对比分析

2023 年，中国仍是世界上光伏市场发展最快的国家之一。自 2011 年以来，中国的光伏装机容量和光伏发电量均保持飞速增长，连续多年稳居全球第一。

1. 中国发挥强大竞争优势，光伏装机容量稳居全球第一

中国政府一直致力于推动可再生能源的发展，通过政策支持吸引了大量国内外企业投资于光伏事业，在光伏技术研发和生产方面有着强大的实力，能够提供高效和低成本的光伏产品。此外，中国的制造能力和规模效应也使其在光伏市场上具有竞争优势。多个因素的综合作用，使中国在全球光伏领域占据领先地位。2023 年，中国光伏装机容量达到 6.09 亿千瓦，全球最高，约是第二名美国的 3.5 倍，如图 34 所示。

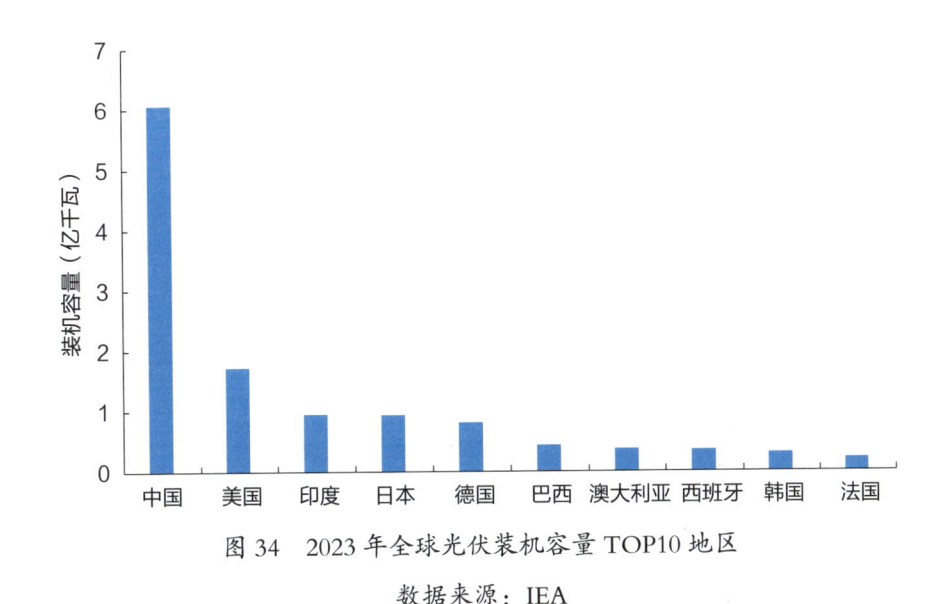

图 34　2023 年全球光伏装机容量 TOP10 地区

数据来源：IEA

2. 中国光伏发电量位居榜首，约占全球发电量三分之二

2023年，中国是全球光伏发电量最大的国家，位居世界第一位。全年全球光伏发电量TOP10地区的发电量为12800亿千瓦·时，占全球发电量的79.4%。其中，中国光伏发电量为5503亿千瓦·时，占全球发电量的34.1%，约是第二位美国2078亿千瓦·时的2.6倍，差距十分庞大，如图35所示。

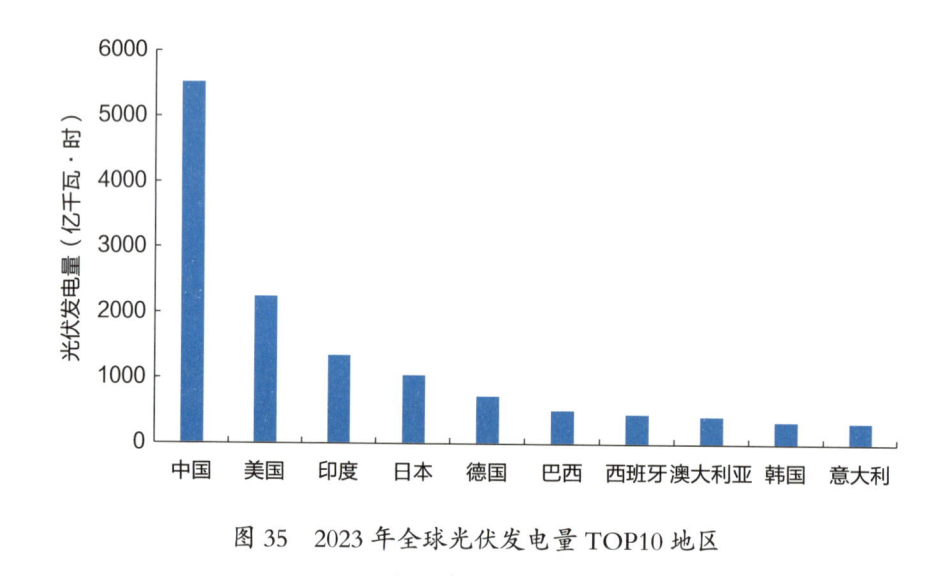

图35 2023年全球光伏发电量TOP10地区

数据来源：IEA

（二）中国与全球光伏成本对比分析

中国拥有世界上最大的光伏产能，这使得中国企业能够以大规模生产来降低成本。规模化生产使得中国光伏企业能够享受到成本优势，并且能够满足全球不断增长的需求。2022年，中国光伏成本明显低于全球平均水平，光伏企业降本增效效果显著。

1.中国光伏总装机成本低于世界平均成本，成本处于世界中上水平

世界上各个国家的光伏产业发展程度不同，同时由于环境、政策和市场等影响因素的不同，光伏装机成本也存在一定的差异。2022年，中国光伏产业已经形成了完整的产业链，生产、制造、设计和管理等环节都相对完善，

中国公用事业规模太阳能光伏装机成本，低于世界加权平均成本 161.4 美元 / 千瓦，总体处于国际上较好的水平，如图 36 所示。

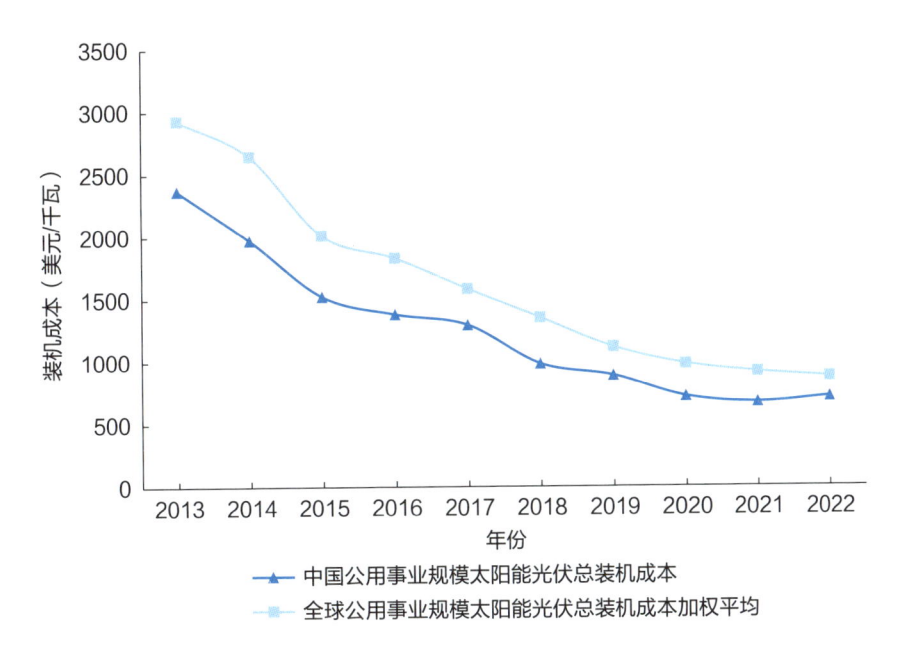

图 36　2013—2022 年全球加权平均、中国公用事业规模太阳能总装机成本对比

数据来源：IRENA

2. 中国与世界光伏平准化度电成本差距逐渐缩小，中国低于世界平均水平

2023 年，中国在光伏电池效率和制造工艺方面取得了巨大突破，高效的光伏电池和先进的制造工艺使得中国光伏组件在产能和质量方面具备竞争优势，降低了成本。技术进步、规模效应、政策支持以及地理条件等都对光伏发电的成本产生积极的影响。2022 年，中国光伏平准化度电成本与世界光伏平准化度电成本差距继续缩小，中国光伏平准化度电成本进一步降低且低于世界平均水平，每生产 1 千瓦·时的电力，中国将比世界加权平均水平低大约 0.012 美元，如图 37 所示。

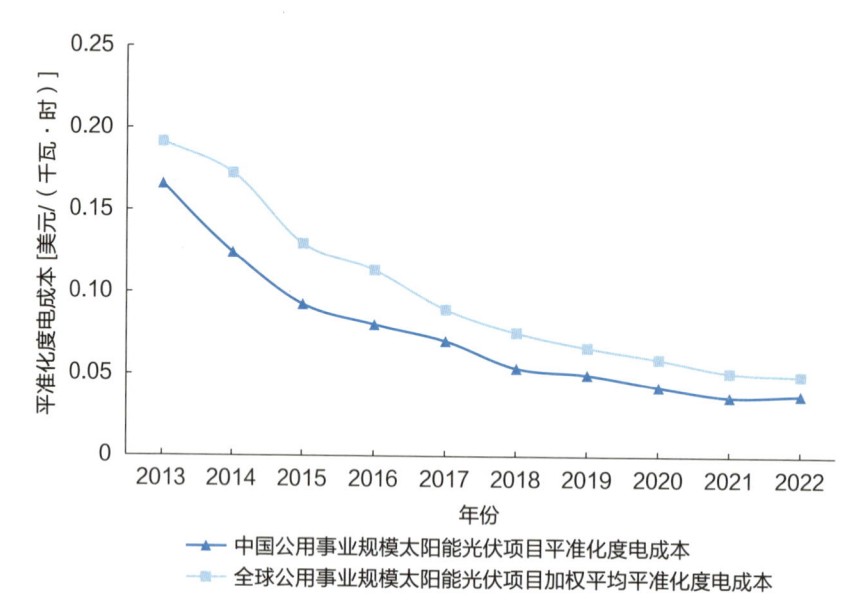

图 37　2013—2022 年全球加权平均、中国公用事业规模太阳能光伏项目平准化度电成本对比

数据来源：IEA

四、光伏发展展望

回顾2023年，全球能源体系改革不断推进，光伏市场快速发展，全球众多国家和地区陆续颁布光伏利好政策，驱动光伏市场需求高速增长，光伏市场发展势头强劲。与此同时，随着光伏相关技术的不断进步和突破，光伏发电成本快速下降，全球光伏装机容量呈现高涨态势。展望2024年，全球光伏市场规模将持续增长，即使电网承载能力、安装人力等限制会对其增速造成一定影响，但产能扩张以及价格下降都将有效推升光伏市场需求。光伏市场成熟度、集中度将越来越高，系统成本高低或将成为市场竞争的关键。此外，不同地区光伏发展速度差异将更加明显。

（一）全球光伏政策区域差异将进一步体现，扶持本地化光伏将成为全球趋势

2023年以来，全球各个地区对光伏的发展态度和政策有所不同。中国和

澳大利亚等国家取消了对光伏电站的直接补贴政策，而德国和奥地利等国家则加大了对分布式光伏的支持力度，以促进产能进一步增长。同时一些国家在资金方面也提供了大力支持，促使光伏市场迅速发展，而有些国家对光伏的发展关注较少。2024年，全球光伏市场发展的区域差异程度将进一步显现。在光伏目标、供应链中断以及全球制造能力具有高度集中性的背景下，越来越多的国家将采取相关政策措施，支持本地光伏的发展。此外，部分地区正面临经济下行、财政支出受限等问题，或将影响补贴政策的执行力度。

（二）全球光伏新增装机增速将有所放缓，可能回归合理增长

尽管受到供应链价格波动、经济环境复杂等多重因素叠加影响，2023年全球光伏规模仍保持高速扩张态势。2024年，全球光伏新增装机将达到474吉瓦，同比增长16%，与2023年59%的增速相比，增幅明显大幅放缓，将从高速增长回归理性增长。从四大区域市场装机数据来看，亚太地区表现最为突出，领跑全球光伏市场。亚太地区在经历高速发展期后，主流国家的光伏市场发展已逐渐趋于成熟，2024年将整体呈现增速放缓的趋势，新增装机有望达270吉瓦。欧洲虽面临装机迫切性逐步减弱的情境，但欧洲各国在2023年大幅上调其远期光伏装机目标，并推行多项利好政策下，加快其能源转型，2024年新增装机将达90吉瓦，有望保持稳步增长趋势。美洲整体新增装机有望达87吉瓦，美国仍是主要增量。中东非市场方面，沙特阿拉伯、南非及阿联酋装机需求将带动该地区整体保持较高增速，新增装机将达28吉瓦。

（三）中国将持续推行光伏相关政策，分布式光伏全面入市再次前进

随着分布式光伏的迅猛发展，接入和消纳压力骤然增长。2023年6月，国家能源局发布《分布式光伏接入电网承载力及提升措施评估试点实施方案》，要求电网企业按年度组织对县（市）一级电网接纳分布式光伏能力进行排查和梳理，按照低压配电网承载能力，划分接网预警等级。多地已开始实施，按照电网承载能力限制分布式光伏并网规模，严禁超容量接入。随着分布式光伏规模快速扩大，配电网承载力不足矛盾突出，分布式光伏参与电力市场已经提上议事日程。2023年10月，国家发展改革委和国家能源局发

布《关于进一步加快电力现货市场建设工作的通知》，明确进一步扩大经营主体范围，分布式新能源装机占比较高的地区，推动分布式新能源上网电量参与市场，探索参与市场的有效机制。2024年，随着新能源量的日渐增加，政策性"保量保价"将难以为继，电力现货市场将成为另一种形式的"兜底性"保障。中国将深入研究新能源参与电力市场，积极做好包括分布式在内的光伏发电全面进入电力市场的各项准备，国家能源局也将会同和配合有关方面研究适应新能源特点的电力市场机制，稳定投资预期。

（四）中国光伏市场将进入调整阶段，新增装机速度有望恢复正常水平

2023年，中国光伏产业链的产能均远超市场需求，整体行业产能的增加虽有助于行业发展，但也使得企业间竞争日益激烈。2024年，中国光伏装机需求增速将大幅放缓，新增装机约为210吉瓦，同比增长11%左右。从细分类别上看，随着中国电改进程的逐步深化，平均用电价格下降预期明确，叠加多地分配给户用光伏的并网容量已接近枯竭，项目经济性下降及并网管控趋严或将导致户用光伏装机需求进入深度调整期。工商业光伏则在峰谷电价差持续拉大，配储比例逐步提升的背景下，有望保持稳定增长。集中式方面，装机需求将围绕风光大基地项目持续开展。随着国内一、二、三期风光大基地项目的落地和配套的特高压输送通道使用，国内光伏装机增速有望回归正常水平。

风能发展现状及对比分析

风能是一种清洁的可再生能源，具有环保、蕴量大等特点，发展风电不仅有助于能源低碳转型，还能加强能源供应安全。与此同时，风力发电还是可再生能源领域中最成熟、最具规模开发条件和商业化发展前景的发电方式之一，且可利用的风能在全球范围内分布广泛、储量巨大，因此风力发电日益受到世界各国的重视。得益于技术进步和商业模式创新，风能行业正在快速发展，目前，全球已有100多个国家建设了风电项目，主要集中在亚洲、欧洲、美洲。

2023年，全球风能累计装机容量10.06亿千瓦，同比增长11.9%；风能新增装机容量1.07亿千瓦，同比增长44.3%；风能发电量23087亿千瓦·时，同比增长8.6%。亚洲依旧是风能产业发展最迅速的区域，风能发电量、装机容量均位居世界榜首。成本方面，2010—2022年，全球范围内，风电平准化度电成本整体呈下降趋势，相较于峰值时期，陆上风能的平准化度电成本下降了69%，海上风电平准化度电成本下降了59%。

2023年，中国风能累计装机容量4.41亿千瓦，同比增长20.7%；风能发电量8090亿千瓦·时，同比增长6.1%。分区域来看，西北、华北、东北地区风能新增装机量占全国的77%；华北地区风能发电量占比最大，占比为29%，西北地区占比为21%，华东地区占比为19%。得益于风力涡轮机价格的成本优势，中国有效地控制了陆上风电平准化度电成本。

一、全球风能发展现状分析

随着社会对清洁能源日益增长的需求，风能也逐渐被开发利用，在绿色可再生能源中占据一定比例。2023年，世界各国都逐渐加大风能装机量和发电量，一系列的产业支持政策也应运而生，全球风能行业需求扩大，市场活力提升。

（一）全球风能装机量、发电量现状分析

1. 全球风能累计装机容量稳定增长，同比增长速度回升

2019—2023 年，风能行业延续原有发展趋势，继续保持良好的增长速度。全球风能累计装机量呈现逐年递增走势，且风电产业已形成亚洲、欧洲、北美洲三大市场，超过全球累计装机量的 92%。国际可再生能源署（IRENA）数据显示，截至 2023 年末，全球风能装机量 10.06 亿千瓦，同比增长 11.9%，与 2022 年 8.9% 的增长率相比有所上升（图 38）。

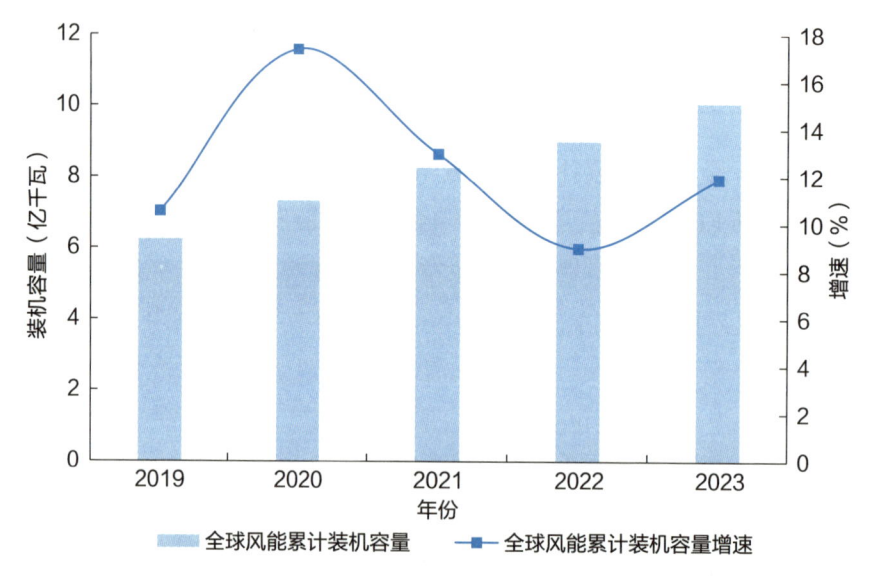

图 38　2019—2023 年全球风能累计装机容量及增速

数据来源：IEA

2. 全球风能发电量保持增长，增长速度稳中有降

2023 年，全球风能总发电量达到 23087 亿千瓦·时，同比增长 8.6%。总体来说，全球发电量逐年增加，并保持平稳发展，2023 年相比于 2019 年，累计增长 61.6%，风能发电在全球已占有广阔空间和较大市场（图 39）。

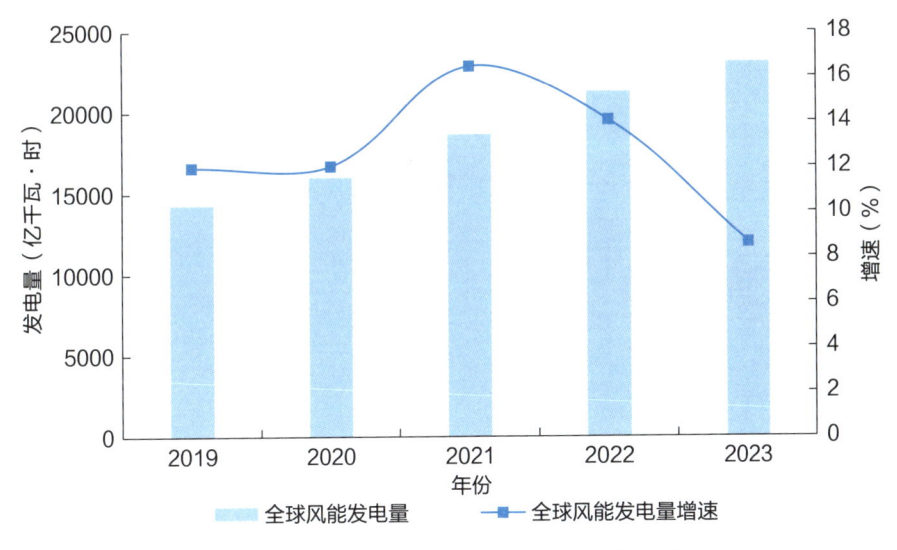

图 39　2019—2023 年全球风能发电量及增速

数据来源：IEA

（二）全球分区域风能装机量、发电量现状分析

1. 各区域风能累计装机容量均维持良好增长态势

2023 年，亚洲、欧洲和北美为全球风能累计装机容量排名前三的地区，分别占全球风能累计装机容量的 50.26%、23.23%、17.19%，合计占比约为 90.68%（图 40）。拉丁美洲和亚洲风能装机容量在 2023 年有着较高的增长速率，分别为 18.54% 和 15.7%，且亚洲以较大基数在五年内保持高速增长，未来预计仍将维持增长的良好态势。北美和非洲增长速度相对放慢，涨势平缓。

2. 各区域风能发电量持续增长，亚洲在全球最大占比

2019—2023 年，亚洲始终占据着 38%～48% 的最大全球占比，在 2023 年发电量达到 1025.2 亿千瓦·时，并达到 44.41% 的高占比，且发电量逐年稳步增长。欧洲和北美的发电量数值保持增长，但全球占比都经历了一定的波动，并在 2023 年降到较低值，分别为 25.88% 和 21.54%。拉丁美洲以较快速度在近五年内持续增长，2023 年发电量与 2019 年相比，增长了 83.31%。非洲保持较平稳增长速度，且占比稳定，维持在 1.5% 的水平上（图 41）。

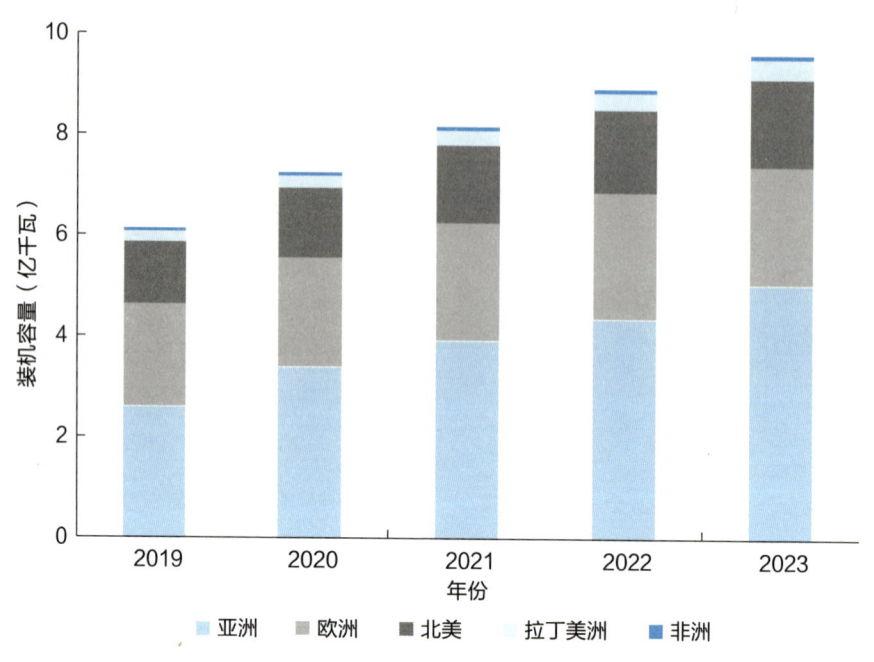

图 40　2019—2023 年全球分区域风能装机容量

数据来源：IRENA，全球风能协会

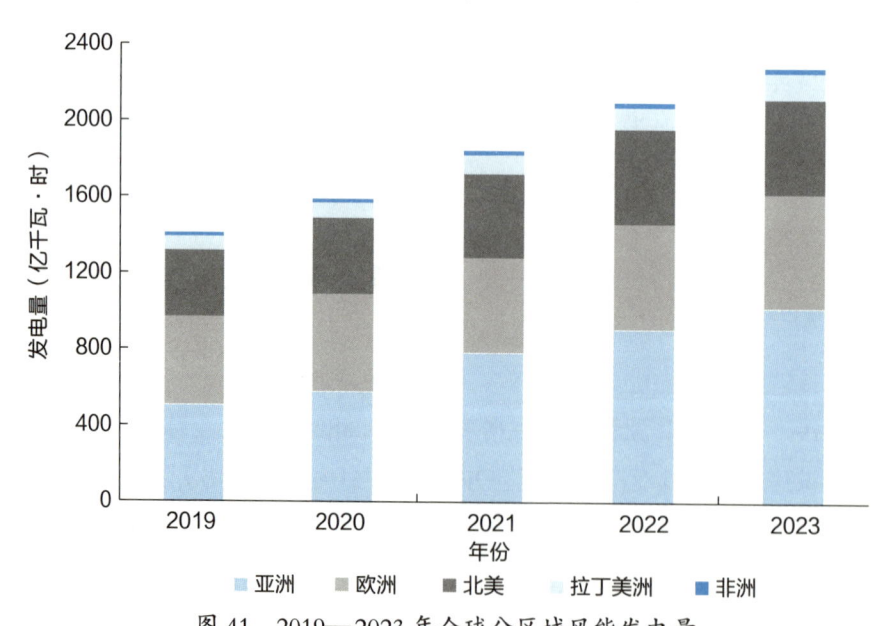

图 41　2019—2023 年全球分区域风能发电量

数据来源：IRENA，毕马威，全球风能协会

（三）全球风能成本现状分析

1. 全球陆上风能总装机成本持续下降，海上风能总装机成本波动下降

随着风电机组成本的下降以及风电机组技术进步带来的容量系数增加，全球风能的总装机成本不断下降，海上风能总装机成本明显高于陆上风能总装机成本。2010—2022年，全球风能总装机成本总体呈下降趋势，如图42所示。其中，全球陆上风能总装机成本下降了42%，从2010年的2179美元/千瓦下降至2022年的1274美元/千瓦；全球海上风能总装机成本下降了34%，从5217美元/千瓦降至3461美元/千瓦。

图42 2010—2022年全球风能总装机成本

数据来源：IRENA

2. 全球陆上风能度电成本平稳下降，海上风能度电成本同比略有上升

随着风能发电技术的进步以及风能产业的日益成熟，全球风能平准化度电成本有明显下降，海上风能平准化度电成本明显高于陆上风能平准化度电成本，但两者差距逐渐缩小。2010—2022年，全球风能平准化度电成本整体呈明显下降趋势，如图43所示。其中，全球陆上风能平准化度电成本下降了69%，从2010年的0.107美元/（千瓦·时）降至2022年的0.033美元/（千瓦·时）；全球海上风能平准化度电成本下降了59%，从2010年的0.197美元/（千瓦·时）下降到2022年的0.081美元/（千瓦·时），但2022年的全球海上风能平准化度电成本相比2021年上升了2.5%。

图43　2010—2022年全球风能平准化度电成本

数据来源：IRENA

二、中国风能发展现状分析

风能作为可再生能源之一，已在全球范围内实现大规模的开发应用，在中国能源转型中也占有重要地位。中国风电产业装机规模保持领先，技术产品水平快速提升，新技术应用不断涌现，同时，风电产业正在向大型化、深远海、分布式等方向发展。

（一）中国风能装机量、发电量现状分析

得益于国家"十四五"规划及相关政策对新能源发展的大力扶持，并伴随着全国范围内的电力需求持续增长，风电作为最具优势的发电方式

之一，迎来快速发展。中国风能市场新增装机规模不断扩大，累计增幅较大。

1. 中国风能装机容量稳定增长，增速略有波动

2019—2023年中国风电市场累计装机容量由2.1亿千瓦持续增长到4.4亿千瓦，年复合增长率为23.15%。2023年，中国风电装机容量约4.4亿千瓦，同比增长20.7%。风能装机容量增速在2020年达到近五年的最高点，2021年受补贴政策到期的影响增速放缓，2023年增速又有所上升（图44）。

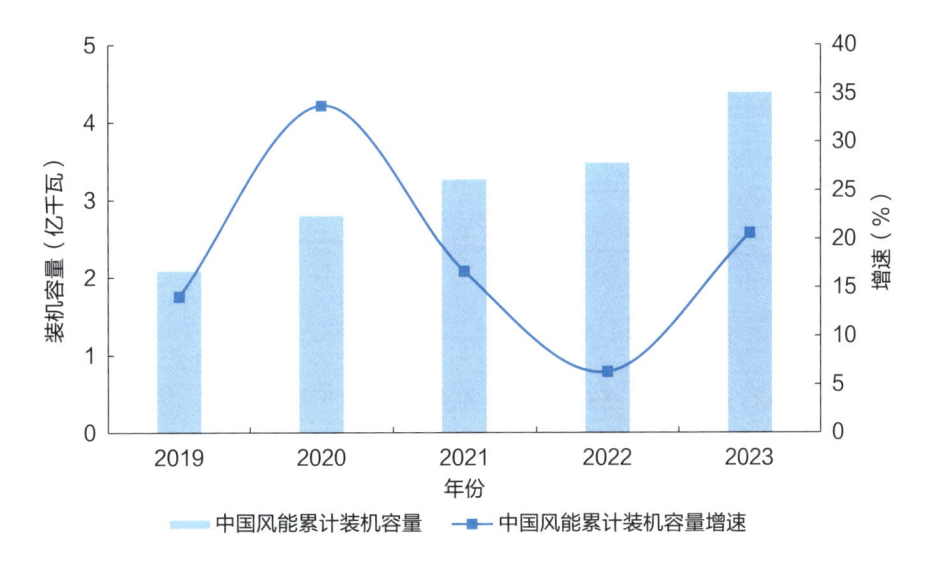

图44 2019—2023年中国风电累计装机容量及增速

数据来源：国家能源局

2. 中国风能发电量稳步上升，增速区间内起伏

2019—2023年中国风能发电量持续增长。2019年中国风能发电量仅为4057亿千瓦·时，2020年风能发电量为4665亿千瓦·时，2021年风能发电量6526亿千瓦·时，2022年风能发电量已达7624亿千瓦·时，2023年风能发电量为8090亿千瓦·时，同比增长6.11%。中国风能发电增速在近五年中有较大波动，2019—2021年，风能发电增速不断攀升，并在2021年达到近五年最大值，之后增速逐年下降（图45）。

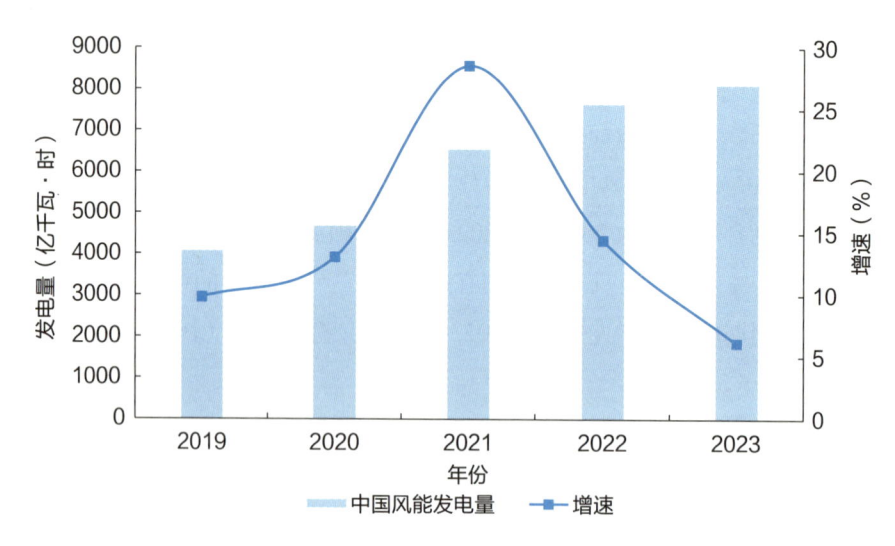

图 45　2019—2023 年中国风能发电量及增速

数据来源：国家能源局

（二）中国分区域风能装机容量、发电量现状分析

中国风电行业在政策扶持与技术创新的驱动下蓬勃发展，然而部分地区的市场活力和民众参与度仍有待激发。2023 年中国的分布式风电项目主要集中在内蒙古、河北和新疆等地，表现出较高的区域市场集中度。

1. 风能装机呈现三足鼎立趋势，华北和西北为主要贡献区域

中国风力发电设备主要集中在地势平坦且开阔、风力资源丰富且远离城市的区域，并且持续向北方转移。西北、华北、东北地区新增装机量占全国新增装机的 77%，风电开发布局进一步优化。2023 年，中国有 13 个省份风电装机容量超 100 亿千瓦（图 46），其中内蒙古、河北和新疆等地具备海拔较高、风能密度高等优势，是中国发展风能产业的优势区域。山西、山东和江苏风电装机容量超 200 亿千瓦。随着陆上风电平价时代来临，海上风电政策推进，作为海上风电政策重点省份的江苏、广东和浙江装机容量有望快速提升。

2. 区域风能发电呈现区域集中趋势，华北地区位居榜首

2023 年中国风能发电量区域分布不均衡，其中华北地区发电量最高，占

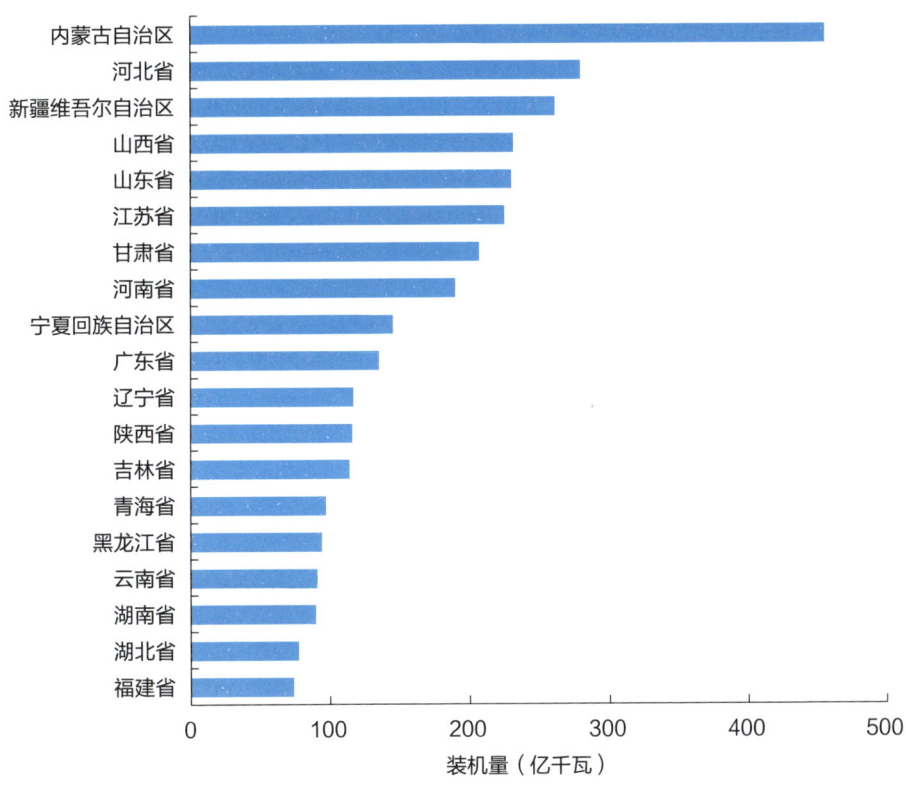

图 46 2023 年中国各省（自治区、直辖市）风能装机量

数据来源：华经产业研究院，中国电力知库

比为 29%，其次是西北地区，占比为 21%，占比为 19% 的华东地区紧追其后。2023 年中国风力发电量累计产量排名前三的省份分别为内蒙古自治区、河北省、新疆维吾尔自治区，发电量分别为 1271.2 亿千瓦·时、605.4 亿千瓦·时、604.5 亿千瓦·时，第一名内蒙古自治区遥遥领先于其他省份（图 47）。

（三）中国风能成本现状分析

中国政府继续致力于推动绿色能源的发展，其中风能产业成为重要战略领域。为了促进风能产业的持续健康发展，政府出台了一系列针对性的政策和措施，为其发展注入了新的活力。同时，风能技术也取得了显著的进步，风能发电设备的性能和效率得到了大幅提升，降低了总装机成本，进一步增

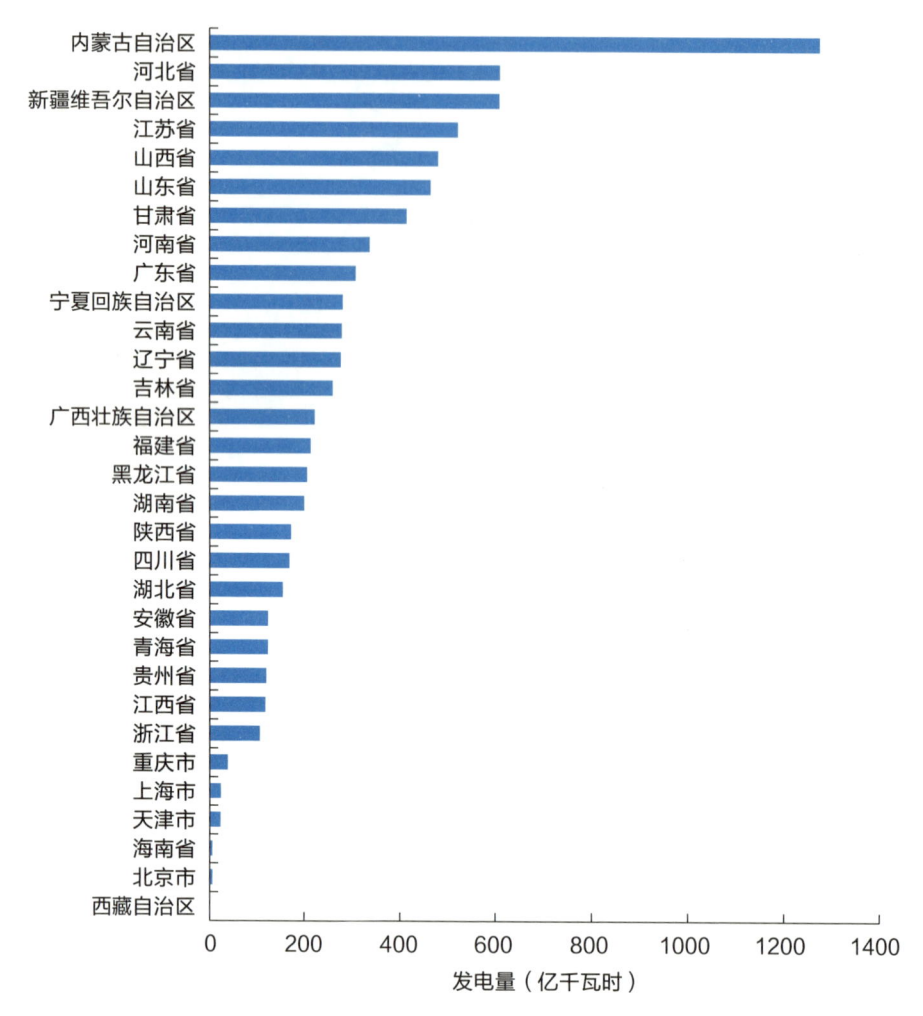

图 47　2023 年中国各省（自治区、直辖市）风力发电量

数据来源：国家能源局

强了中国风能产业的竞争力。随着风能产业规模的扩大和技术水平的提升，中国风能平准化度电成本也在逐步降低。

2010—2022 年，中国陆上风能总装机成本从 1663 美元 / 千瓦降低至 1103 美元 / 千瓦，降低 34%；海上风能总装机成本从 4962 美元 / 千瓦降低至 2811 美元 / 千瓦，降低 43%。风电加权平均总装机成本的降低不仅提高了风电项目的经济效益和竞争力，还推动了技术进步和创新，为全球能源转型和应对气候变化做出了积极贡献。

2010—2022年，中国陆上风电平准化度电成本从0.087美元/（千瓦·时）降低至0.027美元/（千瓦·时），降低69%。海上风电平准化度电成本从0.189美元/（千瓦·时）降低至0.077美元/（千瓦·时），降低59%，相较于往年有了明显的下降。这一趋势表明，风能发电逐渐成为一种经济高效的绿色能源，对于推动能源结构转型和应对气候变化具有重要意义。

三、中国与全球风能发展对比分析

得益于技术进步和商业模式创新，风能行业正在快速发展。发展风电不仅有助于能源低碳转型，还将加强能源供应安全。当前，越来越多的国家把目光投向海上风电，海上风电行业正迎来大规模快速发展的新时代，发展潜力巨大。2023年，全球风能装机容量增速放缓，发电量继续稳定增长，中国风能装机容量继续放缓，发电量持续增长。

（一）中国与全球风能装机容量、发电量对比分析

1. 全球风能装机容量持续增长，中国风能装机容量稳居榜首

2023年，全球风电市场发展较为稳定，新增装机容量1.07亿千瓦，累计装机容量10.06亿千瓦，同比增长11.9%（图48）。

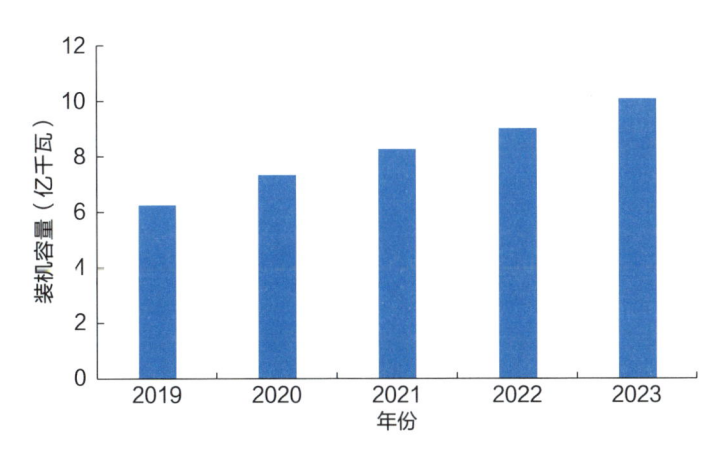

图48　2019—2023年全球风能累计装机容量

数据来源：IEA

分国家来看，全球风能累计装机容量排名前五的国家依次是中国约 4.4 亿千瓦、美国约 1.5 亿千瓦、德国约 0.7 亿千瓦、印度约 0.5 亿千瓦、英国约 0.3 亿千瓦，其中排在第一的中国风能累计装机容量约占全球的 43.9%，在全球范围内保持绝对的领先地位（图 49）。

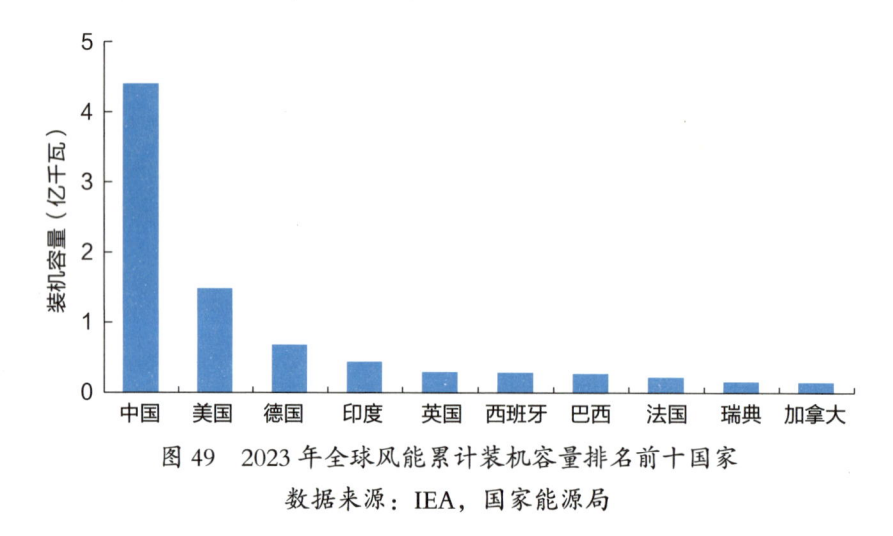

图 49　2023 年全球风能累计装机容量排名前十国家

数据来源：IEA，国家能源局

2. 全球风能发电量稳定增长，中国风能发电量贡献三成

2023 年，全球风能总发电量呈稳定增长趋势，总发电量达到 23087 亿千瓦·时（图 50）。

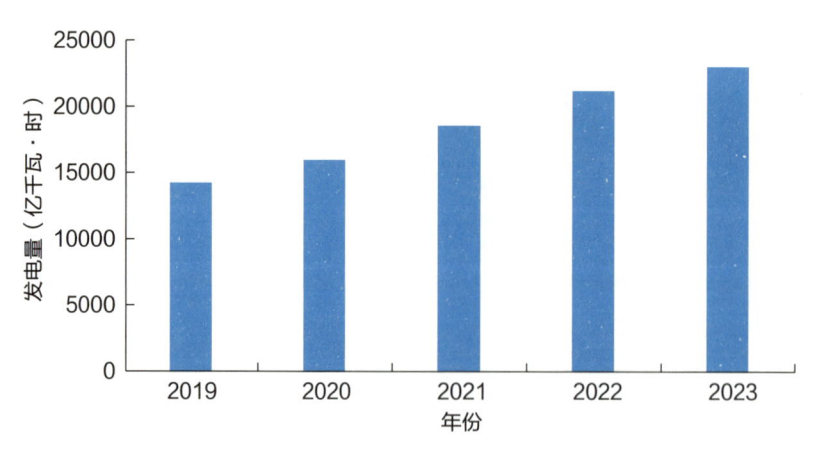

图 50　2019—2023 年全球风能发电量

数据来源：IEA

分国家来看，2023 年全球排名前五的分别是：中国 8090 亿千瓦·时、美国 4383 亿千瓦·时、德国 1309 亿千瓦·时、巴西 1020 亿千瓦·时、印度 913 亿千瓦·时。2023 年，中国风能发电量占全球风能总发电量的 35.04%，稳居世界第一（图 51）。

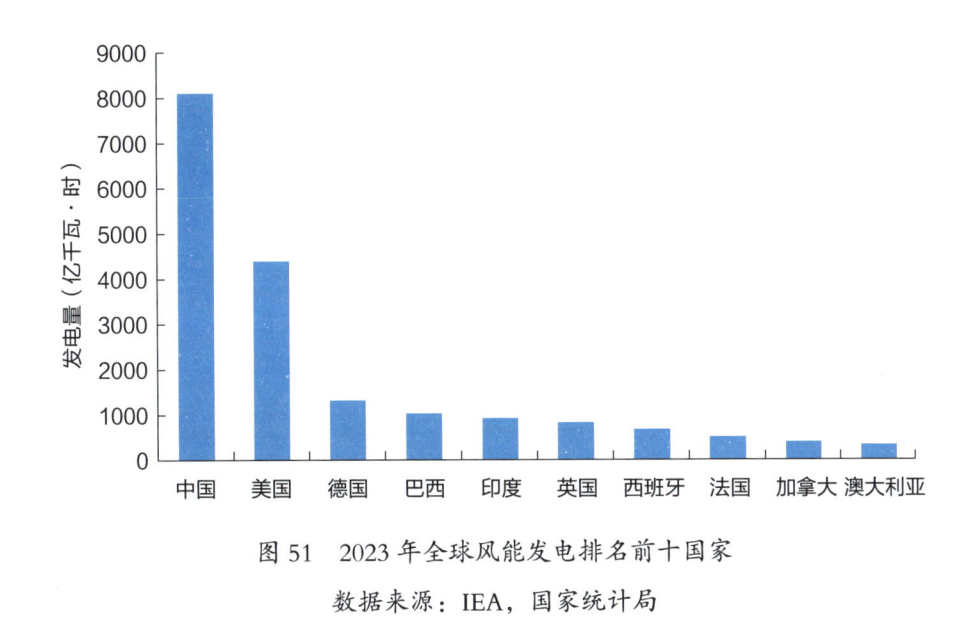

图 51　2023 年全球风能发电排名前十国家

数据来源：IEA，国家统计局

（二）中国与全球风能成本对比分析

1. 中国陆上风电总装机成本明显低于全球水平，平准化度电成本总体差距进一步缩小

2022 年，中国陆上风电总装机成本为 1103 美元 / 千瓦，明显低于全球 1274 美元 / 千瓦的水平，这一情况得益于中国在风能发电领域的长期积累和发展。中国拥有庞大的风机制造产业，规模经济效应明显，生产设备和技术水平不断提升，使得风机制造成本大幅降低。除此之外，政府对可再生能源领域的支持力度也在不断加大，通过政策激励和补贴等措施，降低了风电项目的初期投资成本，减轻了企业的负担，进一步降低了总装机成本。

2010—2022 年，全球和中国的平准化度电成本之间差距总体呈缩小趋势，由 2010 年的 0.02 美元 /（千瓦·时）缩小至 2022 年的 0.006 美元 /（千瓦·时）。

中国政府通过一系列政策措施支持清洁能源发展，促进风电产业的快速发展。中国的风电技术不断创新，风电设备制造商逐渐壮大，产业链不断健全，这些因素使得中国的陆上风电电力成本不断降低，缩小了与全球的差距。

2. 全球海上风电总装机成本比中国高出约 1.2 倍，平准化度电成本差距较小

2022 年，全球海上风电总装机成本为 3461 美元/千瓦，约是中国 2811 美元/千瓦的 1.2 倍。中国在人工成本、材料成本和运输成本方面有一定优势，能够降低海上风电项目的总成本。同时，政府对清洁能源领域的支持力度也是中国海上风电总装机成本相对较低的重要原因之一。政府对技术研发、项目建设和运营的政策支持，有助于降低整体成本，提高海上风电的竞争力。

2022 年，全球和中国海上风电平准化度电成本差距较小，仅为 0.004 美元/（千瓦·时）。中国海上风电装机容量不断扩大，技术水平不断提升，产业链条日益完善，这些因素共同推动中国海上风电的平准化度电成本逐步下降。同时，中国在海上风电装备制造、建设运维等方面积累了丰富经验，提升了生产效率和运营水平，有效降低了风电的发电成本，从而缩小了全球和中国海上风电平准化度电成本的差距。

四、风能发展展望

回顾 2023，风电行业稳健发展，国外市场对风能的需求快速增长，国产化不断深化，"走出去"步伐也明显加快；展望 2024 年，风电将实现更大规模、更高质量发展，装机容量将出现量的飞跃。

（一）全球风电行业趋势向好，风能发展再上台阶

展望 2024 年，在政策激励、可再生能源发展目标和技术进步多重因素作用下，全球风电市场将继续保持良好的增长态势。根据全球风能理事会在发布的《2023 全球风能报告》，未来五年全球风电新增并网容量将达到 6.8 亿千瓦，风电行业发展趋势持续向好，风能竞争力将会持续提高，但同时政策仍然需要适应不断变化的市场条件。

（二）国内风电新增装机量有望实现小幅增长，其中海上风电结构性高增长

展望 2024 年，中国将继续加强与其他国家和国际组织的合作，共同推进全球风能发展，中国风能行业也将保持增长趋势。预计 2024 年，中国风电新增装机量有望实现 70 ~ 80 吉瓦，保持小幅增长，其中海上风电达到 13 吉瓦（同比增长 80% 左右），陆上风电达到 60 吉瓦左右（同比基本持平或小幅增长），行业在持续修复中呈现结构性（海上风电）高增长，海风新增装机有望在 2025 年继续同比增加 38% 至 18 吉瓦。

（三）国内风电制造产业链产值有望主要由海上风电的结构性增长拉动

在风机新增吊装台数基本平稳和陆风、海风风机持续大型化的背景下，国内风机和整机零部件环节的产值可能保持相对稳定。而伴随国内海上风电在后续几年的增长，海上风电产品能够结构性拉动产业链产值实现增长，展望 2024，海上塔筒及风机基础总用量有望实现 306 万吨，同比增长 86%，海缆市场规模有望达到 163 亿元，同比增长 93%。

（四）风电整机环节盈利有望小幅回升

根据全球风能理事会预测，2022—2030 年海外陆风和海风新增装机复合增速有望分别实现 10.8% 和 33.1%，增长潜力较大，中国风电供应链出海正在加速，各环节有望持续兑现大量订单；交付机型设计降本的幅度有望与价格下降的幅度相当，海风交付提升结构性改善盈利，而零部件价格降本有望推动整机盈利进入小幅回升周期。展望 2024，风电整机环节盈利有望小幅回升。

生物质能发展现状及对比分析

一、生物质能发展概况

生物质能是许多国家的重要能源，已广泛证明其在发电或其他形式电力的可持续潜力。同时，生物质能也被称为"零碳"能源，加快生物质能等可再生能源发展，是落实"双碳"目标、大力发展新能源的重要途径，也是应对气候变化、保障能源安全和推动经济增长的重要方向。全球综合数据资料库 Statista 显示，2022 年全球生物燃料市场价值约 1164 亿美元，到 2030 年预计将超过 2000 亿美元。

2022 年，全球生物质能发电总装机容量已达 148.9 千兆瓦，与 2021 年的 141.3 千兆瓦相比新增了 7.6 千兆瓦，同比增长 5.4%。其中，中国、巴西和美国的生物质能发电装机量贡献了全球总量的 42% 左右。全球生物质能成本不断下降。2022 年，全球生物质能平准化度电成本为 0.061 美元/（千瓦·时），较 2021 年下降 9%，比 2010 年的 0.082 美元/（千瓦·时）低四分之一。2023 年，美国、欧盟、日本、英国、加拿大等均加快部署生物质能研发应用助力实现碳中和。同时，随着全球绿色转型进程不断加快，各国越来越重视对生物燃料的开发利用，各国生物燃料政策的密集出台，生物燃料未来发展潜力巨大。

2022 年，中国生物质能发电累计装机容量达到 4132 万千瓦，新增装机容量为 334 万千瓦，累计装机容量保持平稳增长，新增装机容量大幅下降。发电量方面，2022 年中国生物质能发电量达到 1824 亿千瓦·时，同比增长 11.4%，生物质能发电量占整体发电结构从 2021 年的 6.6% 下滑至 4.9%。细分市场装机方面，2022 年中国生活垃圾焚烧发电行业累计装机容量为 2386 万千瓦，同比增长 11%，农林生物质发电累计装机容量为 1623 万千瓦，同比增长 4%，沼气发电累计装机容量为 122 万千瓦，同比增长 11%。垃圾焚烧、农林生物质及沼气发电新增装机容量分别为 257 万千瓦、65 万千瓦、12 万千瓦。

同时，随着政策支持加码，技术水平不断演进，产业链条逐渐完善，生物燃料在中国得到了广泛应用，未来发展潜力巨大。

二、全球生物质能发展现状分析

全球生物质能发展正处于快速增长的阶段。技术进步推动了生物质能的多样化利用，包括利用废弃物、农作物残渣和能源作物等多种原料。政府和国际组织的政策支持推动了生物质能的发展，以减少碳排放和提高能源安全。生物质能产业的发展也创造了大量就业机会，并促进了经济增长。生物质能被视为一种可持续的能源选择，有望在未来继续发挥重要作用。

（一）全球生物质能装机量、发电量现状分析

在全球低碳发展的背景之下，可再生能源装机容量呈现持续上升的趋势，以生物质能发电为代表的可再生能源共同组成了能源建设体系，经过多年不断的发展，逐渐占据了能源消费的主流地位。

1. 全球生物质能装机量逐年增长，未来增长潜力巨大

截至2022年底，全球生物质能发电总装机容量已达148.9千兆瓦，与2021年的141.3千兆瓦相比新增了7.6千兆瓦，同比增长5.4%（图52）。就地区分布情况而言，中国、巴西和美国的生物质能发电装机量处于全球领先地位，共同占据全球生物质能发电装机总量的42%左右。2023年生物质能发电总装机容量将延续上涨的趋势。

2. 全球生物质能发电量不断增长，区域差异较大

全球生物质能发电量从2000年的148太瓦·时增加到2022年的672太瓦·时，增长了4.5倍。生物质能发电在全球电力结构中的占比从2000年的低于1%增至2022年的2.4%。从全球的电力结构来看，2022年全球2.4%（672太瓦·时）的电力来自生物质能。分区域来看，中国是最大的生物质能发电国，发电量为182.4太瓦·时，占其电力结构的2.1%；其次是巴西，发电量为57太瓦·时，占其电力结构的8.5%；最依赖生物质能发电的国家是芬兰，发电量为14太瓦·时，占其电力结构的19%；英国对生物质能发电也较为依赖，发电量为35太瓦·时，占其电力结构的11%。

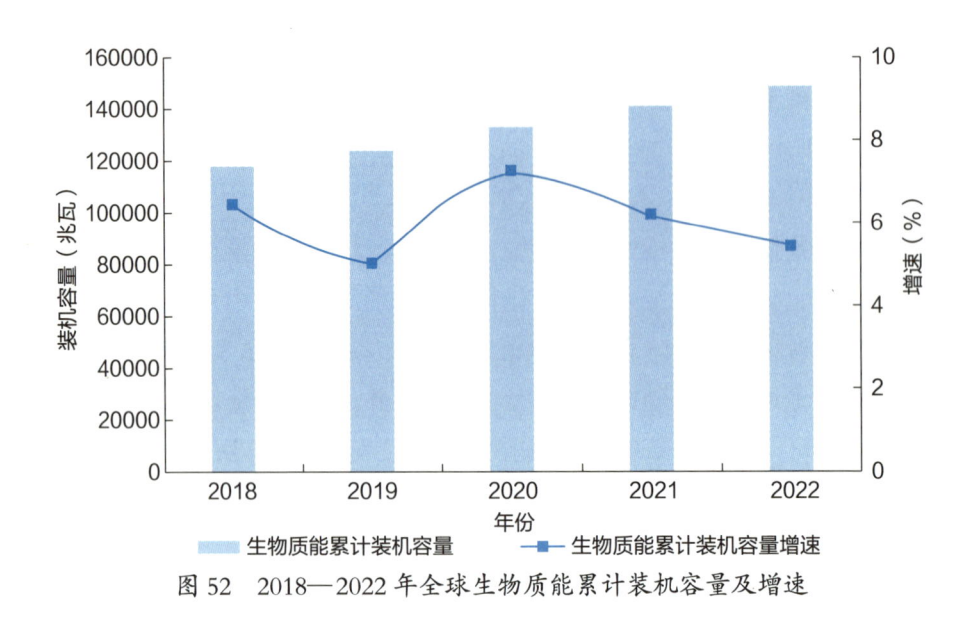

图 52　2018—2022 年全球生物质能累计装机容量及增速

数据来源：IRENA

（二）全球生物质能成本现状分析

1. 全球生物质能成本不断下降

如图 53 所示，2010—2020 年，生物能源发电项目的全球加权平均平准化度电成本经历了一定程度的波动，没有明显的上涨或下降趋势。2022 年，尽管材料和设备成本不断上涨，生物质能的全球加权平均平准化度电成本仍下降。对于新投产的生物能发电项目，全球加权平均平准化度电成本在 2021 年至 2022 年间约下降了 9%，从 0.067 美元/（千瓦·时）降至 0.061 美元/（千瓦·时），这是由于 2022 年中国和巴西新投产的低成本项目份额有所增加。

2. 世界主要经济体均采取多项生物质能利好措施

2022 年，美国、欧盟、日本、英国、加拿大等均加快部署生物质能研发应用助力实现碳中和。具体来看，美国农业部资助多项生物能源项目以支持生物燃料生产商，提高加油设施和配送设施中生物乙醇和生物柴油的使用量。欧洲创新委员会加速器为德国生物基材料公司 BIOWEG、CO2BioClean 提供近 2000 万欧元资助，加速生物基材料对化石基材料替代，推动了欧洲发展有竞争力的循环生物基产业。而英国启动了一项生物质制氢技术新计划，投入 500

万英镑开发利用从可持续的生物质和废物产生氢气的创新技术。日本发布了电力、燃气和石油行业 2050 年碳中和转型技术路线图以及水泥和造纸行业到 2050 年的脱碳转型技术路线图，提出了生物燃料开发和生物质转化技术发展目标。加拿大政府则向多个生物燃料和生物能源项目提供资金，包括专注于液体运输燃料、生物碳、可再生天然气和可持续航空燃料的项目等。在各国政策支持及市场推动下，全球生物质能发展形势良好。

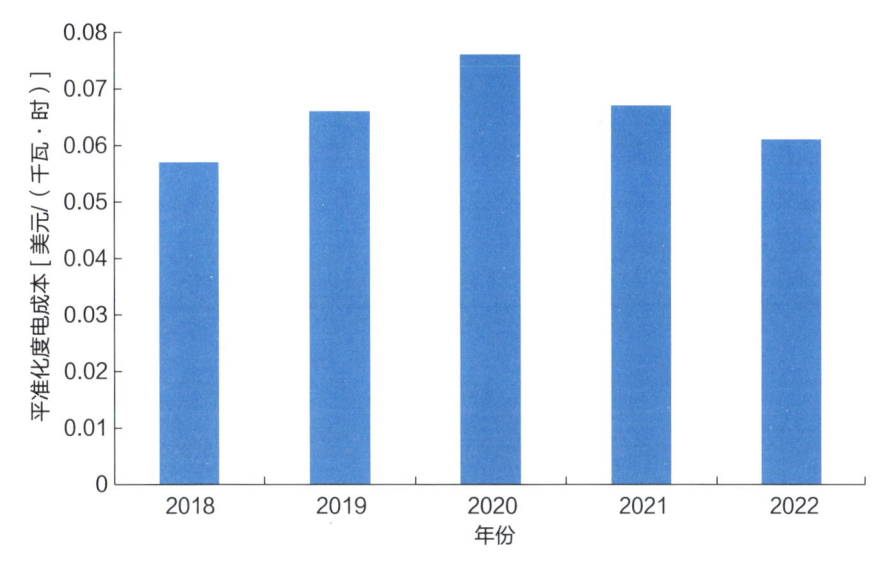

图 53 2018—2022 年全球生物质能加权平均平准化度电成本

数据来源：IRENA

（三）全球生物燃料现状分析

生物燃料泛指由生物质组成或萃取的固体、液体或气体燃料，可用来替代由石油制取的汽油和柴油，是全球可再生能源开发利用的重要方向。第一次石油危机爆发以来，对于生物燃料的开发利用和相关研究一直受到持续关注。2022 年，各国生物燃料政策的密集出台，美国宣布准许掺混比例 15% 的乙醇汽油全年销售、巴西 B15 生物柴油政策随着新政府的上台有望加速出台、印尼计划 2023 年实施 B40 政策。

1. 生物柴油

在生物柴油主要生产国中，欧洲国家一直处于领先地位。美国和巴西也在生物柴油领域取得了一定的成就。此外，印度尼西亚等东南亚国家也在推进生物柴油产业的发展，东南亚成为全球生物柴油产业新的热点地区。欧盟生物柴油的核心政策是可再生能源指令（REDII），指令设定了2030年可再生能源份额至少达到45%、交通领域份额达到14%的总目标。在原料方面，欧盟菜籽油年产量在800万~900万吨，其中约有600万吨用于生物柴油生产。废弃食用油是第二大原料，欧盟的废弃食用油有超出一半的部分为进口，主要进口国家为中国以及东南亚国家。由于政策规定，植物油生产生物柴油受到限制，未来欧盟生物柴油原料将逐步转向以废弃食用油为主的高级生物燃料，棕榈油减少的份额也将由高级生物燃料替代。2022年菜籽油、废弃食用油分别占比42%、26%（图54）。

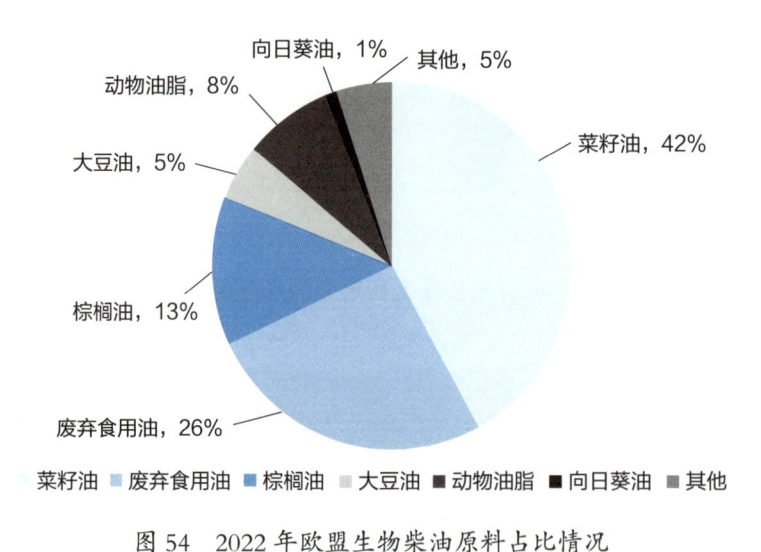

图 54　2022 年欧盟生物柴油原料占比情况

数据来源：美国农业部

在美洲地区，2022年美国豆油生物燃料消耗量约为680.4万吨，同比增加15%。美国本土豆油产量在1190万吨左右，用于生物柴油的消耗约523万吨，约占其国内消费的45%。巴西生物柴油原料以豆油为主，其次是动物脂肪、棕榈油等，原料基本来自国内生产。根据巴西国家石油局报告，2022年生物柴油累计产量的约 66% 是由豆油制成的，约 12% 是由动物脂肪（牛油）制成。在东南亚地区，根据印度尼西亚生物柴油生产商协会的数据，2022 年印度尼西亚国内生产生物柴油 118.4 亿升等。

2. 生物航煤

生物航空煤油，也被称为生物航煤，是可持续航空燃料（SAF）的一种。随着全球社会对气候变化和环境污染问题关注的日益提升，生物航空煤油作为一种可再生能源，正逐渐成为航空业的焦点。截至 2023 年底，全球已有 22 个国家和地区颁布了 SAF 相关法案，其中欧洲为主导，美国与中国的政策紧随其步伐，其中全球主要区域 SAF 发展目标如表 3 所示。

表 3　全球主要区域 SAF 发展目标

地区	SAF 掺混比例设定目标
欧盟	2025 年 SAF 的掺混比例达到 2%，2030 年 SAF 掺混比例达 6%
美国	2030 年使用 900 万吨 SAF
中国	力争 2025 年累计消费 5 万吨 SAF
日本	2030 年：SAF 占航空燃料比重提升至 10%
印度尼西亚	2025 年：SAF 占航空燃料比重提升至 5%

数据来源：阿格斯（Argus），中国化工信息中心（CNCIC）。

欧洲于 2023 年在《可持续航空燃料》法案中明确生物航煤是未来数十年间航空领域实现减排的重要手段。美国于 2021 年发布《可持续航空燃料大挑战》提出扩大 SAF 产能，降低使用成本，同时增强可持续性，其中期目标为到 2030 年产 900 万吨规模，该阶段性目标是现有产量 600 倍，需要产能在 2030 年前年均增长 122% 方可实现。

3. 生物船燃

航运业作为全球贸易的主要载体，其绿色转型对于实现全球可持续发展目标具有重要意义。生物船燃作为一种清洁、可持续的替代燃料，其广泛应用将推动航运业向更加环保和可持续的方向发展。

2023 年欧洲将航运业正式纳入 EU ETS 体系，将从 2024 年起扩展到海运排放领域，欧洲陆续要求以后进入欧洲港口的船舶使用生物柴油等清洁燃料。新加坡作为全球最大船用燃料加注港，也出台了生物燃料加注规划。预计生物柴油在船燃市场将呈现出加速发展态势。在项目建设方面，新项目工作如期推进，20万吨/年烃基生物柴油（兼生物航煤）生产线和5万吨/年天然脂肪醇生产线项目已完成土地勘探工作，长周期设备陆续订购，全力推进项目开工准备工作。

新加坡作为全球最大的船加油市场，2023年其船用燃料油总销量为5182.41万吨，同比增长8.24%。其中传统船用燃料油销量为5118.91万吨，生物混合型燃料油销量为52.38万吨，LNG销量为11.09万吨，此外，还有0.03万吨的甲醇燃料。2023年新加坡的生物混合燃料及LNG燃料市场分别实现了同比273.6%和584.6%的增长。新加坡主要在交易的生物船用燃料为B24（即生物质燃料含量在24%）规格，同时符合常规的船用燃料油规格ISO8217。

三、中国生物质能发展现状分析

中国生物质能发展正处于积极推进的阶段。国家持续发布多项政策，鼓励发展生物质能发电行业，重点发展垃圾焚烧发电等领域，扩大生物质能应用，提升生物质能在能源消费中的比例。从"十二五"规划到"十四五"规划，国家政策从大力发展沼气等生物质能发电，完善生物质能发电补贴政策，到推动生物质能发电市场化运作，引导补贴政策退坡。中国生物质能发电政策的变化意味着生物质能发电市场已经达到一定规模，行业正朝着规范化、市场化方向发展。同时，中国也在加强国际合作，推动生物质能领域的技术创新和经验交流。中国生物质能发展前景广阔，有望在未来继续取得重要进展。

（一）中国生物质能装机容量、发电量现状分析

1. 中国生物质能装机容量逐年增长

2018—2022年，中国生物质能发电累计装机规模持续增长，2022年突破4000万千瓦，达到4132万千瓦，较2021年底增长8.8%（图55）。其中，生

活垃圾焚烧发电新增装机257万千瓦，累计装机达到2386万千瓦；农林生物质发电新增装机65万千瓦，累计装机达到1623万千瓦；沼气发电新增装机12万千瓦，累计装机达到122万千瓦。

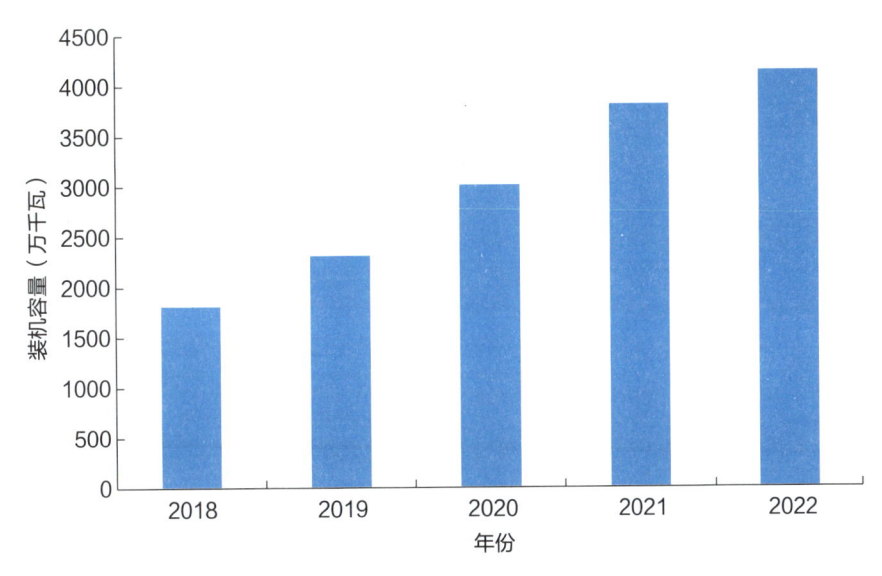

图55 2018—2022年中国生物质能发电装机容量

数据来源：中商产业研究院

2022年，中国生物质能累计装机容量排名前五的省份是广东、山东、江苏、浙江、黑龙江，累计装机容量分别是422万千瓦、411万千瓦、297万千瓦、284万千瓦、259万千瓦（图56）；新增装机容量排名前五的省份是广东、黑龙江、辽宁、广西、河南，累计装机容量分别是45万千瓦、37万千瓦、33万千瓦、26万千瓦、24万千瓦（图57）。

2. 中国生物质能发电量逐年攀升

截至2022年底，中国生物质发电量1824亿千瓦·时，同比增长11.4%，占全部发电量的2.1%（图58）。2022年，中国生物质能发电量排名前五的省份是广东、山东、浙江、江苏、安徽，发电量分别是217亿千瓦·时、185亿千瓦·时、145亿千瓦·时、136亿千瓦·时、124亿千瓦·时（图59）。

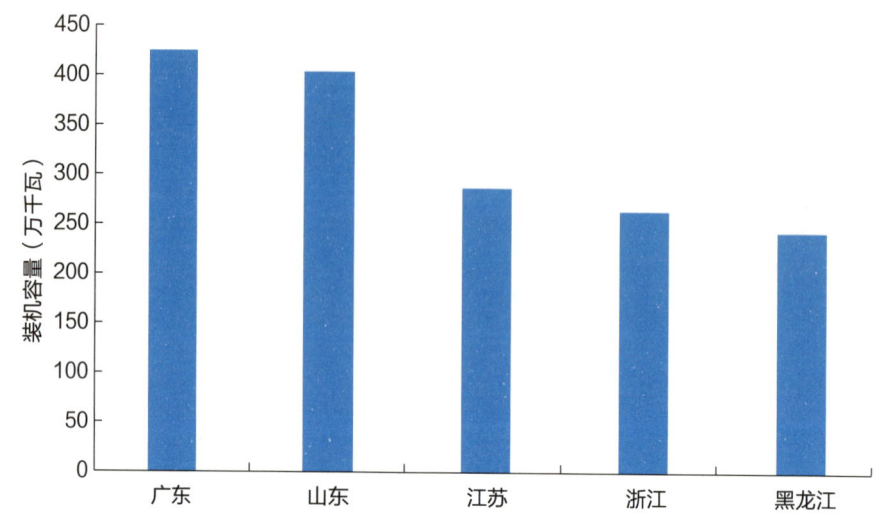

图 56　2022 年中国生物质能发电累计装机容量排名前五省份

数据来源：中商产业研究院

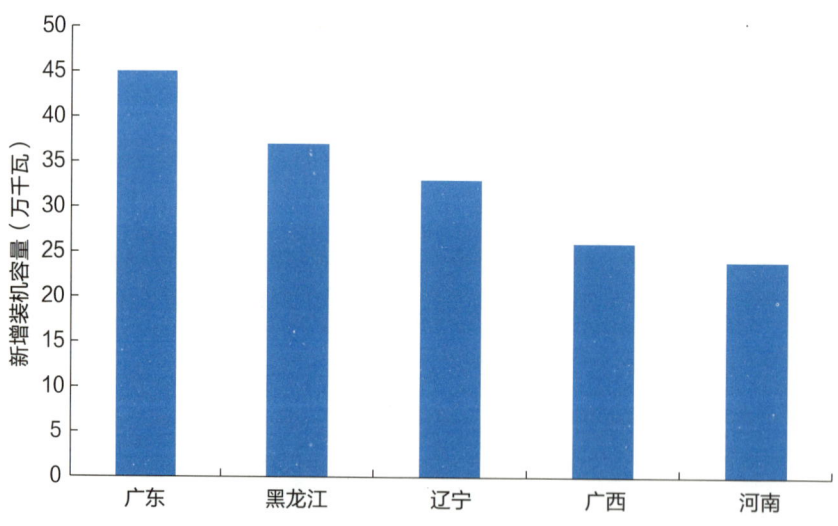

图 57　2022 年中国生物质能发电新增装机容量排名前五省份

数据来源：中商产业研究院

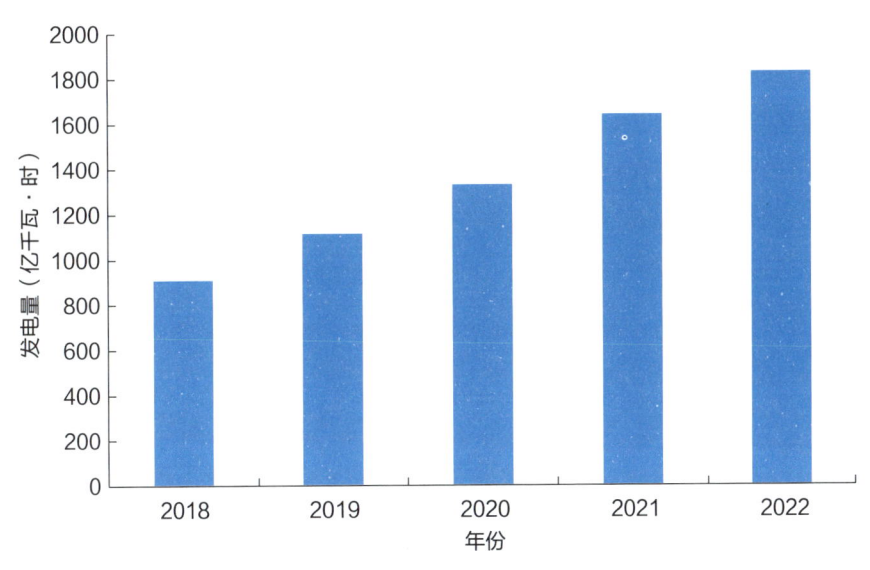

图58 2018—2022年中国生物质能发电量

数据来源：中商产业研究院

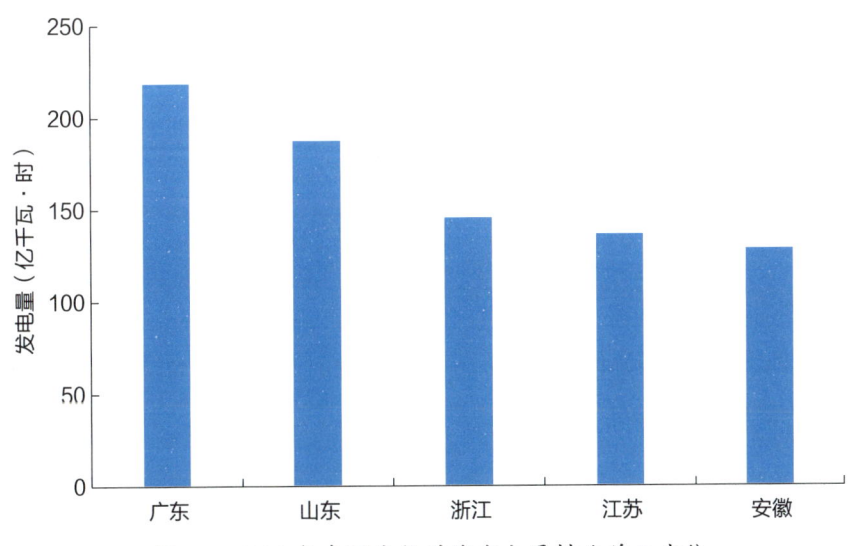

图59 2022年中国生物质能发电量排名前五省份

数据来源：中商产业研究院

（二）中国生物质能成本现状分析

生物质能发电需要从原料收集、电站运维等多个角度降低生物质能电站成本，以提升生物质能发电的行业竞争力。中国生物质能发电成本从 2010 年以来保持稳定，一直保持在 0.0007 美元／（千瓦·时）。生物质能电站运营成本中，燃料成本比例最大，占到整个电站运营成本的 54%；生物质电站运营成本中，折旧费用居于第二位，占到了整个电站运营成本的 16%；生物质电站每年需要定期检修，检修费用为固定资产的 2% 至 3% 不等，检修费用占到整个电站运营成本的 12%。以农业秸秆燃料为例，燃料成本与发电成本呈现出正向比例关系，燃料成本越高，发电成本也越高；在一般情况下，当燃料成本大于 270 元／吨时，发电成本大于上网电价，电站将出现亏损。农业秸秆燃料成本中占比最大的是运输费用（占 44%），主要原因是生物质燃料具有体积大、重量轻、燃值低等特点，运输并不经济；如果运输距离超过 50 千米，生物质的成本将大幅上升，超过 300 元／吨，因此生物质燃料在 50 千米以内运输时具有经济性。

固定资产建设成本方面，生物质电站固定资产投入占比最大的是热力系统、场地征用费用、电气系统、燃料供给系统等四项，这四项费用合计占到整个生物质能电站投入的 63%。生物质能电站是一个投资周期相对较长，资金投入较大的行业，由于生物质能电站达产以后发电量稳定，现金流也稳定可靠，且国家政策向，所以众多企业和投资者进入到生物质能电站投资行业中来。生物质能电站的资产负债率一般为 65%，甚至部分生物质能电站的资产负债率超过 70%，生物质能电站在投产的前三年的财务成本一般为 8%～10%，达产后的财务成本为 6%；较高的财务成本成为投资生物质能电站过程中需要重点考虑的因素。

（三）中国生物燃料现状分析

随着政策支持加码，技术水平不断演进，产业链条逐渐完善，生物燃料得到广泛应用，具有巨大的发展潜力。中国航运业加速发展，不断完成多项生物燃料油加注业务，为生物燃料在航运领域的常态化应用提供了坚实基础。

中国生物燃料产业为航运业的能源结构转型、碳减排以及可持续发展做出了重要贡献。

1. 生物柴油

近些年来，受益于全球尤其是欧洲减碳需求，中国生物柴油行业蓬勃发展，中国生物柴油出口实现了倍数级增长。根据海关数据，生物柴油及其混合物2019—2022年出口量及增速如图60所示，2023年出口规模是2018年规模的6倍。不同于欧洲美国采用菜籽油、大豆油、棕榈油等生产的生物柴油，中国主要以废油脂为原料进行生物柴油生产，减碳效果最为突出。利用回收废油脂生产生物柴油等相关产品属于国家大力扶持、鼓励发展的新能源、生物质能、资源综合利用及循环经济产业。根据行业测试数据，船舶使用1吨生物柴油可实现2.8吨的碳减排。

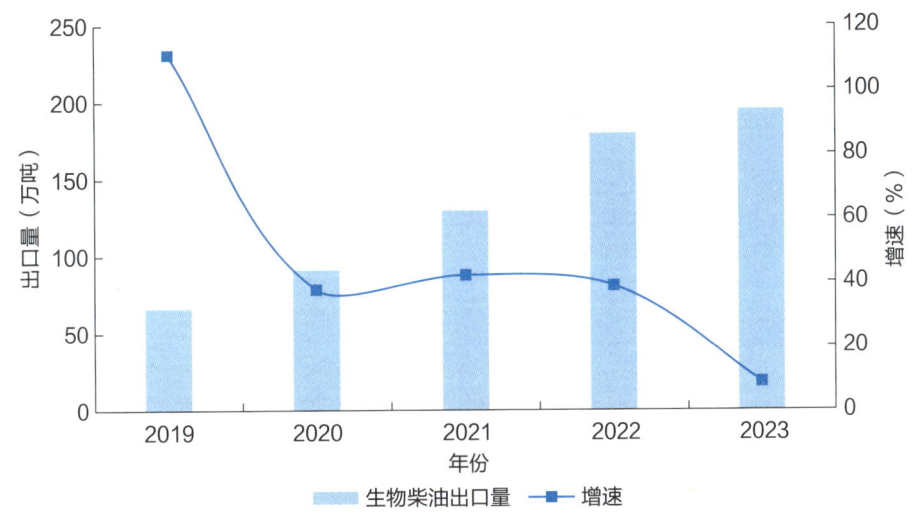

图60 2019—2023年中国生物柴油出口量及其增速

数据来源：中国海关

2. 生物航煤

中国作为全球最大的航空市场之一，一直致力于降低航空业对碳排放的依赖。2023年，中国在生物航空煤油的发展上取得了重大进展，这主要得益于政策的大力支持和产业链的完善。近年来，政府各部门发布了一系列政策法规以推动国内生物航煤健康、有序发展，鼓励生物航煤的研发和应用，为这一新兴产业提供强有力的保障。相关的政策法规及主要内容如表4所示。

表4 生物航煤发展相关的部分政策汇总

发布时间	发布部门	政策名称	重点内容解读
2022年6月21日	国家发展改革委、国家能源局等九部委	"十四五"可再生能源发展规划	加强可再生能源多元直接利用。持续推进燃料乙醇、生物柴油等清洁液体燃料商业化应用。支持生物柴油、生物航空煤油等领域先进技术装备研发和推广使用
2022年1月29日	国家发展改革委、国家能源局	"十四五"现代能源体系规划	按照不与粮争地、不与人争粮的原则,提升燃料乙醇综合效益,大力发展纤维素燃料乙醇、生物柴油、生物航空煤油等非粮生物燃料
2021年12月27日	中国民航局	"十四五"民航绿色发展专项规划	到2025年航空公司可持续航空燃料消费量达5万吨、机场单位旅客吞吐量综合水耗降至60升、场内纯电动车辆占比提升至25%、可再生能源消费占比提升至5%等
2019年10月30日	国家发展改革委	产业结构调整指导目录(2019年本)	鼓励生物质纤维素乙醇、生物燃油(柴油、汽油、航空煤油)等非粮生物质燃料生产技术开发与应用
2017年4月15日	国务院	关于进一步加强"地沟油"治理工作的意见	总结餐厨废弃物资源化利用试点经验,推动培育与城市规模相适应的废弃物无害化处理和资源化利用企业。引导废弃物无害化处理和资源化利用企业适度规模经营,符合条件的按规定享受税收优惠政策
2014年3月24日	国家发展改革委、国家能源局、国家环境保护部	关于印发能源行业加强大气污染防治工作方案的通知	积极推进生物质能开发利用,到2017年,生物质固体成型燃料利用量超过1500万吨
2012年12月29日	国务院	生物产业发展规划	加大新一代生物液体燃料开发力度。加大油藻生物柴油和航空生物燃料等前沿技术的研发力度,推动开展产业化示范

数据来源:公开资料整理。

随着政策的支持和产业链的完善,中国生物航空煤油产业取得了稳步发展。生物航空煤油的研发水平得到了不断提高,涉及生物质转化技术、催化剂研发等方面,并取得了一系列科研成果。同时,生物航空煤油的供应链逐步建立,应用水平也不断提升。2023年5月,厦门航空成功完成了首个使用

"中国制造" SAF 的商业飞行。此次飞行首次加注了掺混比例为 10% 的可持续航空燃料，该燃料是由中国石化镇海炼化公司炼制，这标志着中国在可持续航空燃料的研发和应用方面取得了重要进展。9 月，加注中国自主研发生物航煤的"绿色亚运"主题航班——浙江长龙航空 GJ8987 航班首次启航。11 月，中国石化镇海炼化公司生物航煤装置全系列产品（生物航煤、生物柴油、生物石脑油）首次顺利通过可持续生物材料圆桌 RSB（Roundtable on Sustainable Biomaterials）三个系列认证，这使得中国石化镇海炼化公司成为亚洲第一家生物航煤装置全系列产品通过全球 RSB 系列认证的企业，为中国自主研发生物航煤、生物柴油、生物石脑油等生物基产品进一步拓宽国际应用市场创造了条件。未来中国将持续推动生物航煤全产业链完善及规模化应用，加快实现航空业碳中和目标。

3. 生物船燃

在化石燃料储量逐步下降、环境保护日益严峻的背景下，航运业温室气体排放问题面临的压力与日俱增。对远洋航运来说，生物燃料油是一种技术成熟的、低成本竞争力的、安全的船用燃料，是至今为止可用的最佳脱碳过渡性解决方案。2023 年，随着市场认可度的增加，可持续的先进生物燃料已成为海运经营商追求可持续性和绿色航运的一种重要方式，越来越多的远洋船舶使用生物燃料油。

2023 年 7 月 7 日，海上环境保护委员会第八十届会议修订了船舶温室气体减排战略。该战略旨在 2050 年实现净零碳排放，全球海运业对减碳和生物燃料日益关注。中国船级社根据此修正案规定，自 2024 年开始验证船舶提交的 DCS 报告和 CII 评级。因此国内大型船东对绿色能源的需求迎来"窗口期"。2023 年 8 月 11 日，中国船舶燃料有限责任公司所属香港区域公司中燃远邦石油化工有限公司"国惠"轮在香港为日本川崎汽船株式会社营运的远洋轮船"Cape Amal"成功供应了首批 ISCC-EU 认证 B24 生物燃料油。"国惠"轮是中国船燃在全球完成的首单船用生物燃料加注业务，也是香港地区的首单船用生物燃料加注，为中国船燃常态化开展生物燃料供应业务奠定了良好的基础。2023 年 9 月 7 日，中国石化中海船舶燃料供应有限公司在广州港华润电厂码头，为中远海运散运有限公司所属"宝宁岭"轮成功加注 300 吨生物燃料油

（B24），完成国内首单船用生物燃料油加注，创下了全国第一的纪录，此次加注的生物燃料油要比传统的燃油减少约 20% 的二氧化碳排放。2023 年 11 月 29 日，中石化中海船舶燃料供应有限公司在大连湾客运码头顺利为中远海运客运有限公司所属"长山岛"轮加注 B24 生物燃料油，这是国内开展的首次内贸航行船舶生物燃料油加注业务。中国积极布局生物船燃，不断丰富国内市场的船燃供应品种，为船东提供多品种的供应服务，也在与新加坡、日韩等世界主要船燃供应港口中占得市场先机。

四、中国与全球生物质能发展对比分析

中国和全球生物质能发展都面临着相似的趋势和挑战，但也存在一些区别。全球范围内，生物质能发展受到技术进步、政策支持和经济需求的推动，旨在减少碳排放、提高能源安全和促进经济增长。中国在这些方面也取得了积极进展，政府支持政策的推动和技术创新的推动。然而，中国的生物质能发展还面临一些独特的挑战，如庞大的人口和能源需求、资源供给不平衡、土地利用竞争等。因此，中国在生物质能发展方面需要寻找适合本国国情的解决方案，并加强国际合作，以促进技术创新和经验交流，实现可持续的生物质能发展。

（一）中国与全球生物质能装机量、发电量对比分析

2022 年，中国生物质能发电新增装机 334 万千瓦，同比下降了 58.7%，累计并网装机容量达 4132 万千瓦，同比增长 8.8%。2022 年生物质能发电量显著提升，达到 1824 亿千瓦·时，较 2021 年增加 11.4%，占全部电源总年发电量的 2.1%。垃圾焚烧发电仍是中国生物质能发电的主要增长引擎，占累计新增装机的 76.9%，较 2021 年提高 5%。全国生物天然气累计年产气规模为 2.3 亿立方米，固体成型燃料年产量 2400 万吨，燃料乙醇年产量 320 万吨，生物柴油年产量 130 万吨。从投资角度来看，2021 年中国生物质发电投资 580 亿元，同比下降 58.5%。从运行消纳角度来看，中国生物质发电平均利用小时数为 4515 小时，较 2021 年减少了 167 小时。总体来看，中国生物质能技术在不断进步，其中，生物质直燃发电效率已经达到了世界先进水平，生物质

气化耦合燃煤发电技术持续探索示范；农林生物质热电联产转型升级趋势明显；固废处置一体化已经成为垃圾焚烧发电的新模式；相比于生物质发电，生物质能非电力用领域发展规模相对较小。

（二）中国与全球生物质能成本对比分析

2010 至 2022 年期间，生物能源电力项目的全球加权平均平准化度电成本从 2010 年的 0.078 美元/（千瓦·时）下降到 2022 年的 0.061 美元/（千瓦·时），这处在来自新的化石燃料发电项目成本的较低端。尽管材料和设备成本不断上涨，但生物质能的全球加权平均平准化度电成本仍有所下降。对于新投产的生物能发电项目，全球加权平均平准化度电成本在 2021 年至 2022 年间下降了 9%，这是由于 2022 年中国和巴西新投产的低成本项目份额有所增加。中国生物质发电度电成本下降的空间和幅度低于其他能源品种，农林生物质发电项目单位造价为 9000 元/千瓦左右，燃料成本约为 0.42 ~ 0.45 元/（千瓦·时），远高于燃煤发电。

（三）中国与全球生物燃料对比分析

与传统的化石燃料不同，生物燃料具有可持续性且不会有额外的碳排放。随着各国政府、企业和消费者愈发重视低碳和环保，生物燃料势必成为各国关注的焦点。据统计，2022 年全球生物燃料市场销售额达到了 728.3 亿美元，预计 2029 年将达到 1008 亿美元。目前，美国是最大的生物燃料市场，约占 54% 的市场份额，其次是南美，占据了约 28% 的市场份额。中国生物燃料相较西方国家起步较晚，但发展速度很快，以 E10 乙醇汽油的广泛应用为标志，中国也开始逐渐进入生物燃料时代。

在中国粮食供需长期维持在紧平衡状态的背景下，粮食安全对于中国的重要性不言而喻。因此，中国政府在推广生物燃料产业时长期处于较为谨慎的态度，中国生物燃料政策更多是为了调节粮食供求、处置超期超标等粮食，进而提高国家粮食安全水平。因此，与欧美国家采用菜籽油、大豆油、棕榈油等生产生物燃料不同，中国主要以废油脂为原料生产生物燃料。在能源安全、环保、气候变化的压力下，生物燃料作为一种低碳环保、高效、可再生燃料，越来越受到中国政府的高度关注。国务院 2020 年发布的《新时代的中国能源发展》白皮书中指出要"推进非粮生物液体燃料技术产业化发展"；国家发展改革委和国家能源局 2022 年发布的《关于完善能源绿色低碳转型体制机制和政策措施的意见》同样也指出要加快纤维素等非粮生物燃料乙醇、生物航空煤油等先进可再生能源燃料关键技术协同攻关及产业化示范。此外，碳达峰、碳中和的目标或将成为推动中国生物燃料发展的下一个风向标。《2030 年前碳达峰行动方案》明确提出，要"大力推进先进生物液体燃料、可持续航空燃料等替代传统燃油"。

五、生物质能发展展望

回顾 2023 年，生物质能发展取得了显著的进展，生物质能作为一种可再生能源得到了更广泛的应用和认可。全球各国纷纷加大对生物质能的投资和研发力度，推动了生物质能技术的创新和进步。展望 2024 年，生物质能发展前景依然广阔。全球范围内，各国将继续加大对生物质能的投资和支持力度，推动生物质能产业的快速发展。新的技术和设备将不断涌现，提高生物质能的利用效率和经济性，生物质能将成为未来能源体系中的重要组成部分，为可持续发展做出积极贡献。

（一）满足可持续发展需求，全球生物质能潜力巨大

从可持续发展的角度来看，全球生物质能发展具有很大的潜力和展望。生物质能是一种可再生能源，通过利用植物和有机废弃物来产生能源。与化石燃料相比，生物质能的燃烧过程释放的二氧化碳几乎与其生长过程中吸收的二氧化碳相当，因此对全球温室气体排放的减少有积极影响。生物质能可以广泛应用于电力、热能和燃料等领域，可以替代传统的化石燃料，减少对石油和天然气等有限资源的依赖。这有助于实现能源供应的多样化，降低能源安全风险。

（二）中国出台一系列政策法规支持，生物质能发展将进入新阶段

2024 年，政府将进一步完善相关政策和法规，以推动生物质能的发展。

可能会出台更加有激励性和优惠的政策，包括补贴政策、税收减免和贷款支持等，以吸引更多的企业和投资者进入生物质能领域。在技术创新和研发投入方面，随着科技的不断进步，生物质能的技术也在不断创新和发展。预计2024年，中国将加大对生物质能技术的研发投入，推动技术创新，可能会涌现出更多高效、环保的生物质能转化技术和设备，提高生物质能的利用效率和经济效益。同时，还可能加强对生物质能领域的人才培养和引进，提高研发水平和创新能力。

（三）中国可再生能源产业链扩大，生物质能规模逐渐提升

中国可再生能源的产业链日益完善和规模有望扩大，中国生物质能的产业链将进一步完善和发展。从生物质资源的获取、转化技术的研发、生物质能产品的生产到销售和利用等环节，将形成一个完整的产业链。可能会出现更多的生物质能企业和项目，涵盖生物质发电、生物质燃料、生物质化工等多个领域。同时，生物质能的规模也将进一步扩大，生物质能将成为中国能源结构的重要组成部分。中国将进一步加强对生物质能的可持续发展，推动生物质能的绿色利用和循环利用。同时，还可能加强对生物质能项目的环境评估和监管，确保生物质能的生产和利用过程符合环保要求。

（四）生物燃料将得到进一步发展，产量有巨大提升

未来生物船燃、生物航煤和生物柴油等生物燃料产量将有巨大提升。传统的化石燃料产生大量的碳排放和空气污染物，而生物燃料可以减少这些负面影响，为了降低碳排放和保护环境，生物燃料的需求将会大幅增加。随着科技的不断进步，生物燃料生产技术也在不断改进和创新。新的生物质转化技术、生产工艺和催化剂的开发将提高生物燃料的产量和质量。技术进步还将降低生产成本，使生物燃料更具竞争力。生物船燃、生物航煤和生物柴油等生物燃料产量的提升主要受益于环境意识的增强、政策支持以及技术进步等因素，将推动生物燃料产业的发展，为船舶和航空业提供更环保和可持续的能源选择。

氢能发展现状及对比分析

氢能是一种来源广泛、清洁高效、终端低碳、应用场景丰富的二次能源。氢能产业涵盖氢气制取、储运、转化和应用以及相关装备制造等重要环节，既是传统工业体系的重要组成部分，也是战略性新兴产业的重要发展方向。作为应对气候变化和加快能源转型的重要举措，越来越多经济体更加重视发展氢能产业，低碳氢能被认为是推动能源结构调整、产业转型升级和实现可持续发展的关键之一。

2023年，全球已有40多个国家和地区制定了氢能发展战略或路线图，积极推动氢能产业发展。从供给端看，2022年全球氢气产量约9500万吨，较2021年增长3%，天然气制氢为全球主流的制氢方式，低碳氢占比仅为1%，其中绿氢占比仅为0.1%。从储运端看，储运氢方式多样，欧美发达国家的储运氢技术较为领先，中国储运氢体系发展相对滞后。从加注端看，2023年全球已建成加氢站921座，亚洲加氢站数量较其他区域处于领先地位。从需求端看，全球氢气需求仍集中在炼油和化工行业的传统用途上，2022年全球氢燃料电池车保有量达到了58000辆，较2021年增长了35.8%，其中韩国为氢燃料电池车的主要市场，中国为氢燃料电池卡车的主要市场。

2023年，中国氢能产业进入了新的发展阶段。从供给端看，2023年中国氢气产量达4575万吨，较2022年氢气产量增长12.5%，创历史新高，但煤制氢仍为中国最主要的制氢方式，绿氢占比低。从储运端看，中国储运氢方式多样，主要以物理储氢和管道运输为主。从加注端看，2023年中国已建成加氢站407座，加氢站数量居世界首位，综合能源站成为未来发展趋势。从需求端看，中国氢能应用主要集中于工业和交通领域，2023年中国氢燃料电池车的产销量为5631辆和5791辆，双双创下历史新高，氢燃料电池车有望成为中国未来车辆体系的重要组成部分。

一、全球氢能发展现状分析

氢是净零系统的重要组成部分，它为重工业和长途运输等难以电气化的低碳行业提供了一种替代方案。全球氢气产量不断攀升，但化石能源制氢仍为主流的制氢方式，其成本较低但碳排放强度高于其他制氢方式。随着提高性能的技术创新、扩大全球规模的部署、更大的电解槽厂以及作为主要成本驱动因素的可再生能源成本的持续下降，绿色氢有望在未来实现与化石源氢的成本平价。2023年，全球氢能产业呈现高速扩张态势，氢能迎来新的发展机遇，应用场景不断拓宽。随着各国积极出台氢能支持政策，可再生能源制氢等低碳来源的氢气正获得前所未有的发展动力。

（一）全球氢气供给现状分析

1. 全球氢气产量增速放缓，中国占全球产量的近三分之一

2022年，全球氢气产量接近9500万吨，比2021年增加了3%，如图61所示，全球氢气产量总体呈上升态势。在2018—2022年间，从氢气产量来看，除了2020年因疫情原因导致全球氢气产量有明显的下降外，其余年份的氢气产量均相比上一年有所提升；从氢气产量的增速来看，全球氢气产量的增速明显下降，2022年相比2021年增长率仅为3%。

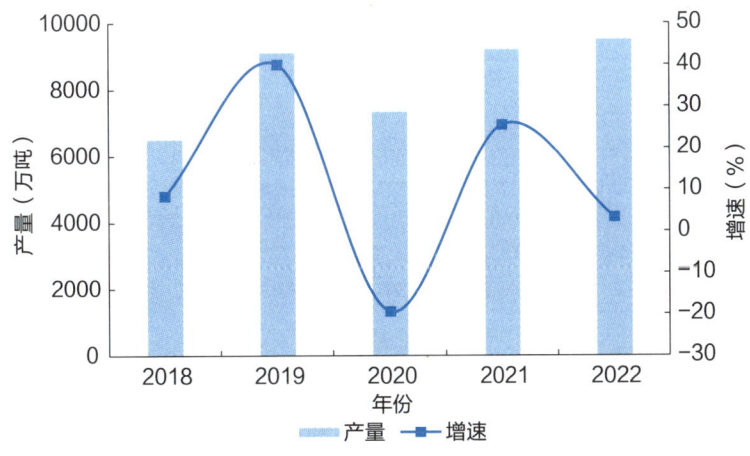

图61 2018—2022年全球氢能产量与增速

数据来源：IEA

在区域层面上，2022年，全球超过70%的产量来自中国、美国、中东、印度和俄罗斯（按产量占比降序排列），中国占全球产量的近30%，反映出中国对炼油厂和化学工业的巨大需求。

2. 化石能源制氢仍占主导地位，绿氢迎来新发展机遇

从制氢结构来看，2022年与2021年一样，成本低廉的化石能源制氢仍占主导地位，如图62所示，未进行CCUS的天然气制氢占全球产量的62%，煤炭制氢占全球产量的21%，炼油厂和石化工业在石脑油重整过程中产生的副产品氢占全球产量的16%，成本相对较高的含CCUS的化石能源制氢和电解水制氢（绿氢）分别占全球氢气产量的0.6%和0.1%。2022年的低碳氢产量不足100万吨，占全球产量的0.7%，其中，90%来自含CCUS的化石能源制氢，电解水制氢产量仅为10万吨左右，但与上一年相比增长了35%。

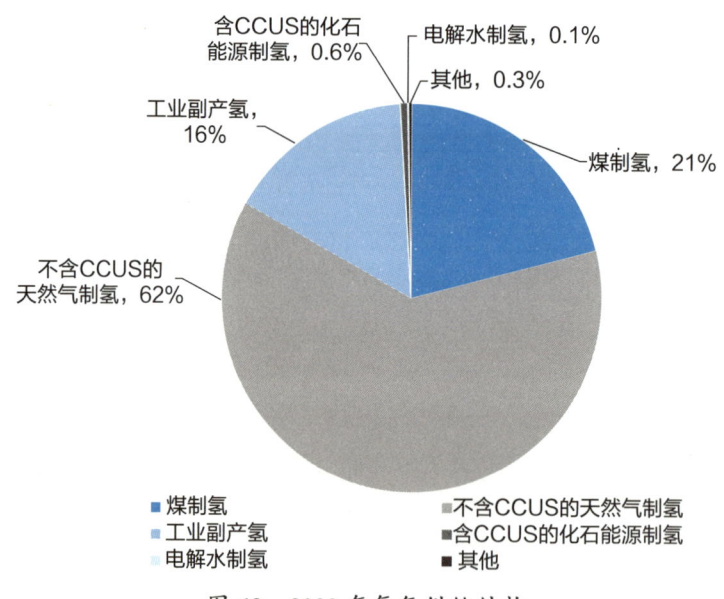

图62 2022年氢气供给结构

数据来源：IEA

未来低碳氢将成为制氢的蓝海领域，其中绿氢发展潜力巨大。据IEA统计，大量低碳氢生产项目正在开发中，2030年低碳氢的年产量将超过2000万吨。在已公布的制氢项目中，电解槽项目占主导地位，2030年70%以上的低碳氢生产可能来自电解水制氢（绿氢）。就产量而言，欧洲和澳大利亚分别占所有已公布电解氢气项目的近30%和20%。欧洲的领跑者是西班牙、丹麦、德国和荷兰，这四个国家的电解水制氢产量几乎占欧洲产量的55%。澳大利亚利用其良好的太阳能光伏和风能可再生资源，通过水电解法生产低碳氢，到2030年可达到近600万吨，其中许多项目都以出口市场为目标。根据已宣布的项目，到2030年，拉丁美洲的电解氢气产量将达到近600万吨，尤其是智利（占拉丁美洲已宣布项目中电解氢气产量的45%）、巴西和阿根廷（占电解氢气产量的30%）。美国继宣布清洁氢气生产税收抵免之后，2023年又宣布了9000兆瓦的电解槽项目。此外，中国也在大力发展电解槽，目前正在建设的电解槽氢气生产项目约占总产量的40%，预计未来还会有更多的电解槽氢气生产项目。在非洲，已宣布的电解槽项目的氢气产量到2030年可达到200万吨。肯尼亚、毛里塔尼亚、摩洛哥、纳米比亚和南非已经宣布了20多个电解槽产能达到或超过100兆瓦的项目，其中9个项目的计划电解槽产能达到或超过1000兆瓦。

3. 化石能源制氢成本更具竞争力，各区域制氢成本差异较大

在各类制氢技术路线中，化石能源制氢技术具有技术成熟、成本较低等优点，但也面临碳排放量高、气体杂质含量高等问题。中国灰氢成本约为12元/千克，蓝氢成本约为15元/千克，绿氢成本约为35元/千克。相比美国，中国灰氢、蓝氢成本差距不大，但欧洲地区由于天然气价格的上涨，导致灰氢成本已经超过绿氢。根据安迅思（ICIS）的一项调查显示，从2022年9月中旬开始，英国生产灰氢的成本已经超过了绿氢。10月初，英国灰氢的生产成本已从4月初的1.34美元/千克上涨到了8美元/千克。相比较而言，根据可再生能源采购协议，欧洲绿氢制造成本维持在4.55美元/千克。

电解水制氢技术成熟、氢气纯度高且环境友好，但是制氢成本高。随着材料和劳动力成本的增加，电解槽的安装成本大幅上升。碱性电解水制氢（ALK制氢）和质子交换膜电解水制氢（PEM制氢）的采购和建设成本介于1700美元/千瓦和2000美元/千瓦之间，较2021年增长率约为9%。然而，由于通货膨胀率的影响，就资本支出而言，中国ALK制氢和PEM制氢比欧洲和北美成本更低，安装电解槽的成本约为750～1300美元/千瓦。

海上风能制氢的一个挑战是电力的高成本太阳能光伏。拍卖和电力购买协议数据显示，欧洲市场海上的电力成本可以达到50美元/（兆瓦·时）到100美元/（兆瓦·时）。到2023年，一些最具竞争力的项目将达到30美元/（兆瓦·时）。即使是下限值也将是目前太阳能光伏最低报价［10美元/（兆瓦·时）］的3倍转化为1.5美元/（兆瓦·时）。对于具有巨大海上潜力的国家来说，权衡利弊的是更高的供应成本和更高的成本能源独立。因此，较高的生产成本可能是一些国家的首选。2021年底和2022年初欧洲和亚洲市场的天然气和大宗商品价格高使得重新强调对能源安全的需求，使中国生产更具吸引力。

（二）全球氢气储运现状分析

全球氢能市场快速扩张，储运环节占氢气总成本的30%～40%。目前氢气成本仍处于高位，行业降本诉求较大，是决定氢气终端成本的一大关键因素。

1. 全球储氢技术丰富多样，储氢成本未来有望下降

目前，国外储氢技术主要以日本、美国和欧盟等为代表。现有储氢技术包括高压气态储氢、低温液态储氢、有机液体储氢、固态储氢、液氨储氢、甲醇储氢、配位氢化物储氢、无机化合物储氢、吸附储氢和水合物法储氢等十几种。其中以前四种为代表的气态、液态和固态储氢较为成熟，具有较好的发展前景，其他技术多处于基础实验阶段。在高压气态储氢、低温液态储氢、有机液体储氢和固态储氢四种主要方法中，国外在气态储氢和液态储氢方面优于中国。虽然中国高压气态储氢技术相对成熟，但储氢压力多为30兆帕，而国外的高压气氢压力已经达到了70兆帕。液态储氢由于具有高密度优势，适于远距离运输。日本千代公司在此基础上进一步研发常温、常压液态储氢技术。中国受限于极低的液氢产能，液氢技术装备发展落后且应用范围较窄，液化设备主要依赖进口。固态储氢方面，国内外均处于研发阶段，国外主要侧重于存储金属方面的研究，而中国则正在尝试镁基、钛和锰等材料的研发。

美国能源部针对地下管道储氢、内衬岩洞储氢、地下盐穴储氢的成本进行了分析。其中500吨储氢规模地下管道储氢投资成本为516～817美元/千克，其中管道成本占比超过60%，剩余近40%为管道安装及工程建设成本，平准化储氢成本为1.87～2.39美元/千克；内衬岩洞储氢投资成本为56～116美元/千克，其中岩洞挖掘、内衬、压缩机及管道成本占比约80%，平准化储氢成本（LCOHs）为0.31～0.43美元/千克；地下盐穴储氢投资成本为35～38美元/千克，其中地下工程成本占比约50%，平准化储氢成本为0.19～0.27美元/千克。随着各类地质储氢压力增加，单位储氢空间需求及平准化储氢成本也随之下降。另据彭博新能源财经分析，目前盐穴、废弃气田、岩洞及人工容器基准储平准化储氢成本在0.19～1.9美元/千克，未来可能降至0.11～1.07美元/千克。

2. 全球输氢管道建设加速，欧美国家较为领先

输氢管道是实现规模化氢输运的重要方式，具有运量大、能耗低、边际成本低等优点，输氢管道的建设能有效降低氢能储运成本并推动氢能规模化应用。据IEA统计，2023年上半年全球氢气输送管道总里程已超过5000千米，美国输氢管道总里程已超过2700千米，排名第一，欧洲氢气输送管道长度也达到1770千米，同时，欧美国家已建立了成熟的输氢管线技术标准。中国输氢管道建设落后于欧美，还没有专用的输氢管线技术规范，截至2023年国内总里程仅400千米，在用的管道只有百千米左右。

2023年，全球范围内输氢管道项目建设速度明显加快，并不断取得新进展。英国石油公司（bp）的氢气管道项目取得重大进展，产能达到280万吨/年。德国最大的天然气管网运营商FNB宣布，到2032年将打造长度超过1.1万千米的核心氢气管网。到2030年，该管网将满足德国所有10吉瓦的电解槽产能的氢气输送，到2032年，目标是有足够的能力输送15吉瓦的氢气。德国和挪威同意进一步加强两国在氢能方面的伙伴关系，并打算在两国之间建立一条大规模的管道。保加利亚公共天然气传输系统运营商Bulgartransgaz宣布了一项处于早期阶段的开发新的氢基础设施项目，该项目将包括一条穿越保加利亚西南部的新的250千米管道，其将实现保加利亚和希腊之间的双向氢气流动，预计将于2029年投入使用，适用于输送高达100%的氢气。中国"西氢东送"输氢管道示范工程已被纳入《石油天然气"全国一张网"建设实施方案》，该管道全长 400 多千米，管道一期运力 10 万吨 / 年，并预留 50 万吨 / 年的远期提升潜力，是中国首条跨省区、大规模、长距离的纯氢输送管道。

（三）全球加氢站现状分析

全球主要经济体纷纷加快针对氢能产业布局，多国已明确将氢能规划上升到国家能源战略高度，纷纷制定了较为明确的时间表和路线图，加氢站作为氢能和氢燃料电池车广泛应用所必需的重要基础设施，其建设正在加速推进。

1. 全球加氢站数量不断攀升，氢能基础设施建设进入快速发展阶段

从全球加氢站的总量来看，2023 年全球累计已经建成加氢站达到 921 座，2019—2023 年，全球加氢站保有量从 434 座增长到 921 座，加氢站数量增加了两倍之余，全球氢能产业建设进入了一个快速发展时期（图 63）。

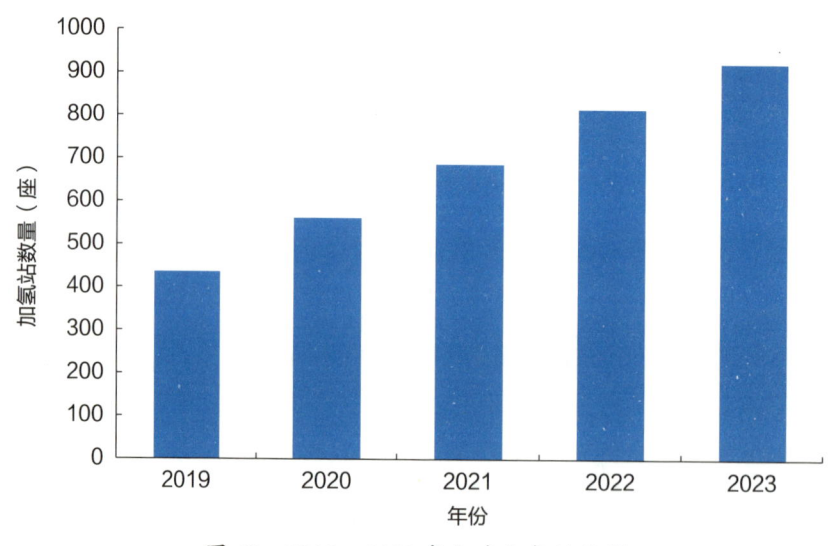

图 63　2019—2023 年全球加氢站数量

数据来源：H2stations.org by LBST

2. 各区域加氢站数量差异较大，亚洲加氢站数量遥遥领先

从全球加氢站的分布情况来看，2023 年亚洲加氢站数量占比达到 55.9%，欧洲与北美地区加氢站数量占比分别为31.2%与11.9%，其他国家或地区占比1%（图64）。

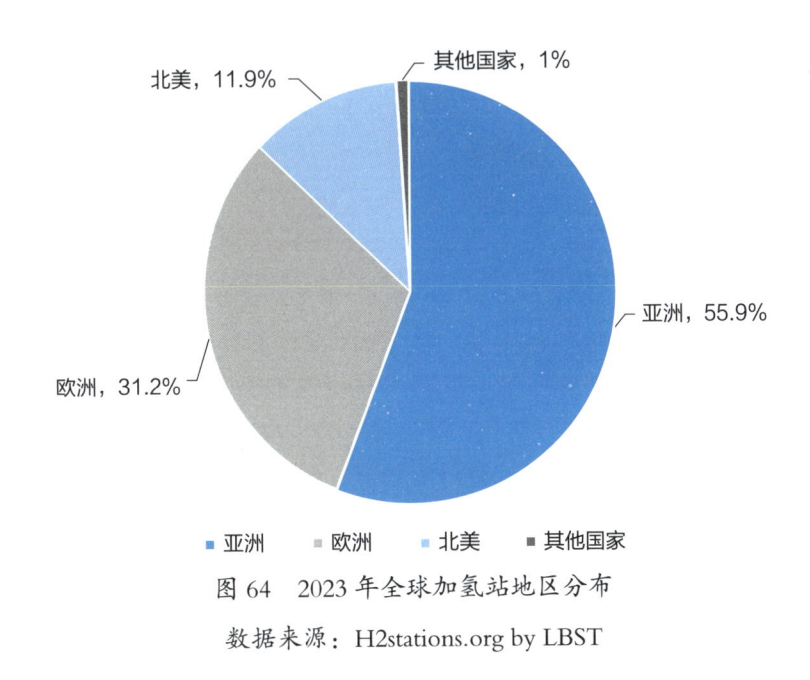

图64　2023年全球加氢站地区分布

数据来源：H2stations.org by LBST

（四）全球氢气需求现状分析

1. 全球氢气需求量持续增加，主要消费地区氢气需求量强劲增长

随着全球能源转型的进程持续推进，2022年全球氢气用量达到9500万吨，同比增长近3%，除欧洲因天然气价格大幅上涨导致工业活动受挫外，其他主要消费地区均出现强劲增长，如图65所示。在欧洲，由于乌克兰危机引发的能源危机导致天然气价格急剧上涨，氢气使用量大受打击，尤其是化工行业。一些化肥厂减少了产量，甚至全年长期停产，使该地区的氢气用量减少了6%。相比之下，北美和中东地区的氢气使用量增长强劲，均达到7%左右，足以弥补欧洲地区氢气使用量的下降。在中国，氢气使用量的增长较为温和，约为0.5%，但中国仍然是迄今为止最大的氢气消费国，占全球氢气使用量的近30%，是第二大消费国美国的两倍多。

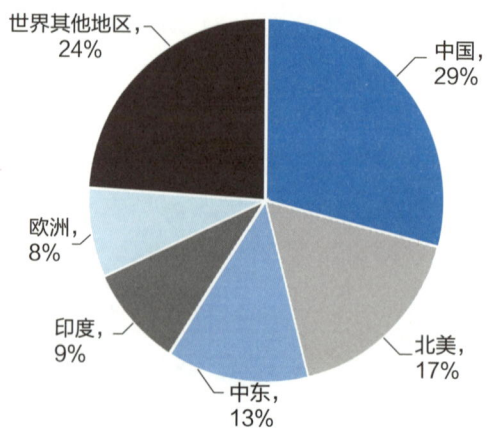

图 65　2022 年全球各地区氢气需求量

数据来源：IEA

2. 全球氢气需求仍集中在传统应用领域，低碳氢需求增长空间大

全球氢气需求仍然集中在工业和炼油领域，只有不到 0.1% 来自重工业、运输或发电领域的新应用。低碳氢在现有应用中的使用非常缓慢，仅占氢气总需求的 0.7%，这意味着 2022 年氢气的生产和使用将导致超过 9 亿吨的二氧化碳排放。工业领域的前景较好，尤其是合成氨生产领域，而炼油领域则相对落后。

全球氢使用量的增长是全球能源转型趋势下的必然结果。几乎所有的增长都发生在传统的应用领域，主要是炼油和化工行业，并且是通过化石能源制氢来实现的，这意味着氢的增长对减缓气候变化并无益处。氢气在重工业、运输、氢基燃料生产、发电和储氢等新应用领域的吸收量仍然微乎其微，仅占全球需求量的不到 0.1%。在国际能源署更新的 2023 年版《2050 年净零排放：全球能源行业路线图》中，氢的使用量在本十年结束前每年增长 6%。这意味着到 2030 年，氢的使用量将超过 1.5 亿吨，其中近 40% 来自新的应用领域。

3. 全球炼油用氢量创历史新高，低碳氢在炼油厂中的使用相对有限

2022 年炼油用氢将超过 4100 万吨，超过 2018 年的历史最高值。北美和中东的需求同比增幅最大，合计超过 100 万吨，约占 2022 年全球增幅的四分之三。中国是唯一一个减少氢气需求（约 50 万吨）的主要炼油地区，这主要

是由于新冠疫情下的防控限制导致炼油厂吞吐量下降。炼油厂使用的氢气中约有80%是在炼油厂现场生产的，其中约55%来自专用氢气生产，其余的则作为石脑油裂解等不同操作的副产品生产。2022年炼油厂使用的氢气中，只有不到1%是使用低排放技术生产的，其余20%的氢气主要来自化石能源制氢。

在炼油过程中使用低碳氢可以为低碳氢创造巨大的需求量，然而迄今为止，低碳氢在炼油厂中的使用还很有限，且进展缓慢。这是由于与化石燃料生产的氢气相比，低碳氢的生产成本较高，且缺乏促进采用低碳氢的相关政策。2022年，全球炼油厂使用了约250千吨低碳氢，与2021年的数量基本持平。2022年几乎所有炼油过程中使用的低碳氢都是由加拿大和美国炼油厂生产的。

4. 全球工业用氢量增加，分区域工业用氢量有所差异

2022年工业用氢量为5300万吨，主要集中在合成氨、甲醇和钢铁领域。其中，约60%用于合成氨生产，30%用于甲醇生产，10%用于钢铁行业。工业中使用的所有氢气都是使用化石燃料生产的，因此2022年工业制氢产生的二氧化碳排放量为6.8亿吨，比2021年增加了2%。

与2021年相比，2022年全球工业用氢量增加了2%，主要原因是全球合成氨需求量增加了0.4%，甲醇需求量增加了5%，直接还原铁（DRI）需求量增加了4%，但增长率低于前几年的平均水平。中国仍然是工业应用领域氢气的主要消费国，占全球工业用量的35%，其次是中东（14%）、北美（10%）和印度（9%）。由于乌克兰危机引发的能源危机，欧洲是2022年工业用氢量下降的唯一主要消费地区。2022年，欧洲工业用氢量下降了18%，主要原因是合成氨行业的活动减少了20%，该行业受冲突的影响尤为严重。

5. 全球氢燃料电池车保有量持续增长，氢燃料电池车销量有所下降

2019—2023年，全球氢燃料电池车保有量持续增长，2023年氢燃料电池车保有量为84630辆，同比增加25.4%。从增速来看，全球氢燃料电池车保有量增速在近五年内略微下降（图66）。

2023年，全球氢燃料电池车销量达到14642辆，同比下滑21.4%。2023年氢燃料电池车销量则依旧主要来自中国、韩国、美国、欧洲和日本，其他地区发展缓慢。其中，只有中国和美国在2023年实现氢燃料电池车销量正增长。2023年，中国氢燃料电池车销量达到5805辆，同比增长72%，超越韩

国成为全球第一；美国氢燃料电池车销量达到2978辆，同比增长10%，氢燃料电池车全球销量第三；韩国、欧洲和日本的氢燃料电池车则出现了负增长，但韩国仍是全球第二大氢燃料电池车销售市场（图67）。

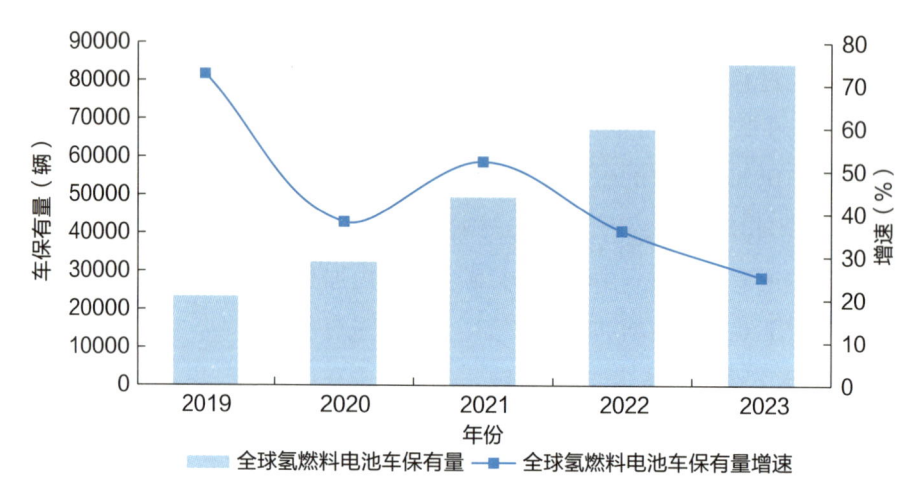

图66　2019—2023年全球氢燃料电池车保有量

数据来源：IEA，中国氢能联盟研究院

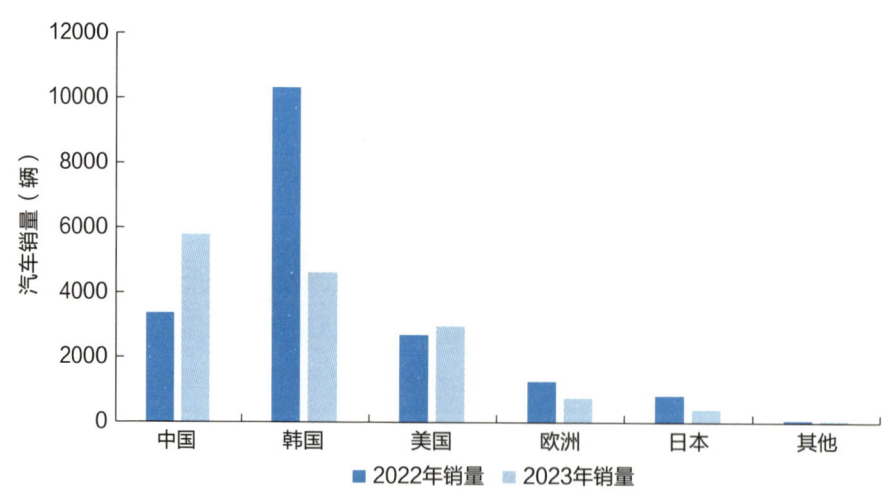

图67　2023年全球主要国家和地区氢燃料电池车销量占比

数据来源：SNE Research，中国汽车工业协会，氢云链

2023年，中国、韩国和美国继续领先全球氢燃料电池车市场。图68显示，全球氢燃料电池车市场的主要分布地仍然是中国、韩国和美国，相比之

下，欧洲和日本的市场规模总和不到全球规模的 10%。2023 年全球氢燃料电池汽车市场呈现出"不进反退"的现象，全球氢燃料电池汽车销量 14642 辆，同比下降 21.4%。

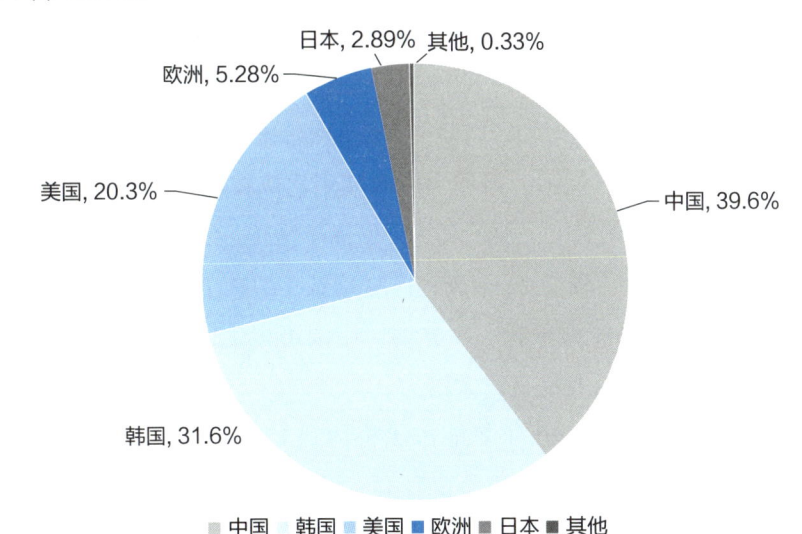

图 68　2023 年全球主要国家氢燃料电池车销量占比

数据来源：中国氢能联盟

2023 年全球氢燃料电池车市场特点如下：中国氢燃料电池车市场迅速跃进成为全球第一，2023 年车辆销量占全球比重 39.6%，成为全球氢燃料电池车市场的领头羊。韩国氢燃料电池车市场份额缩减，从 2020 年全球 50% 以上的市场份额缩减到了 31.6%，韩国市场的急剧下滑直接导致了 2023 年全球氢燃料电池车市场下滑超过 10%。欧美日的氢燃料电池车市场基本稳定，仍为氢能产业发展的主要推动国家。

二、中国氢能发展现状分析

中国氢能产业仍处于发展初期，为引导氢能产业健康有序发展，2022 年 3 月 23 日，国家发展改革委、国家能源局联合印发《氢能产业发展中长期规划（2021—2035 年）》，部署了推动氢能产业高质量发展的重要举措以及产业发展的各阶段目标。完整的氢能产业链包含了上游氢气的制备、中游氢气的储运以及下游氢气的使用。根据制备的源头不同，制氢环节可分为灰氢、蓝氢和绿氢。中游氢气的储存根据存储方式可以分为物理储氢、化学储氢以及固体材料储氢；根据储氢方式的不同可将运氢分为长管拖车运氢、管网运氢等。在下游，氢气可用于交通（氢燃料电池车）、工业、建筑等不同领域。

（一）中国氢气供给现状分析

1. 中国氢气产量稳定增长，氢能产业发展空间巨大

中国是世界最大产氢国，但作为能源使用比例较低，发展空间广阔。据图69所示，2018—2023年，中国氢气产量逐年增长，2023年产量达4575万吨，为历史新高产量，较2022年氢气产量增长14.3%，增速有所放缓，但中国氢能产量整体形势较为乐观。一方面，中国可再生能源装机量全球第一，在清洁低碳的氢气供给上具有巨大潜力；另一方面，氢能在全球能源占比仅0.1%，而据IEA预测，2050年氢能占比将达到12%~22%，氢能产业发展潜力巨大。

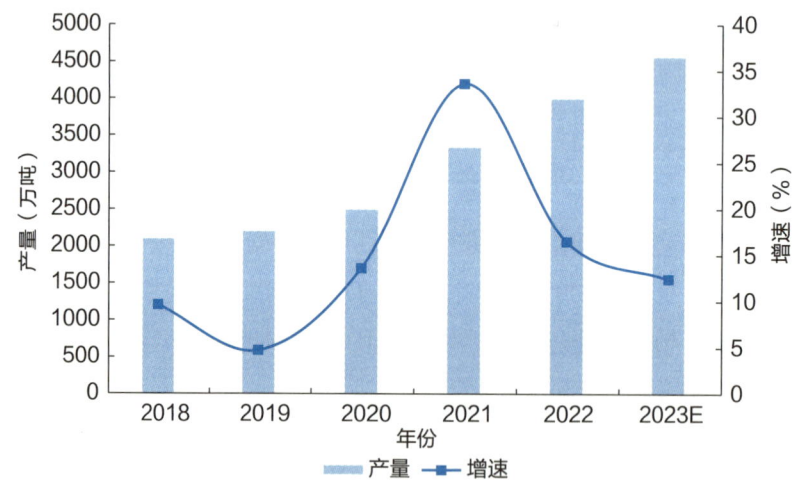

图69 2018—2023年中国氢能产量与增速

数据来源：中国煤炭工业协会

2. 化石能源制氢仍为中国的主体制氢方式，绿氢竞争力逐步提升

当前，中国制氢环节的标准平均成本为12~35元/千克。其中，化石能源制氢技术成熟可靠，煤制氢标准平均成本相对较低，天然气制氢次之，可再

生能源电解水制氢的标准平均成本相对较高,是煤制氢的1.5～2倍。但随着电价下降以及可再生能源的发展,绿氢有望成为中国主流的制氢方式。

在中国,化石能源制氢仍为最主要的制氢方式,其中煤制氢技术成熟、价格低廉,是中国氢气供应的主体。而电解水制氢由于技术和工艺不太成熟,成本偏高,目前在中国应用较少。不同制氢方式特点及成本对比如表5所示。

表5 不同制氢方式特点及成本对比

制氢方式		优势	劣势	技术阶段	成本（元/千克）
化石能源制氢（灰氢）	煤制氢	廉价	碳排放高、设备复杂、氢纯度低	成熟	12～16
	天然气制氢				15～22
工业副产制氢（蓝氢）	焦炉煤气 氯碱化工 丙烷脱氢	廉价	区域限制、设备复杂、氢纯度低	成熟	9～16
电解水制氢（绿氢）	碱性电解	清洁、设备简单	能耗高	成熟	18～31
	质子交换膜电解	清洁、快速响应	能耗高	推广	28～35
	固体氧化物电解	设备简单	启动慢、设备复杂	开发	—

数据来源:《2023年中国氢能产业报告》。

3. 可再生制氢技术趋于成熟,各地区制氢成本差异显著

化石能源制氢、工业副产制氢和电解水制氢三种制氢方式的成本构成不同。化石能源制氢分为两种,一种是煤制氢,以煤在蒸汽条件下气化产生含氢和一氧化碳的合成气,合成气经变换和分离制成氢;另外一种是天然气制氢,天然气、石油产品生成CO的合成气,然后通过变压吸附法(PSA)或膜法分离法转化为CO_2和H_2。工业副产制氢包含焦炉煤气、氯碱化工以及丙烷脱氢副产制氢。在工业生产过程中,利用富含氢气的终端废弃物或副产物作为原料采用PSA回收提纯制氢,在生产过程中使用了CCUS等先进技术制成的氢气,该技术可捕获温室气体,减少生产过程中的碳排放量。电解水制氢包含碱性、质子交换膜、阴离子交换膜以及固体氧化物电解制氢。电解液一般是含有30%左右KOH的溶液,接通直流电后,水在电解槽中被分解为氢气和氧气。目前,碱性电解制氢技术已大规模应用,质子交换膜电解制氢技术对可再生能源适配度更强。不同方式制氢的成本构成如图70、图71、图72和图73所示。

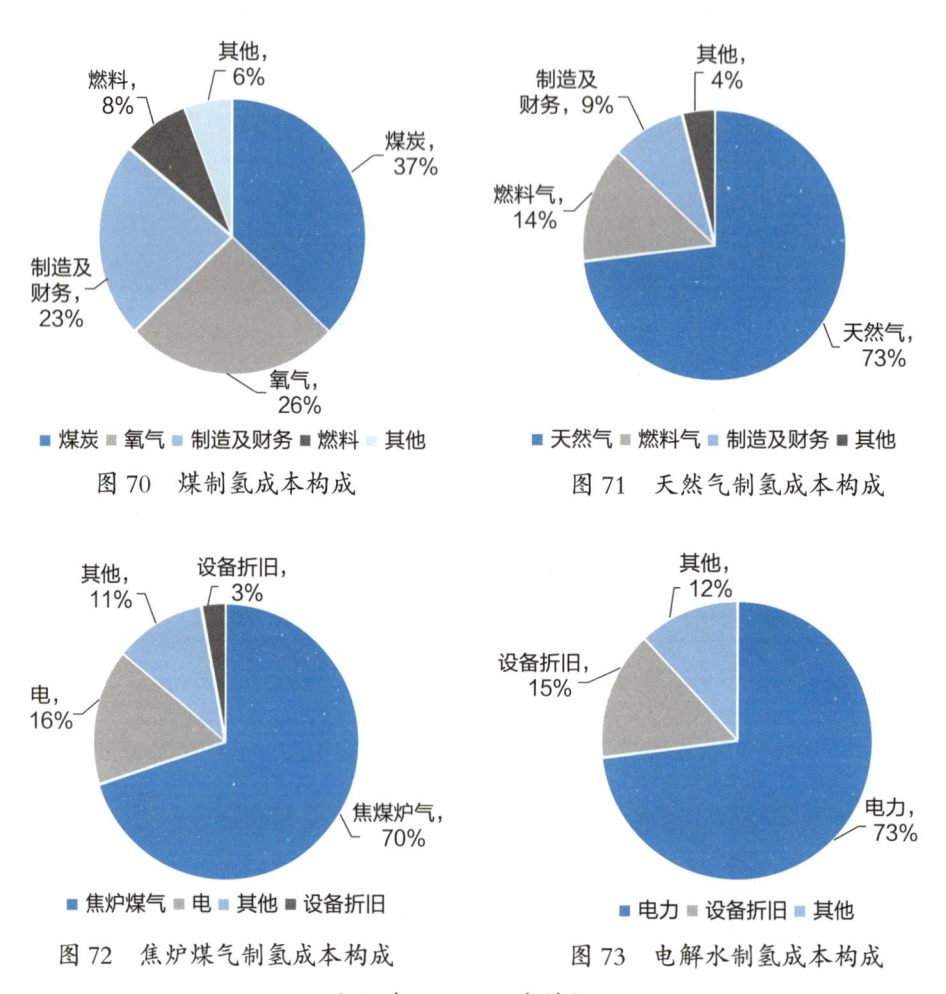

图70　煤制氢成本构成（煤炭37%，氧气26%，制造及财务23%，燃料8%，其他6%）

图71　天然气制氢成本构成（天然气73%，燃料气14%，制造及财务9%，其他4%）

图72　焦炉煤气制氢成本构成（焦炉煤气70%，电16%，其他11%，设备折旧3%）

图73　电解水制氢成本构成（电力73%，设备折旧15%，其他12%）

数据来源：公开资料整理

电解成本过高是制约电解水制氢发展的主要因素，但随着电价降低，中国的绿氢竞争力在不断提升。但随着电价降低，绿氢制备的成本下降趋势明显，当电价低至0.25元/（千瓦·时），绿氢成本降至16.11元/千克，低于蓝氢成本。当电价进一步低至0.15元/（千瓦·时），绿氢成本为10.73元/千克，较灰氢具备成本优势。随着可再生能源的规模化和电解水技术的发展，电价成本有望达到竞争平衡点，电解水制氢有望成为中国主流制氢方式，实现"绿氢"的规模化应用。

2023年，中国各个地区的可再生制氢成本均高于工业副产制氢，更高于化石能源制氢；从趋势上看，可再生制氢成本呈现下降趋势；工业副产和传统能源制氢受能源价格上涨影响，成本上升。从可再生氢气成本分布看，西北＜东北＜华北＜西南＜华东＜华中＜华南（图74）。

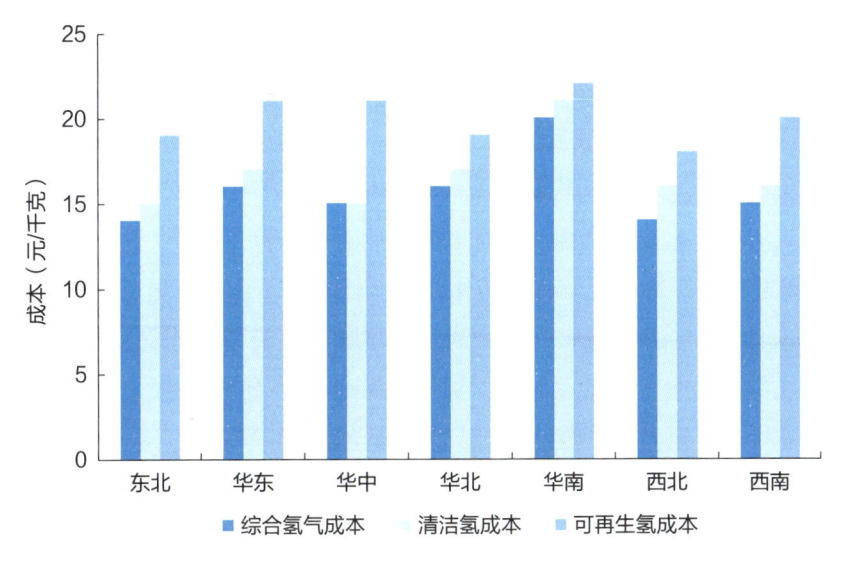

图 74　2023年中国各地区制氢成本对比

数据来源：中国氢能联盟研究院

（二）中国氢气储运现状分析

作为氢能产业链的中游，氢气的储运联通了上游供应端的制氢以及下游需求端的用氢。目前中国主要的氢气储运方式包括长管拖车、槽罐拖车以及管道输运等。其中，长管拖车和槽罐拖车的储运成本高、运输半径一般低于300千米，而管道输氢具有规模大、成本低的特点，是未来长距离输氢的主要方式。

1. 储氢方式多样化，物理储氢普适性较强且成本低

储氢方式分为物理储氢、化学储氢以及固体材料储氢，不同的储氢方式各有其优缺点，其成本和应用场景也有所不同，见表8。物理储氢主要包括气

态储氢和液态储氢两种方式，气态储氢应用场景最广，发展液态储氢需降低能耗。对于高压气态储运，当运输距离为 50 千米时，运输成本为 3.6 元/千克。随着距离的增加长管拖车运输成本大幅上升，当运输距离为 500 千米时，氢气的运输成本达到 29.4 元/千克。在中长距离运输下，低温液态储运具备成本优势，当加氢站距离氢源点 50～1000 千米时，低温液态储氢运输成本在 14～15.5 元/千克范围内。

化学储氢在远洋运氢场景中有应用潜力。液氨储氢技术是当前全球远距离运氢的首选方式。相比于氢液化技术，优势主要是氨可以在 –33℃下液化。液氨储氢的体积密度是液氢的约 1.5 倍，与液氢相比，同等体积液氨可储运和输送更多的氢。使用长输管道或海上运输工业级的液氨已有较完善的基础设施，劣势主要是氨具有强腐蚀性和毒性，存在较高的安全风险；"氢—氨—氢"转化过程的能量消耗较高，转化过程能耗与氢所含能量之比约为 35%（以低位热值计），与液氢制取的液化能耗基本相近。有机液态储氢技术全生命周期存在碳排放且消耗能量较高，未来发展前景仍有待观察。常见的有机液态储氢有甲基环己烷（MCH）、二苄基甲苯（DBT）等，无论是加氢还是脱氢的形式，都与常规化石燃料（如柴油）具有相似的物理性质，该技术具有储氢量大、能量密度高、储运安全方便、适合长距离运输、可利用现有基础设施等优点。但在脱氢（高温释放）过程中需消耗约 30% 的能量，尤其是该种储氢方式在全生命周期中仍存在碳排放，未来能否成为长距离运输的主流方式仍有待考证。

全球固体材料储氢技术处于示范研发阶段，产业培育尚需时间。固体材料储氢是一种通过吸附作用将氢气加注到固体材料中的方法，以 MgH_3 储氢为例，其常温常压下的单位体积储氢密度可达 110 千克/米^3，约是同等条件下气态储氢法的 1000 倍，且吸氢速度稳定，可保证储氢过程的稳定性。与高压气态储氢和液态储氢相比，固体材料储氢技术储氢密度高、安全性好、应用前景良好，但这种储氢方式的发展和应用有赖于储氢材料的开发和利用，国内外仍然处于试验阶段，如美国 GKN 公司开发 260 千克级固态储氢装置并在 ARIES 工厂示范应用，国内上海交通大学开发了 70 千克级镁基储氢示范装置。

表6 不同储氢方式适用场景及优缺点对比

储氢方式	类型	适用场景	优点	缺点	运输成本
物理储氢	高压气态储氢	小规模储氢场景	技术成熟、结构简单、充放氢气速度快、成本及能耗较低	单位体积储氢密度低、安全性较低	3.6～29.4元/千克
	低温液化储氢	大量及远距离储运，主要用于航天工程，民用缺乏相关标准	单位体积储氢密度大、安全性相对较好	氢液化能耗大、储氢容器要求高、前期投资较大	14～15.5元/千克
化学储氢	有机液态储氢	远洋运氢场景	单位体积储氢密度大、液氢纯度较高	成本高、能耗大、操作条件苛刻	16～18元/千克
固体储氢	吸附储氢	国内：分布式发电实现示范应用 国外：分布式发电和风电制氢、储氢实现示范应用	单位储氢密度大、能耗低、安全性高	技术不成熟、单位质量储氢密度低、充放氢效率低	11～16元/千克

资料来源：《储氢技术研究现状及展望》《液态储氢：大规模长距离运输理想方案》。

2. 不同场景下运氢方式不同，运氢成本未来仍有下降空间

在远距离运输场景中，气氢管输经济性较优，液态储氢适合陆运和海运。在陆上远距离（500千米以上）运输场景中，管道输氢是极具竞争力的运氢方式。管道输氢主要包括纯氢管道输送和天然气掺氢管道输送，国外示范项目的掺氢比例通常不超过20%。从经济性考虑，大规模、长距离输氢采用氢气管线方式更具优势。中国普及长距离管道输氢还有管材评价、安全运行、工艺方案及标准体系等方面诸多关键问题亟待解决，仍需展开大量研究工作。截至2022年底，中国在用输氢管道里程为100千米。目前来看，10万吨/年的输氢管道投资强度在600万元/千米左右，在满负荷运行的情况下，管道输氢的平准化成本约为1元/（千克·100千米）。2023年，中国首条"西氢东送"输氢管道示范工程被纳入《石油天然气"全国一张网"建设实施方案》，管道输氢成本未来仍有下降空间。在陆上远距离运输场景中，在管道不便覆盖的区域，利用槽罐车运输液氢、利用牵引车运输固体材料吸附储氢或用长管拖车运输高压气氢（50兆帕以上）等方式，也具有一定竞争力。具体来说,液氢罐车运输更适用于大规模场景,单车有效容量在4吨左右,若不计入氢液化成本(仅考虑运输环节),则液氢罐车运输平准化成本为0.5元/(千克·100千米),经济辐射半径在1000千米以上;固体材料储氢运输和50兆帕气氢运输的单车有效容量通常在1吨左右,适合小规模场景(日需求吨级),现阶段还存在技术难点和政策限制,只在特定区域内示范验证。在海上远距离运输场景中,船运是氢能大规模、远距离跨海运输的主要方式。Wood Mackenzie在能源转型前景和加速能源转型(AET)情景中预测,到2050年低碳氢需求将达5.3亿吨,其中约1.5亿吨将来自海运贸易。从经济性看,据IRENA测算,船运液氨是目前最具经济性的运输方式。从技术安全性看,驳船运输无须经过人口密集区域,相较于陆运更加安全,且液氨的大规模海上运输可利用液化石油气运输船改造,技术瓶颈和安全风险相对较低。

在近距离配送场景中,高压气氢运输是主流,运输效率有待提升。在陆上近距离配送(200千米以内)场景中,利用长管拖车运输高压气氢是较为成熟且常见的商业运氢形式。中国商用长管拖车储气瓶的工作压力为20兆帕,以I型瓶为主,长管拖车运氢平准化成本约为5元/(千克·100千米),计入氢加压成本后,高压气氢近距离配送的经济辐射半径在200千米以内时,总成本不超过15元/千克。当储氢压力升至30兆帕时,长管拖车运氢的成本(不含氢气加压)有望降至3元/(千克·100千米),较20兆帕时下降约40%;当储氢压力升至50兆帕时,长管拖车运氢的成本(不含氢气加压)有望降至1.5~2元/(千克·100千米),较20兆帕时下降60%以上。

(三)中国加氢站现状分析

自2019年3月氢能被写入政府工作报告以来,中国各地政府陆续出台氢能政策,引导当地氢能与燃料电池发展,积极布局加氢站建设工作。2023年,在政策引领下,中国加氢站产业进入蓬勃发展阶段,加氢站数量依然居世界首位,加氢站建设增速也有所回升,综合能源站成为加氢站的未来发展趋势。

1. 中国加氢站数量居世界首位,但增速有所放缓

加氢站作为给氢燃料电池车提供氢气的基础设施,随着氢燃料电池车保有量的不断增加以及中国石化、中国石油等能源央企纷纷加大加氢站建设的投入力度，中国加氢站数量明显增加，增速相比2022年有所回升。2023年，中国已建成加氢站405座，加氢站数量居世界首位，其中新增加氢站70座，在营的有280座，加氢站建设增速有所回升，整体呈现稳中向好趋势（图75）。

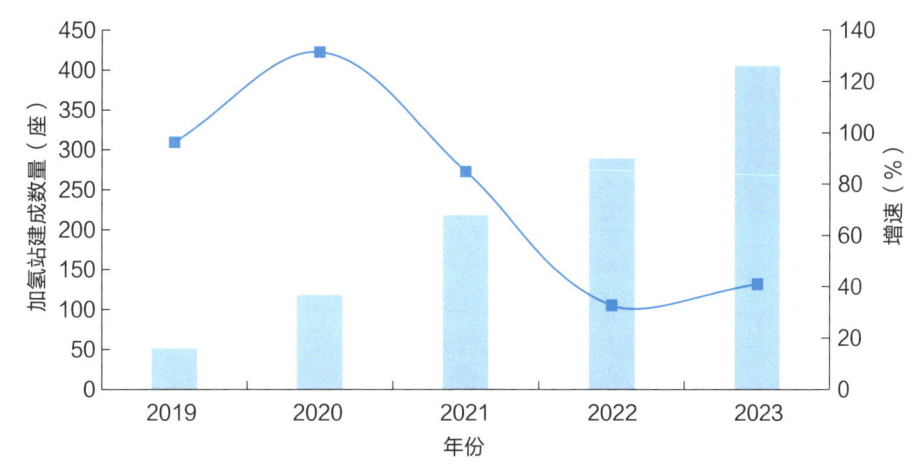

图75 2019—2023年中国加氢站建成数量及增速

数据来源：隆众资讯

2. 中国各省区市加快加氢站建设进程，示范城市群成为加氢站建设分水岭

在氢能产业发展的大背景下，各省区市在相关氢能规划中进一步提出到2030年的中长期加氢站建设目标。浙江在2023年8月提出，预计到2030年，累计建成加氢站89座；四川在2022年11月发布的中长期规划中提出到2030年累计建成加氢站80座。此外，吉林、广西计划2030年累计建成加氢站分别为70座和50座。从2023年各省份加氢站的建设情况来看，国内建成加氢站数量排名前五的省市分别为广东68座、山东36座、江苏32座、河南31座、浙江30座，以上省份合计建成加氢站197座，占全国建成加氢站总数量的48.64%，如图76所示。在氢燃料电池车推进较快的城市，加氢站也在积极布局，示范城市群成为加氢站建设的分水岭。北京群63座，上海群215座，广东群202座，河北群73座，河南群40座，以上均含建成、拟建、在建、运营状态的加氢站，如图77所示。

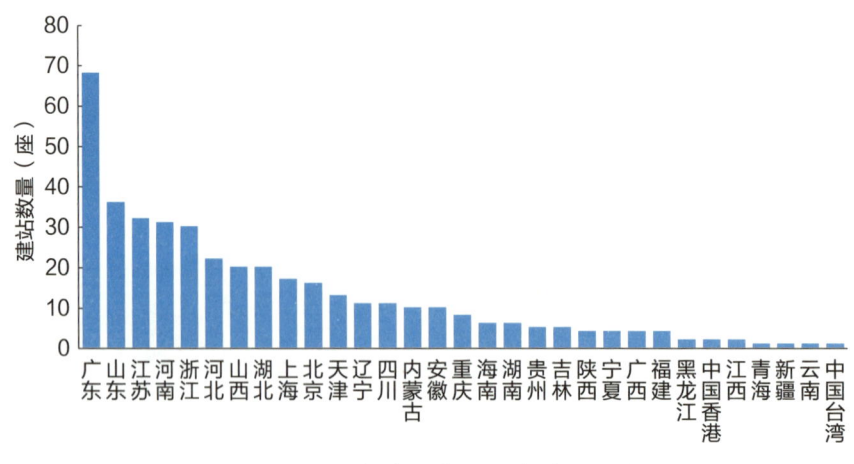

图 76 2023 年中国各省区市建站数量

数据来源：隆众资讯

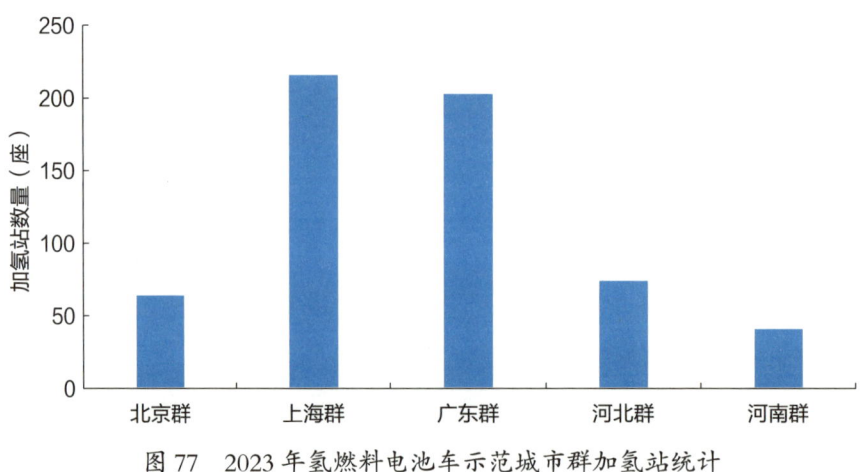

图 77 2023 年氢燃料电池车示范城市群加氢站统计

数据来源：隆众资讯

3. 加氢站类型日益多样化，综合能源站成为未来趋势

从目前中国加氢站的供能类型来看，综合能源站已经成为主要建站方式，占比 58%，制氢加氢一体站增加明显，成为第二大类型加氢站，占比 19%，固定式加氢站占比 18%，橇装式加氢站依然有一定的市场，占比 5%（图 78）。纯氢站、油氢合建站同属站外供氢，仍然是国内加氢站主流供能方式。

随着国内非化工园区制氢相关政策有所放宽，加之一体站在供氢成本方面具备一定优势，中国制氢加氢一体站的建设速度加快。但是，限于一体站在耗能方面存在短板，建站企业还需在当地政策允许框架内，结合本地具体的资源特点来选择是否采取站内制氢的供能方式。纵观2023年新运营的加氢站，加氢站的发展越来越往综合能源站靠近，这或将成为加氢站建设的重要趋势，能够大幅度降低加氢站建设成本，并且有利于加氢站的整体推广。

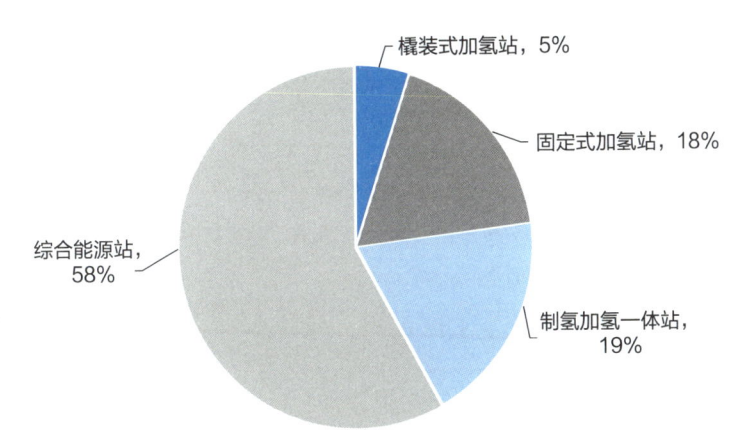

图78　2023年中国建站供能类型数量占比

数据来源：氢能数据库

（四）中国氢气需求现状分析

从需求侧看，中国氢能的成本较高，使用范围较窄，氢能多元应用处于早期探索发展阶段。2022年，全国氢气年消费量约3500万吨，作为工业原料等非燃料用途的消费占比为93%，燃料用途消费占比仅为7%。其中，工业部门用氢占比94%，电力部门占比3%，建筑部门占比2%，交通部门直接用氢占比不到1%。尽管氢能在新兴领域的应用尚处于起步阶段，但绿氢炼化、氢冶金等工业新应用以及氢能在交通、电力和建筑等非工业部门示范应用的步伐明显加快。根据中国氢能联盟预测，到2060年工业领域和交通领域氢气使用量分别占比60%和31%，电力领域和建筑领域占比分别为5%和4%。目前，中国氢能应用主要集中于工业和交通领域，未来有望助力建筑、发电和供热等多领域深度脱碳。

1. 工业脱碳带来氢能需求增量，助力钢铁行业深度脱碳

工业是碳排放的主要来源，"双碳"目标下对氢气需求将大幅增加。化石能源作为工业燃料，燃烧本身会释放二氧化碳，同时作为工业原料参与生产过程也会形成碳排放，因此工业也成为当前脱碳难度最大的领域之一。氢能作为清洁能源，其应用将助力工业脱碳。中国氢能联盟预测，在氢冶金、合成燃料、工业燃料等需求推动下，预计2060年工业部门对氢气年需求量将达到7794万吨。氢在钢铁领域可应用于氢冶金、燃料等多个方面，其中氢冶金规模最大。传统高炉炼铁是以煤炭为基础的冶炼方式，煤炭燃烧碳排放占比高达70%，而氢冶金通过使用氢气代替碳在冶金过程中的还原作用，实现源头降碳。根据《中国氢能源及燃料电池产业发展报告2022》，预计到2030年氢冶金产量可达0.21亿～0.29亿吨，约占全国钢铁总产量2.3%～3.1%；到2050年氢冶金产量约0.96亿～1.12亿吨，对应氢气需求约852万～980万吨，其中83%将来自绿氢，以实现钢铁行业深度脱碳。

2. 氢燃料电池车产销量创新高，氢能在交通领域发展前景良好

在交通领域，以氢燃料为动力，可以实现车辆使用端的零碳排放，应用主要包括汽车、航空和海运等，氢燃料电池车是交通领域的主要应用场景，如图79所示，2023年中国氢燃料电池车的产量为5631辆，同比增长55.3%；销售量为5791辆，同比增长71.99%，双双创下历史新高。

相对于燃油车，氢燃料电池车更加环保，且氢燃料电池车不受限于内燃机的奥托循环，热效率更高。而相对于纯电汽车，氢燃料电池车具有能量密度高、电池寿命长、低温环境适应性好、燃料加注时间短、续航里程较高等优点，更加适合用于长途、大型、商用车领域。据中国氢能联盟预测，到2027年，氢燃料电池车的总成本将和纯电车持平，到2028年将和燃油车持平，届时氢燃料电池车有望在乘用车领域实现渗透。随着上游制氢成本的下降及中游储氢技术的进步，氢燃料电池车的技术不断完善，氢燃料电池车销量有望快速攀升，氢燃料电池车有望成为车辆体系的重要组成部分。

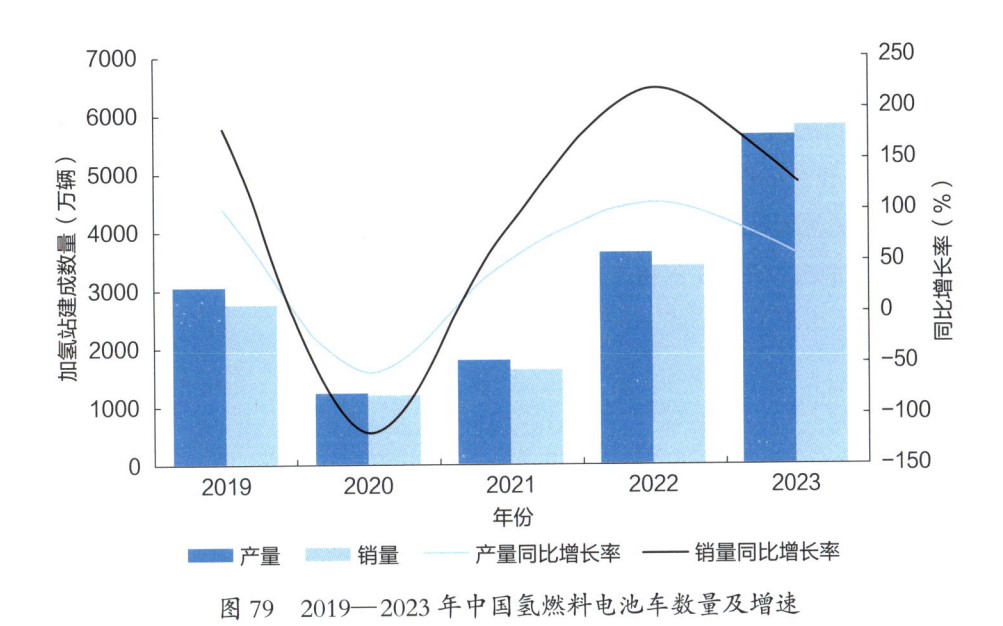

图 79　2019—2023 年中国氢燃料电池车数量及增速

数据来源：中国汽车工业协会

3. 氢能主要以混合形式应用于建筑领域，未来有望在供热领域应用增加

建筑部门能源需求主要用于供暖、供热等的电能消耗。与天然气供热等竞争性技术比较，氢气供热在效率、成本、安全和基础设施的可得性等方面不占优势。由于纯氢的使用需要新的氢气锅炉或对现有管道进行大量改造，在建筑中使用纯氢气的成本相对较高。例如，欧洲的氢能源使用比其他地区起步要早，但目前氢能源供热成本仍然是天然气供热成本的 2 倍以上。即便到 2050 年，当热泵成为最经济的选择时，氢气供暖的成本可能仍将比天然气供热成本高 50%。氢气可以通过纯氢或者与天然气混合输送，使用纯氢方式对管道要求更高。氢气还可能导致钢制天然气管道的安全风险，需要用聚乙烯管道取代现有管道。

因此，早期氢气在建筑中的使用主要是混合形式。氢气与天然气混合，按体积计算的比例可以达到 20%，而无须改造现有设备或管道。和使用纯氢相比，将氢气混合到天然气管道中可以降低成本，平衡季节性用能需求。

随着氢气成本的下降，北美、欧洲和中国等拥有天然气基础设施和有机会获得低成本氢气的地区，有望逐渐在建筑的供热、供暖中使用氢气。当氢气价格低于 10 元 / 千克时，燃氢供热方能与天然气形成竞争力。小型氢燃料电池热电联供系统目前已在欧美、日本实现商业化应用，而中国小型氢燃料电池热电联供系统仍处于试点阶段，千瓦级系统的度电成本超过 2 元 /（千瓦·时），在经济性方面具有很大的进步空间。在建筑领域，氢能不具备经济性，但仍是备用电源的良好选择。挪威船级社（DNV）预测，在 2030 年后期，纯氢在建筑中的使用有望超过混合氢气；到 2050 年，氢气在建筑供暖和供热能源总需求中将占比 3% ~ 4%。

三、中国与全球氢能发展对比分析

（一）中国与全球氢气供给对比分析

1. 中国氢气供给能力不断增强，氢气产量远超其他国家

中国、欧洲与美国是全球三个主要的氢能生产国与地区。从产量来看，中国氢能产量居世界第一，2022 年年产量达 4004 万吨，2023 年年产量预计达到 4575 万吨，占全球氢气总产量的近 1/2，远超其他国家与地区。在碳达峰碳中和目标下，中国氢能产业已进入快速发展的窗口期。《氢能产业发展中长期规划（2021—2035）》的出台将对中国氢能产业持续健康发展起到关键引领作用。中国已具备一定氢能工业基础，但生产主要依赖化石能源，消费主要作为工业原料，清洁能源制氢和氢能的能源化利用规模较小。

2. 中国主要制氢方式为煤炭制氢，全球范围内天然气制氢占主导地位

全球主流的制氢方式为天然气制氢。据 IEA 数据统计，2022 年全球氢气总产量为 9500 万吨，其中，天然气制氢占比 62%，煤制氢占比 21%，工业副产氢占比 16%。而在中国，因资源禀赋的特点，煤制氢是最主要的制氢途径，二氧化碳排放量更高。2022 年，中国煤制氢产量占总量的 62%，而工业副产氢、天然气制氢分别占比 18% 和 19%，仅有 1% 的氢气来源于电解水，如图 80 所示。

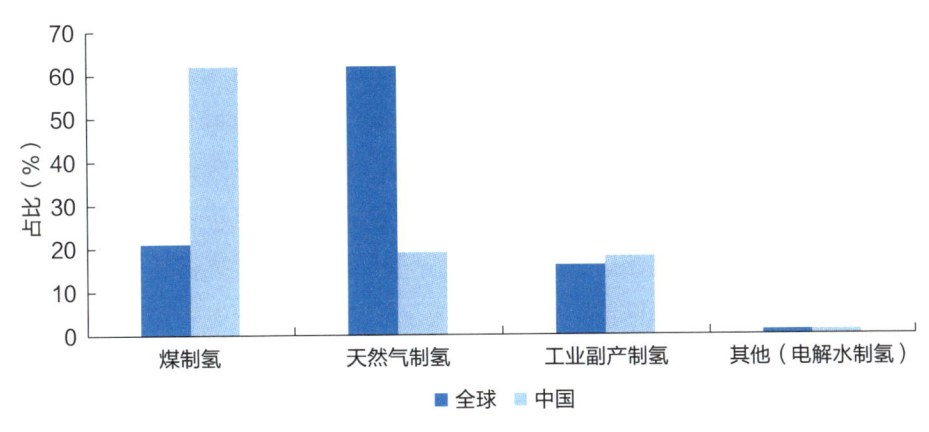

图 80 全球与中国制氢结构

数据来源：IEA，中国氢能联盟

3. 中国电解水制氢取得重大进展，电解槽部署走在世界前列

经过缓慢的起步，中国已在电解槽部署方面走在前列。2020年，中国用于专用制氢的电解槽装机容量不到全球的10%，主要集中在小型示范项目上。2022年，中国的电解槽装机容量超过200兆瓦，占全球装机容量的30%，其中包括全球最大的电解项目（150兆瓦）。2023年以来，中国在水电解制氢方面取得了重大进展。电解槽方面，截至2023年底，全国可再生氢项目规划387个，在建80个，建成运营58个，2023年新增20个投运项目，电解槽需求超过3吉瓦。除了电解槽总装机容量强劲增长外，世界上最大的电解槽工厂之一赤峰氢示范项目也于2023年3月4日获取备案。该项目配套建设50台1000立方米每小时的水电解槽制氢系统，包含50台电解槽，建设6座3000立方米储氢压力为2兆帕的球罐以及10万吨合成氨成套装置等。2024年，中国计划部署8个氢气产能超过125兆瓦的项目，中国的电解槽装机容量将增加两倍，达到3300兆瓦，到2025年将达到近5400兆瓦，中国有望进一步巩固其在电解槽部署方面的领先地位。

（二）中国与全球氢气储运对比分析

随着氢能产业规模的不断提升，氢储存、配送、运输在整个氢供应链中的重要性日益凸显。当前国际的氢供应网络，是由于各国及地区可再生能源禀赋及利用率、传统化石能源（煤炭、石油、天然气等）对外依存度、现有基础设施及其建造的便利性和时效性、土地使用限制（危化品管制）等差异导致的氢供应成本不均，迫使部分用氢需求较大但氢供应成本过高的国家和地区（如欧洲、韩国、日本及中国部分地区）从供应成本较低的国家和地区进口氢来满足自身需求。受全球各地区氢源禀赋不同、氢应用规模大小和形式各异等因素影响，氢储运可根据实际情况灵活调整，主要构建了三种氢供应链：在可再生能源或传统化石能源资源（煤炭、石油、天然气等）富集地区，大型氢供应中心就地制氢并直接应用，这样氢储运的成本几乎为零；较小的采购商，例如加氢站、建筑和家庭供能等，则以区域内短途氢运输的方式供氢；在缺少氢源的地区，采购商将依赖进口或长途氢能运输网络进行储运。预计到2030年，全球大规模绿氢生产基地和运输基础设施布局完备，届时氢可以从澳大利亚、智利或中东等地运送到美国、欧洲、日本等需求中心地区，储运成本有望降低至2～3美元/千克。低廉的氢获取成本加上具有经济性的储运成本，将促成全球氢能贸易格局，释放更多氢能应用（例如运输、化工、冶炼、原料等）的需求。

目前，中国液氢、有机液态储氢等新型氢储运技术还不成熟，仍主要以高压气态形式进行氢储运。当前行业正积极推进液氢储运的示范运行，并进行天然气掺氢、管道输氢、有机液体储运、固体材料储运等技术的开发和布局。中国氢储运技术未来的主要发展方向是推进70兆帕Ⅳ型瓶的标准出台和产业化应用、气瓶用碳纤维的自主化、降低氢气液化能耗和氢气液化成本、国产民用液氢技术和装备的逐步突破。预计2025年可以实现70兆帕Ⅳ型瓶的广泛使用，初步实现液氢装备自主化，开展一批液氢存储示范项目；至2030年，98兆帕Ⅳ型瓶将实现规模化生产，气瓶成本进一步下降，液氢装备可以实现规模化生产，成本显著下降，在中远距离大规模储运方面实现规模化应用。远期（2050年）氢气管网将密布于城市、乡村，车载储氢将采用更高储氢密度、更高安全性的储氢技术。中国"三北"地区风光资源尤其丰富，也是弃风弃光率较高的区域。未来随着国内大循环的推动、储运技术逐步突破及氢能储运网络的持续布局，"三北"地区利用丰富的可再生资源制氢，并通过储运网络输送到用氢集聚区，实施"西氢东输"战略，不仅解决了东部氢源较少的问题，还将有效提高"三北"地区风光资源利用率，拓宽全国氢能产业贸易市场。

（三）中国与全球加氢站对比分析

1.中国加氢站数量全球领先，全球占比不断提升

2023年，中国累计建成加氢站405座，占全球加氢站总量的43.97%，为全球最大的加氢站保有量国家。从2019年到2023年，中国加氢站数量已从51座增加到了405座，实现了跨越式增长，如图81所示，从占比来看，中国加氢站数量在全球占比不断提升，已从2019年的11.75%提升到了2023年的43.97%，遥遥领先于世界其他国家。

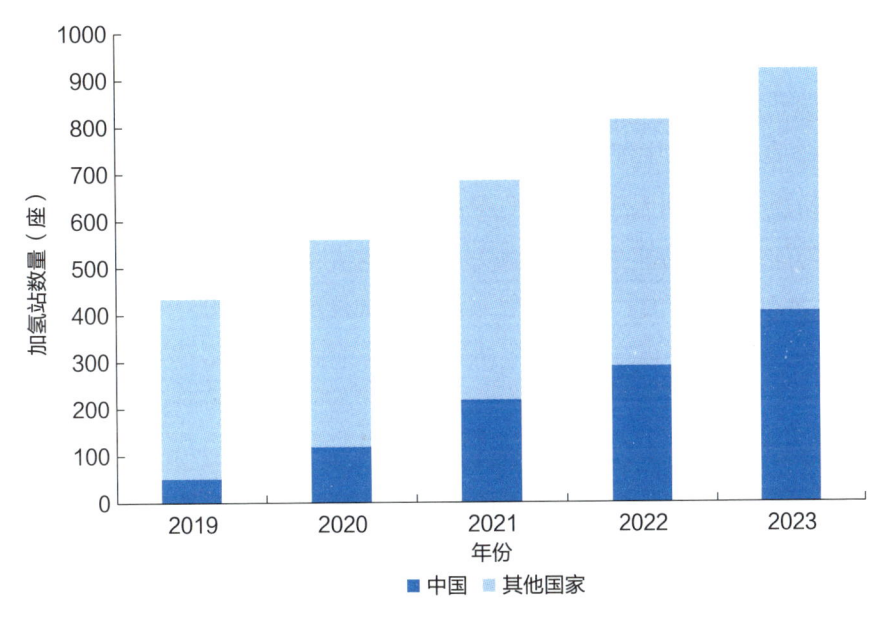

图81 2019—2023年中国与其他国家加氢站数量

数据来源：H2stations.org，隆众资讯

2.欧美国家加氢站体系日益成熟，中国加氢机产业和技术发展迅速

美国、日本、欧洲等国家和地区在加氢站技术开发方面起步较早，90%以上加氢站具有70兆帕加氢能力，以液氢储存的大容量加氢站日加氢量可超过2000千克。加氢站全负荷、高可靠运行技术持续进步，支撑氢能基础设施

全周期成本逐步降低；并且自动化程度高，美欧日已实现加氢机-车辆通信辅助加氢，大部分加氢站可以做到无人值守和自助加氢。除此之外，大多数加氢站都可以实现35兆帕和70兆帕双压力加注，供氢方式多样化，站内制氢技术相对成熟，液氢体系供应完善。

当前中国加氢站以35兆帕为主，大多为外供氢加氢站，储氢方式一般是高压气态储氢。加氢机方面仍处于研究状态，但发展速度日益加快。早期中国所用加氢机主要依赖进口，当前中国已有多家企业可以生产加氢机，取得突破性进展。2020年9月，北京低碳清洁能源研究院研发的35兆帕加氢机首次获得中国相关认证。2020年11月，上海舜华新能源系统有限公司发布了第三代加氢机，集成了35兆帕和70兆帕两种压力等级的加注模式。2021年6月，厚普清洁能源（集团）股份有限公司发布了自主研发的首台70兆帕加氢机，多项氢能加注设备关键部件打破了国际垄断。2021年9月，北京低碳清洁能源研究院开发的70兆帕加氢机成为中国首个获得国际认证的70兆帕加氢机。2023年2月15日，中国首个甲醇制氢加氢一体站投用，该站是由中国石化燃料油销售有限公司大连盛港油气氢电服"五位一体"综合加能站升级而来。加氢站的加注能力同样在逐步提高，高工产业研究院（GGII）调研数据显示，2016年至2022年9月，新增加氢站的日均加注能力从300千克左右增长至900千克；自2022年以来中国加氢站规划项目的加注能力多在1000千克以上。

（四）中国与全球氢气需求对比分析

1. 中国氢能使用范围较窄，相比欧美发达国家应用场景有限

2022年，中国氢气年消费量约3500万吨，作为工业原料等非燃料用途的消费占比为93%，燃料用途消费占比仅为7%。其中，工业部门用氢占比94%，电力部门占比3%，建筑部门占比2%，交通部门直接用氢占比不到1%。按照美国能源部发布的《国家清洁氢能战略与路线图》，2030年、2040年和2050年美国国内氢需求量将分别升至1000万吨/年、2000万吨/年和5000万吨/年，同时2030年与2035年前绿氢成本分别降至2美元/千克和1美元/千克；同样，欧盟Repower EU规划提出到2030年要实现自产和进口各1000万吨/年的可再生氢目标，为此欧盟将通过欧洲氢能银行、投资欧洲计

划等多个项目对氢能提供融资支持。紧随欧美的脚步，日本"2050碳中和绿色增长战略"计划于2030年实现国内氢产量达到300万吨/年，2050年达到2000万吨/年，而韩国的《促进氢经济和氢安全管理法》也提出了2050年实现进口氢替代进口原油的目标。

2. 中国氢气需求主要集中在工业领域

中国工业领域用氢占比约为90%，是目前中国氢能应用占比最大的领域。氢能除了具有能源燃料属性外，还是重要的工业原料。氢气可代替焦炭和天然气作为还原剂，可以消除炼铁和炼钢过程中的绝大部分碳排放。利用可再生能源电力电解水制氢，然后合成氨、甲醇等化工产品，有利于化工领域大幅度降碳减排。

3. 中国是全球最大的氢燃料电池车销售市场，氢燃料电池重卡发展前景良好

2023年，中国氢燃料电池车销量达到5791辆，占全球氢燃料电池车销量的39.6%，成为全球最大的氢燃料电池车销售市场。2023年上半年，全球氢燃料电池卡车库存量达到8000多辆，95%以上的销售在中国，这主要得益于中国有利的政策和配套基础设施。从2021年底到2023年6月，中国重型氢燃料电池卡车的销量增长了五倍多。

四、氢能发展展望

回顾2023年，随着世界向更可持续的能源系统过渡，越来越多的国家和地区将氢能源视为未来新能源的战略发展方向，低碳氢得到了更多的关注。在政策的激励和市场需求的推动下，氢能产业在制氢、储运以及下游应用等领域都取得了长足的进步。展望2024年，在政策的引导和市场的推动下，随着技术的不断突破和市场需求的持续增长，氢能领域的发展前景将更加广阔，氢能产业将成为未来能源领域的一匹黑马，为"双碳"目标的实现贡献核心力量。

（一）全球主要经济体加快氢能政策布局，氢能发展将进入新阶段

2023年以来，全球主要经济体加快氢能政策布局，推动氢能产业发展。

美国《通胀削减法案》为能源安全和气候变化倡议拨款约 3690 亿美元，为制氢提供每千克最高 3 美元的税收抵免；欧盟规定到 2030 年可再生氢在工业氢需求中所占比例要达到 42%；日本更新《氢能基本战略（草案）》，重点增加氢作为燃料使用；中国出台首个氢能全产业链标准体系建设指南，系统构建了氢能制、储、输、用全产业链标准体系。预计 2024 年，美国氢能成本将进一步降低，并最终在 2029—2036 年间将氢供应成本降至 4 美元/千克，其中包括生产、运输和加氢等环节；欧洲多措并举推进氢能规模化供应，可再生氢在工业氢需求中的占比将不断扩大；德国计划在 2024 年开设全球首个氢交易所，将加速推进氢能交易；日本将加速开发水电解设备、燃料电池、脱碳化学制品、运输氢气的大型油轮、燃料氨和清洁能源炼钢等领域的技术，氢用量将实现跨越式增长；中国的氢能产业将在中央和地方政策的扶持下进入快速发展阶段，2024 年中国氢能产业规模将在 2020 年的基础上翻一番，到 2025 年氢能产业规模将超千亿元。

（二）上游绿氢项目进入爆发期，风光电消纳与配套设备降本推动需求启动

在风光储氢设备的降本以及政策不断加码驱动下，中国绿氢大发展启动，2023 年国内绿氢项目电解槽招标量接近 2 吉瓦，同比翻倍。从需求端看，在绿氢全面渗透下，潜在的消纳空间高达亿吨，远期看行业发展天花板高。2023 年内，大量绿氢项目开始申报立项，国内立项的项目绿氢产能已超 450 万吨，当前落地项目仅 5 万多吨产能，海外需求也开始起量，中东立项绿氢产能近 3000 万吨，未来需求将同时受益于国内外拉动。考虑到 2025 年国家 10 万~20 万吨、各地合计 100 万吨的绿氢产能规划，2024 年绿氢项目将迎开工潮，带动制氢设备需求高增。

（三）重点看好制氢相关设备，储运装备与燃料电池环节受放量带动

2024 年绿氢项目批量开工，将直接带动上游端制氢设备需求起量。电解槽作为核心设备率先受益，当前待招标电解槽量级已达到吉瓦级别，2024 年预计招标量同比翻倍；此外，绿色甲醇船以及国外绿氢项目等将进一步带动

绿氢需求高增，电解槽出货超预期与出海重演"早期光伏"可能性并存。中游端，随着廉价氢气供应增加，储运环节将成为制约下游应用的重要成本项，氢能产业标准体系出台、氢能高速示范建设等相关措施落地，将带动相关装备放量；下游端，2024年氢燃料电池车推广将提速，2025年国家、各地加总规划分别达5万辆、11.8万辆，燃料电池核心零部件将得到带动。

（四）光储氢一体化推动绿氢平价化，绿氢下游应用进入大规模放量阶段

政策保障和经济性是绿氢大规模推广应用的两大核心，政策保障是前提，经济性是关键。从2023年发布的政策来看，各地氢气的政策管理条例开始逐步松绑，绿氢应用限制陆续开放。从经济性角度看，关键是用电成本，现阶段采用外供电力的绿氢成本［电价≤0.2元/（千瓦·时）］可与灰氢平价，对于绿氢的全面平价，光储氢一体化项目是关键。2023年以来，随着光伏组件和储能的降本进程加速，绿氢成本有望与灰氢持平。2024年，随着光储氢设备的技术迭代及规模化效应等带来的进一步降本，绿氢项目将实现经济性，绿氢大规模应用场景有望进入经济性推动阶段。同时，随着欧盟碳关税落地倒逼国内涉氢应用产业成本抬高，绿氢应用将进入大规模放量阶段。

储能发展现状及对比分析

碳达峰碳中和目标背景下，清洁能源替代是实现碳排放指标的唯一出路，清洁能源占比逐步提升，但大规模不稳定电源接入对电网的稳定运行带来挑战，部分地区弃风弃光造成资源浪费。储能可以针对风能及光伏发电的随机性、波动性和间接性进行调节，实现风、光、储多方面的出力互补，提高新能源发电的可预测性、可控制性、可调度性，解决新能源安全稳定运行和有效消纳问题。在新能源替代化石能源的进程中，储能是新能源替代的关键，与新能源互补发展，提升能源系统灵活性、安全性。随着中国电力市场需求进一步增大和非化石能源发电装机量的容量和比例不断增加，储能产业迎来了更多的发展机遇和更为广阔的市场前景。

2023年，储能政策支持力度加大，全球储能装机需求保持高增。在政策端，各国已加速能源转型步伐，国家层面的储能配套利好政策将持续指引储能装机快速增长。此外，当前产业链原材料端价格回落、各环节产能加速释放，储能系统报价下行明显，也将进一步提升储能的经济性，推动装机需求。2023年全球储能累计装机功率约294.1吉瓦，较2022年增长24%，中国、欧洲和美国继续引领全球储能市场发展，储能新增装机量保持优势地位。

2023年，储能产业迎来爆发式增长，中国已投运电力储能项目累计装机规模86.5吉瓦，同比增长45%。新型储能继续高速发展，2023中国新型储能累计装机达34.5吉瓦，新增投运规模达21.5吉瓦，三倍于2022年新增投运规模。中国已建成投运新型储能项目累计装机规模超2500万千瓦，同比增加近两倍。此外，政策利好持续释放，中国储能市场不断前进，已投产、规划和建设项目中百兆瓦级项目数量明显增加，新能源配储项目、混合储能项目频现，储能技术多元化发展态势明显，带动相关产业链快速发展，储能商业模式更加多元。

一、全球储能发展现状分析

2023年，全球能源供需格局进入调整阶段，低碳环保理念被越来越多的国家接受，储能被列为加速其清洁能源转型的必选项。随着储能技术的不断创新和进步、电力市场需求的增长以及能源结构的升级，全球储能市场保持快速增长态势。

（一）全球储能总装机规模分析

全球"碳中和"持续推进，欧美国家能源结构加速转型，风电光伏等绿电装机量持续增长，2023年全球储能市场迎来高速增长。从区域分布看，中国、美国和欧洲仍是全球最大的储能市场。

1. 累计装机规模持续增长，增速持续提升

2023年，在海外天然气价格回落、电价回落、贷款利率上升、原材料降价等影响之下，储能装机仍实现高速增长。2023年全球储能累计装机规模约294.1吉瓦，较2022年增长24%（图82），整体装机需求强劲。其中，新型储能累计装机量约88.2吉瓦，占比30%；抽水蓄能累计装机量约201.3吉瓦，占比68.4%；蓄冷蓄热累计装机量约4.6吉瓦，占比1.6%。

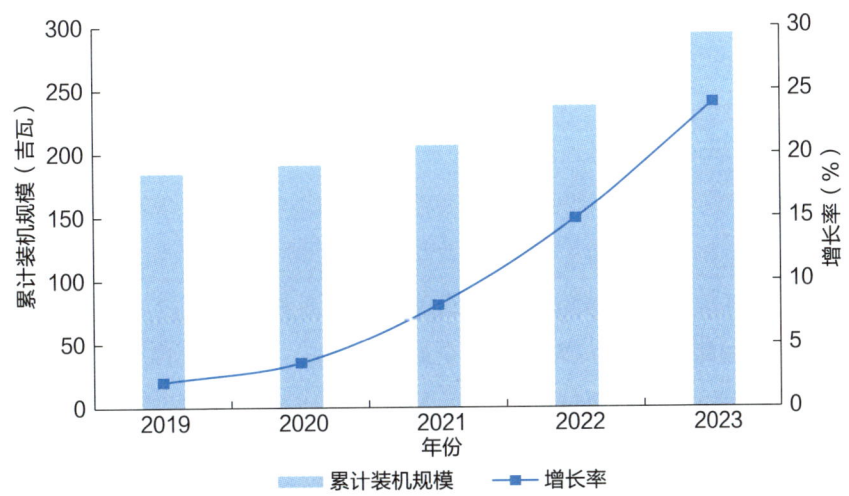

图82　2019—2023年全球电力储能累计装机规模及增速

数据来源：中关村储能产业技术联盟（CNESA）

2. 全球新型储能快速发展，锂离子电池仍占据绝对主导地位

新型储能是指除抽水蓄能以外的新型储能技术，包括新型锂离子电池、液流电池、飞轮、压缩空气、氢（氨）储能、热（冷）储能等。根据中关村储能产业技术联盟统计，2019—2023 年全球新型储能市场累计装机规模保持高速增长。2023 年，全球新型储能装机量显著增长，累计装机量约 88.2 吉瓦，占总装机量的 30%，同比增长 92.8%（图 83）。

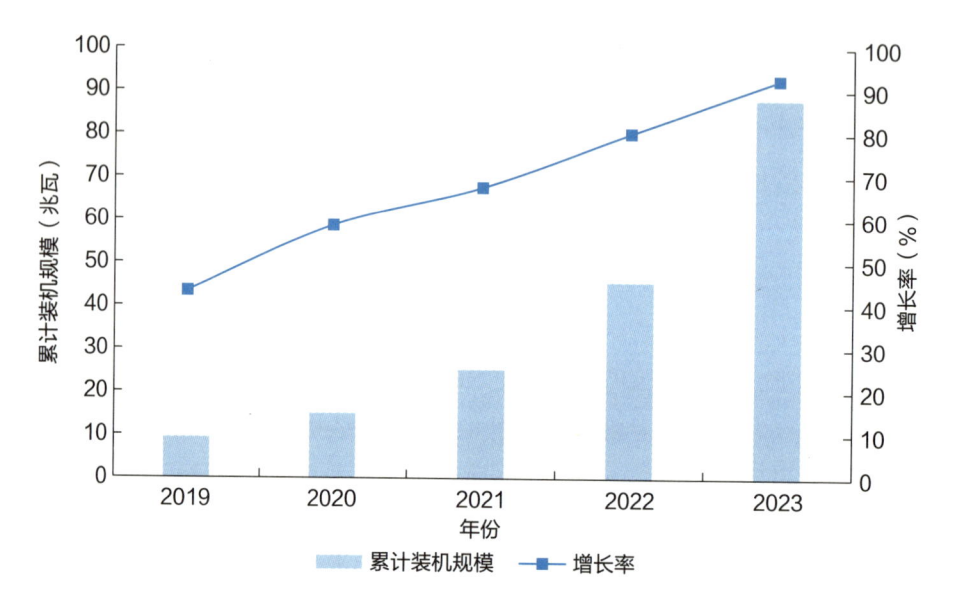

图 83　2019—2023 年全球新型储能市场累计装机规模及增速

数据来源：中关村储能产业技术联盟（CNESA）

3. 全球储能呈现三足鼎立格局，中国、欧洲、美国引领全球储能市场

根据中关村储能产业技术联盟数据，2022 年，中国的新增投运储能项目位居全球首位，是全球最大的储能市场，欧洲和美国次之。中国、欧洲、美国新增投运储能项目大约分别占全球的 36%、26% 和 24%，新增投运新型储能项目大约分别占全球的 29.6%、23.5% 和 25.5%，如图 84、图 85 所示。2023 年，全球储能市场装机规模 294.1 吉瓦，美国、东亚、欧洲和澳大利亚引领了全球新型储能市场的发展，合计超过全球市场的 90%。

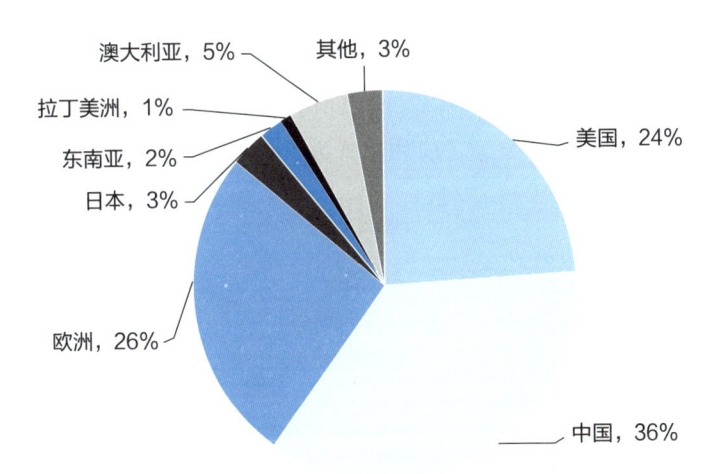

新能源篇

图 84　2022 年全球新增投运储能项目地区分布

数据来源：中关村储能产业技术联盟（CNESA）

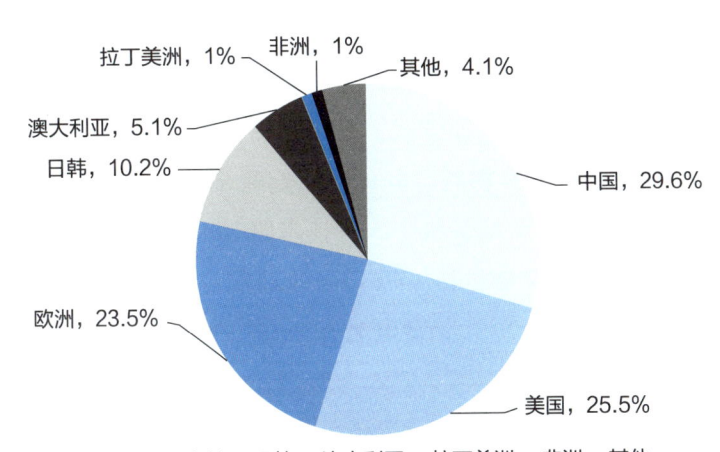

图 85　2022 年全球新增投运新型储能项目地区分布

数据来源：中关村储能产业技术联盟（CNESA）

（二）全球主要储能技术分析

储能是指通过介质或设备把能量存储起来，在需要时再释放出来的过程。储能技术是未来能源系统具备柔性、包容性和平衡功能的关键节点。根据不同的存储介质和技术路线，储能主要分为机械储能、电化学储能、电磁储能、热储能、氢储能五大类，如图 86 所示。总体来看，在新型储能中，锂离子电池占据主导地位，压缩空气储能、飞轮储能、液流电池、钠离子电池等技术路线的项目在规模上也有突破，应用模式逐渐增多。

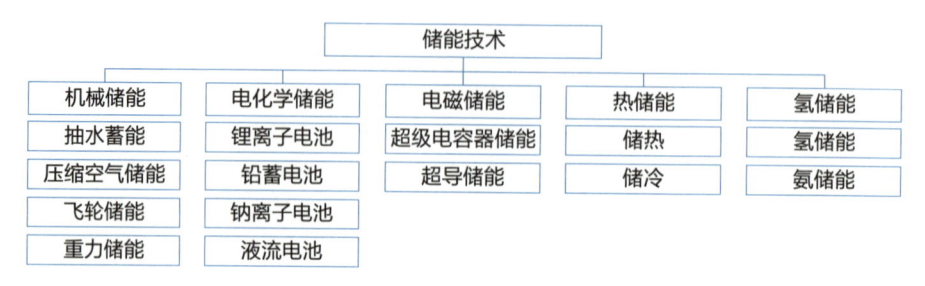

图 86　全球主要储能技术

1. 抽水蓄能为主，新型储能技术发展迅速

在不同储能技术路线中，抽水蓄能储能技术占据主导。然而，抽水蓄能存在地理位置限制、电站建设周期长、前期投资大等缺点。与抽水蓄能相比，电化学储能具备地理位置限制小、建设周期短、成本持续下降等优势，已成为近年来增长最快的储能方式，其市场占比由 2017 年的不到 1%，快速提升至 2023 年的 29.4% 左右。电化学储能逐步成为未来主流储能技术。2023 年，全球新型储能新增装机中，各技术路径占比情况为：锂离子电池占比 92.7%，压缩空气储能占比 1.4%，飞轮储能占比 0.4%，液流电池占比 1.7%，钠离子电池占比 1.7%，铅蓄电池占比 2%，如图 87、图 88 所示。

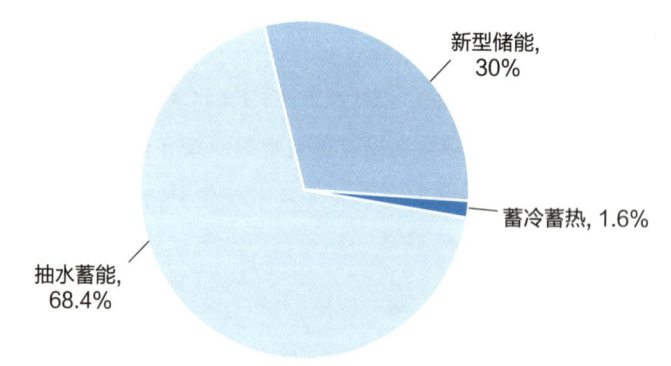

图 87　2023 年全球储能市场累计装机规模

数据来源：中关村储能产业技术联盟（CNESA）

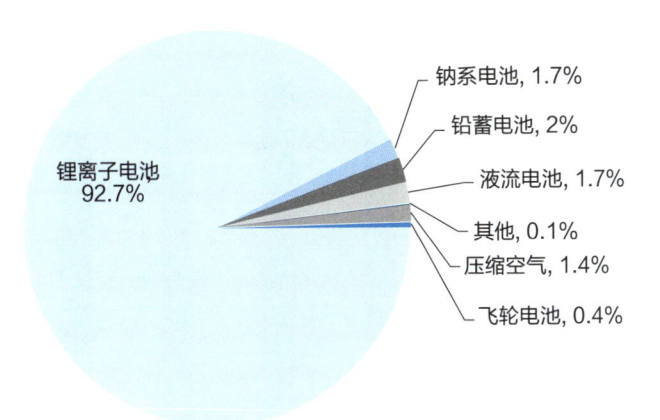

图 88　2023 年全球新型储能新增装机规模占比

数据来源：中关村储能产业技术联盟（CNESA）

2. 抽水蓄能占比持续下降，电化学储能占比增加

抽水蓄能是当前最经济的大规模储能技术，但储能设备选址受限，项目开发周期较长。抽水蓄能既是电网的重要电源，也是电网的重要负荷，电能综合转换率在 75% 左右。根据中关村储能产业技术联盟数据统计，截至 2023 年底全球储能装机规模中，抽水蓄能占比 68.4%，是当前装机量最大、应用最成熟的储能技术。2017—2023 年，全球抽水蓄能装机量占比持续下滑，2023 年占比首次低于 70%；随着电化学储能技术不断完善升级，电化学储能装机占比持续提升，2023 年占比达到 29.43%，如图 89、图 90 所示。

3. 抽水储能电站发展较为局限，新型长时储能技术具备发展空间

抽水储能技术发展成熟，度电成本低至 0.21 ~ 0.25 元/（千瓦·时），显著低于其他储能技术。受制于建设周期长、地理限制因素大，抽水储能电站发展较为局限。新型长时储能技术具备发展空间，锂离子电池、液流电池、重力储能、铅碳电池、压缩空气储能成本仅次于抽水储能，度电成本约为 0.44 元/（千瓦·时）、0.49 元/（千瓦·时）、0.5 元/（千瓦·时）、0.56 元/（千瓦·时）、0.63 元/（千瓦·时）。钠离子电池储能、熔盐储能、氢储能度电成本偏高，约为 0.84 元/（千瓦·时）、0.89 元/（千瓦·时）、1 元/（千瓦·时），成本优势尚不明显。

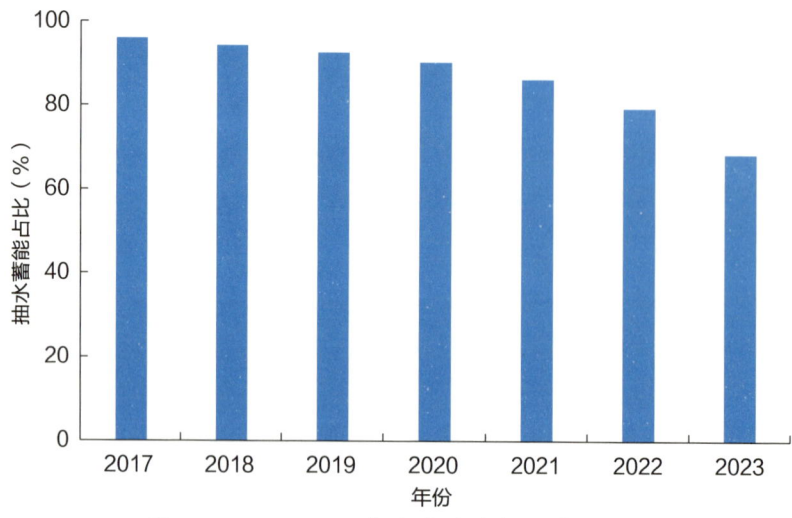

图 89　2017—2023 年全球储能抽水蓄能占比

数据来源：中关村储能产业技术联盟（CNESA）

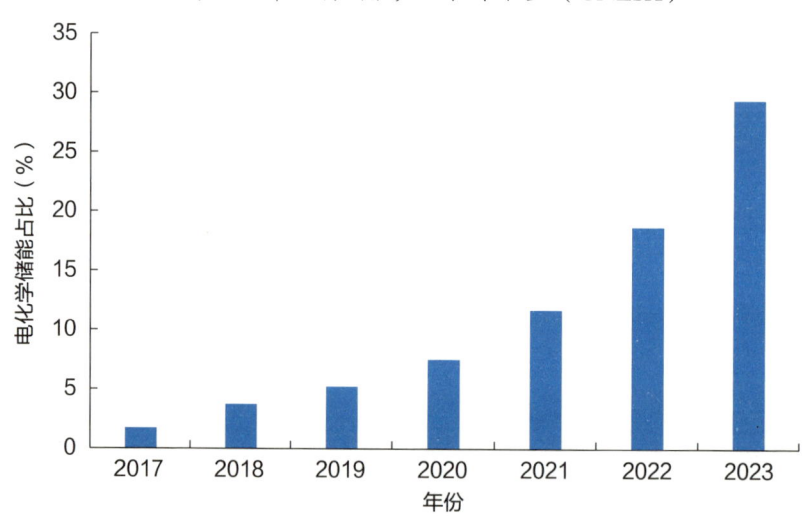

图 90　2017—2023 年全球储能电化学储能占比

数据来源：中关村储能产业技术联盟（CNESA）

从储能系统成本构成可以发现，储能系统成本主要由电池和 PCS 构成，两者占总成本的 80%。对于锂离子电池储能系统，电池成本约占 55%，PCS 占比 15%，BMS 占比 7%，EMS 占比 6%，消防系统占比 4%，热管理占比 5%，其他配件占比 8%（图 91）。

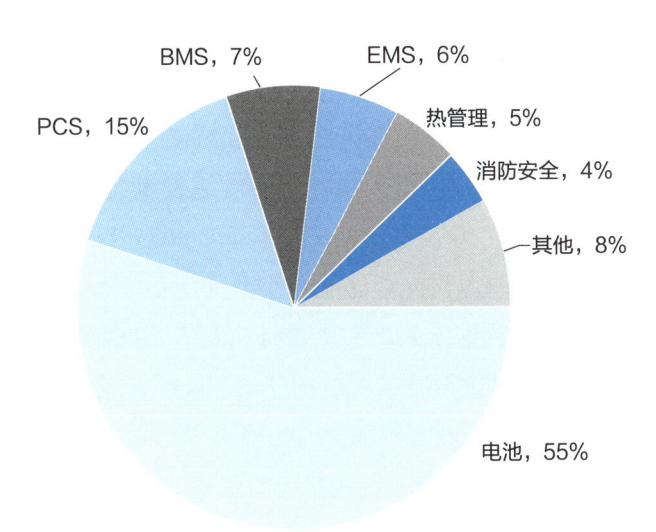

图 91 锂离子电池储能系统各环节成本占比
数据来源：中关村储能产业技术联盟（CNESA）

二、中国储能发展现状分析

储能是国家能源安全的重要保障，也是电动汽车等新兴产业的主要发展动力，与风电、光能等资源相比，储能可有效解决能源供应间歇性与用户用电需求持续性之间的矛盾，提高能源利用效率，促进"双碳"目标的实现。2023年，中国储能产业继续保持高速发展态势，新型储能装机年增幅创规模化发展以来的新高，提前两年达成国家"十四五"规划3000万千瓦新型储能装机目标。储能成为各地政府发展新动能的重要抓手，政策频度和力度持续加力。储能技术取得重大突破，全球市场需求旺盛，各类商业模式持续改善，储能标准加快创制，为产业高速发展提供了强劲支撑。

（一）中国储能总装机规模分析

随着可再生能源装机规模快速增长，电力系统对各类调节性资源需求迅速增长，新型储能项目加速落地，装机规模持续快速提升。根据中关村储能产业技术联盟数据，截至2023年底，中国已投运电力储能项目累计装机规模

86.5吉瓦（包括抽水蓄能、熔盐储能、新型储能），同比增长45%，新型储能累计装机达34.5吉瓦，同比增长163%。

1. 中国储能市场迎来爆发期，新增装机规模屡创新高

中国电力市场需求进一步增大和非化石能源发电装机量的容量和比例不断增加给储能的市场扩容带来更多发展空间。2023年，中国储能装机规模迅速发展。根据中国能源研究会储能专业委员会/中关村储能产业技术联盟（CNESA）全球储能数据库的不完全统计，截至2023年底，中国已投运的电力储能项目累计装机达86.5吉瓦，同比增长45%。其中，抽水蓄能累计装机达51.3吉瓦，占比从2022年的77.1%降至59.4%。规模等级上，百兆瓦级项目数量增速明显，100余个百兆瓦级项目相继投运，与2022年相比增长370%；规划/建设中的百兆瓦级项目550余个，较2022年增长41%，如图92所示。

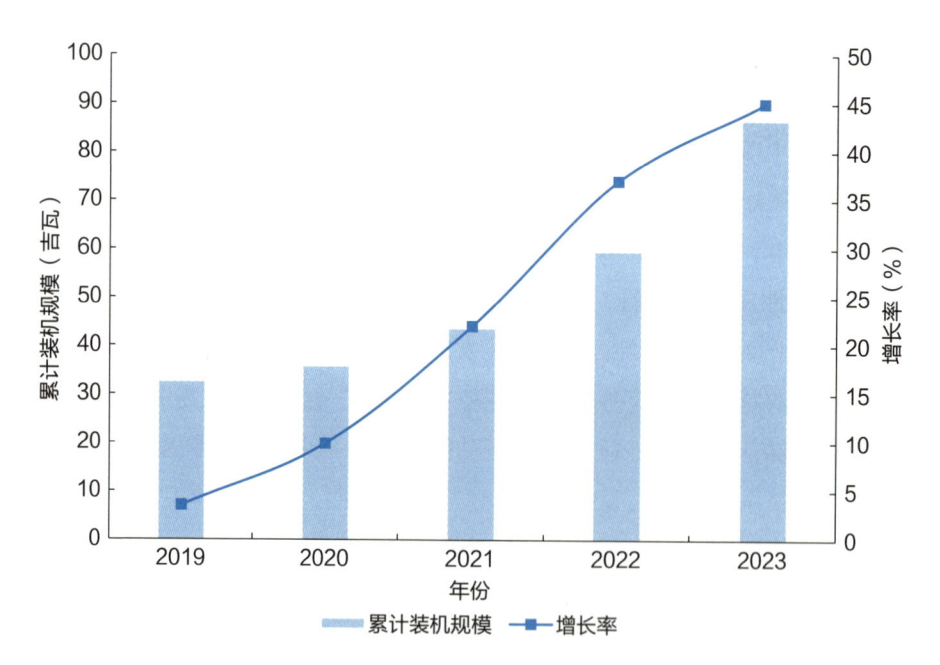

图92 2019—2023年中国储能市场累计装机规模

数据来源：中关村储能产业技术联盟（CNESA）

2. 新型储能项目数量发展迅速，装机规模呈现爆发式增长

2023年，中国新型储能继续高速发展，项目数量（含规划、建设中和运行项目）超过2500个，较2022年增长46%。新型储能累计装机34.5吉瓦，同比增长163%。中国新增投运新型储能项目装机规模21.5吉瓦，三倍于2022年新增投运规模（7.3吉瓦），功率和能量规模同比增长均超150%，首次超过抽水蓄能新增投运近四倍。新增投运项目主要集中在6月份和12月份，两月投运规模合计8.9吉瓦，占全年新增投运总规模的40%，如图93所示。

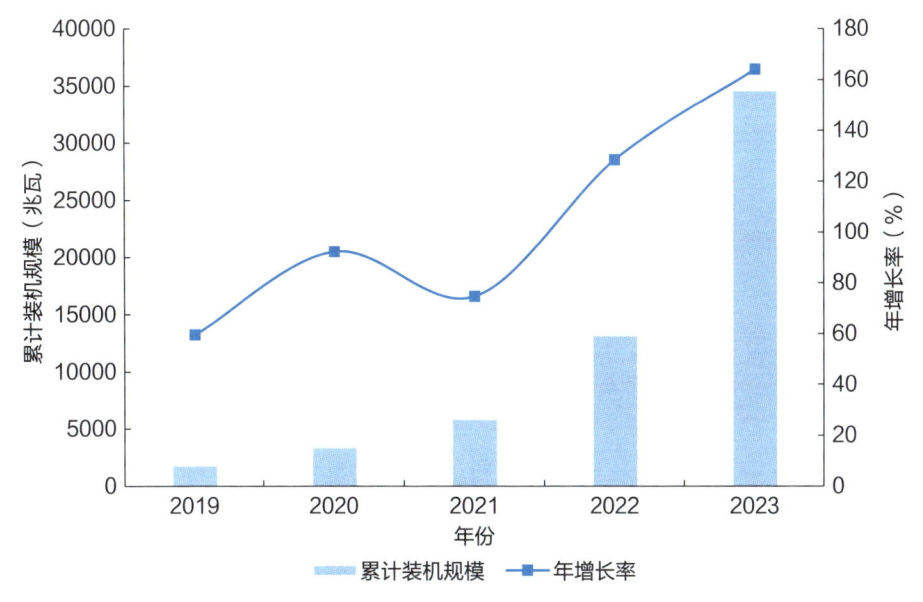

图93　2019—2023年中国已投运新型储能项目累计装机规模

数据来源：中关村储能产业技术联盟（CNESA）

3. 海外储能需求旺盛，中国锂电池出口增长迅猛

在国外电动汽车和储能市场需求旺盛等多重因素的推动下，中国锂电池出口快速增长。根据中国海关总署统计，2023年中国锂离子蓄电池出口额达到4573.65亿元，比2022年同期增长33.6%，如图94所示。

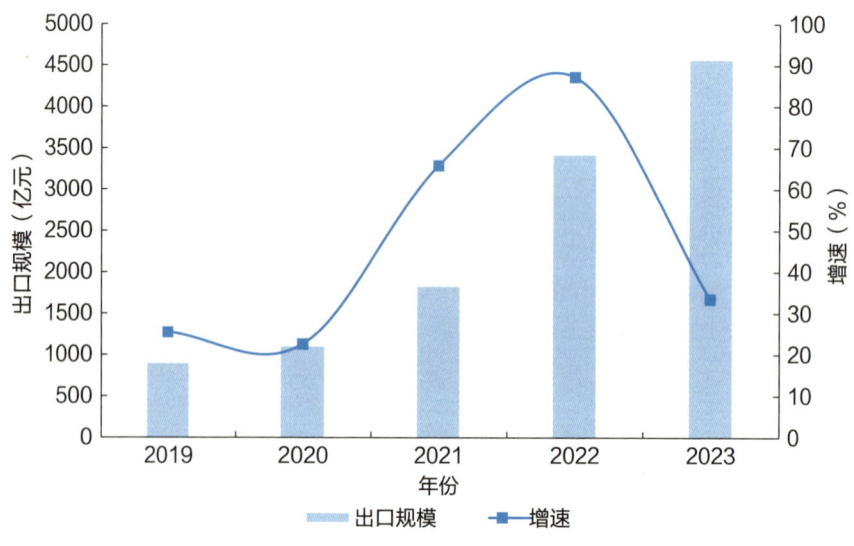

图 94　2019—2023 年中国锂电池出口规模及增速

数据来源：中国海关总署

（二）中国储能技术分析

2023年，中国储能技术市场中，磷酸铁锂仍是主流，非锂储能技术应用逐渐增多：首个飞轮火储调频项目、首个飞轮＋锂电混储调频项目、用户侧单体最大铅碳电池项目相继投入运行，300兆瓦功率等级压缩空气加速布局，多类液流电池细分技术路线及百兆瓦级钠电项目纳入省级示范项目清单。锂电占比进一步提高，从2022年的94%增长至2023年的97%；非锂储能技术逐渐实现应用突破，多种长时储能技术路线被纳入省级示范项目清单。

1. 抽水蓄能占比持续下降，新型储能进一步攀升

根据中关村储能产业技术联盟数据，截至2023年底，中国已投运电力储能项目累计装机规模86.5吉瓦，抽水蓄能累计装机占比继2022年首次低于70%之后，再次下降近10个百分点，首次低于60%。新型储能继续高速发展，累计装机规模首次突破30吉瓦，达到34.5吉瓦，占比从2022年的21.9%增长到了2023年的将近40%。2023年储能市场占比中，抽水蓄能累计装机占比达59.4%，新型储能继续高速增长，在储能市场中占比达39.9%，如图95所示。

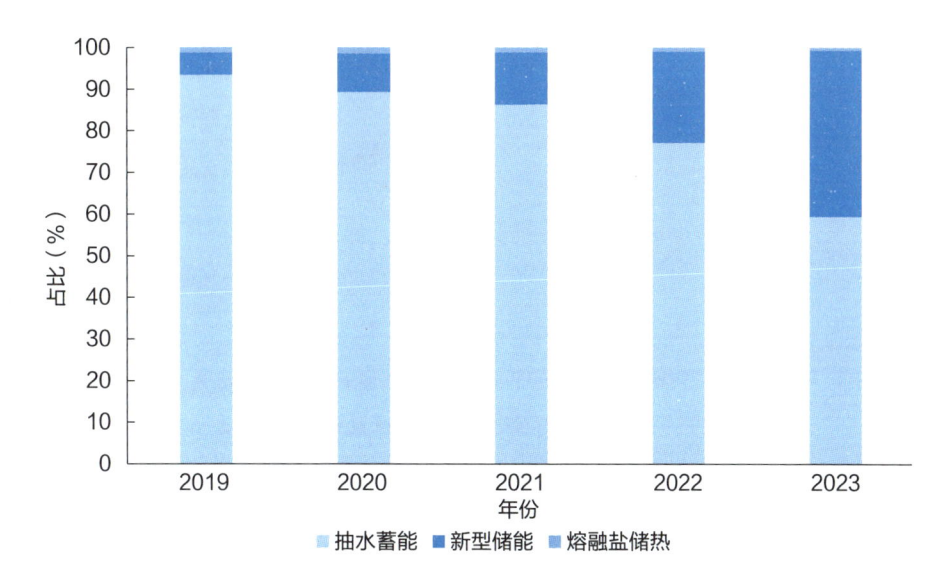

图95　2019—2023年中国已投运电力储能项目累计装机规模占比

数据来源：中关村储能产业技术联盟（CNESA）

2. 新型储能技术呈多元化发展态势，锂离子占据主导地位

根据中关村储能产业技术联盟数据，截至2023年底，在全国新型储能装机中，锂离子电池储能技术占比达97.3%，仍处于绝对主导地位，压缩空气储能、液流电池储能技术占比分别达0.6%、0.6%。此外，飞轮、重力、钠离子等多种储能技术也已进入工程化示范阶段。当前中国新型储能呈现出以锂离子电池为主，各类新型储能技术总体呈多元化发展态势明显的特点，如图96所示。

3. 储能电网侧、电源侧应用占主导地位

在应用场景分布上，"大储"依旧占据绝对主导地位，独立储能和共享储能项目快速推进。"表前"应用规模继续大幅增长，占比合计97%，同比提升5个百分点，电网侧投运装机占比超50%；用户侧储能延续2014年以来装机占比持续下降的趋势，累计装机占比下降至10%以下（图97）。

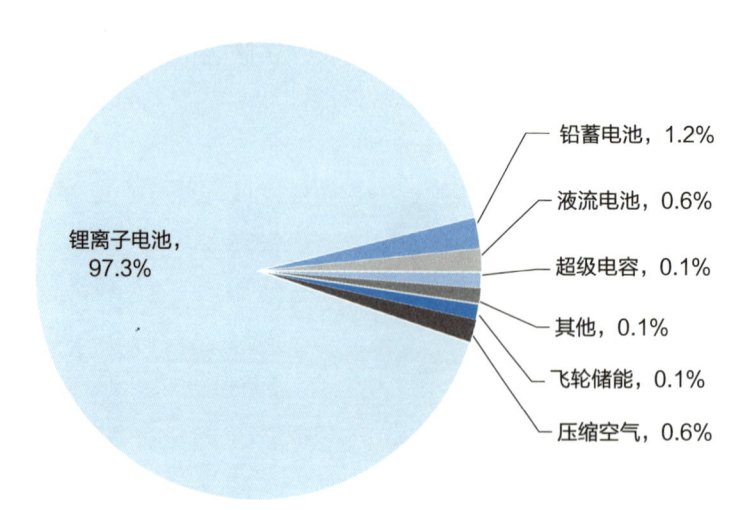

图 96　中国已投运新型储能项目累计装机规模

数据来源：中关村储能产业技术联盟（CNESA）

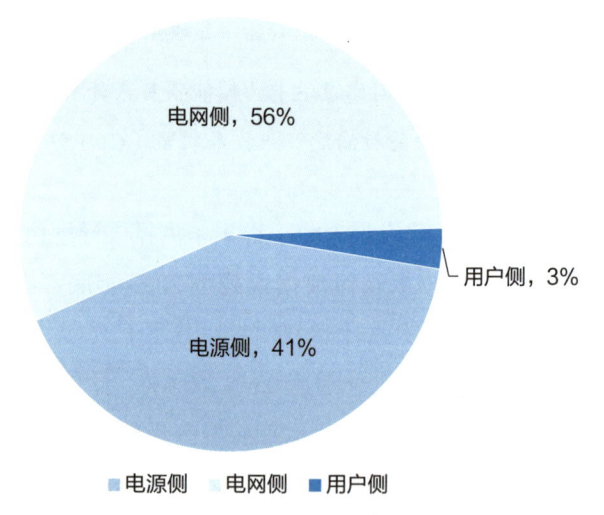

图 97　2023 年中国新增投运新型储能项目应用装机分布

数据来源：中关村储能产业技术联盟（CNESA）

4. 压缩空气储能项目开发大幅提速，电池级碳酸锂价格持续跌势

据 ESPlaza 长时储能网不完全统计，2023 年压缩空气储能在建、签约项目共计 47 个，规模达 15 吉瓦。目前在建的压缩空气储能项目共有 16 个，时长 4 至 10 小时；2023 年全年共签约压缩空气储能项目 31 个，总装机规模约

10吉瓦。2023年，压缩空气储能项目的开发大幅提速，新增项目数量显著增加。项目装机普遍在300兆瓦级以上，标志着压缩空气储能已经迈入300兆瓦单机的新时代。此外，压缩空气储能技术进一步发展：一是储热技术进一步升级，系统效率进一步提升；二是人工硐室技术开始进入工程实践；三是压缩机等关键设备的制造技术进一步发展。

受供应链价格联动关系，电池级碳酸锂价格最大降幅超80%，上游原材料与下游储能系统价格联动。2023年，电池级碳酸锂价格持续跌势，价格区间9.6万~51万元/吨，均价22.65万元/吨，同比下降53%，年终均价已跌破10万元/吨，与最高60万元/吨时相比，价格降幅超过80%。

三、中国与全球储能发展对比分析

从中国来看，2023年密集出台多项储能相关政策，从储能技术、建设规模、经济性、安全性等方面入手，以政策驱动储能行业的实际发展。从海外市场来看，美国、德国、印度等地区相继出台相关政策加强对储能的支持，进一步推动储能市场高速增长。目前，美国、欧洲、澳大利亚等拥有更成熟的储能市场机制，共性特征在于放开电价管理并建立竞价机制，让储能主体从电价波动中获得商业利益。中国的电力市场化和新型储能参与市场方式还有优化空间。新型储能只有广泛深度参与电力市场，才能充分发挥多元化价值。

（一）中国与全球储能总装机量对比分析

中国和全球的储能市场规模都在不断扩大。在中国，随着政府对可再生能源的支持力度加大，以及电力市场的逐步完善，储能市场的发展前景广阔。

1. 中国装机规模增速强劲，引领全球储能市场发展

2023年，中国储能市场政策利好持续释放，涉及储能示范应用、规范管理、电价改革以及多元化、智能化应用等方面。中国储能市场不断前进，已投产、规划和建设项目中百兆瓦级项目数量明显增加，新能源配储项目、混合储能项目频现。中国装机规模增速强劲，引领全球储能市场发展。根据中关村储能产业技术联盟数据，2023年，全球储能市场装机规模294.1吉瓦，美国、东亚、欧洲和澳大利亚引领了全球新型储能市场的发展，合计超过全球市场的90%。根据相关机构数据，2023年德国新增装机7.5吉瓦，美国新增装机7.4吉瓦。

2. 中国发挥强大竞争优势，新型装机量保持优势地位

2023年，中国储能市场进入规模化发展新阶段。作为主要的增量市场，中国、美国和欧洲引领全球储能市场的发展。三个地区的储能新增装机量保持着优势地位。在新型储能领域，中国在全球市场中占据重要地位。2023年，中国已投运电力储能项目累计装机规模86.5吉瓦，其中，新型储能累计装机达34.5吉瓦，同比增长163%。中国新增投运新型储能项目装机规模21.5吉瓦，三倍于2022年新增投运规模。

（二）中国与全球储能技术对比分析

全球储能技术类型多样，包括抽水蓄能、新型储能、熔盐储能等。然而，中国的新型储能技术主要集中在锂离子电池、铅蓄电池和压缩空气等方面。

1. 中国储能技术成本不断降低，相较于其他国家优势明显

在储能技术成本方面，中国和全球的储能技术成本都在不断降低，其中电池储能技术的发展最为迅速。在中国，磷酸铁锂储能电池的价格已经降至1.2～1.7元/瓦时，而在全球范围内，电化学储能EPC成本约为261美元/（千瓦·时），预计到2025年将降至203美元/（千瓦·时）。在储能系统成本方面，除了电池本身的价格外，储能系统的其他组成部分如变流器、电池管理系统、冷却系统等也会影响储能成本。在中国，储能系统成本约为1.5元/瓦时，而在全球范围内，储能系统成本也在不断降低。此外，中国在压缩空气储能、飞轮储能等其他储能技术方面也取得了进展，这些技术的发展将进一步降低储能成本。

2. 中国储能技术取得一定突破，与国际先进水平的差距进一步缩小

与国际先进水平相比，中国在储能技术方面仍有一定的差距。一些关键的储能技术，如液流电池、熔盐储能等，在中国仍处在研发阶段，而国外已经将其商业化应用。2023年，中国政策利好持续释放，储能技术多元化发展态势明显，在储能技术方面取得了一些重要的突破，尤其是在电池储能领域。

中国是全球最大的锂电池生产国，也是最大的出口国，锂离子电池储能系统方面的发展十分迅速。此外，中国在压缩空气储能、超级电容器储能、飞轮储能等领域也取得了一些突破。总体来看，中国与国际先进水平的差距进一步缩小。

四、储能发展展望

回顾 2023 年，政策利好持续释放，储能技术不断创新和进步，电力市场需求显著增长，能源结构升级，储能产业保持快速增长态势。展望 2024 年，储能成本大幅下降，项目收益率提升，再叠加美国降息预期，全球储能装机有望继续实现高速增长。另外，受新能源装机高速增长、电力交易模式发展、原材料成本下降、顶层政策引领等多种因素影响，全球新型储能市场规模将快速发展，迎来爆发式增长。

（一）全球四大区域市场共同发力，新增装机迎来强劲增长

2024 年，全球四大区域市场储能政策支持力度加大，全球储能装机需求将保持高速增长。亚洲主要国家均出台了明确的装机目标，推出一系列顶层引领政策，加大推动装机的力度，叠加各国普遍存在的风光消纳问题，预计整体储能装机需求仍呈现较高增速；美洲国家对于储能的补贴型政策以税收抵免和额外上网电价激励为主，拉丁美洲地区目前仍面临可用土地受限和缺乏监管体系等因素限制，预计储能新增装机增幅有所放缓；欧洲地区的新能源转型规划走在世界前列，预计储能新增装机将保持高增；中东非市场方面，南非和以色列两大主流增量市场均给出明确的储能装机规划，且具备一定的补贴政策，带动中东非储能需求市场实现高增。总的来看，全球储能新增装机将迎来强劲的增长。

（二）全球表前储能需求保持高增，新增装机增幅回归理性

从需求端看，全球表前储能依旧旺盛，2023 年中、美、欧陆续宣布加大可再生能源建设，未来中、美仍是全球表前储能最主要的市场。美国市场因区域电网高度分散和独立、设施老旧，对于储能需求更加旺盛，但受限于并

网困难、劳动力短缺及供应链等因素，虽有高额投资补贴激励，但短期装机增速有限，仍有海量储能项目排队等待并网。中国在技术创新与持续降本推动下，锂电储能度电成本逼近抽水蓄能，应用规模将持续扩大。受"双碳"战略及区域能源结构影响，东南亚、中东、南亚、澳大利亚、南非、南美等地的表前储能需求也在持续增长。根据集邦咨询预测数据，2024年全球储能新增装机有望达71吉瓦，同比增长36%；但与2023年的增速相比，增幅明显大幅放缓。总的来看，2024年全球储能新增装机在经历了爆发式增长后将有所放缓，回归理性增长。

（三）中国储能新增装机高速增长，市场应用前景更加广阔

中国政府对储能技术的重视和支持力度不断加大，为储能行业的发展提供了强有力的政策保障。同时，随着储能技术的不断进步和产业链的完善，储能成本将进一步降低，市场应用前景将更加广阔。中国工商储、大储需求正在加速释放，占比稳步提升。2024年，新能源配储、独立储能仍将是中国新型储能的主要应用场景，表前储能装机占比有望进一步提升。随着开展电力现货市场的省份、市场化交易的品种逐渐增多和电力市场机制的逐渐完善，新型储能将得到市场的极大助力，商业模式趋于成熟，从而实现高质量发展。集邦咨询预计，2024年中国储能新增装机有望达29.2吉瓦，同比增加约46%，整体保持高速增长。

（四）工商业储能细分应用场景持续增加，区域市场分化明显

受不同省区市分时电价政策、补贴政策、产业发展基础等影响，工商业储能市场差异将持续扩大，短期内江浙粤等省市将占据绝大部分市场需求，部分企业将率先在区域市场形成品牌知名度和渠道影响力。预计2024年工商业储能维持30%以上的出货增速，并网备案审批或将成为影响市场规模增长的关键因素。2024年，政策将逐步推动现有用电大户由代理购电转向直接参与市场化交易，越来越多的工商业用户通过参与需求侧响应、虚拟电厂等获取收益。随着新能源占比提升，多数省份峰谷价差仍将呈现扩大趋势，午间低谷电价模式在更多省份实施。在（光）储充、碳市场覆盖行业范围扩大、

分布式光伏配储政策带动下，细分场景中工商业储能有望规模化应用，同时细分行业、细分场景与工商业储能的结合将进一步加强，在零碳园区、港口岸电、光储直柔、石油+储能、微电网等典型应用场景的储能需求持续扩大。在"东数西算"的国家战略及 AI 快速发展背景下，算力成为数据中心发展的最大驱动力，高工产业研究院（GGII）预计未来五年锂电 UPS 产品渗透率将加快提升。

（五）现货交易与辅助服务规则日趋完善，储能开启新商业模式

2023 年，国内独立储能电站仍存在成本疏导困难、系统利用率低等问题，容量租赁与电力市场收益处于较低水平，商业模式薄弱。2024 年预计将有更多省市出台类似山东、山西鼓励配建储能转为独立储能的政策，独立储能将以"报量报价"等更灵活的方式进入电力现货市场，储能的商业模式进一步拓宽。未来类似山东、新疆、湖南等地的更多省份将试点容量补偿、容量市场等形式完善容量电价机制，以及辅助服务种类。在规模降本及电力市场收益拓宽驱动下，储能电站跨过投资盈利线，日均满充满放次数将提升 30% 至 0.75 次，部分省份如山西受一次调频市场驱动可达 1 次以上，投资将由政策驱动转向市场价值驱动，尤其是西北地区及调节性资源稀缺的省份。

新能源汽车发展现状及对比分析

随着全球气候变暖，代表可持续发展的"碳中和"目标被提出，世界各国追求净零排放。全球能源紧缺问题的加剧和环保意识的增强使得低碳经济已经成为全球经济形势的重要议题。在此背景下，新能源汽车成为各国经济的重点发力方向，特别是新能源乘用车销量高速增长，带动了世界汽车销量的增长。

2023年，各国政府的政策支持、技术进步和消费者对可持续交通的需求都有助于促进新能源汽车发展。2023年全球新能源汽车销量为1465.3万辆，同比增长35.4%，纯电动汽车和插电式混合动力汽车占新能源汽车的份额保持平稳，但新能源乘用车渗透率持续提升，2023年为15.7%，同时全球公共充电桩数量持续增长，预计2023年达到280万台。

中国也持续推进新能源汽车产业发展，先后出台相关政策，进一步推动绿色发展目标的实现。在政策和市场的双重作用下，2023年，中国新能源汽车产业进入全面市场化拓展期，渗透率快速提升。从规模看，中国已成为全球最大的新能源汽车市场。2023年新能源汽车产销分别完成958.7万辆和949.5万辆，同比分别增长35.8%和37.9%，出口120.3万辆，渗透率为31.55%，充电桩增量为338.6万台。虽然中国新能源汽车产业发展取得了一定成效，但产业仍存在关键核心技术供给不足、全面市场化发展不均衡不充分、支撑保障能力有待提升等问题。

一、全球新能源汽车发展现状分析

2023年各国政府对于新能源汽车的扶持力度不断加大，新能源汽车的技术水平不断提高，电池续航里程、充电速度、驱动系统等方面都有所突破和提升。随着新能源汽车市场逐渐扩大，全球充电基础设施的建设也在加速推进。各国政府和企业纷纷加大投入，建设充电桩、换电站等基础设施，以提高充电便利性和降低使用成本。

（一）全球新能源汽车市场发展环境分析

全球各国提出碳中和目标后，汽车产业逐步走上绿色发展转型之路，电动化成为行业发展的主要趋势，全球新能源汽车呈现指数级增长。2022年，日本政府加大了对购买纯电动汽车和插电式混合动力汽车的补贴力度，最高分别达到原来的2倍和2.5倍，其中纯电车型最高补助额可达80万日元（约4万元人民币）。2023年，韩国出台新的新能源汽车补贴政策，由过去更重视性能和续航，改为更注重维护、安全性和充电基础设施等。马来西亚政府推出电动汽车税收减免措施，宣布在2023年12月31日以前免除100%电动汽车进口税和消费税、电动汽车整车进口（CBU）免道路税，对于组装进口电动汽车（CKD），也将在2025年12月31日前免征100%销售税。

2023年以来欧洲电动化率稳步增长，2022年补贴退坡影响逐步消除。荷兰政府宣布，2023年共有9940万欧元的补贴总额，其中6700万欧元用于购买或租赁新车，3240万欧元用于购买旧车。意大利政府为了促进电动汽车的发展，从2023年起，对收入低于3万欧元的个人，购买纯电动汽车和插电式混合动力汽车补贴分别增加至4500欧元和3000欧元；对于报废车辆及收入超过3万欧元的人群，购买纯电动汽车和插电式混合动力汽车将分别获得5000欧元和4000欧元补贴。但与此同时，欧洲半导体等原材料供应短缺的问题仍然存在，随着新能源车企产能逐步扩大，欧洲新能源汽车市场仍有进一步增长空间。

2022年，加拿大政府宣布汽车全电化计划，2026年在加拿大销售的乘用汽车中，电动汽车占比需达到20%，到2030年增加到60%，到2035年，则达到100%。美国总统拜登签署的《通胀削减法案（IRA）》中，2023年1月1日后，将为消费者购买在美国组装的电动车提供补贴；此外，美国还为二手电动汽车提供高达4000美元的税收抵免，供租赁用途的电动车也可取得每辆最高7500美元的抵税优惠。后疫情时代到来及拜登政府新能源汽车激励政策的逐步落地为美国新能源汽车的发展营造了一个良好的市场环境。

（二）全球新能源汽车市场运行分析

2023 年，全球新能源汽车市场运行状况持续利好，销量稳步增长。纯电动汽车作为新能源汽车的主流车型，占新能源汽车的比重远超插电式混合动力汽车。补贴等利好政策和碳中和目标利好新能源汽车发展，使得全球新能源汽车渗透率不断上升，全球公共充电桩保有量呈现持续增长态势。

1. 全球新能源汽车销量持续增长，增长率由上升转为下降

2019—2022 年全球新能源汽车销量持续增长，由 221 万辆增长至 1082.4 万辆，2022 年同比增长 60.36%。相比 2021 年 116.01% 的增速，2022 年全球新能源汽车销量增速有所下滑。随着各国法规的引导和公众环保意识的不断加强，传统燃油车和新能源汽车的销量继续此消彼长，全球新能源汽车销量继续增加，2023 年全球新能源汽车销量为 1465.3 万辆，同比增长 35.4%，如图 98 所示。全球新能源乘用车走势较强，新能源汽车销量持续上涨，主要消费市场仍然是中国、欧洲和北美洲，如图 99 所示。

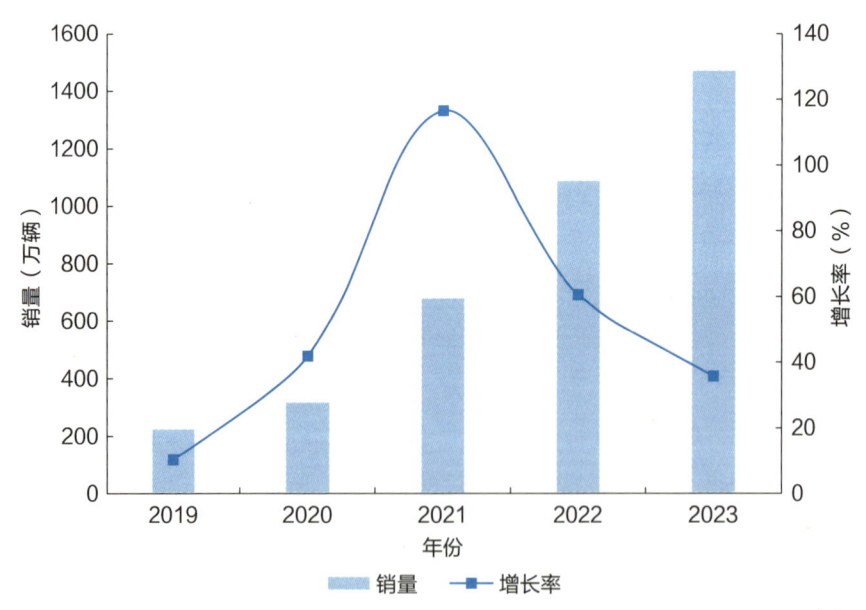

图 98　2019—2023 年全球新能源汽车销量

数据来源：EV sales，EVTank

新能源篇

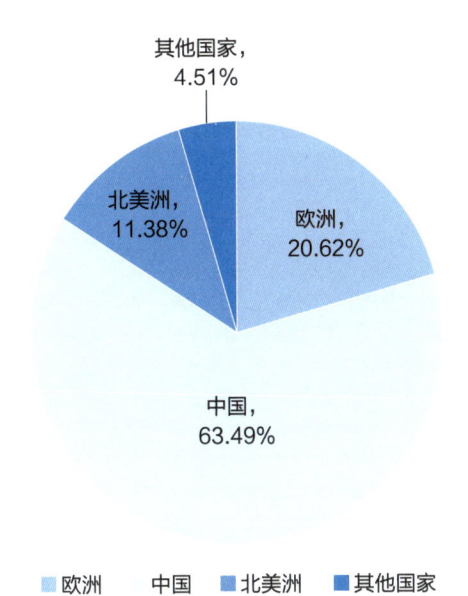

图 99　2023 年全球新能源乘用车主要销量市场占比

数据来源：EV sales，乘用车市场信息联席会

2. 全球纯电动汽车占比约 70%，份额小幅下降

2019—2023 年，全球新能源汽车市场纯电动汽车和插电式混合动力汽车占比均平稳波动，平均分别为 72.4% 和 27.2%，如图 100 所示。其中，2023 年纯电动汽车占比为 72%，份额小幅下降。

3. 全球新能源乘用车渗透率延续增长态势，增速持续放缓

全球新能源汽车渗透率总体呈现快速提升趋势，2023 年达到 15.7%，如图 101 所示。虽然 2019—2023 年全球新能源汽车渗透率不断提升，但与传统汽车相比提升空间仍然较大。

4. 公共充电桩数量小幅上升，利于新能源汽车发展

公共充电桩是新能源汽车的主流补能设备之一，在全球下游市场需求迅速增长以及各国政策扶持的双轮驱动下，全球公共充电桩保有量呈现持续增长态势。2019—2023 年，全球公共充电桩数量由 87.2 万台增至约 280 万台，复合增长率为 40.8%，如图 102 所示。

211

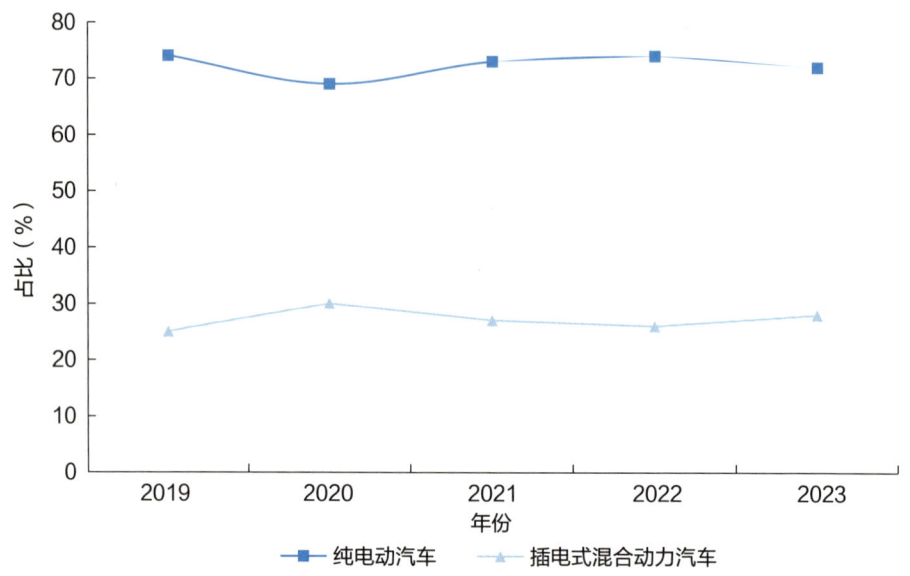

图 100　2019—2023 年全球纯电动汽车和插电式混合动力汽车占比

数据来源：IEA，EV sales，cleantechnica，乘用车市场信息联席会

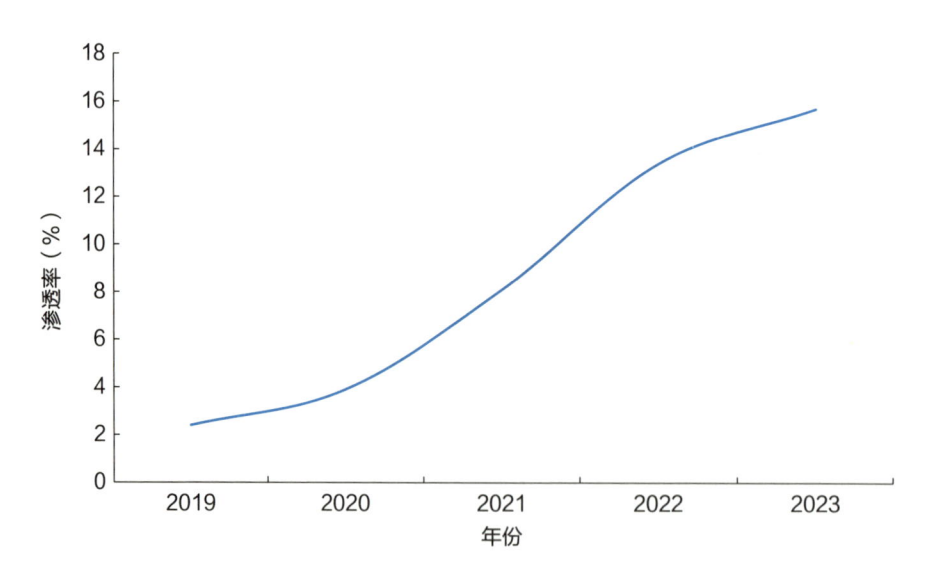

图 101　2019—2023 年全球新能源乘用车渗透率

数据来源：EV sales，乘用车市场信息联席会

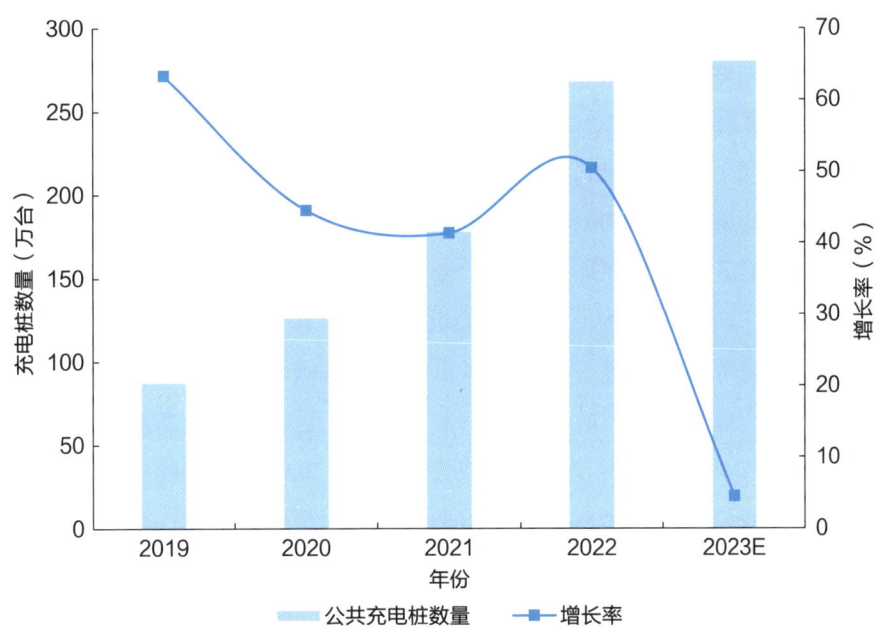

图102　2019—2023年全球公共充电桩数量及增长率

数据来源：IEA

二、中国新能源汽车发展现状分析

2023年，中国持续推进新能源汽车产业发展，先后出台相关政策，进一步推动绿色发展目标的实现。在政策和市场的双重作用下，2023年，中国新能源汽车产业进入全面市场化拓展期，新能源汽车发展呈现政策扶持力度持续加大、市场规模持续扩大、充电基础设施不断完善等趋势。

（一）中国新能源汽车市场发展环境分析

发展新能源汽车是中国应对全球气候变化、推动绿色发展的重要战略举措。随着加快推进充电桩、储能等设施建设和配套电网改造，中国建立了结构完整、有机协同的新能源汽车产业体系，培育了全球最大的消费市场，形成了新能源汽车与相关行业互融共生、合作共赢的良好发展局面。2023年，中国出台了充电基础设施建设、新能源汽车下乡等多方面的利好政策，巩固、扩大了新能源汽车发展的优势，使得新能源汽车在产业化、市场化的基础上，逐渐迈入规模化、全球化的高质量发展新阶段。

2023年，国家发展改革委、国家能源局发布《关于加快推进充电基础设施建设更好支持新能源汽车下乡和乡村振兴的实施意见》，支持农村地区购买使用新能源汽车并强化农村地区新能源汽车宣传服务管理，优化了新能源汽车购买使用环境，对推动新能源汽车下乡、引导农村地区居民绿色出行具有重要意义。国务院办公厅印发《关于进一步构建高质量充电基础设施体系的指导意见》，提出大力推动公共区域充电基础设施建设、建设有效覆盖的农村地区充电网络等任务，进一步构建高质量充电基础设施体系，进一步促进了新能源汽车产业发展。财政部等部门发布《关于延续和优化新能源汽车车辆购置税减免政策的公告》，对购置日期在2024—2025年期间的新能源汽车免征车辆购置税，其中每辆新能源乘用车免税额不超过3万元；对购置日期在2026—2027年期间的新能源汽车减半征收车辆购置税，其中，每辆新能源乘用车减税额不超过1.5万元，推动了新能源汽车产业发展，促进了新能源汽车消费。国家发展改革委联合国家能源局印发《关于加快推进充电基础设施建设　更好支持新能源汽车下乡和乡村振兴的实施意见》，提出要创新农村地区充电基础设施建设运营维护模式，支持农村地区购买使用新能源汽车，强化农村地区新能源汽车宣传服务管理。国务院办公厅转发国家发展改革委《关于恢复和扩大消费的措施》的通知，提出扩大新能源汽车消费，落实构建高质量充电基础设施体系、支持新能源汽车下乡等政策，科学布局、适度超前建设充电基础设施体系，加快换电模式推广应用，有效满足居民出行充换电需求。工业和信息化部、交通运输部等八部门印发《关于启动第一批公共领域车辆全面电动化先行区试点的通知》，确定北京、深圳、成都等15个城市为试点城市，将总计推广超过60万辆公共领域新能源汽车，建设超过70万个充电桩和0.78万座换电站。工业和信息化部等四部门修改《乘用车企业平均燃料消耗量与新能源汽车积分并行管理办法》，调整新能源车型积分计算方法，促进了节能与新能源汽车协调发展。工业和信息化部等七部门印发的《汽车行业稳增长工作方案（2023—2024年）》，明确支持扩大新能源汽车消费，落实好现有新能源汽车车船税、车辆购置税等优惠政策，抓好新能源汽

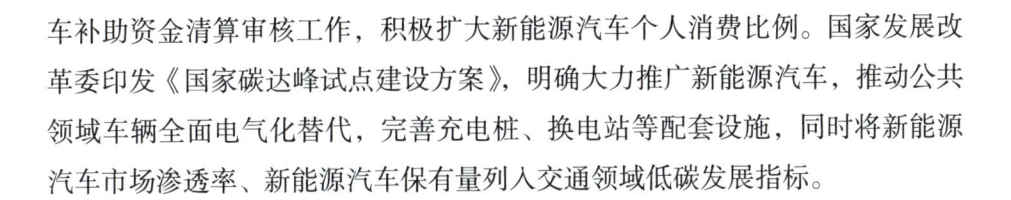

车补助资金清算审核工作，积极扩大新能源汽车个人消费比例。国家发展改革委印发《国家碳达峰试点建设方案》，明确大力推广新能源汽车，推动公共领域车辆全面电气化替代，完善充电桩、换电站等配套设施，同时将新能源汽车市场渗透率、新能源汽车保有量列入交通领域低碳发展指标。

（二）中国新能源汽车市场运行分析

1. 新能源汽车产销持续增长，纯电动汽车产销占比最高

2019—2023年新能源汽车产销持续增长，增速由快速上升转为缓慢上升。2023年，新能源汽车产销分别完成958.7万辆和949.5万辆，同比分别增长35.8%和37.9%，市场占有率达到31.6%，同比增长5.9%，市场化进程显著加速，如图103所示。

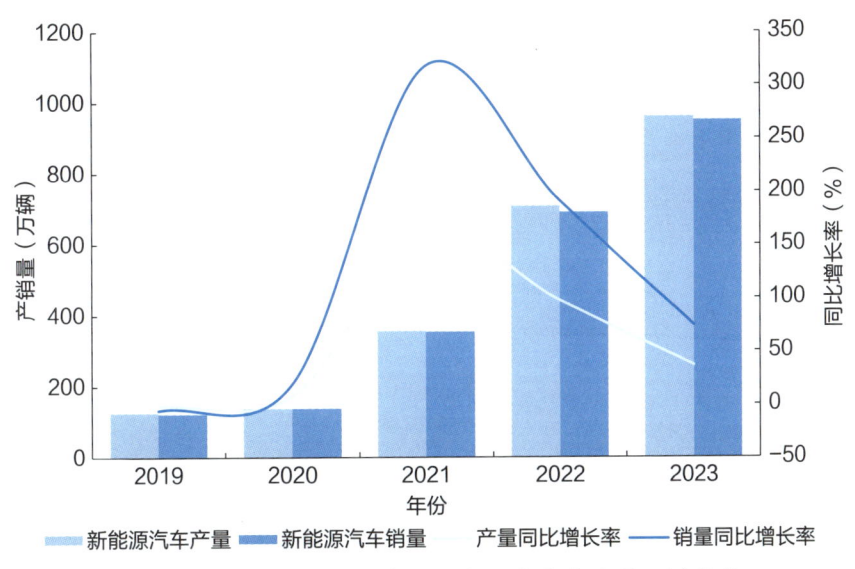

图103　2019—2023年中国新能源汽车产销量及增长率

数据来源：中国汽车工业协会

2. 纯电动汽车和插电式混合动力汽车产销持续增加，增速走势相近

2019—2023年纯电动汽车和插电式混合动力汽车产销均呈增长态势，如图104和图105所示。其中，纯电动汽车产销由2019年的102万辆、97.2万辆增至2023年的670.4万辆、668.5万辆，插电式混合动力汽车产销由2019

年的 22 万辆、23.2 万辆增至 2023 年的 287.7 万辆、280.4 万辆，两者产销增速变化趋势相近，均为先快速增长后迅速下降，变化幅度较大。

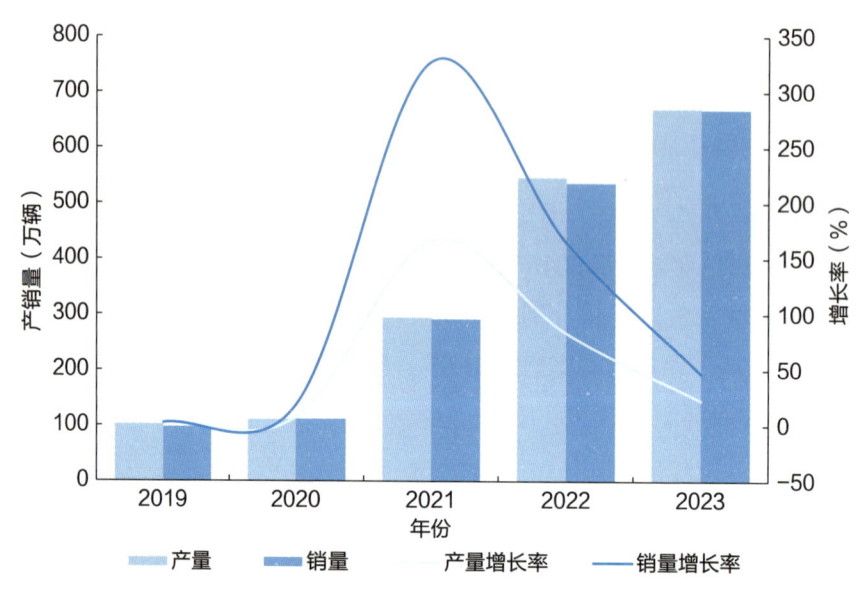

图 104　2019—2023 年中国纯电动汽车产销量及增长率

数据来源：中国汽车工业协会

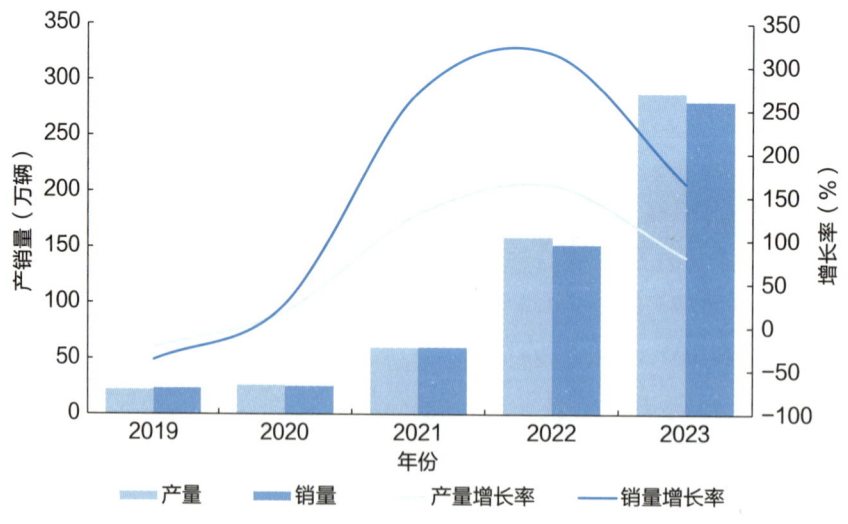

图 105　2019—2023 年中国插电式混合动力汽车产销量及增长率

数据来源：中国汽车工业协会

3. 政策利好及市场驱动下，新能源汽车出口及渗透率均快速增长

中国新能源汽车厂商对西欧国家及部分东南亚国家出口表现强劲，政策利好驱动海外市场新能源汽车需求增长。比利时、英国、西班牙等欧洲国家及泰国等东南亚国家是中国新能源汽车出口的主要增量市场，这主要与各国的购车优惠补贴政策紧密相关。2019—2023年中国新能源汽车出口量迅速增长，2023年出口新能源汽车120.3万辆，同比增长77.6%，如图106所示。

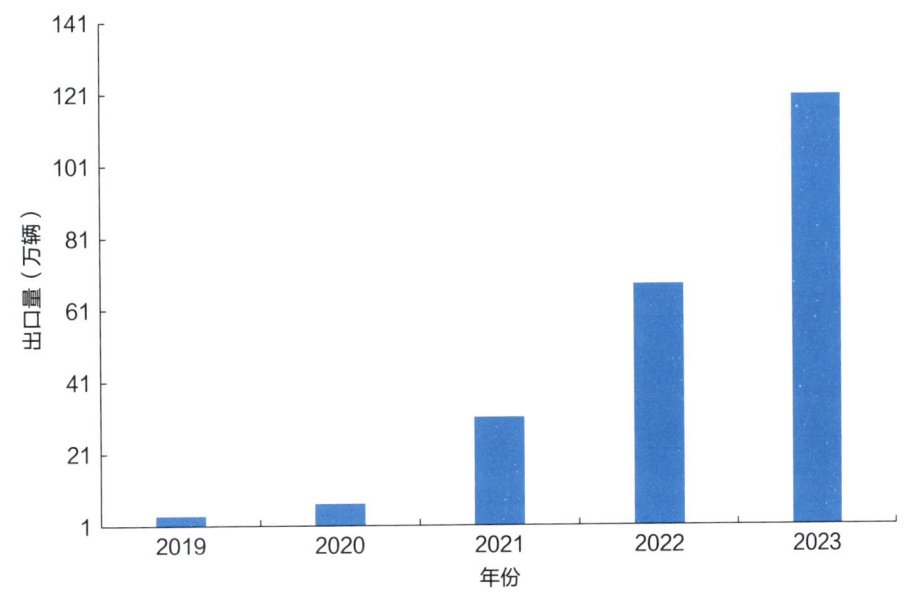

图106　2019—2023年新能源汽车出口量

数据来源：中国汽车工业协会

随着新能源汽车市场规模逐步扩大以及产业链、技术持续培育发展，2019—2022年新能源汽车渗透率持续大幅增长，2023年新能源汽车渗透率延续上升态势，达到31.55%，如图107所示。

4. 政策和市场双重作用下，充电桩保有量发展态势良好

2019—2022年充电桩数量呈增长趋势。2023年，充电桩增量为338.6万台，同比上升30.6%，其中公共充电桩增量为92.9万台，同比上升42.7%，随车配建私人充电桩增量为245.8万台，同比上升26.6%。截至2023年，全国充电桩累计859.6万台，同比增加65%，如图108所示。

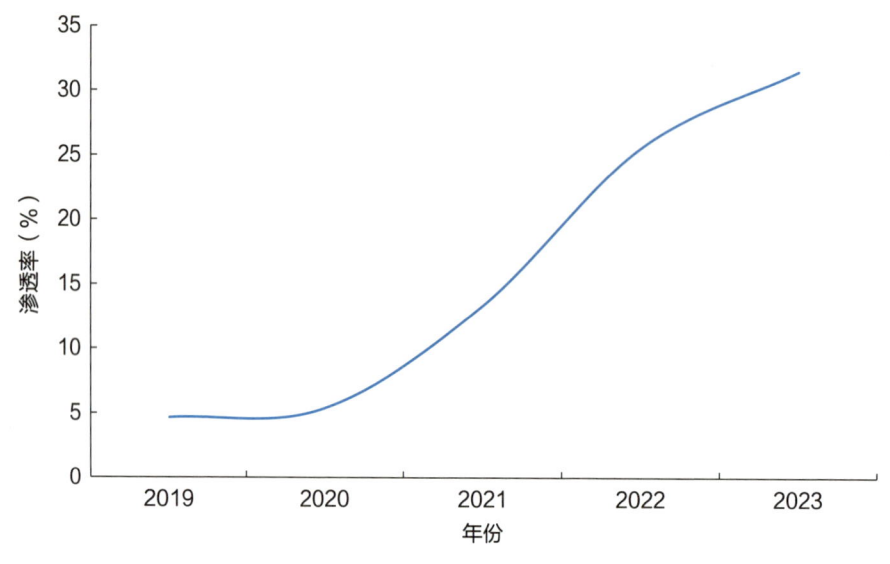

图 107　2019—2023 年新能源汽车渗透率

数据来源：中国汽车工业协会

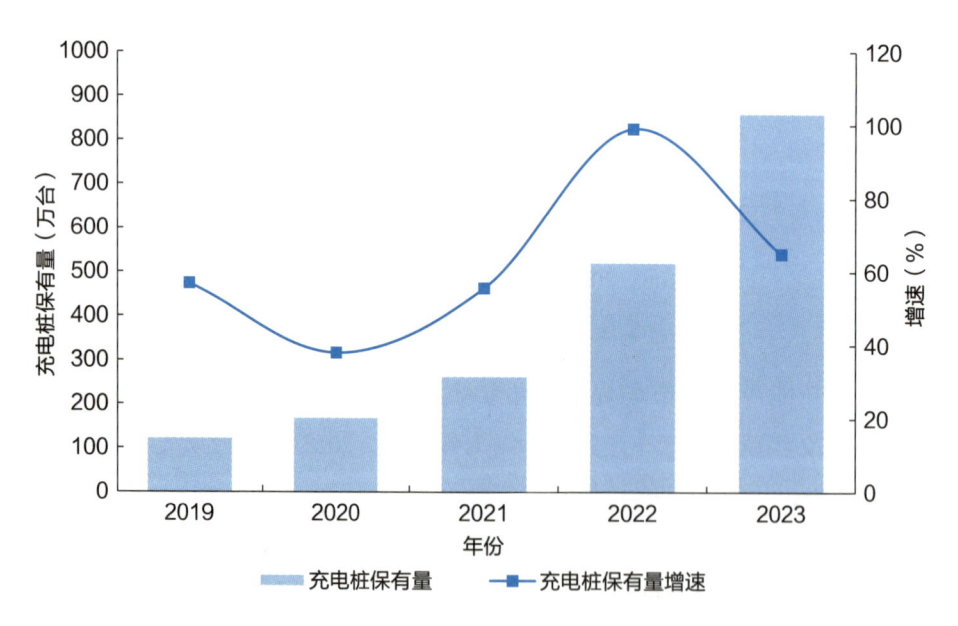

图 108　2019—2023 年中国充电桩保有量及增速

数据来源：中国电动汽车充电基础设施促进联盟

三、中国与全球新能源汽车发展对比分析

随着全球对环保和可持续发展的日益重视，新能源汽车已成为交通领域的重要发展方向。尽管国际市场上强调智能化、互联化和共享化的发展趋势，但由于各国国情、市场环境、政策导向和技术水平等方面的差异，中国、欧洲、北美洲等新能源汽车市场的发展也存在一定差异。

（一）中国与全球新能源汽车销量对比分析

从新能源汽车的区域市场走势看，2019—2023年中国新能源乘用车销量整体呈先降后增的趋势，但一直位列第一，欧洲始终是加速上行，北美洲新能源乘用车销量保持平稳增长的态势。2021—2022年的欧洲新能源乘用车市场总体高位稳定，而中国新能源乘用车市场2021年开始持续走势强劲，北美洲市场新能源乘用车相对低迷和稳定，如图109所示。

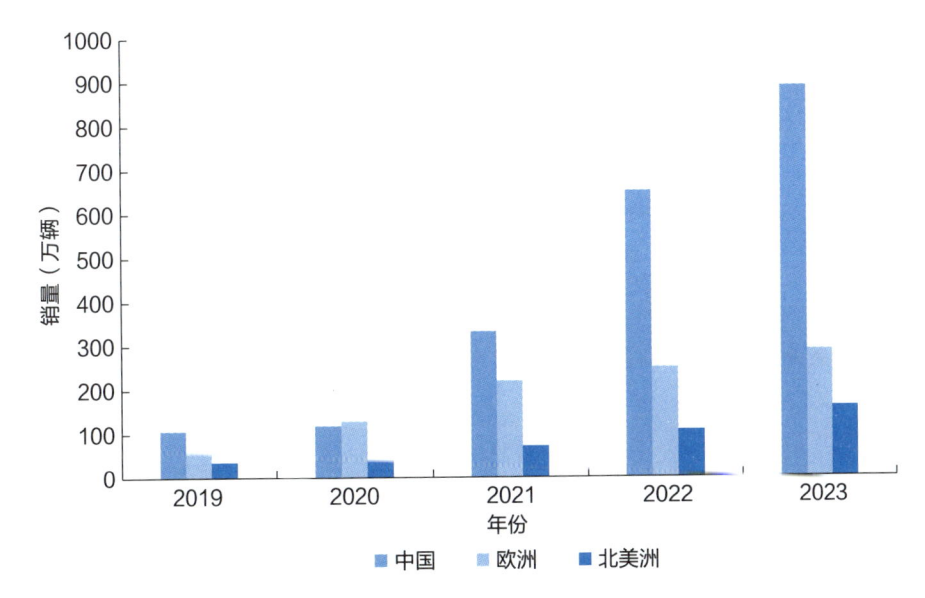

图109　2019—2023年新能源乘用车主要市场销量

数据来源：IEA，EV sales，cleantechnica，乘用车市场信息联席会

（二）中国与全球新能源汽车渗透率对比分析

2019—2023 年，中国新能源乘用车渗透率增长较快，自 2022 年起，中国新能源汽车渗透率最高，远超欧洲、北美洲，欧洲新能源乘用车渗透率先快速增长后小幅下降，北美洲新能源乘用车渗透率虽然一直保持低位，但平稳增长，2023 年，中国、欧洲、北美洲新能源乘用车渗透率分别为 9.95%、3.23%、1.78%，如图 110 所示。随着中国继续强化新能源发展，美国加大新能源的鼓励政策，世界新能源汽车进入强势发展的新阶段。

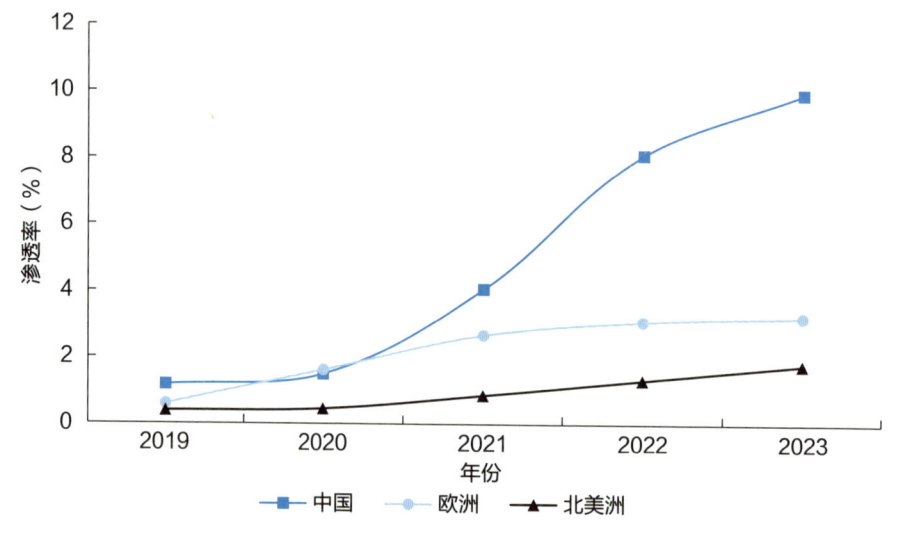

图 110　2019—2023 年全球主要新能源乘用车市场渗透率

数据来源：ACEA，Markline，中国汽车工业协会，乘用车市场信息联席会

（三）中国与全球充电桩市场对比分析

全球充电桩市场以中国、欧洲和北美洲为主。2022 年，从公共快充充电桩区域分布来看，中国、欧洲、美国占比分别为 84.8%、7.59%、3.12%。从公共慢充充电桩区域分布来看，中国、欧洲、美国占比分别为 56.09%、25.18%、5.61%，如图 111 所示。

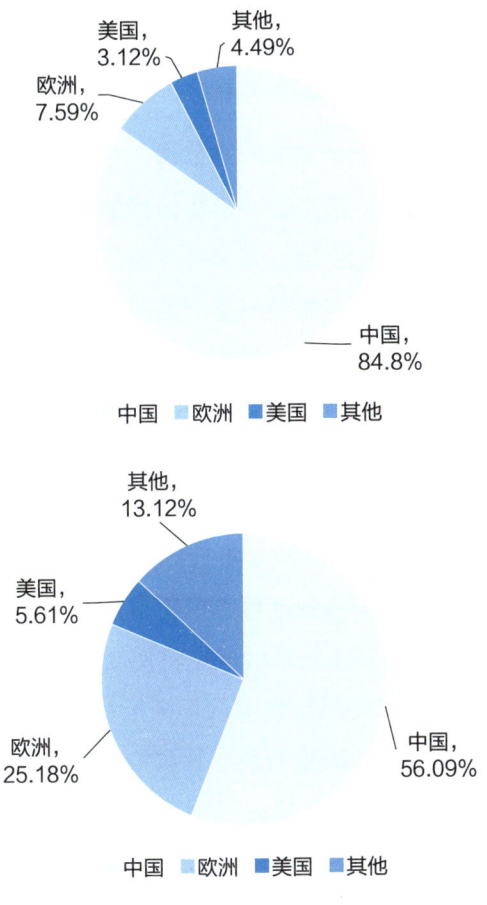

图 111　2022年全球公共充电桩区域分布占比

注：上图为全球公共快充充电桩区域分布占比，下图为公共慢充充电桩区域分布占比。

数据来源：IEA

四、新能源汽车发展展望

回顾2023年，在能源变革的背景下，新能源汽车成为各国经济的重点发力方向。基于政府的政策支持、技术进步和消费者对可持续交通的需求等多重因素叠加影响，新能源汽车市场需求持续增长，渗透率不断扩大。展望2024年，在政策和市场的双重驱动下，新能源汽车将延续增长态势，实现销量和渗透率双增长，新能源汽车的快速发展推动了全球汽车产业绿色转型升级，也加速了全球能源革命发展进程。

（一）全球新能源汽车销量持续增长，充电桩发展前景广阔

2024年，为进一步刺激消费者对新能源汽车的需求，新能源汽车制造商正加速区域性本地化进程，推出符合市场偏好的新能源车型，并通过加速充电基础设施布局和打造智能生态，完善新能源汽车用户智能出行体验。从各区域市场来看，中国、欧洲和北美洲三个地区市场引领新能源汽车转型已成定局。2024年，欧洲新能源汽车市场将从政策驱动转向产品驱动，补贴退坡在短期内或将减缓新能源汽车需求，价格战可能会影响新能源汽车目标的实现，以及汽车制造商对新能源转型的决心，但碳排放法规、新能源汽车购车补贴、减免税收、加大基础设施建设等多项激励政策将带动欧洲新能源汽车销量进入快速增长轨道，预计达到390万辆。尽管传统燃油车仍占据主导地位，但新能源汽车销量增长势头迅猛，在购车、信贷以及基础设施补贴的刺激下，电池技术的改进和整车技术的成熟将使新能源汽车对北美洲消费者更具有吸引力和可行性，北美洲新能源汽车销量预计达到220万辆。2024年，全球新能源汽车销量将接近2000万辆。从政策支持和产业发展角度来看，中国、欧洲和北美洲三个地区的新能源汽车销量总和占全球市场的份额将继续上升，2024年分别为65.4%、15.6%和13.5%。

（二）中国新能源汽车利好政策持续发布，进一步激发市场发展潜力

2024年，预计中国政府将持续发布新能源汽车利好政策，涉及充电基础设施建设、新能源汽车下乡、购置税减免、核心零部件装备制造、新技术创新应用等多个方面。随着中国政府长期以来的鼎力支持，以及智能化、电动化技术的快速迭代，新能源汽车的价格与性能对消费者的吸引力日益增强，消费者开始享受到好产品带来的技术红利，新能源汽车产业将进入稳步增长阶段。在政府的支持政策、相关技术进步和消费者需求的提高等多因素综合影响下，2024年中国新能源汽车将持续高景气发展，并且伴随着需求复苏、新车型持续推出、智能化、网联化以及快充等新技术带来的产品力提升，新能源汽车销量有望创新高，突破1300万辆，带动产业链需求高增长。同时，

碳中和背景下全球汽车电动化大趋势不变，海外新能源汽车需求景气度有望持续上升，整体销量维持高增，中国出口市场的规模有望持续扩大，推动中国车市持续良好发展。

（三）多项电池新技术有望规模化发展，高阶智驾前景广阔

2024年，中国新能源汽车将迈入深度渗透期。随着企业陆续发布关于液冷超充的布局动态，液冷充电模块落地，车、桩、零部件企业协同推动高压快充场景快速普及。深圳、广州、海南、北京等多个省市提出大功率充电的布局计划，2024年，随着更多新能源车型布局中高端行列以及超级标准的逐步实施，超充的热度将持续升高，中国新势力车企基本已形成完善的超级充电站建设规划，望推动800V高压快充应用场景快速普及，带动导电炭黑、负极包覆材料、液冷板、熔断器、高压直流继电器等部件升级或需求增长。"神行"超充电池有望引领新一轮平价技术全面落地，叠加锂电池BOM成本下探将进一步推动市场深度电动化发展。磷酸锰铁锂、复合铜箔等多项电池新技术有望在2024年迎来规模化发展。随着新势力车企普遍聚焦于产品智能化升级迭代及国内城市逐步开放落地，2024年NOA智驾功能有望由低频高速使用场景向高频城市场景延伸，高阶智驾功能将成为消费者重要购车决策。

（四）"光储充"充电站大规模布局，充电桩覆盖率持续增长

在政策和市场双重驱动下，中国充电桩行业增速不断加快，2024年主要呈现出以下两个发展趋势：一是"光储充"一体的充电站将迎来规模化落地。"光储充"一体的充电站集成光伏充电、储能、放电及电池检测等多种功能，能够通过光伏等新能源发电和市电为车辆及园区提供能量储备和充电服务，具有谷电时储能、峰电时充低价电等优势，将成为未来充电站发展的方向。二是乡镇社区充电桩覆盖，城市小区"统建统服"。中国强调乡镇充电基础设施先行，推动新能源汽车发展。各地政府纷纷响应，大力布局充电基础设施，预计2024年大部分乡镇社区充电桩将进一步实现全面覆盖。同时，2023年广东、成都、上海等地成功落地"统建统服"（即统一提供建设、运营、维护等

服务）模式建设电动汽车充电设施，这种模式将在 2024 年持续扩大。结合政策和市场导向，预计 2024 年中国随车配建充电桩新增 297.7 万台，公共充电桩新增 108.4 万台，其中公共直流充电桩、公共交流充电桩分别为 52.6 万台、55.9 万台，公共充电场站新增 6.5 万座。

专题篇

绿色金融全球发展研究

胡东欧　周仕杰　周　颖　刘晓洁
中国石油规划总院战略所

一、全球产业发展现状

全球绿色金融发展处于起步阶段，在 2016 年的二十国集团（G20）峰会上，绿色金融的国际发展首次被纳入核心议题，2020 年起绿色金融逐渐形成国际规模。2021 年以来，全球推进碳中和目标步伐明显加快，在《生物多样性公约》第十五次缔约方大会（COP15）和《联合国气候变化框架公约》第二十六次缔约方大会（COP26）的双重助推下，越来越多的国家承诺碳中和，绿色转型成为各国面临的共同使命。2023 年 12 月，"绿色金融与气候应对：中国银行业的角色与机遇"边会在《联合国气候变化框架公约》第二十八次缔约方大会（COP28）中国角举行，中国银行倡议持续创新完善绿色金融产品与服务体系，以金融力量助力实现绿色转型，共同构建人与自然生命共同体。绿色债券、绿色贷款、可持续基金等绿色金融市场驶入快车道，绿色金融产品的发行规模持续增加，全球碳市场建设也进一步扩大。目前，全球已形成 G20 可持续金融研究小组、"一带一路"绿色投资原则等多种合作机制。

（一）绿色金融市场现状

1. 绿色债券

2014—2022 年，全球发行规模从 370 亿美元上升到 4871 亿美元，年均增速高达 45%，以欧美为代表的发达国家的发行规模占全球的 70% 以上，其中，中国、美国、德国、荷兰和法国是全球绿色债券的主要发行国家。2022 年，中国首次超过美国，成为全球绿色债券发行量最大的国家。从发行主体看，共有来自全球 51 个国家和地区的 741 家发行机构参与发行。值得注意的是，截至2022年9月底，全球绿色债券发行量排名前三的发行人分别是欧盟、欧洲投资银行和德国复兴信贷银行。其中欧盟绿色债券发行规模最大，共发行173亿美元；欧洲投资银行绿色债券发行规模排在第二位，共发行96亿美元；德国复兴信贷银行绿色债券发行规模排在第三位，共发行83亿美元。除了绿色债券外，其他新型产品有可持续发展挂钩债券、蓝色债券、生物多样性主题债券、碳中和债券、疫情救济债券、绿色担保债券、绿色零售债券以及绿色数码债券等。截至2022年第三季度，全球绿色、社会责任、可持续发展、可持续发展挂钩和转型债券（GSS+债券）的累计发行量已达3.5万亿美元。

2. 绿色信贷

2022年，全球绿色贷款发行总额创下新高，达513亿美元，较2021年增长了43.7%，由221个机构发放，与2021年相比几乎翻倍。欧洲和亚太地区的国家成为推动绿色贷款市场发展的主力。全球对公信贷产品主要有绿色信贷、可持续发展信贷、可持续发展挂钩信贷、绿色及可持续贸易信贷和绿色项目融资及再融资信贷；对私信贷产品主要有可持续挂钩的绿色账户和信贷产品。可持续发展挂钩信贷发展最为迅猛，2021年新发行的可持续发展挂钩信贷比2020年同比增长300%以上，攀升至7170亿美元。

3. 绿色保险

国际上较具代表性的绿色保险产品有针对企业、家庭、公共团体和政府的巨灾保险、绿色能源保险、绿色建筑保险、绿色车险和碳排放信用保险等。较有代表性的实践有瑞士再保险公司开发的碳信用保险产品、慕尼黑再保险公司开发的产能系统长期电池性能保险、德国安联保险集团为大型可再生能源项目和绿色建筑保险推出的量身定制的保险产品等。2023年，全球自然灾害保险损失金额较21世纪平均值高出31%，连续第四年超过1000亿美元。保险覆盖仅为1180亿美元，即总损失的31%，保障缺口高达69%，这凸显了扩大保险覆盖范围的紧迫性。

4. 其他

绿色股权产品方面，过去10年间绿色企业的市值年均增长率为40.1%，绿色上市公司数量从2012年的401家增至2021年的669家。碳市场方面，

2014—2022年，全球实际运行的碳市场数量增加了一倍多，从13个增加到28个，碳市场体系覆盖的排放量占全球温室气体排放总量的比例也从8%跃升到17%，从2014年的不到40亿吨增加到90亿吨。2022年，奥地利、黑山和华盛顿州启动了新的碳市场，拉丁美洲和亚洲还有20个国家和地区正在建设或考虑中。此外，非洲地区的国家首次采取实际行动，开始在碳市场建设方面迈出重要步伐。电力是全球碳市场覆盖率最高的行业，欧洲拥有全球规模最大、运行时间最长、参与国家最多以及程度最高的碳交易市场。绿色资管产品方面，全球环境、社会和公司治理（ESG）的基金种类主要有绿色股票基金、绿色债券基金、绿色保险基金、绿色项目或产业基金、碳基金等。ESG股票基金是全球最大的基金资产类别，全球占比是ESG债券基金的两倍多，分别为50.3%和22.1%。此外，ESG债券规模与可持续基金规模相当。截至2022年底，累计发行绿色债券、社会责任债券、可持续发展债券、可持续发展挂钩债券和转型债券3.7万亿美元，其中绝大多数为绿色债券，累计发行2.2万亿美元，占比59.46%。

（二）绿色金融政策法规体系现状

绿色金融在不同国家和区域间呈现差异化的发展路径。欧洲在绿色标准制定、金融运行监管、市场机制设计等方面领先全球。欧盟绿色金融发展的突出特点是绿色金融政策的法制化，设有专门的组织提供方法研究和法规方面的支持，循序渐进地形成完善的绿色金融发展体系。英国、法国和德国的绿色金融发展在欧洲国家处于引领地位，都具备系统化的绿色金融政策体系、完善的信息披露机制、活跃的绿色金融市场和关注可持续发展的社会意识。在东亚地区，中国的绿色金融发展模式具有自上而下的、体系化的特点，日本强调"绿色"和"转型"的协同发展，韩国实行政府主导的绿色金融发展模式。美国自下而上的发展模式凸显了市场的推动作用，东盟的绿色金融发展体现了区域协调发展的潜力，一些欠发达国家和地区则亟须获得国际气候资金支持以应对气候变化。

1. 国家政策法规体系

2016年，中国人民银行等七部委发布的《关于构建绿色金融体系的指导意见》（银发〔2016〕228号），是全球首个由中央政府部门制定的绿色金融政策框架。中国目前的绿色金融体系已确立"三大功能""五大支柱"的政策思路，完善绿色金融标准体系，强化金融机构监管和信息披露要求。欧盟的绿色金融政策是很多国家的重要参考标准，其政策框架以2018年的《可持续发展融资计划》为核心，重点在绿色分类法、监管和披露要求上。英国是全球首个立法承诺2050年实现净零排放的国家，2019年发布《绿色金融战略》，核心是金融绿色化、融资绿色化和紧握机遇。美国于2021年重返《巴黎协定》，但美国绿色金融政策体系没有更新，仍以1980年《超级基金法》为起点，核心是推进环境净化和控制温室气体排放。

2. 国家政策工具

中国人民银行于2021年推出碳减排支持工具和支持煤炭清洁高效利用专项再贷款。欧洲央行体系通过公共部门资产购买计划和企业部门资产购买计划购买绿色债券，并将持续发展挂钩债券纳入抵押品合格资产范围。英国在2009年颁布《贷款担保计划》，鼓励中小企业将资金投向绿色产业。

3. 主流监管法规

中国人民银行在2021年出台《金融机构环境信息披露指南》，指引金融机构逐步开展环境信息披露工作。截至目前，欧盟、英国、瑞士、新西兰等相关国家和地区的监管已将气候相关财务信息披露工作组（TCFD）建议纳入信息披露要求；欧盟、英国、美国等都建立了环境披露合规制度，并在披露监督上建立多种数据质量保障机制。

二、全球产业发展形势

全球绿色金融的发展继续前进，越来越多的金融机构提出了净零排放的目标，扩大绿色投资，加强环境社会保障，积极管理环境气候相关金融风险。未来，全球性绿色金融标准协调一致、区域性绿色金融合作深化，绿色分类法、ESG披露、金融机构投融资组合碳核算、碳中和目标制定等领域会先行一步。全球绿色金融市场规模将继续不断扩大，绿色金融产品不断创新将成为下一阶段的发展特色，到2025年，全球绿色资产有望超过53万亿美元。

随着绿色金融、可持续金融的实践不断深化，各界对金融支持经济社会可持续转型、推动生态环境可持续发展的认知也在不断拓宽，G20可持续金融工作组对转型金融框架研究的推进，未来转型金融将得到进一步创新发展。数字化技术将从降低银行信用风险、提升监管水平、促进产品创新、完善信息共享机制等方面赋能绿色金融的发展，目前国际上推动绿色金融发展的数字技术主要有大数据、人工智能和云计算，未来对区块链和物联网的应用将日益增多。

在迎接机遇的同时还将面临两方面的挑战。一方面，疫后经济复苏的挑战给各国气候行动带来不确定性，发展中国家尤其是拉丁美洲国家的气候相关政策和能源转型规划在很大程度上受到经济衰退和就业的压力而有所改变，绿色金融在这些国家和地区的发展受到的影响更大。另一方面，碳定价机制的区域差异及其后续的相关调节措施也引发争议。欧盟委员会于2022年3月通过的"碳边界调整机制"法规，对部分高碳进口商品征收碳关税，将减少欧盟外无碳定价机制国家的"碳泄漏"问题，同时也引发了对贸易保护特别是对发展中国家贸易壁垒的持续担忧。

电动重卡助力成品油物流绿色转型

万 波 孙 彬 孙文荣 郭 召
中国石油山东销售分公司

在国家"双碳"目标驱动下，能源、汽车、交通等领域高质量发展面临新形势新要求，尤其是成品油销售企业的物流配送环节亟待转型。其中，重型卡车的污染问题是成品油配送绿色转型的核心问题，发展零污染、环保的新能源重卡成为当务之急。各大研究机构、车企不断涌入新能源重卡研发赛道，尤其是电动重卡的研发及生产，已经成为成品油物流绿色转型的新趋势。本文对成品油物流及电动重卡发展现状进行分析，指出了成品物流配送中存在的主要问题，并对电动重卡的优势进行全面分析，最后为如何利用电动重卡进行成品油物流绿色转型提出了相关建议。

一、成品油物流及电动重卡发展现状

经济的发展对工业提出了新的要求，工业生产需要石油作为基础资源。工业的发展带动了石油开采业、加工业和运输业的发展。成品油是石油资源加工后得到的产品，石油运输中运输的物资主要是成品油。成品油物流是根据市场需求实现油品从炼厂向销售终端与消费者转移的实体流动过程。在石油行业下游供应链中，成品油物流是连接炼厂生产与终端市场需求的重要环节，担负着炼厂生产后路畅通、市场油品稳定供应的重要保障责任。相比其他行业，成品油物流具有物流链条长、运输方式多（铁路、水运、管输、公路）、物流网络复杂、安全要求高等特点。中国幅员辽阔，全国成品油需求量大，为成品油物流运输开拓了全国市场，但同时也给运输经营带来了一定的困难。

（一）成品油物流现状

随着中国经济的复苏，中国成品油物流市场整体保持在一个稳定增长的发展状态。但由于近几年新冠疫情的影响，尤其是2022年新冠疫情的再一次暴发，中国成品油物流市场也随着国家整体经济的衰退受到了一定程度的影响。成品油物流体系中，通过管道运输、海上运输、公路运输、铁路运输这四种方式从炼油厂运输至市场。其中管道运输和海上运输为主要方式，所以成品油物流体系的发展就体现在这两种运输方式的发展上。在成品油四种主要运输方式中，管道运输与铁路运输所占的份额最大，二者合计占70%～80%的运输份额，同时二者的运输特点相近，都适合成品油这种大宗货物的长途运输。

1. 成品油管道运输

成品油管道运输即通过输油管道进行的成品油输送。炼油厂加工出的各类成品油，用管道输送至各成品油油库或直接由管道输送至用户。除了炼油厂生产用的输油管外，中国还兴建了若干条长途输送成品油管线，其中较长的有格尔木至拉萨、兰州至成都、重庆的输油管线，长度均达1000千米以上。与公路、铁路、水路、航空等运输方式相比，管道运输具有成本低、损耗少、油气运输量大、安全性能高等优势，是油气输送的重要手段。因此，近年来虽然受到新冠疫情、全球油气贸易波动、地缘局势等因素影响，全球油气管道建设仍持续推进，进程趋于平稳。截至2022年底，中国长输油气管网总里程约18万千米，其中原油管道2.8万千米，成品油管道3.2万千米，天然气管道12万千米。按照"双碳"目标下的需求预测，预计到2035年中国还将新建原油管道约2000千米，成品油管道约4000千米。

2. 成品油海上运输

国内沿海成品油海上运输是国内成品油物流的重要组成部分，为保障中国能源安全，国家对国内沿海成品油海上运输实施宏观调控政策，近年来中国沿海油品运输市场运力供需相对平衡，运力规模、船舶数量虽有所波动，但整体较为平稳，行业整体发展呈现健康有序的局面。交通运输部数据显示，截至2022年12月31日，中国共拥有沿海省际运输油船（含成品油船、原油船，不含化学品、油品两用船）1194艘、1142.2万载重吨，同比减少30艘，但吨位增加了28.1万载重吨，吨位增幅2.52%。2022年，在国内沿海成品油海上运输方面，上半年受宏观经济影响成品油社会库存上涨，运输市场需求整体偏弱，下半年受传统消费旺季及国际原油价格宽幅走高影响，市场活跃度提升，运输需求企稳回升。数据显示，2020年和2021年国内沿海省际成品油运输量分别为7800万吨和8100万吨。在2022年，全年沿海省际原油运输量完成9100万吨，同比增长18.2%，全年沿海成品油运量完成约8500万吨，同比增长约4.9%。总体上，2022年，沿海省际原油运输市场平稳，成品油运价先抑后扬。沿海省际原油运价指数平均值为1578点，同比上涨2.3%；沿海成品油运价指数平均值为1058点，同比上涨0.4%。2023年上半年，原油市场外部不确定性继续增强，油价维持高位运行，主营炼厂开工积极性较高，沿海原油运输市场稳中向好，供需总体保持平衡、运价相对稳定。成品油运输方面，由于炼化产业转型升级加快，民众出行需求加速释放，汽油、煤油需求呈现稳步回暖态势，运价指数随供需情况稳中有降，见图112。

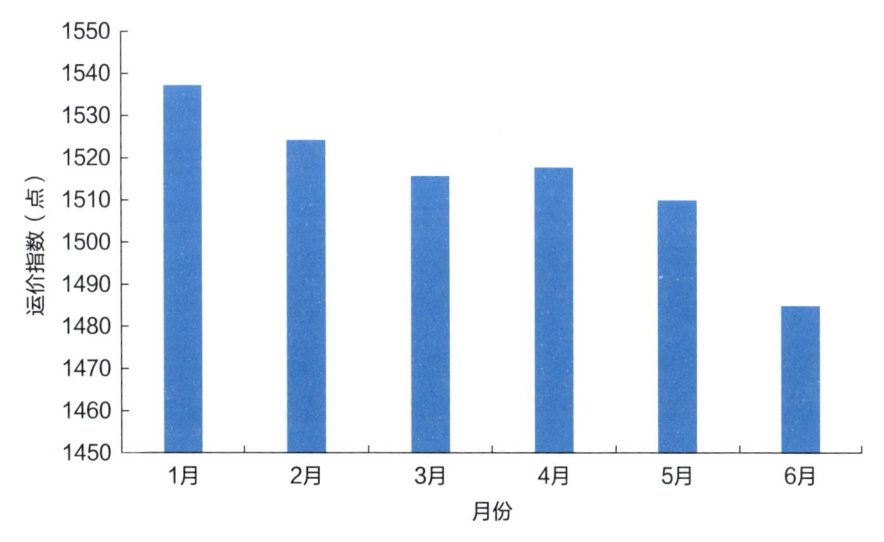

图112　2023年1—6月中国沿海成品油运价指数

数据来源：中华人民共和国交通运输部

3. 成品油公路运输

成品油的公路运输是成品油运输环节中的重要组成部分。随着公路建设的发展，成品油公路运输的发展也越来越迅速。成品油公路运输有着灵活性、机动性的特点，可以实现"门到门"运输，能解决其他运输方式"最后一公里"的问题，运输管理也更加方便。它的运输网络比海上运输和铁路运输的密度大，分布面广，可以实现短期运输，也是实现长途运输的过程。对于货物量的多少也没有一定的限制，可以多个车辆连接在一起实现运输的过程。此外，公路运输的速度比较快，基本都属于直达过程，不用具体规划路径。公路运输的模式是当前石油企业中较为常见、应用广泛的运输方式，一般用来进行成品油的二次配送。2022年，尽管中国经济从新冠疫情中逐渐复苏，但由于中国幅员辽阔，各个地区的经济发展存在较大的差异，成品油的公路运输受到了市场经济和不同地区的影响，整体而言，公路运输并没有出现较快的发展。此外，在成品油配送车辆运输过程中，仍存在许多信息化水平问题，影响了中国成品油物流配送车辆运输的良好发展，成品油的公路运输还有待发展。

4. 成品油铁路运输

随着经济和科技水平的快速发展，铁路成品油运输是保障国家能源安全的重要渠道，也是铁路货运增收创效的重要组成部分。成品油铁路运输主要是指汽、煤、柴油运输，是铁路石油类运输的重要组成部分。成品油铁路运输归属于铁路石油类运输大类，占铁路石油类运输总量的80%以上。在中国成品油的运输系统中，成品油铁路运输占有相当重要的地位，是主导成品油运输的主要方式。铁路运输具有方便、灵活、运输周期短等优势，适合中、远距离运输。在中国东北地区和西北地区，成品油的运输主要依靠铁路。在灵活机动性方面和建设成本方面，成品油铁路运输有一定优势，但在运费价格、运输时效及连续性、运输信息化共享等方面，铁路成品油运输与其他运输方式相比存在着竞争劣势。近年来，中国成品油产、运、销、储规模不断扩大，铁路运输量持续增加，年成品油铁路运量超过7000万吨。同时，随着多种运输方式，尤其是管道运输的兴起，铁路成品油运输的市场份额逐年下降。

（二）电动重卡发展现状

伴随新能源、清洁能源动力交通工具的普及，特别是新能源汽车渗透率日趋加大的严峻形势下，油品销售面临业务变革和多元化的压力，如何在已有的业务基础上多元化经营是成品油销售企业面临的核心问题。在交通领域，众所周知，重卡污染严重，发展零污染、环保的新能源重卡成为当务之急。为了减少重卡的污染物排放，世界各国加速重卡新能源化进程。各大研究机构、车企也不断加入新能源重卡研发赛道，研发、生产新能源重卡，氢能、LNG、电动重卡加速竞赛，特别是电动重卡，已经成为重卡发展的新趋势。

1. 电动重卡助推实现"双碳"目标

相比于乘用车，重卡以柴油为主要燃料，具有高油耗特征，而柴油在不同能源类型中碳排放因子最高，重卡需要承受较大负载任务，进行百千米以上的长距离运输。保有量仅占全国汽车3%的重卡，其二氧化碳排放量约占整体汽车的47%。与传统重卡相比，电动新能源重卡可实现零排放，目前新能源重卡总体拥有成本（TCO）略高于传统重卡，预计未来3年内两者持平。重卡的新能源化推广对减少碳排放、实现"双碳"目标有着重要意义。

2. 重卡电动化转型已经是大势所趋

排放标准不断升级，倒逼重卡电动化进程加速。近年来中国机动车排放标准不断升级，旨在降低重卡污染。2021年4月，生态环境部等四部门联合发布《关于调整重型柴油车国六排放标准有关事宜的公告》，明确自2021年7月1日起，全国范围全面实施重型柴油车国六排放标准，禁止生产、销售不符合国六排放标准的重型柴油车。新标准对一氧化碳、非甲烷烃等指标有严格的限值要求，如国六A要求一氧化碳排放限值较国五标准下降30%；国六B则进一步要求该指标较国五标准下降50%。新能源重卡能够实现零排放，是全球汽车行业内公认的低碳发展和零排放转型的首选方案，重卡电动化转型已经是大势所趋。

3. 换电模式助推重卡市场电动化

换电模式的发展助推了重卡市场的电动化。一是换电模式快速补能，与解决电动重卡续航焦虑需求相匹配。换电相较于充电，作业时间仅分钟级，而充电时间则是小时级，在封闭的场景下，换电可以解决里程焦虑，在港口、钢厂、矿山等特殊应用场景中，换电重卡很受青睐。二是换电重卡通过"车电分离"的方式，有效降低客户的购置成本。采用车电分离模式能够大幅减少购置成本，对于用户，仅需要购买无动力车身，通过电池租赁和换电服务使用重卡，在成本方面有较大优势；对于车企，电池可以从"电池银行"租赁，为传统车企减轻了负担。

4. 新能源重卡销量逆势增长

在重卡销量不景气的同时，新能源重卡销量逆势增长。2022年重卡总销量67.2万辆，同比下降51.8%，但是新能源重卡销量逆势增长，销量达2.51万辆，同比增长141%，渗透率约3.7%。其中新能源重卡中纯电动占比90%，电动重卡需求增速大。按技术路线分类看，电动重卡是主流，2022年销量达到2.27万辆，同比增加135%，占新能源重卡总销量约90%；氢燃料电池重卡销量2465辆，同比增加216%，占比9.8%；混动重卡销量28辆，占比甚少。

5. 换电重卡占比呈提升趋势

2022年，电动重卡中换电补能销量占比52%，充电补能销量占比48%。与乘用车以充电为主、换电为辅的模式形成对比，重卡逐渐以换电为主，这是由于电动重卡在运营中要背负沉重的电池组，本身电池带电量更大、充电补能时间更长，而换电模式补能速度快，符合重卡要求"短、高、快"的运输场景。

6. 当前重卡行业处于底部区间

重卡销量此起彼伏。2016年治超叠加经济增长、环保推动更换，带来了销量上行，到2020年到达顶峰，重卡保有量提升至900万辆以上。2021年因为排放升级带来国五的提前透支，导致销量开始大幅下滑，近三年处于行业底部区间，远离销量中枢下限。以5～8年更换周期算，未来几年销量应会逐年增长。

二、成品油物流配送环节存在的主要问题

在经济增长和社会建设的过程中，成品油的需求量逐年增加，成品油市场前景广阔，同时也对成品油的物流配送提出了新的要求。就目前国内成品

油主要的四种物流方式（管道、船运、火运、汽运）来看，均各有利弊。从运输成本来讲，管道运输费用最低，但主要被三大集团使用，汽运费用最高；从运输时间来看，汽运最为灵活，实时调运，船运船期时间较长，火运亦存在运输周期长于汽运的弊端。

成品油物流配送作为石油企业的重要组成部分，在促进中国石油工业发展方面发挥着极其重要的作用，已经成为衡量一个国家经济水平的标志之一。但在实际工作中，由于成品油配送的复杂性和特殊性，仍存在一些亟待解决的问题，严重制约了成品油物流配送的效率和质量。相关企业要时刻加强成品油运输的安全防范工作，在确保运输安全的基础上，提高成品油物流运输的水平和效率。

（一）客户需求多样化

社会经济的发展使得人们对成品油的需求日益多样化，不仅有汽油、柴油等传统燃料需求，还有液化石油气、天然气、混合燃料等多种新型石油产品需求。客户需求的多样化也反映在他们对物流配送服务的要求上，不仅要求快速准确的配送服务，还要求更全面的物流服务，如运输监控、货物跟踪、装卸等。

（二）配送成本高

随着经济的不断发展，汽油、柴油等成品油的种类也越来越多。石油产品种类越多，物流配送的难度就越大。首先，不同类型的石油产品有不同的物流配送要求，如储存温度、储存能力、配送区域等。每种石油都有不同的储存要求，必须提供适当的储存空间，以保证石油的质量。这些仓储设施的成本较高，因此随着成品油种类的增加，物流配送的成本也在增加。其次，与固态货物相比，成品油具有液态性质，在运输过程中无法控制其运输形式，且成品油具有易燃性，确保成品油运输安全成为成品油运输过程中的重点工作，这给成品油运输带来了较大的困难，也是成品油运输成本较高的主要原因。同时，由于目前国内部分省份处于高原山区地势，运输合理性欠佳，部分高杂费地区火车发运延时费用较高，加上行政区域间成品油定价存在差异性，往往存在非合理跨区运输发生，无形增加成本。

（三）配送路线长、效率低

成品油物流配送的挑战之一是运输距离长。由于地理距离的原因，物流配送路线一般较长，这意味着物流配送成本较高，影响物流配送效率。由于中国成品油第三方物流企业处于起步阶段，尚未建立起公路道路系统和运输车辆优化系统，网络化程度低，区域间的运力调配困难，加之多数车辆未安装 GPS，对运行车辆或油船无法进行动态监控，车辆调度不科学，运输效率较低，配送成本较高。为了解决路途遥远的问题，各国政府和物流公司都在努力寻找更有效的解决方案。其中一个解决方案就是建立成品油物流网络。通过建立成品油物流网络，可以有效缩短物流配送线路，从而降低物流配送成本。

三、电动重卡的优势分析

电动重卡与电动乘用车一样，补能方式主要分为充电和换电两种，实践证明加上形势研判，重卡换电补能相较充电在国家政策支持、经济性、节能环保方面都有着巨大优势。因此，成品油销售企业应主动顺应绿色发展潮流，积极推动物流服务向绿色低碳、高质量发展转型，为企业后路畅通保驾护航。

（一）国家政策助力电动重卡发展

国家政策驱动是换电重卡获得快速发展的第一要素，政策加码掀起重卡换电潮。2021 年 10 月，工业和信息化部启动新能源汽车换电模式应用试点工作，将四川宜宾、河北唐山、内蒙古包头确定为重卡特色类试点城市。2023 年 1 月 30 日，八部门联合发布《关于组织开展公共领域车辆全面电动化先行区试点工作的通知》，试点期为 2023—2025 年，重点推动公共区域车辆全面电动化。截至 2022 年，全国已有 20 多个地市参与换电重卡推广，积累了换电重卡运营的实战经验。

地方加大对新能源重卡和换电站补贴政策支持力度。除了国家层面的新能源汽车购置补贴和购置税减免政策外，2022 年四川、内蒙古、重庆等地均发布与换电重卡或重卡换电站补贴相关的额外政策，如四川直接对换电重卡给予额外每度电300元的购置补贴，重庆、内蒙古等地对投入运营的换电站给予一次性建设补助。

换电技术的统一标准有望尽快出台。面对用户的需求，地方正在加速重卡换电标准的制定，2022年包头市出台了地方电动重卡换电标准。由中国汽车工业协会牵头的《电动中重型卡车共享换电站建设及换电车辆技术规范》，多项重卡换电团体标准通过了标准审定会评审。

（二）经济性优势显著

电动重卡在部分应用场景中带来的经济效益明显，电力消耗成本远远低于柴油车。首先，电动卡车利用电能驱动，相比于燃油卡车具有更高的能源利用效率，可以节约能源资源；其次，尽管电动卡车的购买成本较高，但运营成本较低，电能的价格相对稳定，而燃油价格波动较大，电动卡车在长期运营中可以节约燃料费用。

换电重卡成本逐渐与柴油重卡接近，降低了购车门槛，在车电分离模式下，换电重卡的初始购车成本接近于柴油重卡，降低了购车门槛。以宇通、陕汽重卡6X4换电式纯电动牵引车为例，其柴油重卡售价在37万元左右；在车电分离模式下，换电重卡无动力车身的购置成本为35万元（不含电池），与柴油重卡已经接近，未来随着技术进步价格还会进一步降低，电动重卡购车门槛将持续降低。

换电模式下重卡运营成本节约明显，全生命周期成本相比柴油重卡减少10%。相比于传统柴油重卡，在柴油价格居高不下的情况下，换电重卡在全生命周期成本具有一定经济性优势。换电模式下，补能耗时仅5分钟，效率高时间短，随着换电站等配套设施逐步完善，换电重卡的推广将会加速。通过测算对比车电分离模式下换电重卡和传统重卡的5年生命周期总成本，基于电池价格1000元/（千瓦·时），柴油价格8元/升，得到换电重卡和传统燃油车百千米能源费用分别为280元和180元，以重卡7.5年生命周期（100万千米）计算，换电重卡和传统重卡全生命周期成本分别为246.5万元和327.5万元，换电模式下成本节省约81万，较燃油重卡减少24.73%。未来随着电池成本下降，换电重卡的经济性持续存在且趋势加强（表7）。

表7　换电重卡较柴油重卡成本测算

序号	对比指标	柴油重卡	电动重卡
1	购置成本（万元）	37	35
2	电池单价［元/（千瓦·时）］	0	1000
3	电量（千瓦·时）	0	280
4	电池成本（万元）	0	28
5	初始购车成本（万元）	37	63
6	电费均价（元）（山东为例）	0	0.7
7	换电服务费（元）	0	0.3
8	单千米耗电量（元）	0	1.8
9	百千米费用（元）	0	180
10	油价（元/升）	8	0
11	百千米油耗（升）	35	0
12	百千米能源成本（元）	280	180
13	较柴油重卡节省（%）	—	35.71
14	年工作天数（天）	330	330
15	单日运行里程（千米）	400	400
16	年里程（万千米）	13.2	13.2
17	全寿命运行里程（万千米）	100	100
18	运行年限（年）	7.57	7.57
19	全寿命能源成本（万元）	280	180
20	全寿命保养成本（万元）	10.5	3.5
21	全寿命周期成本（万元）	327.5	246.5
22	较柴油重卡节省（%）	—	24.73

（三）节能减排潜力大

得益于电力驱动，纯电动重型卡车可以实现零排放，不产生尾气污染，这对于改善空气质量、减少温室气体排放具有十分重要的意义；纯电动卡车的电力驱动系统噪声低，可以减少城市交通噪声污染，改善居民生活环境；电力驱动提供的换挡便利性和减震效果也大大改善了驾驶员的驾驶环境。值得一提的是，目前纯电动重型货车通常采用电控机械式自动变速器（AMT）

驱动，这与传统的 AMT 系统有所不同。EV-AMT 取消了离合器和机械同步器，主动电机同步取代了机械变速箱的被动摩擦同步，从而实现自动换挡。与直接传动系统相比，使用 EV-AMT 的全电动传动系统不仅能显著提高动力，还能有效降低电动机所需的扭矩，从而降低系统成本。同时，由于变速器的速度控制功能可使电动机保持在高效工作区，因此系统的能耗大大降低，这也是电动重型卡车的一大优势。

四、利用电动重卡助力成品油物流绿色转型的建议

重卡电动化的必要性已形成全球共识。随着中国汽车产业电动化的持续推进，电池技术的创新和换电模式的发展，重卡电动化将迈上新的台阶。传统燃油重卡油耗大，污染大，重卡行业亟须走上主动节能减排道路，电动重卡无疑是最佳选择。在成品油配送场景中，电动重卡电力消耗成本低，能源利用效率高，重卡换电成为成品油物流绿色转型的重要方式。

（一）能源央企应承担建设国家新型能源体系的重任

随着中央对于国家能源安全的新判断、国际竞争形势的新认识、"双碳"工作的总体部署，能源央企也应承担起国家新型能源体系建设的重任。早在 2010 年 12 月，陕西汽车控股集团有限公司就携手中国石油、中国海油等能源央企建立中国新能源重卡战略联盟。以国家电力投资集团有限公司、中国长江三峡集团有限公司、中国广核集团有限公司、北京能源集团有限责任公司等大型能源央企为代表的能源企业，也先后向电动重卡赛道进发，并积极打造电动重卡物流项目，发展重卡交换电站。重庆三峡绿动能源有限公司与四川洪雅共同打造了"电动重卡绿色物流项目"，每年可为矿区节省柴油消耗约 294 万升；国家电力投资集团有限公司旗下上海启源芯动力科技有限公司专注于发展绿电交通，2022 年已在全国 31 省区市全布局超 200 座重卡充换电站，适配市面上 200 余款换电重卡，成为国内领先的规模化换电服务品牌；北京能源集团有限责任公司携手远景科技集团、国家电力投资集团有限公司等能源伙伴，落地贺州双碳物流电气化项目，一期交付 100 台电动重卡并布局换电站。能源央企应树立绿色物流理念，尽快提高认识和转变观念，着眼于企

业和社会的长远利益，将节约资源、减少废物、避免污染等目标作为企业的长远发展目标。对企业的员工，要培育其绿色生产、绿色消费、绿色产品等意识，使"环保、绿色"的物流管理理念深入人心。

（二）稳步推进以换电站为核心的重卡换电全产业链布局

重卡换电产业链上游对应换电站设备和电池、电机、电控"三电"系统，中游对应换电站运营商和整车制造商，下游对应重卡车队运营方。其中换电站运营是协同全产业链的核心环节。稳步推进重卡换电全产业链布局，在上游应对接换电站设备和"三电"系统生产商，对比顶部、侧向、双向等不同方位的换电模式，择优确定换电方位模式进行量产。中游对接换电站运营商，积极与政府和企业建立战略合作关系，有序布局规划，选择适建站点，加快项目建设，避免无序竞争，提高运营收益；建立负荷均衡系统和完善的运营平台，进行实时监控与调节，防范充换电对电网负荷的不良影响；与整车制造商多纬度沟通，确定市场可以接受的多种适用车型，为车队提供多样选择。下游对接车队运营方，提供多种电池租赁方案，协助解决车队更新的资金压力。

（三）加强绿色物流理论技术的研究与高校合作

石油销售企业绿色物流的发展离不开各种专业人才的支持，尤其是对绿色物流理论以及绿色物流务实工作的物流人才更是不可或缺。石油企业应该加强与高校之间的合作，积极支持高校对石油绿色物流理论与技术的研究，有针对性地培养专业人才，缩短人才培养周期，提高培养质量。高校与科研机构应充分调动产学研合作的积极性，积极促进产学研的结合，将研究成果转化为实践基础，把提升业务人员的理论水平作为提升石油销售企业打造绿色物流水平的前提。

（四）建立以绿色转型为导向的物流绩效体系

首先，物流基础类的评价指标，物流基础设施，包括物流中心、铁路货场、仓库、监管场所等；物流装备，包括仓库货架、运输设备、装卸机械等；

物流工具，包括包装工具、维护保养工具、办公设备等；信息设施，包括通信设备及线路、传真设备、计算机及网络设备等。其次，绿色物流功能要素包括绿色运输、绿色仓储、绿色包装、绿色配送等。绿色运输通过新能源货运车辆占比、碳排放减少量、货运量、货损量等指标评价其发展程度；绿色仓储通过光伏一体化仓储设备覆盖率、平均运输成本、空载率等指标评价分析；绿色包装通过企业无公害包装材料使用率评价；绿色配送通过新能源城市配送车辆数量及占比、新增新能源城市配送车辆占新增城市配送车辆的比例、城市新能源纯电动货车与充电桩的配置比例、新能源物流配送车辆便利通行政策、城市配送车辆单位周转量能耗较示范建设期初降低的比例等指标评价其发展程度。最后，通过以绿色物流为导向考核企业物流绩效，引导成品油配送企业走上绿色低碳发展路径，实现节能降碳，完善碳资产管理，创新发掘新的利润源。

新能源企业共享服务中心建设对策

赵少琼　施心怡　温绮婷

中国石油大学（北京）经济管理学院

一、引言

在全球数字化浪潮的背景下，中国数字经济蓬勃发展。尤其是习近平总书记在党的二十大报告中对国有企业改革发展做出了重要论述，强调要"完善中国特色现代企业制度，弘扬企业家精神，加快建设世界一流企业；加快发展数字经济，促进数字经济和实体经济深度融合，打造具有国际竞争力的数字产业集群"，各行业在数字化转型的道路上持续前进，将数字化技术应用到行业发展和公司建设中。在数字技术的加持下，企业可以对其业务进行数字化创新，依托数字化平台，集中建设共享中心来提质增效。

中国是世界上最大的新能源生产消费国和新能源利用效率提升最快的国家。中国坚持创新、协调、绿色、开放、共享的新发展理念，不断深化能源体制改革，实施创新驱动发展战略，持续推进新能源进入高质量发展新阶段。面临新能源行业井喷发展的机遇和挑战，新能源企业依托数字化技术集中建设共享服务中心，从各个方面提升企业运行效率。

本文通过总结近些年来国内各行业中建设共享中心的标杆企业经验，结合新能源行业的特点，基于相关理论，提出了新能源企业建设服务自身企业不同功能的共享中心的一些对策。

二、共享服务中心的发展概况

（一）共享服务中心发展历程

共享服务中心（Shared Services Center，SSC）是通过对人员、技术和流程的有效整合，实现组织内公共流程标准化和精简化的一种服务交付模式。其起源于国外，于20世纪90年代传入中国。目前公认的"共享服务"原则，即指将组织内原来分散在各业务单元进行的事务性工作和专业服务工作从原业务单元中分离出来，成立专门的部门来运作，从而实现内部服务市场化，通过为内部客户提供统一、专业、标准化的高效服务而创造价值的运作模式。共享服务体现出一种资源共享的理念，核心思想在于提供服务时共享组织的成员和技术等资源。共享服务中心作为独立的组织单位，为企业内部员工提供跨部门的服务，从而实现网络化的服务交付，供不同组织或组织单位同时使用。

（二）共享服务中心业务范围

共享服务中心为组织内的多个业务部门提供的一系列支持服务，主要包含财务、人力资源、采购、供应链管理、信息技术、客户服务等方面。共享服务中心传统上用来支持包括财务、人力资源、信息技术在内的中后台运营，已被不同规模和行业的企业广泛使用。基于共享服务中心的概念，共享服务中心通常为组织内的多个业务部门提供一系列支持服务，如财务共享服务（应付账款、应收账款、总账、财务报告、预算等）、人力资源共享服务（招聘、福利管理、工资、员工关系、培训和发展）、采购共享服务（采购、供应商管理、合同管理）、信息技术共享服务（服务台、网络和系统管理、软件支持、数据管理）、客户服务共享服务（订单履行、计费、呼叫中心、客户服务）、供应链管理共享服务（库存管理、物流、运输）和法律与合规共享服务（合同管理、风险管理、监管合规）。

随着技术和战略决策管理的改进，传统的共享服务中心模式正在从独立的功能交易模式演变为跨职能中心的增加企业价值的区域/全球战略模式，将多个服务业务融合在同一个共享服务中心。这些创新和变化正在推动共享服务中心摆脱成本优化的单一目的，转向支持企业战略和管理目标。

三、共享服务中心的理论基础

迈克尔·波特在《竞争优势》中，将与企业相关的竞争活动归纳为几种类型，并称其为"价值链"。价值链当中包括生产、营销、物流和售后服务等基本活动，也包括财务、人力资源、信息技术等支持活动，这些活动都有利于企业强化客户价值。共享服务是企业的价值链的延伸。一方面，共享服务通过资源的共享以及市场化的运作，使得价值链当中的支持性活动从单纯的成本中心转变成为利润中心。另一方面，共享服务以客户为导向的"服务"理念，可以通过满足业务单元（即价值链当中的基本活动）的需求，为价值链当中的价值创造活动提供其需要的优质服务，进而提升价值。

芭芭拉·奎因是共享服务理论的创始人之一，1988年他在著作 *Shared Services: Mining for Corporate Gold* 里首先明确了共享服务的概念，"共享服务本质上是一项商业经营活动，有明确的客户群体，通过提供针对性的服务创造价值并收取相应的费用，其服务本质在于客户服务"。2004年，美国学者布莱恩·伯杰伦站在以顾客为中心的角度，提出共享服务是将分散的管理职能集中到新业务单元的合作战略。在现代信息化的技术背景下，以工作业务作为基础，在基础事务性工作的处理方面友好合作，实现规模效应。

安德鲁·克里斯从经营的角度，认为共享服务不能局限于事务性工作的简单合并，而是一种商业管理模式，需要良好的内部机构作为支撑，以业务流程为导向。之后安德鲁和马丁·费伊在共享服务领域进行深入研究，提出信息技术是共享服务开展的基础，而共享服务是基于信息技术的管理创新。

四、共享服务中心的建设要素

本文基于共享服务中心发展现状，结合相关管理学理论，充分考察先进标杆的运作经验和创新实践，梳理并总结了一流共享服务中心的五大要素，即战略定位、组织与人员、业务与运营、信息技术、风险管理，为企业的共享服务中心建设提供依据。

（一）战略定位

现行的共享服务中心的战略定位主要包含以下几个方面：作为公司的职能平台，提高资源的配置效率，降低成本；作为企业转型的基础，提升对企业经营管理的支持和总部的管控；愈来愈重视共享中心作为数据中心的职能，为企业经营决策和创新提供支持。目前来说，大部分企业将共享服务中心作为成本中心，以公司内部职能部门的定位，面向公司内部客户提供服务。少部分企业的共享中心被作为利润中心，以独立法人形式运营，基于结算标准向公司内部或者外部客户提供服务，如中国石油和中国石化。虽然目前企业的共享服务中心都是为本企业进行服务，但是随着其运营的不断成熟，服务标准化程度的不断提高，管理体系的不断规范，未来也可以拓展到为外部机构提供服务。

（二）组织与人员

从组织和人员来看，国内共享服务中心的组织规模较小，大多保持在100人以内。随着业务的扩大与发展，共享中心的规模也将持续增长。现行的共享服务中心的组织架构分为集团统一规划并建立、集团总部与下属单位分别建设和下属单位单独建设三种形式。集团总部统一规划可以最大限度地释放规模效益和集约优势；在统一建设模式下分业态或区域建设分中心，则可以平衡差异化特征和个性化需求。适宜的人员规模和恰当的人员结构，建设多元化能力的复合型人才梯队，建立健全多层次的人才培养体系，则是激活共享服务中心的关键因素。人员管理也很重要，可以助力共享中心选拔合适的员工、进行人员培训、激励与绩效、设计员工发展通道等，进而形成完善的人员管理机制，发挥人员的最大"能动力"。

（三）业务与运营

共享中心需建立卓越的运营体系，共享服务中心要具备全面的服务能力和资源整合能力，通过流程再造对核心流程进行梳理，提供多职能、多流程的服务，涵盖基础职能业务和复杂的增值业务；具备优秀的流程设计、评价控制能力，并且从端到端的视角出发，形成流程之间的协同效应，驱动流程整体服务业务的效率和质量。

（四）信息技术

信息技术是夯实共享服务中心的基石。在云计算、大数据、人工智能等新兴技术的支撑下，共享服务中心应具备先进的信息化建设水平，实现全业务流程的系统覆盖和全方位的系统集成，企业信息流、数据流的全面打通，深入推进数字化转型，部署数字技术落地应用，提供数据服务，发挥数据价值。

（五）风险管理

当前环境中不确定因素的增加为企业的经营带来了各种风险和挑战。共享服务中心是企业风险与合规管控最重要的承载平台之一，需要建立全面的风险防控能力，针对业务单位日常运作中的风险构建内部控制；同时采用智能化的风险防控手段，尤其是作为天然的数据中心，必须依托数字化手段，利用数据与模型进行风险的预估、预测与预警，帮助企业更加智能、全面地进行风险防控。共享中心的管理机制和工作模式也应具备敏捷的应变能力和高业务连续性，例如推行无接触、无纸化办公方式常态化，应对外部压力侵扰，保证业务连续稳健运转，减少突发事件造成的损失风险。

五、共享服务中心的建设对策

（一）明确战略定位

战略定位是共享服务中心的价值导向，一流的共享中心应当紧贴企业战略需要，把握行业发展趋势，制定明确的、前瞻性的战略定位和目标，并使其成为全员共识。在数字化时代，共享中心的战略定位要从传统的功能定位的成本中心转向新型的数据为基础的利润中心。

（二）完善组织架构，明确人员管理

人才是共享服务中心发展的核心力量。首先，企业需从人才招募开始，到之后的针对性培养工作，建立健全多层次的人才培养体系和绩效考核标准，帮助员工丰富知识储备，激发员工主观能动性。其次，高校是培养管理人才的重要阵地。企业可以根据自己的地理优势和资源优势，建立合作院校，进行授课合作，给综合成绩优异的在校生提供销售共享服务中心的实习机会，

选拔优秀毕业生作为管理培训生入职,增加企业人才储备。最后,企业可以创建内部学习型团队,为员工树立一个共同的学习愿景,即要通过努力达到员工自身和企业的共同发展。还要创造学习机会,定期展开技能培训,整合与共享服务中心有关的学习资源,持续收集、开发和积累公司内外相关专业及非相关专业课程,促进员工素质能力提升。在培训过程中,共享服务中心可以建立培训"积分制"机制,将员工学习情况和研究成果转化为可量化的积分,将其与个人绩效、岗位晋升挂钩,从而激发员工的积极性。

(三) 业务运营多元化和标准化

在数字技术的加持下,建立数智化的运营体系,流程标准化和集中化是共享中心保证运营质量的最主要措施;流程自动化、端到端的流程管理和精益管理(如国际认证ISO9001质量管理体系认证)也是保证质量的有效措施。业务处理时效、业务处理质量、服务满意度则是对共享中心服务水平评价的最主要的标准。尤其是以客户为中心,以创造价值为最终目的,形成量化的评价体系,将内部组织评优机制与外部客户评价体系相结合。采取小组形式,实现"组长＋组员"模式,小组之间和小组内部都能够随时协调交流,提高工作效率。基于客户对于服务的评价与反馈,建设数字化、规范化客户服务评价体系。如通过线上问卷调研、客服回访等方式了解客户的需求与期望,对标团队服务质量,转化为各项服务措施的要求,进行匹配性的改善与优化。

(四) 信息技术常态创新

共享中心构建信息平台前中后全架构,业务服务全面上线,可以提高业务处理效率、加强风险合规管控、提升各方的满意度,可以短时间内快速获取数据、充分挖掘数据信息、高效处理数据,为前台对外统一窗口开展精准高效的营销活动和高质量的客户管理活动提供资源和数据基础,为后台集团公司管理层人员进行战略调整、决策管理、风险管控等活动提供图表分析基础。同时,互联互通的系统平台,信息系统的架构、功能以及与业务系统的集成,是共享中心高效运营的保障;数据的价值也得到了空前关注,将数据转化成信息凝结成知识，最后形成企业自身的智慧也是共享中心的价值实现，助力企业的数字化转型。智能化平台的搭建更加有效地赋能企业内部机构和外部业务用户，随着"平台+生态"的范式推进，打造了企业生态品牌，如海尔的"共创、共享、共制"生态圈。

（五）强化风险防范

在风险管理方面，企业一方面要建立规范化、标准化的流程，做到事中共享信息，让企业与各部门在第一时间获取所需的数据与信息，落实审批及处理工作，进而降低时间成本；事后总结分析，规范操作流程，从而获得更准确有效的相关数据，提高效率。业务流程的设计中强调对各业务节点的细分与整合，以及对关键节点的风险揭示，清晰界定了各个岗位的职责，有效控制业务流程的操作风险。另一方面，企业应加强对共享中心风险控制的重视程度，提升自己的责任意识、危机意识，更新风控理念；加强基层员工对于风险管控重要性的认知；加大信息分享把控力度，保障信息获取渠道的安全，加密处理信息内容。

在权限安全方面，控制信息访问渠道，以内部局域网作为媒介，访问服务中心，并设置岗位访问权限，加强对内外部信息渠道的控制，在保障内部财务安全的同时确保业务信息的安全。强化员工的信息安全意识，平时注意保护信息，坚决防止泄露信息。技术人员在对职工实施权限分配时，共享中心各职工的操作权限都应当经过领导审批，确保权限与员工岗位职能相匹配。设置出不同业务组、不同级别、不同机构的员工的登录操作权限，确保信息能被获取且防范了信息泄露。对于更换岗位或是离职的员工，一定要立即对操作权限进行变更审批。

在平台安全方面，共享服务中心需定期开展系统账号核查、清理工作。对服务的运行次数、运行时长和运行异常设定预警阈值及触发条件，对重要系统和数据库进行容灾备份，并制定网络安全事件应急预案。

六、总结

本文针对企业自身，聚焦提质增效，为如何建设针对业务需求的共享服务中心提供了一些总结和建议。随着技术的发展和行业形势的变化，新型的跨企业的共享服务中心成为另一提高产能利用、整合资源的发展方式。2023年7月21日下午，浙江省新能源汽车联合共享服务中心签约暨启动仪式在物产中大集团总部举行，开启了浙江省新能源汽车综合服务的新业态、新模式。未来共享服务中心的建设将拓宽至多家企业联合的模式。

中国绿氢产业链发展的战略思考

胡启迪　周昕洁

中国石油大学（北京）经济管理学院

2023年8月22日，国家发展改革委等十部门发布《绿色低碳先进技术示范工程实施方案》，将绿氢减碳示范项目作为源头减碳的重要举措，构建和发展绿氢产业链已成为应对气候变化挑战、保障能源安全的重要途径。本文以促进中国绿氢产业链规模化发展为目标，从制备、运输、储存和应用四个角度，分析近年来全球及中国氢能和绿氢的发展与利用态势，梳理绿氢产业链发展过程中在成本、技术、安全、标准、成果转化和应用场景等方面存在的问题，并据此从目标驱动、政府支持、技术攻关、多方主体参与等层面提出重点攻关方向和发展建议。研究建议，提出分解与精细"双碳"目标、加快国家政策引导与标准制定、利用新型科技创新举国体制突破关键技术、开展多种应用场景示范、发挥央企及国企带头创新作用、引导公众转变消费观念等发展建议。

一、引言

在全球应对气候变化挑战的背景下，氢能因具有燃点高、燃烧快、燃烧产物清洁等特点，被视为最具潜力的去碳化清洁能源，中国"十四五"规划也明确提出要加速推动氢能产业发展。氢按制造来源主要分为灰氢、蓝氢、绿氢和紫氢，其中绿氢是可再生能源制取的氢气，生产过程中几乎不产生CO_2。充分发掘发挥绿氢的能源属性，推进绿氢利用和发展有助于中国实现"双碳"目标，保障国家能源安全，推动经济社会高质量发展。中国可再生能源装机规模位居世界第一，绿氢供给潜力巨大，但其规模化发展还存在多重制约，故分析中国氢气发展与利用以及绿氢产业链发展现状，发现其中的关键问题，对促进绿氢产业链快速发展，助力应对气候变化和环境污染具有重要意义。

二、氢能的发展与利用

基于深度脱碳、促进经济增长和保障国家能源安全的需求，世界范围内已经有多个国家将氢能发展，尤其是绿氢发展，纳入发展战略中。下文从氢气制取、氢气运输、氢气储存、氢能应用的全产业链视角出发，分析全球及中国氢能发展利用现状。

（一）制备

氢气制备路线主要分为：以石油、煤炭、天然气为代表的化石能源重整制氢；以焦炉煤气、炼厂副产气、氯碱尾气为代表的工业副产气制氢；电解水制氢；太阳能光解水等可再生能源制氢等。化石能源和工业副产气制氢凭借成本较低的显著优势，成为主流的制氢方式。随着化石能源的消耗和绿色发展理念的深入，预计未来能源结构将从传统化石能源为主转向以可再生能源为主，以煤制氢+碳捕获技术、生物质制氢为补充的多元格局。

2022年，全球氢气产量约为9813万吨。随着各国减排方案的推进，预计2030年全球氢气产量将突破1.5亿吨。2022年，中国氢气年产量超3500万吨，已成为世界上最大的制氢国，其中处于规划的可再生能源制氢项目超300个，在建项目为72个，建成项目总产能超20万吨/年，在氢能制备上仍有很大潜力。

（二）运输

根据氢气形态将氢气运输方式分为气态运输、液态运输和固态运输，三种运输方式对应的运输工具为长管拖车、管道、液氢槽罐车和运输船，其经济距离和适用场景如表8所示。

表8　氢气储运方式工具及应用场景比较

运输方式	运输工具	经济距离（km）	应用场景
气态	长管拖车	≤ 200	城市内配送
	管道	≥ 500	国际、跨城市与城市内配送

续表

运输方式	运输工具	经济距离（km）	应用场景
液态	液氢槽罐车	≥ 200	国际、规模化、长距离
	液氢运输船	≥ 200	国际、规模化、长距离
固态	驳船、槽车、火车等	≤ 150	试验研究阶段

气态运输分为长管拖车和管道运输，中国主流的气态运输方式为压力 20 兆帕的长管拖车，储氢密度低，储氢量少，单次运氢量仅占长管拖车总重的 1% 左右。随着运输距离从 50 千米增长至 600 千米，运输成本从 2.4 元/千克增长至 13.3 元/千克，在长距离运输方面缺乏优势。国际上已出现 45 ~ 55 兆帕的氢气瓶组的氢气运输方式，未来中国发展方向是 30 兆帕长管拖车。管道相比于长管拖车输氢量大、运输成本低，但建造管道需要较大的初始投资。因此，除建设纯氢管道运输外，还可利用现有天然气管道输送氢气。全球氢气输送管道总里程已超 4600 千米，其中美国氢气管道总里程数最大，已超 2700 千米，中国氢气管道总里程约 400 千米，较为落后于国际水平。液态储运适合远距离的大容量的运输，美国、日本已将液氢罐车应用于氢气运输，日本千代田公司发明的"SPERA 氢气"技术已被应用于全球首条基于有机液体储氢的全球氢供应链。固态运输方式依赖于固态储氢技术，储氢密度高，安全性好，但储氢材料的选择及材料的成本是制约其发展的关键瓶颈。

（三）储存

氢能储存关键技术在全球范围内已经相当成熟，中国也在迅速发展中。根据氢气形态将氢能储存关键技术分为高压气态储氢、低温液态储氢、低压固态储氢三种，三种储存技术优缺点如表 9 所示。

表 9　氢能储运关键技术优缺点比较

储运技术	优点	缺点
高压气态	技术成熟，成本较低，应用最广泛	单位体积储氢密度低，安全性能较差
低温液态	单位体积储氢密度较大，安全性能较好	能耗大，成本高，对储氢容器要求高，尚处于起步阶段
低压固态	单位体积储氢密度大，安全性能好，能耗低	技术不成熟，尚在技术示范阶段

在高压气态储存方面，高压气态储存技术凭借成本低、储存方便的优势，成为中国主流储氢技术。此技术将氢气压缩后储存在储氢容器中，利用增压方式增加氢气体积密度，提高氢气容量。高压气态储氢瓶可分为Ⅰ型纯钢制金属瓶、Ⅱ型钢制内胆纤维缠绕瓶、Ⅲ型金属内胆纤维缠绕瓶和Ⅳ型塑料内胆纤维缠绕瓶。以日本为代表的多数国家使用70兆帕车载储氢瓶，中国氢燃料电池车通常采用Ⅲ型瓶，即35兆帕车载储氢瓶，储氢量可达140千克，主要适用于公交、重卡、物流等商用车等场景。由于中国高端碳纤维技术尚不成熟，暂未实现国产化，因此Ⅲ型储氢瓶研发方向将为大容积、低成本。未来将实现70兆帕储氢瓶的应用，预计实现200千克储氢量。

在低温液态储存方面，欧美、日本等国液氢技术发展相对成熟，已广泛应用于航空航天、公路、铁路、管道等领域。中国液氢技术多应用于航空航天领域，尚未大范围应用于民用领域。在液氢储罐方面，氢透平膨胀机、低温阀门等液氢核心设备仍具有高度依赖性。由于低温液化要求绝热，制冷所需能耗大导致成本较高，因此，未来降低液化制冷成本是中国低温液态储氢的发展方向。

在低压固态储存方面，固态储氢合金可以在一定温度、压力下吸收、储存、释放氢气，安全性能好、储氢压力低、密度大、氢气纯度高，是未来中国氢气储运发展重点方向。固态储放氢气需要在高温环境下进行，否则热交换十分困难，成本高，中国金属固态储运技术尚处于示范研究阶段。

（四）应用

根据氢气加注压力划分，加氢站可分为35兆帕加氢站和70兆帕加氢站；根据建造类型划分，加氢站主要分为单建式加氢站和合建站，其中合建站包括加氢加油合建站、综合能源服务站等。

截至2023年，全球加氢站保有量已从2017年的328座迅速增加至912座，增加了148.1%。2022年，全球加氢站数量同比增长129座，分布在37个国家和地区，较2021年新增了哥伦比亚、塞浦路斯和以色列3个国家，尽管中国加氢站开始规划与建设时间较晚，但起步后发展速度较快，如图113所示，2016年初，中国仅有3座加氢站，至2019年加氢站保有量已达49座，2020年中国加氢站数量增至118座。2020—2022年增速虽有所下降，但仍保持较快增长速度。截至 2022 年底，中国已建成加氢站共 358 座，全球第一；2023 年，中国已建成加氢站 407 座。

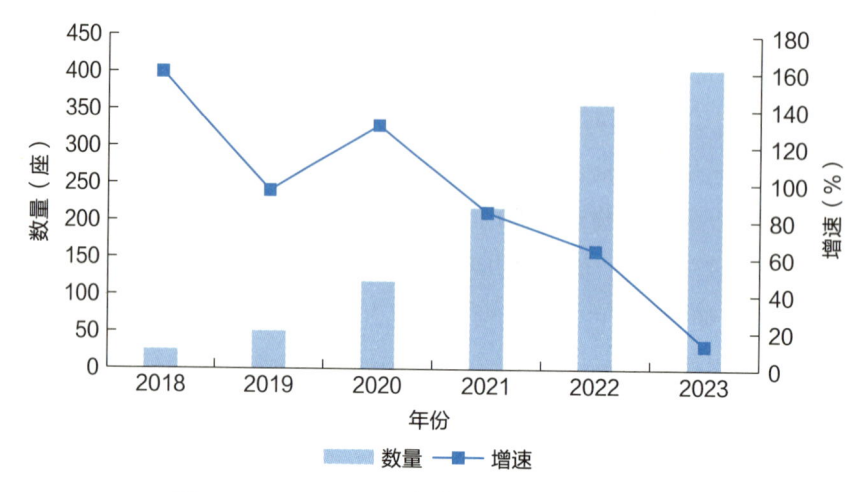

图 113　2018—2023 年中国加氢站数量及增速

数据来源：《中国氢能源及燃料电池产业发展报告 2022》、隆众资讯

截至 2023 年底，全球已累计投放氢燃料电池车 84630 台，同比增长 23.2%。2023 年全球主要国家氢燃料电池车销售量为 15952 辆，同比减少 18.5%，其中韩国市场于 2022 年破万后大幅下跌，仅售出 4635 台，同比减少 55%；美国市场较为稳定，全年销量 2978 台；日本、德国市场持续萎缩，分别售出 422 台和 263 台；中国销量大幅提升，售出 7654 台，增长 53%。

全球氢燃料电池车以乘用车为主，而中国实现量产的氢燃料电池车为线路固定、服务范围一定的商务用车，此外，重型卡车也得到了较好的发展。由于只有氢气价格需低于 35 元/千克才可进入乘用车市场与电动车竞争，氢燃料电池成本高导致整车售价高，加上汽车续航能力较差，故氢能在中国尚未进入乘用车市场。

三、中国绿氢产业链发展现状与问题分析

中国绿氢产业链发展还处于起步阶段，截至 2023 年，中国已建成并运营绿氢项目 50 多个，正在规划的项目超过 300 个，预计年产量占全国氢气总产量不到 1%，而且大部分项目面临亏损的挑战。在经济性、稳定性、安全性等

方面，绿氢产业发展还存在需要多方主体去共同解决的难题。

（一）绿氢产业链发展现状

1. 绿氢产业发展政策

"双碳"目标提出后，氢能在构建中国绿色低碳清洁能源体系中的作用得到高度重视。2021年，国家在《2030年前碳达峰行动方案》中提出，加快氢能技术研发和示范应用，探索在工业、交通运输、建筑等领域规模化应用；2022年3月，国家发展改革委等部门联合发布的《"十四五"现代能源体系规划》提出着力攻克可再生能源制氢等核心技术；同月，国家能源局等部门联合发布《氢能产业发展中长期规划（2021—2035年）》，除规定重点发展可再生能源制氢等基本原则，还设定了2025年初步建立以工业副产氢和可再生能源制氢就近利用为主的氢能供应体系这一发展目标。2022年4月，工业和信息化部等六部门联合发布《关于"十四五"推动石化化工行业高质量发展的指导意见》，提出需加快突破"绿氢"规模化应用等关键技术；鼓励石化化工企业开发利用"绿氢"，推进炼化、煤化工与"绿氢"产业耦合示范。2023年初，国家能源局在《2023年能源工作指导意见》中提出，要加快攻关新型储能关键技术和绿氢制储运用技术，推动储能、氢能规模化应用。在此背景下，仅2023年第一季度，国内就有13个绿氢项目签约或进入开工环节，涉及绿氢产能超15万吨/年，电解槽容量达835兆瓦，超过2022年全年。2023年8月22日，国家发展改革委等十部门发布《绿色低碳先进技术示范工程实施方案》，其中绿色减碳示范项目被视为源头减碳的重要举措，发展可再生能源制氢、氢电耦合示范应用是重中之重。

2. 绿氢制取

广义上，绿氢制取就是利用可再生能源发电后，通过电解水制备绿氢，即在电解槽中将水分子分解为氧气和氢气。在电解槽中，在直流电流的作用下水分子被分解为氧气和氢气，析出于阳极和阴极。电解水制氢技术一般分为碱性、质子交换膜、固体氧化物和阴离子交换膜四种电解水制氢技术，碱性电解水制氢技术因其发展较成熟、成本较低应用更为广泛，其余三种技术还处在实验室研发阶段或示范阶段。

3. 绿氢运输与储存

中国氢气运输主要采取长管拖车运输、液氢运输和管道输送三种方式：长管拖车运输适用于短途、少量运输；液氢运输主要运用于航天及军事领域；管道输送适用于长距离、大规模的运输，但前期投资较大，建设难度较高。2023年4月，中国石化宣布拟建设全长400多千米的"西氢东送"输氢管道，这是中国首个长距离纯氢输送管道项目，对推动中国氢能运用空间匹配具有重要意义。

在储存方面，高压容器储存的成本最低，液态储氢发展最为成熟的是液氨储氢；车用储氢以350兆帕氢瓶为主，未来提升氢瓶压力是发展方向；固态储氢是实验室研究热点，技术还处于研发阶段。

4. 绿氢应用

绿氢可应用于石油石化、电力、交通、建筑等高排放行业，助力传统产业深度脱碳，实现产业转型升级。在石油石化领域，利用绿氢合成绿氨、绿色甲醇相关技术较为成熟；在电力领域，用可再生能源制取绿氢是提高可再生能源利用的有效途径；在交通领域，绿氢作为燃料，用于驱动氢燃料电池车；在建筑领域，通过光伏板等方式向燃料电池供氢，将氢气转化为电力、热量，为建筑物提供清洁可靠能源。

2022年北京冬奥会期间，在相关区域投入700余辆氢燃料电池大巴车，张家口为其提供绿氢资源，为北京冬奥会提供交通保障服务，助力绿色低碳出行。2023年8月30日，中国规模最大的光伏发电直接制绿氢项目——新疆库车绿氢示范项目全面建成投产，标志着中国绿氢规模化工业应用实现零的突破，项目每年可减少二氧化碳排放48.5万吨。绿氢在生产中不产生碳排放，因此绿氢炼化将成为炼油化工深度脱碳的有效途径。若千万吨级炼油厂的原料氢气全被绿氢替代，可至少减少炼油厂碳排放200万吨/年。在"双碳"背景下，在国家政策引导以及技术支撑下，中国绿氢规模化应用和产业链发展在稳步推进中。

（二）绿氢产业链发展问题

氢能应用主要集中在石油炼制工业、氢燃料电池及其交通载具方面，受制于技术成熟度、基础设施建设和应用场景等因素，影响氢能的大规模使用，氢能的应用场景和市场发展空间需要进一步拓展；而绿氢进一步受到成本和氢电耦合的制约，其产业链发展面临更大的挑战。

1. 成本居高不下

无论是在全球范围内还是在中国，绿氢在氢能版图中的占比均较低，这主要是由于绿氢的生产成本较高，竞争力较低。可再生能源电解制氢的成本远高于其他制氢方式。电制氢的全生命周期平准化成本为 15～20 元/千克，仍高于煤制氢价格，加之可再生电力的不稳定性、绿氢储存和长距离跨区域运输的难度，其成本将进一步升高。

氢能的最主要应用包括交通领域的氢能汽车，化工领域的制备氨、甲醇、烯烃等，都不看其是"绿"还是"灰"，虽不同"源"却都在同一标准下比价，即无论是何种来源的氢气，都在同一个基准和边界条件下进行竞争，也无碳排放有关的规定或手段对氢气来源产生限制，这使得绿氢成本竞争力较低。

2. 技术发展不能满足市场需求

绿氢生产面临着加快突破新型催化、绿色合成、功能——结构一体化高分子材料制造等关键技术制约，氢能的储存、运输也面临诸多需要解决的技术问题：生产端技术效率较低，电解质、膜技术等发展尚未取得重大关键突破；储运端高压气态、低温液态技术配套不足，长距离运输效率低，未实现天然气管道运输氢气；需求端燃料电池的综合效率、电堆功率和耐久性，以及氢燃料电池车的加氢速度、续航里程方面与国际先进水平存在较大差距。

国内已有相关企业开展相应的技术研发，但大部分仍处在实验室试验阶段，小部分处在试制阶段，研发周期长、投入大，尚未形成成熟的绿氢工艺生产线，相关核心技术程度低，系统设备的国产化程度不高。

3. 安全技术与标准发展较缓慢

安全与标准化是一个产业规范化、规模化发展的基础和前提。在氢能产业发展初期，氢能的安全性是至关重要的，在制氢安全及储运安全方面，包括纯度、压力、质量、流量等关键指标，缺乏安全技术和规范方面的研究。

现阶段，中国在氢能基础设施、环保、储能、设备检测等层面的标准，以及可再生能源电力与绿氢耦合领域的标准界定十分模糊，氢品质、加氢站等的标准缺乏。随着用氢标准和执行规范的日益清晰，氢能才能不被划归为危化品，其广泛使用和产业规模化发展才能实现。

4. 成果转化不通畅

绿氢发展的成果大部分仍处于实验室阶段，且很多成果间缺乏融通，"国家重点实验室—高校—企业"这一链条存在沟通障碍，信息交流不够通畅，科技成果的生产和需求存在一定的不匹配情况，抑制了科技成果向产业应用转变。

科研成果在转化过程中，需要资金、人才、设备和服务等多种因素的交互作用，仅依靠科研人员、院校机构和能源企业的合作链条，或不能较好地完成科技成果转化，需要市场化的专业第三方服务平台去沟通、联络，从而帮助科技成果寻求政府支持、投资基金参与以及对接市场，而这种专业服务平台的缺乏也导致了绿氢成果转化不通畅。

5. 应用场景制约

在产业链上游，可再生能源发电与绿氢的协同规划、统筹和发展，是制约绿氢应用的重要原因之一。可再生能源电力、绿氢产业呈现"各自为政"的状态，未考虑不同能源系统之间的耦合互动，相关政策体系与标准规范也不健全。"电-氢"规划缺乏匹配，加大了氢能储存、运输的难度和成本，对绿氢产业规模化发展产生严重制约。

在产业链下游，绿氢作为一种潜在的可再生能源，它在一定程度上可以取代传统化石能源消耗，在石油化工、钢铁建材和交通领域中使用。在石油化工领域，氢气是合成氨、合成甲醇、石油精炼和煤化工的重要原料；在钢铁建材领域，利用绿氢作为还原剂冶炼钢铁，是未来低碳炼铁最具前景的方式之一；在交通领域，氢燃料电池以客车、重型卡车和城市物流车为起点，向氢动力船舶应用示范、氢动力飞机试验发展。但在实际过程中，应用场景的建设不足、协同性不强，氢气输送成本高、效率低，加氢站规模化发展程度较低，这些应用瓶颈对绿氢的发展产生了严重制约。

6. 产业路径和商业模式尚未实现突破

中国绿氢产业甚至氢能产业仍处于起步阶段，氢气市场发展程度较低，政府对氢能的管理体制机制尚未成型，政策支持的连续性和力度需随着形势的发展进行调整，早日形成科学合理的产业发展路径规划尤为重要。

在商业模式方面，绿氢的"绿色价值"是其最重要的属性和价值之一，是指它低碳低污染的环境效应价值，这种价值有待加强发掘与利用。普通投资者如何进行绿氢投资，真正获取盈利，是亟待解决的问题。中国促进绿色能源应用的激励措施仍有完善空间，一定程度上抑制了绿氢产业链的发展动力。

四、中国绿氢产业链发展的建议

为解决绿氢产业链中技术发展不充分与市场需求多样化之间的矛盾，研发周期长、投入大与产业短期收益之间的矛盾，成果转化不通畅与产业发展规模之间的矛盾，攻关力量碎片化与技术创新体系化之间的矛盾等问题，提出如下相关建议：

（一）分解与精细"双碳"目标

"双碳"目标是中国中长期转型发展战略，是绿色经济、绿色能源发展的关键推力，现已制定了"双碳"目标的时间表和路线图。在顺应绿色、低碳、清洁、可持续发展趋势下，应加快制落实重点行业、重点领域碳减排行动方案，进行"双碳"目标分解，加快建设碳交易全国大市场，倒逼绿氢产业加快发展，充分发挥绿氢在减污降碳层面的潜力与价值。

（二）加快国家政策引导与标准制定

绿氢产业发展缺乏路径指导和规划，所以应加强国家政策引导，注重行业标准研制，发挥其对标准系统的补充、完善作用，制定绿氢产业发展规划，从促进氢能发展到氢能与相关负碳技术耦合发展，以氢能广泛应用培育下游应用场景，再反哺绿氢产业发展，促进绿氢产业链合理、科学、健康发展。

（三）利用新型科技创新举国体制突破关键技术

二十大报告提出要构建新型科技创新举国体制，举国体制是社会主义集中力量办大事的体现。利用新型科技创新举国体制突破绿氢发展"卡脖子"技术，在国家重点实验室推动绿氢基础研究，实现政府、高校、科研机构、企业和市场的有机结合，协同攻关，有助于实现绿氢关键技术的重大突破。

（四）开展多种应用场景示范

支持可再生能源资源丰富地区、资金技术雄厚的综合能源企业开展绿氢生产与应用场景试点，并就近开展氢储存、氢化工等项目示范，推动多方主体合作与交流，以点带面，在不断积累应用经验的基础上，促进绿氢规模化发展以及产业链的形成。

（五）央企、国企发挥带头创新作用

鼓励技术力量雄厚的央企，发挥带头创新作用，进行技术研发合作及人才交流，在追赶国际先进水平的基础上，进行自主创新，攻关绿氢发展关键技术，提高核心竞争力，积极参与国际标准制定，为将来占据国际市场份额提供先决条件。

（六）引导公众转变消费观念

消费者是绿色消费的最后一个环节，引导公众转变消费观念至关重要。应全力提高公众绿色素养，改善公众对绿色发展政策的认知与态度。公众意识到生态环境问题的重要性，就会激发绿色行为的积极性，自主购买绿色消费品，有助于全面打开绿氢市场。

"双碳"目标下中国清洁能源国际合作现状及建议

高 菲 杨 溯 于 楠

中国石油大学（北京）经济管理学院

2022年，全球化石能源消费量为494.05艾焦，约占全球能源消费的81.8%。高化石能源消费带来了高碳排放，根据国际能源署发布的《2022年二氧化碳排放报告》，2022年全球碳排放增长了0.9%至368亿吨。高碳排放导致日益频繁的极端天气事件，全球面临着日益严重的气候问题，世界各国纷纷出台政策措施推动能源绿色低碳转型，并将发展清洁能源作为应对气候变化和推动能源转型的重要抓手，全球已有130多个国家和地区做出了碳中和承诺，并配套以针对性的政策与行动将承诺落地。根据IRENA发布的《2023年全球可再生能源统计年鉴》，在过去10年里，全球可再生能源在电力中的份额逐年提升，由2012年的26.1%上升至2022年的40.3%。2022年，得益于中国、欧盟和拉丁美洲的强有力政策支持，全球光伏、风能、生物质能装机容量和发电量均保持快速增长趋势，可再生能源发电量达到40997亿千瓦·时，同比增长15.9%，累计装机容量达到21951亿瓦，同比增长16.9%。

《联合国气候变化框架公约》第二十七届缔约方大会（COP27）上，缔约各方达成共识，首次同意设立"损失和损害"基金，由发达国家在发展中国家的物质和基础设施被极端天气严重影响时提供经济援助。2022年3月，国家发展改革委、外交部、生态环境部、商务部联合发布《关于推进共建"一带一路"绿色发展的意见》，提出加强绿色能源合作，深化绿色清洁能源合作，推动能源国际合作绿色低碳转型发展，这将进一步打开清洁能源的需求空间。加强清洁能源国际合作已成为国际社会的普遍共识和一致行动，具有重要的战略意义。

一、中国清洁能源国际合作现状

随着中国经济快速发展和企业实力的增强，中国清洁能源国际合作的步伐日益加快，分别在人才培养、技术合作等领域与全球100多个国家以及东南亚国家联盟（东盟）、阿拉伯国家联盟（阿盟）和非洲联盟（非盟）等地区性国际组织开展了清洁能源双边和多边合作，积极参与二十国集团（G20）、亚太经济合作组织（APEC）等多边合作框架下的清洁能源合作。中国清洁能源企业项目涉及风电、太阳能、水电、气电、热电联产、生物质能及燃料电池等多个项目，已遍布亚洲、欧洲、非洲、大洋洲、北美洲、南美洲等6大洲百余个国家。围绕"一带一路"形成多个高质量区域利润中心和发展平台，在"一带一路"沿线等国家及地区重点培育市场，在发达国家也正在进行积极探索。

（一）中国清洁能源国际合作发展历程

中国清洁能源国际合作在机制建设、人才培养、技术设备、企业发展以及标准制定等领域都取得了丰硕的成果。

在机制建设方面，为推动区域互联互通，分享清洁能源政策规划和技术应用等经验，让清洁能源和可持续发展经验惠及更多国家和地区，实现区域能源、经济的跨越式发展，2015年，中国广核集团有限公司与东盟能源中心签署了关于核电能力建设方面的合作协议，共同推动设立中国—东盟清洁能源能力建设中心，推动区域清洁能源可持续发展，分享清洁能源发展政策规划和技术应用等经验，推进相关领域的核心人才交流建设。2018年，国家能源局与阿盟秘书处正式签署了《关于成立中阿清洁能源培训中心的协议》，中阿清洁能源培训中心正式成立，夯实了中阿双边的能源合作基础，拓展了能源合作领域，提高了能源合作水平，同时也满足中阿人民对清洁高效能源的需求。2021年，国家能源局与非洲联盟委员会签署了《中华人民共和国国家能源局和非洲联盟关于中国—非盟能源伙伴关系的谅解备忘录》。双方同意建立中国—非盟能源伙伴关系，并成立联合工作组。双方将开展政策和信息交流、能力建设、项目合作以及三方合作等领域的合作。其中一项重要任务是帮助推动非洲国家可再生能源发展。中国与欧盟成员国近年来也建立了双边能源对话交流机制，其中包括中法能源对话、中瑞（士）能源工作组会议、中芬能源合作工作组会议、中德能源工作组会议、中丹海上风电交流等。依托上述机制平台，中国与欧盟及其成员国在能源转型、核电、光伏、储能、系统灵活性、清洁供暖与制冷、能源技术创新等领域的合作不断拓展与深化。

在人才培养方面，中国加强与"一带一路"相关各国在人才培训方面的合作，并鼓励中国可再生能源专家和智库为深化国际清洁能源合作提供智力支持。中国根据中国—非盟能源伙伴关系的谅解备忘录及其他相关文件，向非盟派遣技术团队。加强在能源领域的政策对话和技术交流，对接能源发展战略，开展联合研究。中阿清洁能源培训中心开展线上培训交流，助力增强阿方人员对中国清洁能源领域技术及标准的了解，加强政策和技术交流，为中国研究机构和企业提供与阿方交流的机会，为推进中阿清洁能源发展与合作提供平台。

在技术设备方面，中国技术从发展引进、跟跑逐渐转变至部分引领、输出。随着中国清洁能源科技水平的显著提高，科技进步在促进节能减排、优化能源结构、保证能源安全方面发挥了重要作用。在深化国际产能和装备制造合作方面，已经做到了"引技引智"并举，国际清洁能源技术合作力度不断加大，推动了可再生能源产业对外深度融合。中国能源企业的发展也从追求规模转变为追求质量，从资本输出转变为技术和人力输出，从过去被动适应国际贸易规则转变为积极参与国际贸易规则的制定和定价中心的建设。近年来，在清洁能源领域中国与各个国家开展了不同程度的技术合作，从2006年引进美国西屋公司AP1000第三代核电技术，到2012年与丹麦合作开发风能、生物质能、太阳能等可再生能源项目。中国水电、光伏、风电以及相关设备制造已位居全球较高水平，引领世界相关产业发展，并出口中巴经济走廊、中南半岛、新亚欧大陆、孟中印缅和中东。

（二）水电国际合作现状

水电仍是世界上最大的清洁能源发电来源，比所有其他清洁能源发电量总和的两倍还要多。在中国"一带一路"倡议的引领下，越来越多的中国企业"走出去"并加快步伐，水电国际合作成绩斐然。据水电水利规划设计总院统计，截至2020年底中国企业参与国际水电合作项目共计416个，其中已建项目138个，在建项目278个，如图114所示。装机规模达137吉瓦，其中已建项目装机规模74吉瓦，在建项目装机规模63吉瓦，如图115所示。

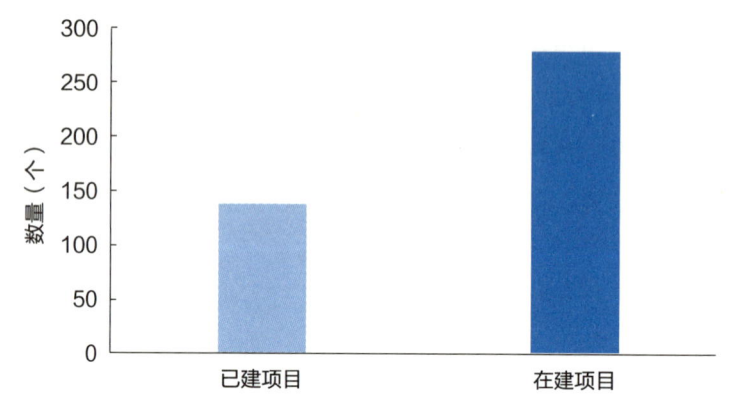

图114　中国水电国际合作项目数量

数据来源：《中国可再生能源国际合作报告》

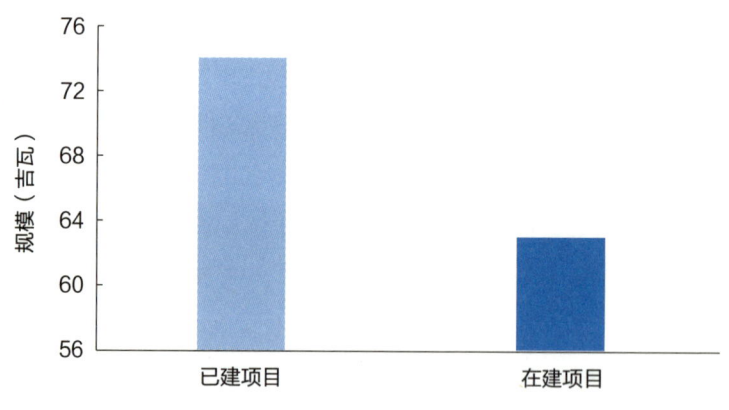

图115　中国水电国际合作项目装机规模

数据来源：《中国可再生能源国际合作报告》

从项目类型来看，中国水电国际合作项目主要包括工程承包、投资并购、设备供货和对外援建四种类型。截至2020年底，中国企业参与国际水电合作项目建设模式以承包类为主，承包类项目占国际合作项目总数量的比例高达 70% 以上，承包类项目装机规模占国际合作项目总装机规模的 66.7% 左右；投资类项目位居第二，项目数量和装机规模占比分别为 14.4% 和 27%；设备供货安装和调试类项目数量占比 11.1%，装机规模占比 7.4%。各类建设模式的已建工程数量均多于在建工程数量，除投资类项目外，其余三类建设模式的已建工程装机规模均大于在建工程规模。

分区域来看，亚洲是中国企业参与国际水电合作最重要的区域，截至 2020 年底，合作项目数量和装机规模占比分别达 65.1% 和 64.8%。按照项目规模排序，中资企业参与水电合作排名前二十的国家分别为：缅甸、巴基斯坦、老挝、巴西、越南、印度尼西亚、马来西亚、尼日利亚、柬埔寨、安哥拉、埃塞俄比亚、厄瓜多尔、尼泊尔、委内瑞拉、赞比亚、苏丹、几内亚、吉尔吉斯斯坦、阿根廷和喀麦隆。中国企业在非洲区域开展国际水电合作项目数量与装机规模均位居第二位，占比分别为 21.4% 和 17.7%。南美洲是中国企业参与国际水电合作项目另一重要区域，参与项目数量占比为 9.4%，装机规模占比为 17.7%。

（三）风电国际合作现状

2023 年，全球风电增长加速。风能从开发成本角度，已成为全球最具竞争优势的清洁能源。据统计，2020 年中资企业在境外风电对外投资项目 2 个，工程承包项目 19 个，设备供货项目 23 个。目前工程承包仍是最主要的合作方式。2020 年，风电国际合作项目主要集中在"一带一路"共建国家和地区，尤其是东南亚和南美，主要签约市场有越南、菲律宾、阿根廷、墨西哥、巴西等国家。2020 年，中国电力建设集团有限公司和中国能源建设集团有限公司积极参与海外风电项目开发，合同额从 5.93 亿元至 79 亿元之间不等。2020 年中资企业海上风电国际合作力度加强，共计 7 个项目成功中标。

（四）光伏发电国际合作现状

太阳能光伏发电以其清洁、安全、取之不尽、用之不竭等显著优势，已成为发展最快的可再生能源。开发利用太阳能对调整能源结构、推进能源生产和消费革命、促进生态文明建设均具有重要意义。中国企业也积极走出去开展国际光伏项目合作。据统计，截至2020年底，中国主要企业海外规模以上光伏项目合作共54个，总装机约126亿瓦。项目主要分布在亚洲、非洲、欧洲和南美洲。按装机容量划分，亚洲占比61%，南美洲占比14%，非洲占比13%，欧洲占比12%。按项目类型划分，新签项目43个，装机容量81.5亿瓦，占比65%；并网运行项目8个，装机容量15.6亿瓦，占比12%；在建项目1个，装机容量28.8亿瓦，占比23%。

亚洲是中国企业参与国际光伏合作最重要的区域，新签合作项目数量和装机规模占比分别达55.8%和57.3%；完成项目4个，装机规模7.27亿瓦；在建项目6个，装机规模22.7亿瓦。中国企业在欧洲参与新签光伏国际合作项目7个，装机规模11亿瓦；在建项目3个，装机规模4.19亿瓦。南美洲是中国企业参与国际光伏合作项目另一重要区域，新签项目数量占比为13.9%，新签装机规模占比为13.4%；2019年完成项目3个，装机规模7.4亿瓦。中国企业在非洲区域开展国际光伏合作，新签项目装机规模位居第二位，占比分别为13.9%和15.8%；完成项目1个，装机规模1亿瓦；在建项目2个，装机规模1.9亿瓦。

中国光伏企业在海外继续扩大产能，拉升产能优势，国内国外协同发展。中国光伏企业在海外拥有产能超过400亿瓦，其中包括硅片25亿瓦、电池片170亿瓦、组件210亿瓦。马来西亚、越南等东南亚国家凭借其良好的投资环境、低廉的人工成本、免税或低税率出口欧美市场等优势，成为一线电池片制造厂商投资建厂的优选地，同时也将硅片组件等相关配套产能向该区域输出。作为光伏龙头企业，隆基绿能科技股份有限公司、晶科能源股份有限公司、阿特斯阳光电力集团股份有限公司、天合光能股份有限公司等均在海外布局了产能及相关配套。

（五）其他清洁能源国际合作现状

对于中国、印度等人口众多、能源需求量较大的国家，通过生物能源、氢能、地热能等新型可再生能源来增加能源供应具有较大潜力。近年来，中国生物质能等产业国际合作以政策对话、技术研讨等国际交流活动为主，产能合作也在有序推进。在产能合作方面，以引进发达国家的技术装备等"引进来"合作为主，也包括在部分发展中国家开展的"走出去"合作。

近年来，中国企业也在不断尝试和探索生物质能利用领域的项目合作。例如，在生物质能领域，与法国电力集团（EDF）合作的河南灵宝生物质热电项目，中国能源建设集团有限公司承建的马来西亚4400万瓦一揽子生物质电站项目、乌克兰Cindrigo1000TPD和基辅Karsa垃圾发电项目等。在光热领域，有摩洛哥努奥光热电站项目、阿联酋迪拜光热电站项目等；在地热能领域，山东科瑞石油装备有限公司联合东非地热开发公司成功签订埃塞俄比亚国家电力公司地热能源开发合同，合同金额逾8000万美元，该项目是埃塞俄比亚地热领域最大项目；中国核工业集团有限公司与中国石油天然气集团有限公司合作肯尼亚地热资源综合开发利用项目，是国家发展改革委中非产能合作重点项目，对促进中肯全面战略合作伙伴关系意义重大。

二、中国清洁能源国际合作发展机遇

清洁能源是中国企业参与"一带一路"高质量国际合作的重要领域，加快新能源发展，推动能源清洁、低碳转型，是实现能源、环境和经济可持续发展的最佳路径。"一带一路"建设是中国在经济新常态背景下拓展对外合作和规划外交战略的核心，它不仅有利于改善中国的外部环境，还有利于推动构建互利共赢的地区命运共同体。在中国政府颁布的《推动共建丝绸之路经济带和21世纪海上丝绸之路的愿景与行动》中，着眼于共建国家生态环境保护和绿色产业发展的"绿色丝绸之路"建设已日益受到重视。清洁能源国际合作为中国清洁能源高质量发展提供了重要契机。

（一）发展清洁能源是全球能源革命和应对气候变化的一致行动

全球范围内的化石能源开发利用不断增加，导致环境污染和气候变化等问题日益严重。这些问题带来了酷暑、干旱、洪涝等极端气候事件的频繁发生，对各国的发展造成了严重影响。因此，应对气候变化已经成为人类社会可持续发展面临的重大挑战，得到了国际社会的高度关注。为了应对气候变化，发展清洁能源已经成为全球范围内的共同选择。联合国专门机构世界气象组织（WMO）发布的《2022年气候服务状况》报告中指出，到2030年，清洁能源电力供应必须翻倍才能限制全球温度上升。能源部门是全球约四分之三温室气体排放量的来源，人类想要在21世纪蓬勃发展，很重要的一点就是发展太阳能、风能和水力发电等清洁的发电形式，同时还要提高能效。气候行动计划必须将能源列为优先事项，到2050年对可再生能源的投资需要增加两倍。

（二）"绿色产业走出去"为清洁能源国际合作注入动力

近年来，国内清洁能源的快速发展为"一带一路"中的"绿色产业走出去"奠定了基础。2015年，国家发展改革委、外交部、商务部联合发布的《推动共建丝绸之路经济带和21世纪海上丝绸之路的愿景与行动》明确将清洁能源视为构建"绿色丝绸之路"的重要依托，旨在根据优势互补和互利共赢原则来推进并强化共建国家在清洁能源技术和产业领域的深入合作，利用中国的优势来推进地区能源绿色转型及2030可持续发展目标的实现。此外，全球清洁能源产业发展态势良好，国际投资前景广阔，"一带一路"共建国家对清洁能源的关注度和投资量不断攀升，这些因素均为清洁能源国际合作奠定了较好的基础。

（三）绿色能源发展需求助推中国的清洁能源国际合作

中国清洁能源合作伙伴众多，其中多数国家是城市化或工业化处于起步或加速阶段的发展中国家，还有像巴基斯坦、缅甸、尼泊尔等经济发展水平较低、电网等基础设施建设落后、面临能源发展两难困境的国家。一方面，这些国家的快速工业化使其对能源的需求大幅增加；另一方面，由于资金和技术的短缺，导致这些国家的能源可获性较低，自身的清洁能源资源也未得到充分开发。根据联合国消息，全球仍有6.75亿人无法用上电，23亿人无法获得清洁烹饪燃料和技术，其中发展中国家占据了大多数，如期实现可持续发展目标（经济适用的清洁能源）任重道远。因此，这些国家迫切需要提升自身的清洁能源开发能力，从而更有效地应对环境容量紧迫、能源安全威胁以及国内可持续发展等问题。这些国家均提出了自身的清洁能源发展目标和支持性政策，这为中国国际清洁能源合作提供了契机。

（四）"一带一路"倡议为清洁能源国际合作带来广阔空间

"一带一路"为清洁能源外交提供了一个资源互补、产能优化及绿色融资的发展平台。第一，"一带一路"共建国家清洁能源资源丰富，可因地制宜促进清洁能源合作开发。中国可发挥在光伏、风电和水电等技术和产品上的优势，来带动共建国家的绿色产业发展。第二，"一带一路"建设可优化中国与共建国家的产能供给结构，在提升中国清洁能源产业链的同时，促进不发达地区的清洁能源基础设施建设。除高铁和卫星外，以光伏、风电和水电为代表的清洁能源被视为最具竞争力的"走出去"产业。从行业特点、先进程度、要素密集程度等来看，中国清洁能源产业都比较符合共建国家的需要。第三，"一带一路"建设为共建国家的清洁能源合作和援助项目提供了新的绿色融资机制。清洁能源和绿色电网等基础设施建设需要的投资规模巨大，但回收周期长且存在很多风险。中国发起成立的亚洲基础设施投资银行和丝路基金等金融机构和融资机制已经开始运营，上海合作组织开发银行也在筹划之中，这都将为清洁能源国际合作提供资金支持。

三、中国清洁能源国际合作发展面临的挑战

随着全球对可持续发展和环境保护意识的增强，清洁能源的重要性越来越凸显，中国积极致力于推动清洁能源国际合作。然而，要实现清洁能源国际合作的目标，中国面临一些困难和挑战。

（一）地缘政治威胁中国清洁能源海外资产安全

与中国进行清洁能源合作的一些国家安全形势较为复杂，这对清洁能源合作带来了挑战。清洁能源合作项目的前期投资一般较大，风机、水利以及电力输送网络等设备资产的投资、运营和管理均需要安定的周边环境，否则中国的海外资产利益将受到威胁。与其他国家进行清洁能源合作的内部风险主要体现在政治、社会和经济三个方面：一是政治风险，包括各国国内的政治局势动荡以及国家间的利益交涉与武力冲突，这需要中国对目标国家的政

治制度及地区安全进行全面考察。二是社会安全风险，包括国内民族和宗教冲突以及恐怖主义。与中国进行清洁能源合作的国家民族和宗教关系复杂，其中夹杂着极端民族主义、宗教极端主义、国际恐怖主义和跨国毒品与武器走私等安全威胁。三是经济风险，包括合作对象国金融和经济体系动荡、脆弱，表现为国家外汇储备低、负债率高、本币持续贬值、抗外部经济风险能力差等。

（二）合作国家的清洁能源支持政策及产业标准等领域具有差异性

由于生产成本仍然高于传统电力，清洁能源发展特别是风能和光伏项目开发和运营都离不开政府的支持性政策。然而，其他国家对清洁能源产业的法律规制、价格补贴、行业标准、管理体系、政策环境、社会接纳条件等都与中国存在差异，这为中国清洁能源合作带来巨大挑战。如果忽视这些差异性，则会对清洁能源外交的有序开展产生消极影响，包括以下三个方面：一是法律政策环境变迁的影响，以风电、光伏和水电为代表的清洁能源项目通常具有操作环节多、周期长等特点，很多国家的法制环境还不完善，因此更要注意风险。一旦合作对象国的清洁能源政策出现重大调整，必然会对中国的投资项目带来重要影响。二是标准对接问题。很多国家的清洁能源行业标准不一，由于中国与其他国家实行不同的清洁能源补贴政策，在缺乏有效、顺畅的协调机制和战略互信的背景下，很容易引发清洁能源反倾销案件，甚至上升为外交摩擦和纠纷。三是后期管理问题。很多清洁能源项目对后期的项目管理和服务提出很高的要求，需要对设备进行定期维护和检修，这需要中国一方面在项目设计和建设过程中尽量减少后期运行中的问题，另一方面则要加强对外方人员的技能培训，提升其独立操作和后期维护的能力。

（三）发展中国家电力系统相对薄弱，高比例新能源稳定运行和电力消纳面临挑战

当前，大部分发展中国家仍以煤炭等化石能源发电为主，电力基础设施薄弱，系统灵活性不足，电源和电网发展不平衡，给新能源项目高比例发展和电力消纳带来隐患。随着新能源的快速发展，新能源装机比例不断攀升，

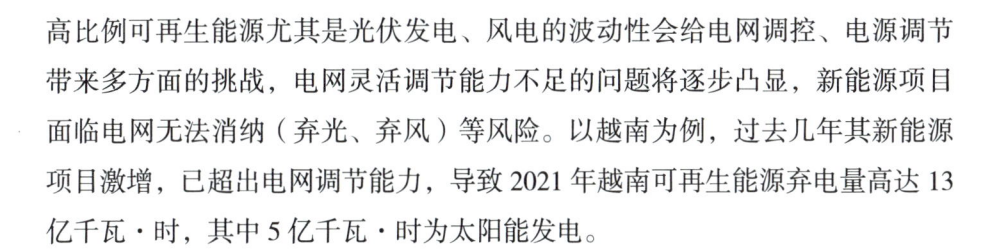

高比例可再生能源尤其是光伏发电、风电的波动性会给电网调控、电源调节带来多方面的挑战，电网灵活调节能力不足的问题将逐步凸显，新能源项目面临电网无法消纳（弃光、弃风）等风险。以越南为例，过去几年其新能源项目激增，已超出电网调节能力，导致2021年越南可再生能源弃电量高达13亿千瓦·时，其中5亿千瓦·时为太阳能发电。

四、中国推动清洁能源国际合作的建议

（一）加强统筹管理力度

以行业为单位，加强对外资源的统一管理，明确政府、企事业单位等各方的职责和分工，保障行业的规范，避免出现多头和无序现象，形成对外合作的合力，保障中方整体利益。重点发挥中巴、中缅、中尼等双边合作机制以及中非、中国—东盟、金砖五国、亚太经济合作组织（APEC）、二十国集团（G20）等多边合作机制的积极作用，充分发挥政府间合作平台的作用，构建政府—企业联动的合作网络；通过合作规划编制、重大能源项目合作等，深化和扩大与重点国家的能源务实合作。加强政府对外资金的集中统一管理，规范各类资金的用途和方向，注重资金的投入效果，分行业统一制定年度资金使用计划，防止出现资金的重复使用。加强对外合作信息的管理，搭建多渠道、多类别、统一的对外信息合作服务平台，促进信息在一定范围内的透明和共享。加强对风险的统一防控和管理，明确政府和企业在风险防控体系中的职责，建立健全海外风险防控管理体系。

（二）重视市场培育和市场维护

把培育市场作为对外合作的主要方向，允分发挥规划引领作用。加强可再生能源基地规划、河流水电规划等基础规划工作，为项目合作提供基础。加强战略谋划、政策研究、能力建设等软实力方面的合作，鼓励中国智库走出去；通过与境外智库的合作共同提升双方的合作层次，推动中国管理理念、管理体系、技术标准走出去。加强人才储备和派员能力，加大高素质人才队伍建设，促进人才国际交流，向国际组织输送具有国际化视野和实践经验的

专业人才。加强对项目建设期和运行期的管理，建设一批高质量的精品工程；加大项目运行期的投入，保障项目持续稳定发挥作用，维护中国制造和中国品牌形象。

（三）着力推进共建"一带一路"相关国家能源合作

"一带一路"共建国家可再生能源发展潜力巨大，中国政府及企业充分发挥其在新能源制造业、项目设计施工等方面的优势，积极帮助共建国家发展可再生能源。在这些国家推动可再生能源的发展将不仅有利于减少气候变化带来的不利影响，保护环境和民众身体健康，加速能源结构转型，还有利于中国打造"一带一路"良好的国际形象。"一带一路"沿线既是传统化石能源的富集地区，也是新能源的开发热点，与相关国家进行国际能源合作需要把握区域特色。中亚、西亚地区是全球油气资源核心地带，中国与其合作应围绕油气资源开发、输送、炼化、交易的全产业链开展。东南亚、南亚地区的电力基础设施相对薄弱，人均用电量偏低，中国可以发挥基础设施建设优势，在电力生产、跨境电力输送、电网升级改造等领域与当地政府和企业合作，提升当地电能质量和用电质量。中东欧国家重视清洁能源发展，且能源市场化程度较高，可与这些国家进行可再生能源、循环经济领域的合作，同时加强能源市场建设和价格稳定机制方面的交流。越南可再生能源潜力巨大，中国可在电源建设、技术合作、电网互联互通等方面与之加强合作，应将风电作为重点投资方向。而印度尼西亚岛屿众多，各类可再生能源资源禀赋均较好，中国可在基础研究、能源可及、电源建设等方面与之加强合作，将海岛多能互补作为重点投资方向。

五、中国清洁能源国际合作展望

展望未来，伙伴关系将遵循全球发展倡议主线，聚焦清洁能源主题，以推动各国能源结构转型、清洁能源发展为导向。中国将锚定碳达峰、碳中和的目标，充分发挥中国可再生能源的资源优势、技术优势，促进可再生能源高比例、高质量、低成本、市场化发展，为保障能源供应、推进能源绿色低碳发展、实现"双碳"目标做出更大贡献。未来，中国清洁能源国际合作将主要围绕以下几点展开：

一是切实发挥伙伴关系平台引领作用。伙伴关系将举办国际能源变革论坛，探索建立国际能源变革联盟，还将充分发挥中国—阿盟、中国—东盟、中国—非盟、中国—中东欧和亚太经合组织可持续能源中心等区域能源合作平台作用，积极打造中国—中亚绿色能源合作伙伴关系，推动区域各国政策信息沟通协调，推进清洁能源技术共享，加强人才交流与能力建设，促进创新合作项目孵化。

二是推动能源行业技术创新和产业融合。能源行业要充分认识到伙伴关系带来的国际合作新机遇，发挥创新主体作用，主动融入全球清洁能源技术创新网络，充分利用国内国外两个市场、两种要素资源，推动研发成果尽快跨越商业化应用临界点，进一步降低清洁能源用能成本。同时，顺应全球产业链、供应链、价值链深度融合趋势，以更加广阔的视野、更加专业的国际合作能力投身全球清洁能源市场，推进产业转型升级，为维护全球清洁能源产业链和供应链的安全和稳定做出积极贡献。

三是实现智库机构有力支撑。凝聚伙伴关系下的全球智库力量，为政府部门、金融机构、能源企业参与国际清洁能源合作提供全方位智力支持。发挥"二轨"交流的渠道作用，加强成果共享与人员往来。通过开展知识分享与能力建设，为人文交流疏经通络，不断扩大合作共识。

四是探索实现金融机构导向作用。绿色低碳产业发展催生新的金融服务需求。据测算，全球要在21世纪中叶实现净排放归零的目标，2030年前每年在能源项目的投资需要达到5万亿美元。面对巨大的资金需求以及南北差距，金融机构应将绿色能源、能源可及作为对外援助资金的重点支持方向，探索建立符合绿色低碳产业金融服务需要的经营管理机制，不断提升绿色金融综合服务水平。

中国可再生能源补贴政策优化设计

孟思琦

中国船舶集团有限公司综合技术经济研究院

一、引言

在当前资源和环境约束紧张的背景下，可再生能源的有效利用在全球经济和环境中发挥着重要作用。在中国高度能源密集型经济和强劲的 GDP 增长的推动下，当前中国的能源主要燃料组合以煤炭为主，对区域环境造成严重污染，于是促进可再生能源的有效利用，对优化中国能源结构、减少能源利用产生的环境外部性都有重要的意义。可再生能源在提高电气化水平从而保护环境以及满足经济和社会需求方面具有潜在的重要作用。此外，在满足不断增长的电力需求时，它可以鼓励技术更新和国民生产，从而实现未满足的需求并将电力带到偏远地区。

中国高度重视可再生能源的发展情况。2005 年，全国人民代表大会颁布的《可再生能源法》是中国可再生能源领域的基本法律法规，此后，在 2005 年至 2020 年间，中国共颁布了 100 多项政策法规，以促进可再生能源的发展，政策内容涵盖了补贴、价格机制调整、资金管理办法以及促进可再生能源的消纳意见等多个维度。2016 年，中国确定了可再生能源电价附加由 0.15 元/（千瓦·时）提高到 0.19 元/（千瓦·时），从而尽可能减少可再生能源电价补贴资金缺口，促进健康发展，同时对新能源标杆上网价进行调整，逐步向实现可再生能源平价上网迈进。2020 年 6 月 17 日，财政部、国家发展改革委、国家能源局印发《可再生能源电价附加资金管理办法》的通知，其中提到电网企业应严格按照《可再生能源电价附加资金管理办法》，将补贴资金拨付至已纳入可再生能源发电补助项目清单范围的发电项目。例如，补贴资金分配时，应优先给装机为 50 千瓦及以下规模的自然人分布式项目足额拨付资金；

同时，优先满足 2019 年采取竞价方式确定的光伏项目以及 2020 年按照"以收定支"原则确定的新增项目的需求；对于国家确定的光伏"领跑者"项目，优先保障给国家确定的光伏"领跑者"项目拨付的资金是应付补贴资金的 50%；至于其他发电项目，按照各项目应付补贴资金，采取等比例方式拨付。可以看出，中国面临的主要挑战之一是如何在其能源供应来源结构以及当前的行业私有制双重制度政策中实现其能源发展需求，需要优先考虑可负担人口经济快速增长并且有效的电力供给，通过补贴等手段调节价格机制的运作。中国的可再生能源特别是风能和水能资源丰富，但目前利用率很低。在中国可再生能源电价市场化改革的趋势下，能源各环节的结构制度和政策都在发生巨大变化，当前补贴手段存在的问题和伴随的应对机制成为亟待解决的问题。

电价的制定成为研究的热点问题。目前主要研究的电价机制有：固定上网政策、招标制、配额制政策、可交易的绿色证书制等。其中 Kydes 研究了美国配额制电价对于电力市场的影响，文章预测到 2020 年可再生能源发电应用比例将大幅提升，电价将提高约 3%，应合理考虑补贴和税收制度对配额制电价进行完善；Sun 和 Lincol 对比了固定上网电价以及配额制两种电价的优缺点，认为若要实现对可再生能源生产份额、碳减排以及改善消费者剩余多方面的刺激作用，补贴政策应当受到足够的关注。此外，在对中国可再生能源电价的研究中，任东明等从机制设计的角度出发，认为中国可再生能源新的发展机制应由定价机制、选择机制、目标机制、激励和补偿机制等多种机制共同组成；郑新业认为输配电成本、能源供需、能源相关政策、负外部性、税收相关政策和社会相关政策均是影响中国电价的因素，基于经济学的角度探讨了中国能源价格的形成机制，发现中国能源价格的形成仍是不平衡不充分的。张翔等设计了适应可再生能源配额制的电力市场交易体系，以激励市场成员主动消纳可再生能源完成自身配额。蒋轶澄等论述了现有的固定电价制度对可再生能源补贴带来的压力，并对可再生能源配额制和固定电价机制进行了比对，分析得出中国应分阶段推进配额制电价，实施固定电价和配额电价双轨制的价额机制，注重激励机制的改革。

通过对上述可再生能源电价机制的研究可以发现，当前市场化改革背景下，配额制电价机制成为中国价格机制改革的方向，在以往的文献研究中，对价格机制研究均强调补贴政策的重要性，可见补贴环节的研究在整个可再生能源价格形成的研究领域占据了重要的地位。林伯强研究了中国补贴居民用电中的实施情况，提出应当增强补贴的针对性，以提升补贴的效率；王风云认为可再生能源上网电价的调整对于补贴有重要的影响，而当前可再生能源的补贴政策存在效率低下的问题，应优化可再生能源补贴的方式，逐步缓解固定电价补贴带来的弊端。

二、中国可再生能源补贴问题分析

可再生能源电价补贴起到了促进中国可再生能源市场发展的积极作用，但同时补贴政策的实施也存在一些弊端，具体体现在以下几个方面：

（一）补贴本质上与市场化价格机制的相悖性

可再生能源价格市场化，是对可再生能源价格的形成机制的完善和健全，从而使得市场供需变动情况以及资源稀缺程度能够在能源价格中充分体现出来，使得能源价格中能够体现出环境负外部性成本，使得价格面对市场的变化能够灵活地作出反应，从而优化资源配置，防止资源错配。而补贴是对价格形成的人为干预，起到促进发电侧供电与需求增长的作用，但政府的补贴行为，从经济学的本质上讲是对价格的市场化起到干扰作用的，这使得价格本身不能直观反映当下可再生能源供求的真实情况。在可再生能源电价发展的初期阶段，国家的补贴政策对巩固市场发展的作用是有效而必要的，但当市场逐渐壮大时，继续实施固定电价补贴政策就会影响可再生能源电价市场化改革的进程，且当可再生能源市场规模较大时，一味地刺激供给也会产生消纳问题，影响市场效率。不同于西方资本主义的自由竞争主义，中国可在社会主义市场经济的大背景下，强调充分发挥市场的决定性作用的同时，重视政府的调节功能，当前的补贴政策并未处理到如何充分体现市场的竞争和保障市场平稳高效运营的关系。

（二）可再生能源补贴效率有待提升

在之前的分析中提到对可再生能源的固定电价补贴会导致对可再生能源市场主体，尤其是目前固定电价补贴下比较注重的供给侧的过度刺激，加之当前电网的网架结构限制，出于经济和安全的角度出发，电网公司对可再生能源发电的消纳意愿不高，这就会导致可再生能源供给与消纳矛盾的问题产生，使得可再生能源领域固有的弃风弃光弃电问题被继续加深。

（三）可再生能源电价补贴对于市场发展的推动作用较小

在可再生能源的激励政策实施下，中国可再生能源发电供给端的发电力度得到了提高，中国可再生能源发电市场的"交叉补贴"问题一直没有得到合理的解决。

三、可再生能源动态补贴政策建议

（一）科学处理供需调节与市场化运作的关系

在可再生能源市场化改革的重要阶段，要充分抓住价格改革方案发布的机遇，充分利用政策的优势，利用补贴政策完善调节需求的作用，在考虑对其进行完善时，要把重点放在需求响应上，并将交叉补贴和低保制度充分结合起来，能源消费中引入了成本，并进一步改革了交叉补贴，以达到恢复能源产品的商品属性。

（二）转变政府职能，推动可再生能源电价机制改革

政府政策和管控手段对于可再生能源价格以及市场化运作方面都有重要的影响，且不同类型的可再生能源价格与需求水平相关，可见合理的政策制定对于推动可再生能源市场发展至关重要。中国现阶段正是可再生能源实施市场化改革的关键环节，必须要参照中国实情，对可再生能源市场的相关交易法规予以持续优化，对可再生能源的应用构架予以科学性的规划，同时对石化能源的应用构架同样予以合理统筹，逐渐创建由市场化因素起主导作用

的可再生能源价格机制，但仍保留政府对于应急事件的管理权，建立有中国特色的可再生能源市场化运作机制，推动中国特色的可再生能源市场化交易机制的建立。

（三）促进行业信息监测机制构建，完善应急与预警体系

信息的利用程度对市场参与者的行为也有一定的影响，因此，要促进中国可再生能源行业信息监测机构的建立，完善应急与预警体系。在可再生能源发电市场的运行机制方面，需要创新政策管理能力，对价格等信息进行实时监测和披露，并及时更新。在完备法律法规及标准体系的基础上，政府部门完善产能变化、相关价格趋势以及市场需求分析等数据库，加快建立信息透明机制，使市场利益相关各方充分掌握市场信息，消除行业内信息孤岛，为及时准确进行风险预警打下基础。

四、结论

本文在分析了当前对可再生能源发电价格机制和补贴政策研究的基础上，厘清了当前可再生能源补贴政策的现状和存在的问题，主要取得了以下几点贡献：一是从经济学基本原理和中国特色社会主义经济制度相结合的角度深入分析了当前可再生能源发电补贴政策与市场化改革方向的矛盾点；二是根据上述矛盾，有针对性地构建了可再生能源动态补贴政策；三是从实际出发，提出了具体的实施优化后补贴政策的建议，保障了政策的可行性和现实价值。研究有利于推动可再生能源电价市场化改革，优化可再生能源政策的完善，保障中国能源安全和能源利用效率的提升。

中国新能源汽车国际竞争力提升路径研究

郭 风

中国船舶集团有限公司北京船舶管理干部学院

随着世界不断减少的石油不可再生资源储备量，不断严重的气候和环境问题，使得节能减排受到各国政府关注。新能源汽车由于"零排放"环保特性，得到了全世界越来越多的关注。大规模汽车制造商都加大了新能源汽车的研发投入力度。新能源汽车产业，在中国发展时间较晚，但在资源上具有较大优势，且具有广阔的市场空间。中国新能源汽车产业通过近10年的发展，得到迅猛发展，中国在2015年已成为世界上最大的新能源汽车销售国。但是，面对更广阔的国际市场，中国的新能源汽车产业未做足准备，很少有中国新能源汽车公司能够为国际市场中具有的需求提供满足。对于中国新能源汽车产业来讲，在国际市场上，竞争力如何提高，在全球范围内，如何发展为生产强国，是当前值得探讨的问题。在此基础上，本文以中国新能源汽车国际竞争力为研究对象，进行了深入的分析，希望研究结论能够为在国际竞争力中，如何提高中国新能源汽车产业的发展提供参考。

一、新能源汽车国际竞争力分析

根据名称的不同，就可以分析出新能源汽车是以新能源作为动力行驶，与普通汽车存在差异。而且，新能源汽车运用了普通汽车的原理在构造上进行了升级，交融其驱动与动力控制技术。现在，新能源汽车主要有纯电动汽车、氢燃料电池车、混合动力汽车、氢发动机汽车等类型。

纯电动汽车的部件主要包括发电机、可以充电的电池等，动力由蓄电池提供，发电机会在车辆减速与制动的时候回收能量。电池是纯电动汽车的技术核心，其主要应用锰酸锂电池与磷酸铁锂电池。因为纯电动汽车不会危害自然环境，从真正意义上实行了绿色环保，使其受到大家欢迎。

氢燃料电池车的部件主要包括蓄电池、电动机、燃料箱（用于燃烧甲醇与氢氧提供能量）等。燃料电池通过化学反应生成水并产生能量，属于近似零排放甚至可以直接定义其为零排放，除此之外，燃料电池在车辆上路行驶时尤其出色，原因在于它的功率加强削弱更加灵敏。然而，氢燃料电池车还存在一定程度上的技术难题亟待解决，例如，为了确保实际行进时的动力，要在一个个燃料电池中设立桥梁，实现一体化。这个技术难题出现在研发过程中，无论是研究还是原料价格都比较昂贵，实现市场化尚且需要一段时间。

混合动力汽车可以解决费油以及速度低下的问题，通过电动发电机与常规燃料共同运作来实现行驶。常规上，内燃机的峰值功率由一般需要的功率来设置。许多专家觉得混合动力汽车的内燃机构造烦琐，存在很大程度上的技术挑战，且该车型还是非常依赖内燃机，所以它只是电动汽车的中间产物。

本文将其界定为一个国家/地区中，在不完全竞争市场上，特定产业的效率要高于国外市场。组织资源和服务，确保其在产品服务和生产中，能够得到有效的利用，确保其竞争和比较优势，在国际分工和产业竞争实现更好的参与。产业竞争力的形成受许多因素的影响，例如区位、制度、规模、技术和创新。随着全球经济一体化的加速发展，传统元素（例如区位、制度和规模）已变得不那么重要，而技术、创新和集群却变得越来越重要。

二、主要国家新能源汽车产业国际竞争力分析

（一）美国新能源汽车产业的发展概况

从 2010 年 12 月开始，美国市场已经累计销售了 110 多万台新能源汽车车型。有专家估计，2023 年美国新能源汽车的销量大概可以轻易达到 100 万辆。从 2010 年到 2013 年，由于政策鼓励与宣传推广等因素联合效应，新能源汽车在每年都可以实现翻番的销量，但 2014 年至 2017 年尽管销量持续增长但速度放缓，在 2018 年的增速则创造近些年的新高，市综合销量约为 361307 辆，同比增长 80.8%；平均市场份额达到 2.1%，甚至翻了个番，每天市场上大约可以卖出 1000 辆新能源汽车，打开了汽车产业的新纪元。

2005年，美国政府基于推动新能源汽车增长的考虑，准予购买新能源汽车可以在缴税上予以优惠，这项政策在五年内均有效，并且比照汽车的大小和排放水平，消费者最高能够少缴税32000美元。2008年，政府推出《经济稳定法案》，补助水平逐步下调，能够减免最低2500美元，最高7500美元范围内的税费仅限于选购前25万新能源汽车的用户。美国2009年为促进新能源汽车的发展，激发消费者舍弃常规汽车，出台以旧换新方案，即大众把行驶时长不超过25年的汽车替换新能源汽车时，能够得到3500美元，且最高4500美元的贴补。2015年，美国针对一年薪水达不到6万美元的家庭补助3000美元，来激励低收入家庭置办新能源汽车。针对新能源汽车厂家，在2006年到2010年，政策条例颁布内容包括混合动力汽车厂家售卖达到30000辆汽车以后，税费补贴减少一半，同时卖的数量越多，税费减免得越少，出售超过60000辆汽车以后不再享受该贴补。

（二）日本新能源汽车产业的发展概况

最先发展电动汽车的国家中日本占据一席之地，在20世纪60年代就展开了对新能源汽车的研究。而电动汽车在20世纪90年代才初具规模，形成市场，当时日本颁布了很多条例来鼓励大众购买混合动力汽车。2004年，日本明晰了燃料电池的推进目标，明确氢燃料电池产业属于日本新兴产业。2009年，日本发布"绿色税制"，即按照污染与耗能均较少的车型——主要包括生态车、混动与纯电动汽车等的环保标准，用户可以减少一定税费的缴纳，车辆重置税与购置税最低也能减少五成，有的车型甚至可以不缴税，比如丰田普锐斯这种混合动力汽车。2009年，日本还发起"以旧换新"的方案，在消费者舍弃行驶合计超过十三年的汽车而选择采办排放量较低与标准相符的汽车时，消费者可以得到最高25万日元的经济补助，而小于十三年则可以享受5万~10万日元的经济补助，除此之外，载货卡车与公交则可以享受峰值180万日元的经济补助。政府在2010年为采办混合动力汽车的用户提供经济补助，最高能够得到相同水平普通汽车的一半，假如混合动力汽车符合标准且排量较少，消费者还能够取得经济补助。2014年，日本补给消费者200万到300万的补助旨在促进氢燃料电池车产业发展为成熟市场。日本不仅出台了许多条例来鼓励研究开发新能源汽车的新技术，而且开办了很多高水平的讨论会议，主要探讨新能源汽车的核心工艺，积极投入到实验中，把实验结果与实际生产联合起来，实现学以致用。

三、中国新能源汽车的发展现状

（一）中国新能源汽车的发展历程

中国新能源汽车发展过程主要可以划分为以下三个阶段：起步阶段是从 2001 年到 2008 年，汽车产业的时代主题是深化技术水平，积极改变结构，增加消费。在 2001 年发起的国家高技术研究发展计划中电动汽车这一项目发生巨大变化，大学与公司、政府、研究机构建立合作关系，积极发展电动汽车的改革。这一决定代表电动汽车正式迈入新的时代，中国汽车实现了更大的成长。推广示范阶段指的是从 2009 年到 2014 年。2009 年，工业和信息化部与国家发展改革委等部门联合启动了"十城千辆节能与新能源汽车示范推广应用工程"，打算实行政府部门给予的补助及其他优惠方案，在 2011 年以前逐年增加十个试点城市，并在当地试运营一千辆新能源汽车。在很多大城市的高速公路服务区、停车场等公共范围内设立充电设备。这个工程方案加深了民众对新能源汽车的了解，为后续新能源汽车的销售做好了铺垫。市场化发展阶段指的是 2015 年到现在，2015 年开始，由于中国出台的新能源汽车政策越来越与市场相配套，所以中国该车型的技术水平进步飞快。中国政府出台多个条例，诸如《新能源汽车财政政策》等，显示出十分重视设立基础设施，为其提供了丰富的资金。

（二）中国对于新能源汽车发展的相关政策分析

政府出台了很多法律条例来鼓励新能源汽车进步，推动市场在进步过程中保持运行正常。这些政策涉及的领域十分全面，从生产到采办与应用，还包括基础设施领域。

在生产方面，政府为新能源汽车生产企业拨款，让他们积极钻研于新能源汽车的开发创新与营销范畴，也就是给予生产研发与营销嘉勉等。

在采办方面，政府通过资金优惠等方式促进新能源汽车的销售，例如在缴税和补助上给予一些优惠；首先核查请求获得营运许可的新能源汽车个体与单位；要求一些政府部门替换成新能源汽车进行公用；中国的一些大城市颁布了条例限制购买传统汽车来促进新能源汽车的销售；奖励新建的新能源汽车销售机构组织等。

在应用方面，政府通过资金优惠等方式进行补助，具体说来是允许不缴或少缴车辆使用税与车船税、年检费，优先进行年检，汽车可以免交道路通行费及可以行驶在特殊通道上等。

在基础建设方面，政府贴补充电站与停车位，建立基础设施，设立便捷通道，简化新能源汽车充电设备的申请程序。从资金方面着手，着眼于消费者亟待解决的充电问题，推动基础设施的进步。

（三）中国新能源汽车的产销量及细分产品分析

中国近两年来高速发展，连续八年位居全球第一。在政策和市场的双重作用下，2023年我国新能源汽车产销分别完成958.7万辆和949.5万辆，同比分别增长35.8%和37.9%，市场占有率达到31.6%，高于2022年同期5.9个百分点，连续九年位居全球第一。其中，新能源商用车产销分别占商用车产销的11.5%和11.1%，新能源乘用车产销分别占乘用车产销的34.9%和34.7%。

从售价区间来看，2023年新能源乘用车中，8万元以上价格区间车型同比呈现正增长，其中35万~40万元价格区间的车型涨幅最大，同比增速超过1倍，8万元以下同比下降。目前销量仍主要集中在15万~20万元价格区间，累计销量283.3万辆，同比增长52.7%。

新能源汽车市场持续、快速的发展也带动了动力电池市场的稳步提升。2023年12月我国动力和其他电池合计产量为77.7吉瓦时，环比下降11.4%，同比增长48.1%。2023年全年我国动力和其他电池合计累计产量为778.1吉瓦时，累计同比增长42.5%。

销量方面，2023年12月我国动力和其他电池合计销量为90.1吉瓦时，环比增长7.1%。其中，动力电池销量为72.1吉瓦时，占比80%，环比增长5.9%，同比增长38.2%；其他电池销量为18吉瓦时，占比20%，环比增长

12.5%。

2023年全年我国动力和其他电池合计累计销量为729.7吉瓦时。其中，动力电池累计销量为616.3吉瓦时，占比84.5%，累计同比增长32.4%；其他电池累计销量为113.4吉瓦时，占比15.5%。

出口方面，2023年12月我国动力和其他电池合计出口19.4吉瓦时，环比增长8.5%，占当月销量的21.6%。其中动力电池出口13.9吉瓦时，占比71.6%，环比增长7%，同比增长48.4%。其他电池出口5.5吉瓦时，占比28.4%，环比增长12.6%。2022年12月，汽车企业出口32.4万辆，环比下降1.9%，同比增长45.4%。分车型看，乘用车本月出口27.5万辆，环比下降0.6%，同比增长47.2%；商用车出口4.9万辆，环比下降8.6%，同比增长35.7%。新能源汽车出口8.2万辆，环比下降14.2%，同比增长3.6倍。

（四）中国新能源汽车发展问题分析

1. 政策存在时滞性

随着各地新能源汽车产业的发展，部门政策并没有及时落实，进而影响了其产品和技术的进一步发展。同时，政府对新能源汽车产业的长期补贴政策阻碍了某些产业的发展。

2. 产业标准体系不健全

中国的新能源汽车在充电桩标准和电池参数标准等各个领域采用不同的标准。结果发现，在基础设施和零件上，制造商不同，不能相互兼容，进而从整体上制约了该产业的进一步发展。由此，在相关标准系统上，新能源汽车产业应该进一步改进。

3. 基础设施不够完善

截至2023年底，我国充电基础设施总量达859.6万台，同比增长65%。充电基础设施体系规模持续扩大，网络加快完善，截至2023年底，全国共有6328个服务区配建了充电设施，占服务区总数的95%，北京、上海、河北、安徽等15个省市高速公路服务区已全部具备充电能力。从全国来看，部分城市收费设施的配置不合理，某些城市车主无法使用多余的充电桩设备，而其他城市充电桩处于空闲状态。目前基础设施未能完善的原因是利用资源和收费资源不能合理配置。

4. 新能源汽车核心技术水平仍然不高

一方面，在新能源汽车的动力电池等关键零部件生产方面，相比于日本、欧美等汽车制造强国，中国还具有一定的差距，如进口零件和国产零件的性能表现差异大、电池的能量密度低导致续航能力不足、电机运行效率低等。另一方面，在对其电池进行生产研发时，技术上存在相应的问题。对于动力电池来讲，规模化生产和电池安全性技术存在短板，这些短板造成了某些国产新能源汽车的自然起火等安全事故。

四、提升中国新能源汽车产业国际竞争力的建议

（一）发挥政策引导作用，明确产业培育与发展方向

产业竞争力的提高与战略方向，离不开政策和监管上的支持。产业战略方向的正确性，有助于其竞争优势的提升。因此，加强政策法规体系的完善，有助于产业具有较高的稳定性和可预测性。第一，加强对政策法规的优化。从补贴政策来看，对补贴激励政策进行优化，有助于产业驱动力的提升。从法律法规来看，要对油耗相关的法律法规进行及时实施。阐明各种类型车辆的排放和燃油标准，公司应该基于市场需要，对生产技术进行科学选择。此外，根据燃油消耗标准，加强对财税奖惩制度进行构建，对于新能源汽车，若其符合当前相关的标准，在停车和购置上给予一定的税收优惠；而对于不符合标准的公司，应该提高税收，加大罚款力度。第二，明确产业发展和培育的方向。关于新能源汽车制造公司，当前中国还缺乏明确的战略发展方向，在推广时，能够对日本先进经验进行借鉴。关于混合动力汽车，加强在市场中的应用，在开发纯电动汽车时，注重产业技术；关于燃料电池，还应该加强对其核心技术的研发。特别是，有必要加强中国混合动力公交车的发展，因为它将混合动力汽车的核心技术与在示范和推广方面的竞争力结合在一起。

（二）加强充电基础设施的推广和建设

关于新能源汽车产业，从充电基础设施来看，其完整性会影响该产业的

发展。如今，中国存在"汽车多，充电设施少"和"频繁充电事故"的现象，不利于消费者对其汽车的体验。为解决以上问题，政府可以从下面两个方面着手：一是对收费标准进行统一，进而对各公司充电设施存在的不兼容进行解决；二是对于设备充电，在生产安全上制定统一的标准，提高其质量。对于新能源汽车公司，在运营和建设充电基础设施时，鼓励其更好地参与，加强充电设备制造公司、汽车制造公司等机构的合作，确保困难的负荷得到有效的解决。促进产业实现集群发展。在新能源汽车方面，从销量来看，上海汽车集团股份有限公司、比亚迪股份有限公司等中国公司在国际上均占据主导地位，然而，中国汽车公司具有较多的数量，且较为分散，从长期来看，大部分都是单打独斗的。从新能源汽车产业来看，其是属于技术密集型的，规模效益很难形成。因此，该产业在发展时，可以基于美国底特律等区域实行的发展模式，对产业园进行集中构建，基于战略联盟，确保研发风险、成果、技术等方面的共享。中国应该"抱团取暖"，从整体上确保资源的充分利用。

（三）加大投入技术创新，鼓励创新商业模式

加大投入创新研发。从整体产业链来看，研发环节具有较高的附加值。新能源汽车能够替代以往的汽油机，但发展还处于刚开始阶段，缺乏成熟的产品技术。关于产品性能，消费者提出了一系列的诉求，例如，电池寿命不长、价格普遍较高等，如果在技术上不能有效地解决这些问题，对该行业来讲，会制约其市场化发展。因此，公司应该在研发上加大投入，在技术上加大研发，其费用主要来源于技术交流、实验测试和外国技术专家的聘用。此外，加大对先进国外技术的学习，为中国产业在技术上的提高创造更好的环境。当前，"后补贴时代"的出现，也就是政府不断减少补贴，公司应该确保主观能动性的发挥，加强投入研发技术，最终走上创新之路。从国内外汽车市场上来看，当前对中国汽车缺乏较高的认可度，原因在于：一是汽车工业在中国出现较晚，和汽车强国相比，存在较大的技术差距；二是从品牌宣传上来看，中国汽车公司创新不足，营销较多，在品牌印象上导致消费者形成偏差认知。汽车公司应该加强业务创新，确保其形式的多样化发展，基于应用程序，对车型配置进行选择，公司基于订单进行生产。此外，还应该开展

分时租赁业务。对于新能源汽车公司来讲，加强对"共享汽车"业务的开展，有助于消费者的直接驾驶体验，更好地对新能源汽车进行了解。此外，汽车公司有助于对消费者的实际需求进行获取，推动改进产品。因此，商业模式的创新，能够降低销售和生产成本，在全过程中培养消费者的品牌意识。

（四）加强"绿色出行"理念的宣传，加大引进培养人才

积极宣传"绿色出行"理念。从发达国家来看，在刚开始发展新能源汽车时，就对本国燃油车宣布了相应的销售禁令，这给本国汽车传统制造业带来较大的压力，因此，应该推动中国汽车公司加强对新能源汽车的研发，提高、培养绿色出行的意识。通过采取这些措施，无形中形成了发达国家新能源汽车产业的先发优势。在现阶段，中国尚未公布禁止销售传统燃料汽车的时间表，这在很大程度上取决于中国国情，中国居民对环境的意识还有待加强，对燃料汽车的依赖较大。因此，中国政府除了积极发展新能源汽车外，还需要通过各种媒体，加大对其具有的环保性进行宣传，积极对"绿色地球"活动进行开展，从环境建设上鼓励民众参与，实现绿色出行。此外，关于环境保护，相关政府机构还应该制定相应的政策，加大环境友好型社会的构建力度。提高环保意识，有助于人们提高对新能源汽车的需求，进而推动该产业的进一步发展。加强人才培养。政府也应该加大对高等教育的投入。要提高创新能力和产业的知识吸收，在全球新能源汽车产业链中，要想维持其主导地位，需要加强对高端技术人才的培养。本文提出的高等教育，主要有高校、培训机构等。政府要加强发展这些机构，提高技术人员的素质。从人力资本来看，当前其流动是在全世界范围内，相关政府机构和公司要出现相应的人才激励机制，加大对科技型高端人才的发展，进而确保产业竞争力的进一步提升。

五、结论

由于能源和环境问题日益严重，中国新能源产业日益兴起，新能源汽车是其中的重要组成部分。中国国内新能源汽车销量居世界第一，产业规模不断扩大。到2023年底，新能源汽车保有量达2041万辆。中国新能源汽车产

业虽然具有良好的产业发展前景，但仍存在起步晚、产品关键技术落后、基础配套措施不够、技术水平低、营销方式僵化等现实问题。新能源汽车产业的发展既是产业升级的需要，也是未来的发展趋势。在"十三五"规划中，中国政府明确提出支持新能源汽车产业发展，并制定了一系列产业政策。在经济新常态下，以新能源汽车产业为代表的战略性新兴产业是实体经济的重要支撑，其产业竞争力的提高有助于中国汽车产业抢占战略竞争高地。

碳中和目标下碳 – 电价格的相关性研究

邓钰暄　孙仁金　冯晓丽　胡启迪

中国石油大学（北京）经济管理学院

碳中和目标催生了碳排放权交易，碳交易机制正在逐步完善，电力交易也走在市场化改革的进程中，碳交易与电力市场的相互作用机制，以及二者价格的关联性有待深入研究。本文基于昆明电力交易中心的电力现货交易价格以及全国碳交易市场的碳交易价格的时间序列数据，通过向量自回归模型探究二者的相关关系以及因果关系，通过 Copula 模型得到不同价格水平下碳价与电价的关联程度，得出结论：碳价能够引起电价变化，且当碳价与电价升高或降低时二者的关联性较强。

一、引言

在"双碳"目标的约束下，中国逐步建立二氧化碳排放权交易机制，简称碳交易，中国的碳交易采用从地方试点向全国市场的推进模式。2013 年中国启动了 7 个试点碳市场，覆盖建筑、金属冶炼等众多高耗能产业。全国碳交易市场主要依靠两个交易中心：上海环境能源交易所和湖北碳排放权交易中心。全国碳交易市场分为一级市场和二级市场：一级市场主要进行配额的初始分配，包括免费发放与拍卖；二级市场则进行碳配额的交易，包括挂牌与竞价交易等方式。截至 2023 年末，中国二氧化碳排放额累计交易量达到 4.4 亿吨，累计交易额达到 249 亿元。

中国持续推进能源绿色转型，电力在能源使用中的占比不断扩大，电力行业的市场布局与价格机制也逐步完善。在电力的交易机制方面，中国基本建成以"中长期 + 现货"为主体的电力交易市场体系，并初步构建全国统一的电力市场体系和交易平台，电力相关辅助服务的市场机制也日趋完善。

可再生能源发电的碳排放量明显低于火力发电的碳排放量，提高可再生能源电力的使用量能够有效减少碳排放。将二氧化碳排放权交易机制引入电力市场能够提高可再生能源发电行业的收益，碳排放权交易机制成为促进可再生能源电力消纳、推进可再生能源电力行业发展的重要抓手。研究碳交易价格与电力价格的相关关系，有利于挖掘碳市场与电力市场之间的运作规律，为两市场的成本与收益分析奠定基础。

二、向量自回归模型与 Copula 模型的构建

本文主要应用两种理论对碳价与电价的关联性进行分析，分别是向量自回归模型与 Copula 函数。通过向量自回归模型进行相关性分析以及因果关系检验，通过 Copula 模型探究时间序列数据概率分布的定量耦合关系。

（一）向量自回归模型

向量自回归模型（Vector Autoregressive Model，VAR），广泛应用于社会科学中的数值计量，以数据的统计特征为基础。在这一系统内，所有内生变量作为其滞后值的函数来构造模型，自回归模型的变量从一维推广至多元，从单一变量扩展为时间序列。VAR 模型由 AR 模型推广而来，在一定条件下也可由 MA 和 ARMA 模型转化，在经济领域有着广泛的应用。起初，VAR 模型用于探究当期结构矩阵以及当期变量的结构关系，VAR 模型的公式表示如式（1）所示：

$$y_t = \varphi_1 y_{t-1} + \cdots + \varphi_p y_{t-p} + M x_t + \varepsilon_t \tag{1}$$

而随着理论的不断完善，传统的静态自回归模型拓展为可用于分析时间序列的动态模型，应用场景更加广泛，其公式表示如式（2）所示：

$$\begin{bmatrix} y_{1t} \\ \vdots \\ y_{kt} \end{bmatrix} = \varphi_1 \begin{bmatrix} y_{1t-1} \\ \vdots \\ y_{kt-1} \end{bmatrix} + \cdots + \varphi_p \begin{bmatrix} y_{1t-p} \\ \vdots \\ y_{kt-p} \end{bmatrix} + A \begin{bmatrix} x_{1t} \\ \vdots \\ x_{dt} \end{bmatrix} + \begin{bmatrix} \varepsilon_{1t} \\ \vdots \\ \varepsilon_{kt} \end{bmatrix} \tag{2}$$

其中 $t=1,2,\cdots,T$；y_t 表示 k 阶的内生变量；x_t 表示 d 阶的外生变量；p 是滞后阶数；$\varphi_1, \varphi_2, \cdots \varphi_p$ 为 $k \times k$ 阶的待估计参数矩阵；A 为 $k \times d$ 阶的回归参数矩阵，为白噪声。

首先，需要验证变量的稳定性，检验单位根是否小于1；其次，根据信息损失准则进行最优滞后阶数选择；再次，建立 VAR 模型并进行格兰杰因果检验；最后，基于时间序列数据进行回归参数估计以及脉冲响应分析。

（二）Copula 模型

Copula 在希腊语中表示连接的意思，Copula 函数又叫作连接函数，用于反映随机变量之间的依存关系。在概率与数理统计中，Copula 理论主要用于描述数据之间的相关关系，将多元联合分布与各个变量的边缘分布联系到一起。

根据 Sklar 定理，当存在多个随机变量时，存在一个 Copula 函数 C，使各个变量的边缘分布函数$[F_{x_1}(x_1), \cdots, F_{x_N}(x_N)]$与其联合分布函数满足：

$$H(x_1, \cdots, x_N) = C[F_{x_1}(x_1), \cdots, F_{x_1}(x_1)] \tag{3}$$

许多经济相关的时间序列数据并不服从标准对称的分布函数，表现出波动性聚类、峰度过高以及厚尾分布，但其边缘分布包含数据分布头部和尾部较为完整的信息，Copula 在构建模型时能够避免将边际分布与相关结构杂糅，同时 Copula 函数的多元联合分布能够将任意的边际分布相连接，构成符合实际的多元联合分布，因此该函数常用于分析经济与金融领域的数据。常用的 Copula 大致分成三类，分别是独立型 Copula、椭圆类 Copula 以及阿基米德族 Copula。

Copula 建模主要分为以下三个步骤：

（1）确定边际分布。

根据核函数估计以及经验分布函数确定不同时间序列的边际分布，并将边际分布转化为均匀分布。

（2）Copula 函数的参数估计。

基于边缘分布的特征，定义合适的 Copula 函数，并对其中的未知参数进行参数估计。本文的参数估计采用两阶段极大似然估计法进行，其原理如式（4）：

$$l(\theta) = \sum_{t=1}^{k} \ln(C(F(X(t)), G(Y(t)); \rho) + \sum_{t=1}^{k} \ln f(X(t)) + \sum_{t=1}^{k} g(Y(t)) \tag{4}$$

其中，X、Y 是碳价与电价的时间序列；$F(X)$、$G(Y)$ 是碳价与电价的分布函数；$f(X)$、$g(Y)$ 是概率密度函数；$C(F(X), G(Y))$ 是 Copula

联合分布函数，相关系数 ρ 的极大似然估计值如式（5）：

$$\hat{\rho} = argmax \sum_{t=1}^{k} \ln(C(F(X(t)), G(Y(t)); \rho)) \tag{5}$$

（3）拟合度检验与模型比选。

构建出 Copula 模型后，本文进行拟合度检验，来检测所构建模型的精度，选择出误差最小的模型。本文运用三种指标来衡量拟合误差，分别是 Kendall 秩相关系数、Spearman 秩相关系数以及平方欧式距离。

Kendall 秩相关系数可以反映变量之间的变化趋势，拟合函数的与经验函数的越接近，则该模型的拟合误差越小，其表达式如式（6）：

$$\tau = 4\int_{0}^{1}\int_{0}^{1} C(F, G) dC(F, G) - 1 = 4E[C(F, G)] - 1 \tag{6}$$

其中，$C(F, G)$ 为 Copula 函数，$E[C(F, G)]$ 为 Copula 函数的期望值。

Spearman 秩相关系数则从秩的角度对数据进行相关性分析，分别对量时间序列数据做秩变换，得到时序数据的秩次表示，然后按照 Pearson 相关性检验的方式来计算秩次的相关性。Spearman 秩相关系数常用于不服从正态分布的变量的相关性检验，其表达式如式（7）：

$$\alpha = 1 - \frac{6\sum_{t=1}^{N} d_t}{N(N^2-1)} = 12\int_{0}^{1}\int_{0}^{1} C(F, G) dFG - 3 \tag{7}$$

其中，d_t 为时间序列中，第 t 对数据秩序数之差，N 为时序数据容量。

平方欧式距离是指欧几里得空间内，两点间所有维度的距离平方之和，欧氏距离越小，说明模型的拟合精度越高，其表达式如式（8）：

$$d^2 = \sum_{i=1}^{N} (x_i - y_i)^2 \tag{8}$$

其中 x_i 为 Copula 函数的序列值，y_i 为经验 Copula 的函数序列值。

三、碳价与电价关联性的实证分析

本文基于 VAR 模型与 Copula 模型，选取 2023 年 1～7 月的全国碳排放权交易中心的碳交易价格与昆明电力交易中心的电力现货交易价格进行实证分析。

（一）数据描述

火力发电会产生大量的碳排放，正常运营过程中需要购买碳配额；可再生能源发电行业由于发电过程中碳排放较少，通常会有冗余的碳配额可以在碳排放权交易市场上进行出售，从而为绿电企业带来碳交易收益，所以无论是在火力发电还是绿电行业，碳排放权的交易价格都与电力价格息息相关。本文的电力价格数据选自昆明电力交易中心，包含云南省内的所有电力交易的价格，云南省内的可再生能源发电占总发电量的 80%，其价格水平也能够较好地反映可再生能源电力的价格特征。碳排放权交易价格选取全国碳排放权交易市场的成交价格，其价格水平能够反映全国碳交易的走势，具有一定代表性。

全国碳排放权交易市场在 2021 年 7 月 6 日才正式启动线上交易，在开市之初的一段时间尚处于完善和建设阶段，其数据波动较大，若用于研究可能会引起较大误差。为了确保价格时间序列数据的参考价值，本文选取 2023 年 1 月 1 日至 2023 年 7 月 31 日期间内，昆明电力交易中心的电力现货交易价格以及全国碳排放权交易市场的成交价格，共 125 个有效数据，价格的时间序列如图 116 所示。

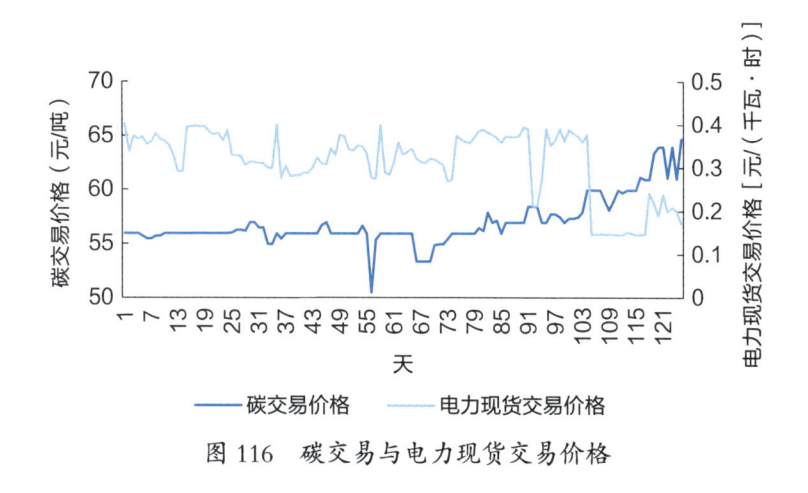

图 116 碳交易与电力现货交易价格

（二）基于 VAR 模型的实证分析

本章节以 VAR 模型为基础，对碳交易价格与电力价格进行相关性分析。首先进行检验时序数据的最优滞后阶数与格兰杰因果关系；分析得到两时序数据具有相关性后，检验系统的稳定性；最后构建自回归模型，并进行脉冲响应分析。

1. 序列平稳性与系统稳定性检验

探究时间序列模型时，首先将时间序列的数据取对数，并进行一阶、二阶差分以及一阶、二阶的滞后处理。本文进行时间序列的平稳性检验，如果单位根小于1，则序列平稳。以序列不平稳作为原假设，通过Stata软件进行平稳性检验，得到本文两序列平稳性检验的P值均小于0.05，拒绝原假设，碳价与电价的对数序列在一阶差分的阶数下平稳。

采用特征值检验的方法，对向量自回归模型进行稳定性检验，只有模型系统稳定，自回归模型才有足够的解释能力。当单位根的模长小于1时，模型的特征值都在单位圆内部，说明系统稳定。本文的稳定性检验结果如表10与图117所示：

表10 系统的稳定性检验

实部	虚部	模长
−0.38435	0.3816177	0.541628
−0.38435	−0.3816177	0.541628
0.083278	0.4403853	0.44819
0.083278	−0.4403853	0.44819

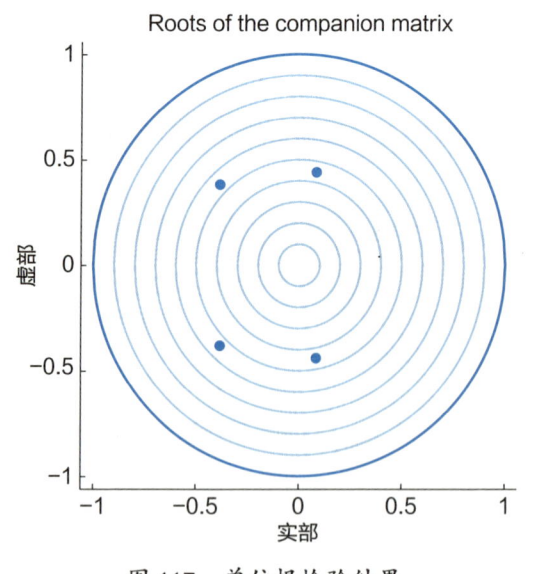

图117 单位根检验结果

2. 最优滞后阶数检验

本文对碳价与电价的最优滞后期进行初步估计，分别计算了 1~4 阶滞后的阶数检验，当滞后阶数超过 3 时，P 值大于 0.05，误差较大。按照信息损失原则，赤池信息量、汉南-奎因量以及施瓦茨信息量在滞后阶数为 2 时，均取得最小值，即表示信息损失最小，根据信息损失最小原则可以判定序列的最优滞后期为 2 阶，如表 11 所示。

表 11　最优滞后阶数检验

滞后阶数	P 值	FPE	赤池信息准则	汉南-奎因准则	施瓦茨准则
0		0.0000084	-6.01334	-5.99447	-5.96688
1	0	0.0000076	-6.11689	-6.06029	-5.97752
2	0.003	0.0000071	-6.1813	-6.08696	-5.94901
3	0.292	0.0000073	-6.15596	-6.02389	-5.83075
4	0.963	0.0000077	-6.09432	-5.92452	-5.6762

3. 格兰杰因果分析

格兰杰因果用于检验变量之间的依赖性与因果关系，如果某一变量是另一变量的格兰杰原因，则说明该变量是造成另一变量变化的原因之一。此处以最优滞后期 2 阶为例，根据碳价与电价的时间序列数据，依次将碳价与电价设为因变量与自变量，以不存在因果关系为原假设，进行假设检验，探究二者之间的因果关系。相应的格兰杰因果检验如表 12 所示。

表 12　格兰杰因果检验

因变量	自变量	卡方统计量	统计量自由度	概率值	是否具有格兰杰因果关系
电价	碳价	9.2988	2	0.01	是
碳价	电价	2.6873	2	0.261	否

若以电价为自变量，碳价为因变量，通过联合显著性检验得到在 5% 的显著性水平下，P 值为 0.003，则拒绝碳价与电价不存在因果关系的原假设，即以碳价为解释变量，电价为被解释变量时，碳价与电价之间具有显著的单向格兰杰因果关系。

4. 脉冲响应分析与协整检验

根据回归模型拟合结果，当电价差分序列为被解释变量，碳价差分序列为解释变量时，拟合结果显著。基于上述自回归模型进行变量脉冲响应分析，结果如图118所示，横轴表示冲击作用的滞后期数，实线表示在冲击之下所产生的脉冲响应函数，灰色区域为95%的置信区间。从图像结果可见在碳价的脉冲冲击之下，电价会产生较为明显的幅值响应，这与格兰杰因果检验的结果也相对应。

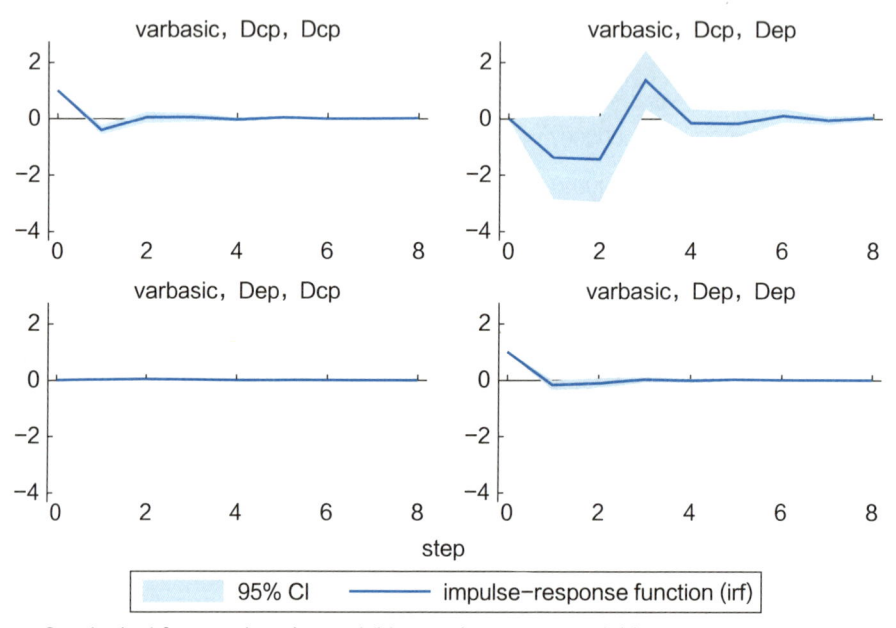

图 118　正交脉冲响应图形

经过上述检验，得到碳价与电价的时间序列平稳，自回归模型稳定，且当碳价为自变量，电价为因变量时，碳交易价格与电力价格具有显著的格兰杰因果关系。为了进一步探究电价随碳价变化的定量表达式，本文以电力价格为因变量，以碳交易价格为自变量进行协整检验，得到二者的表达式为：

$$P_e = -0.2 P_c + 1.48 \qquad (9)$$

5. 结果分析

云南是可再生能源电力大省，绿色水电在电力结构中占比超过 80%，传统的火力发电仅占总发电量的 13%，所以昆明电力交易中心的电力价格主要反映可再生能源电价与碳交易价格的关系。当碳交易价格水平升高时，可再生能源电力行业的碳交易收入提高，碳收益能够弥补部分发电成本，使绿电价格降低。

这就解释了在 VAR 模型中，以碳价为解释变量，电价为被解释变量时，碳价与电价具有显著的格兰杰因果关系，电力价格对碳交易价格的脉冲冲击会产生较为明显的响应，而且碳价与电价的协整检验结果呈现负相关趋势。

（三）基于 Copula 模型的实证分析

本章节根据电价与碳价的时间序列数据的相关关系，基于概率与数理统计的原理，建立 Copula 函数模型，探究碳－电价格所服从的联合分布。

1. 边缘分布拟合

首先对样本中的碳价与电价数据进行正态性检验，发现不服从正态分布，故本文采用核密度估计来确定碳价与电价的边缘分布函数。电力交易价格与碳交易价格的核分布与经验分布分别如图 119 与图 120 所示，核密度估计与经验函数的分布的形状与走势基本一致。

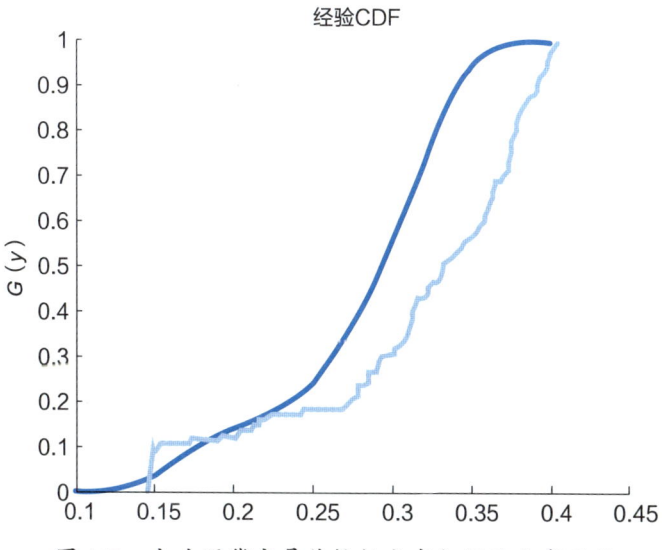

图 119 电力现货交易价格核分布与经验分布函数

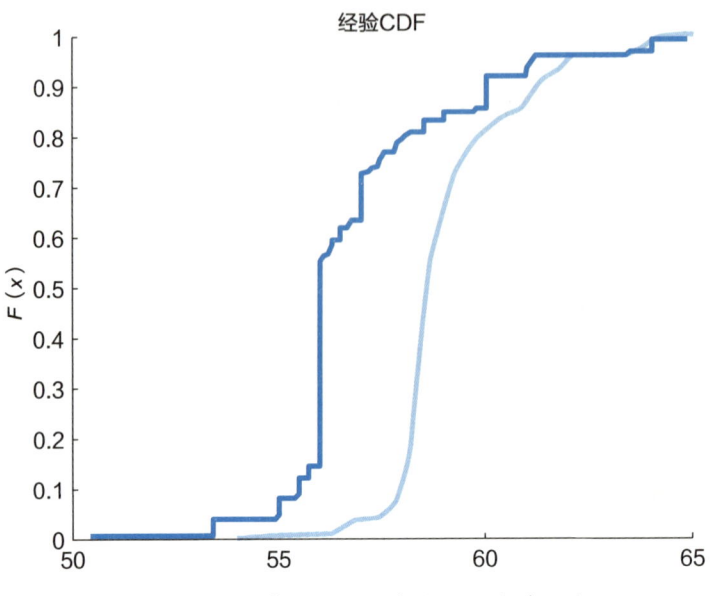

图 120　碳交易价格核分布与经验分布函数

基于核密度估计得到电价与碳价的边缘分布函数 $F(x)$ 和 $G(y)$ 后，绘制二元分布直方图，如图 121。二元分布直方图的头尾不对称，峰部和尾部较为尖锐，而中间部分较低，基本符合 Copula 中的 Archimedes 函数形式。

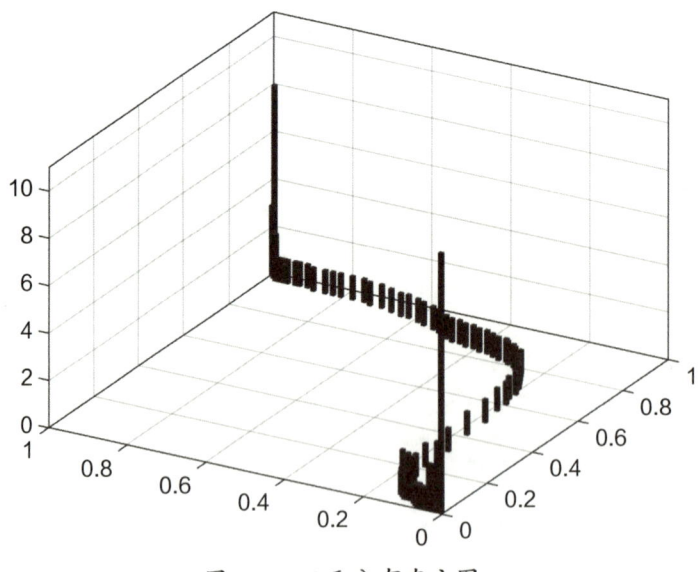

图 121　二元分布直方图

2. Copula 函数的参数估计

根据碳价与电价的边缘分布以及碳价与电价的二元频数直方图，本文初步确定了 Archimedes 函数族中的三种 Copula，分别是 Clayton Copula、Frank Copula 以及 Gumbel Copula，其中 Clayton Copula 表现出上尾相关、Gumbel Copula 表现出下尾相关，Frank Copula 表现部分尾部的相关性。采用两阶段极大似然估计法对函数进行参数估计，再根据三种 Copula 的公式绘制概率密度以及分布函数的图像，并计算其相关系数以及与经验 Copula 函数的欧氏距离。

其中 Clayton Copula、Frank Copula 与 Gumbel Copula 函数的数学表达式如式（10）、式（11）和式（12）所示：

$$C(x, y, \rho) = [x^{-\rho} + y^{-\rho} - 1]^{1/\rho}, \quad (10)$$

$$C(x, y, \rho) = -\frac{\ln\left[1 + \frac{(e^{-\rho x} - 1)(e^{-\rho y} - 1)}{(e^{-\rho} - 1)}\right]}{\rho}, \quad (11)$$

$$C(x, y, \rho) = \exp\{-[(-\ln x)^{\rho} + (-\ln x)^{\rho}]^{1/\rho}\} \quad (12)$$

基于极大似然理论，通过 Matlab 编程求解出三种 Copula 函数相关系数 ρ 的估计值，结果如表 13 所示：

表 13　三种 Copula 的相关系数

Copula 函数	Clayton Copula	Frank Copula	Gumbel Copula
ρ	1.3519	5.9737	2.0014

根据 Clayton Copula 函数表达式，绘制出概率密度函数以及分布函数如图 122 与图 123 所示：

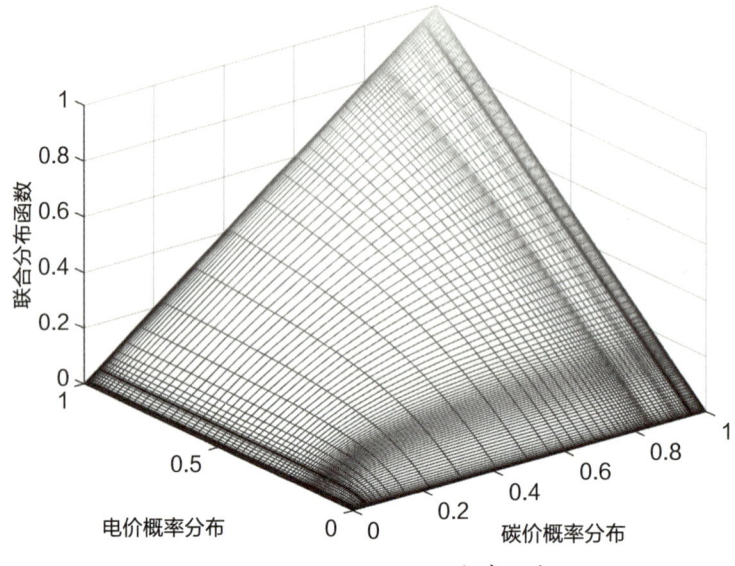

图 122　Clayton Copula 分布函数

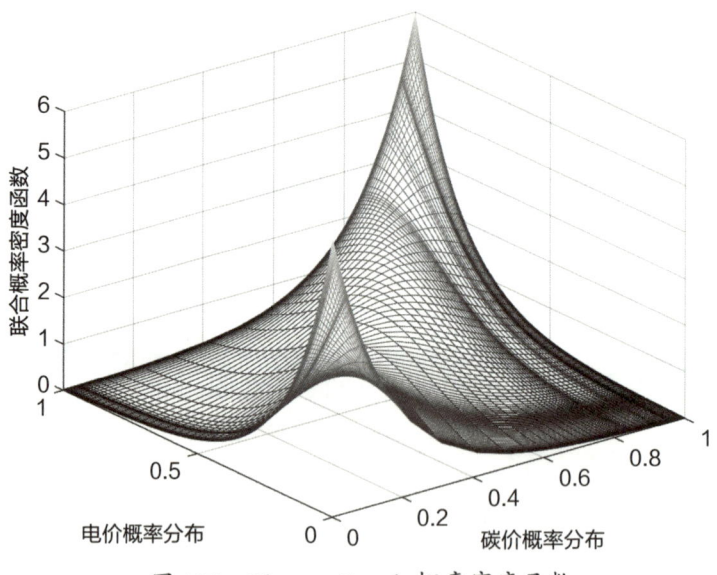

图 123　Clayton Copula 概率密度函数

根据 Frank Copula 函数表达式，绘制出概率密度函数以及分布函数如图 124 与图 125 所示：

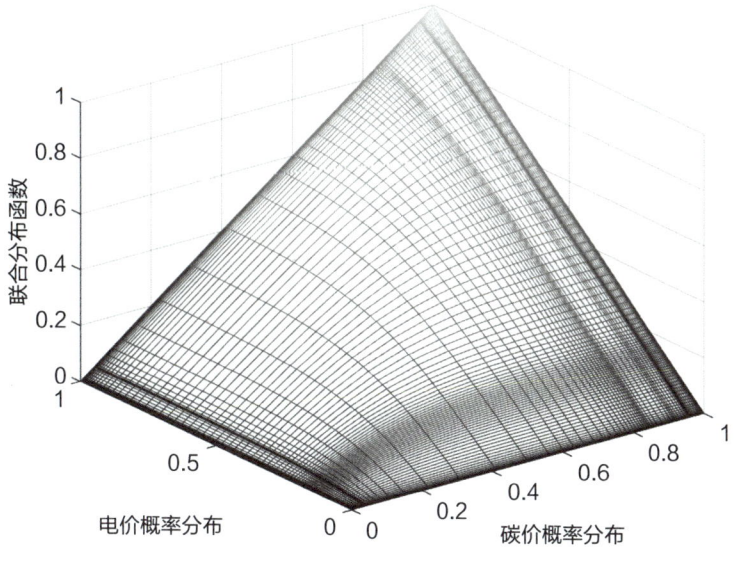

图 124　Frank Copula 分布函数

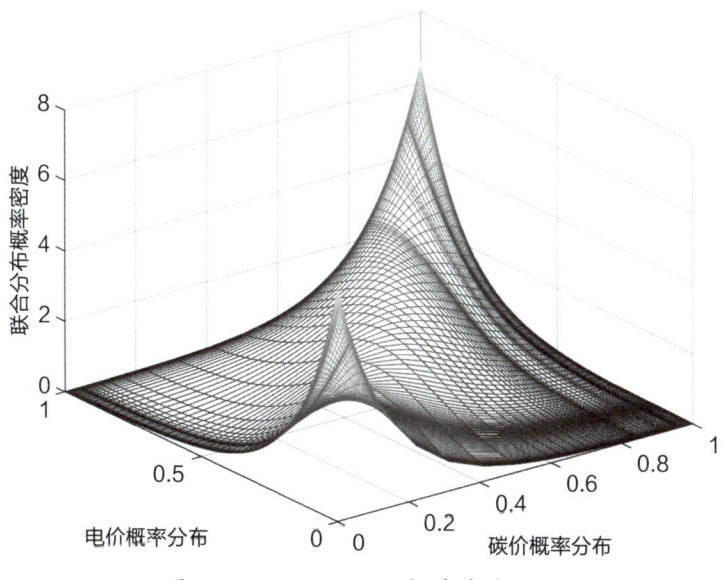

图 125　Frank Copula 概率密度函数

根据 Gumbel Copula 函数表达式，绘制出概率密度函数以及分布函数如图 126 与图 127 所示：

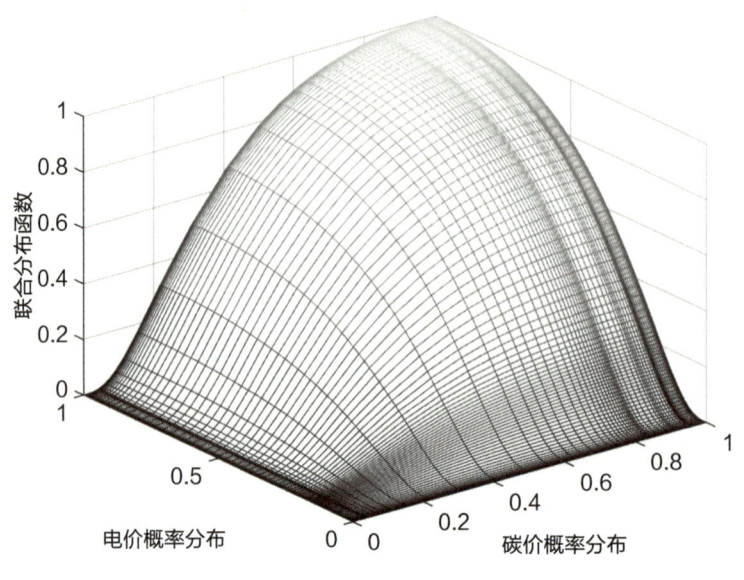

图 126　Gumbel Copula 分布函数

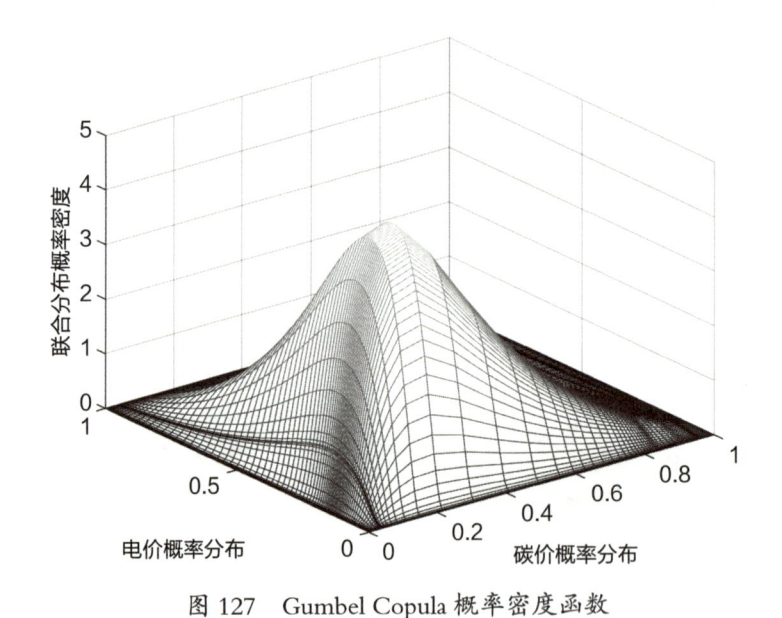

图 127　Gumbel Copula 概率密度函数

3. Copula 函数模型拟合度检验

构建出三种 Copula 模型后，本文进行拟合度检验来检测所构建模型的精度，从三种模型中选择出误差最小的模型。本文运用三种指标来衡量拟合误差，分别是 Kendall 秩相关系数、Spearman 秩相关系数以及平方欧式距离。

Clayton Copula、Frank Copula 与 Gumbel Copula 函数的 Kendall 秩相关系数、Spearman 秩相关系数以及平方欧式距离分别如表 14 所示：

表 14　模型拟合精度检验指标

函数类型	Clayton Copula	Frank Copula	Gumbel Copula	经验 Copula
Kendall 秩相关系数	0.5118	0.5162	0.8146	0.1157
Spearman 秩相关系数	0.5680	0.7093	2.1605	0.3470
平方欧式距离	0.0502	0.0519	0.0911	0

从 Kendall 秩相关系数与 Spearman 秩相关系数来看，Clayton Copula 函数与经验 Copula 函数的秩相关系数值最为接近；从平方欧式距离来看，Clayton Copula 函数与经验 Copula 的平方欧式距离最小，故本文的时间序列数据的相关关系能够通过 Clayton Copula 函数更好地呈现。

4. 结果分析

选取 Clayton Copula 函数，采用 Matlab 对碳价与电价的相关关系进行拟合，得到分布函数与概率密度函数如上文图 123、图 124 所示。碳价与电价的概率密度曲面呈鞍形，上尾与下尾渐近相关，且尾部不对称，上尾部的相对强度高于下尾部。

这表示碳价与电价的市场价格在低迷或走高的情况下，二者的相互影响强度较高，尤其在二者价格整体居高时，碳价与电价之间的波动效应更为显著，一方价格水平的变化更容易引起另一方价格的变化；同时上尾部的相关性较强也反映价格走高的相关性高于价格回落时的相关性。如果能提高碳排放权市场的活力，提高碳交易价格，则能够发挥碳价与电价之间的关联效应，增加可再生能源电力市场在碳交易方面的收益水平，促进可再生能源电力的市场化发展。

四、结论与建议

随着电力应用比重不断上升与碳交易市场的逐步完善，中国电力市场与碳交易市场的关系也日趋紧密。分析碳价与电价相关关系，有助于能源市场主体展开决策，预判行业的走势与盈利水平，从而促进电力行业低碳化转型。

（一）结论

本文基于向量自回归模型与 Copula 模型，对碳交易价格与电价的时间序列数据进行了相关性分析，并以全国碳排放权交易市场的碳交易价格和昆明电力交易中心的电力现货交易价格为例，进行实证分析，结果表明：

（1）碳交易价格与可再生能源电力价格存在显著的因果关系，二者表现为负相关。碳交易的收益能够传导到可再生能源电力价格中，碳交易价格上升能够增加可再生能源电力企业的收益，从而降低电力价格。

（2）碳交易与可再生能源电力在价格水平不同的情况下，关联程度有所差异，碳交易与可再生能源电力在价格低迷或较高的情况下相关性较强，而且在高价水平下的关联性比低价水平下的关联性更高。

（二）建议

碳排放权交易制度是中国实现"碳中和"目标、推动能源转型的重要抓手。然而中国的二氧化碳排放交易起步较晚，相比于欧盟国家，中国的碳交易定价机制需要进一步健全，碳交易市场与交易制度也有待完善。

（1）健全碳价的定价机制，同时促进国内外碳交易价格的相互认证，从而在碳交易的激励机制下增强电力市场效率，促进可再生能源电力行业的发展与能源行业低碳化转型，逐步实现能耗"双控"向碳排放总量和强度"双控"的转变。

（2）提升碳排放权交易的价格，增加可再生能源电力行业的碳收益水平，一方面可以有效发挥碳交易自身降低碳排放的作用，另一方面也是更好地发挥市场化的传导作用，以碳交易作为激励机制，提高电力市场化程度。

（3）扩大碳市场覆盖的行业范围，吸纳更多企业参与碳交易，完善碳交易市场的制度建设，推动碳排放权交易的市场化发展，促进社会生产的低碳化发展以及产业能源结构转型。

"双碳"目标下加油站数字化转型之路

单建明[1] 韩志勇[1] 陶 倩[2] 杨 溯[2] 高 菲[2] 秦曼曼[3]
1. 中国石油河北销售公司；2. 中国石油大学（北京）经济管理学院；
3. 中国石油大学（北京）克拉玛依校区

在"双碳"目标驱动下，能源行业的数字化转型得到了越来越多的关注与支持。国务院国有资产监督管理委员会于 2020 年发布《关于加快推进国有企业数字化转型工作的通知》，指出深入学习领会习近平总书记关于推动数字经济和实体经济融合发展的重要指示精神，研究落实党中央、国务院有关政策，将数字化转型作为改造提升传统动能、培育发展新动能的重要手段，不断深化对数字化转型艰巨性、长期性和系统性的认识，发挥国有企业在新一轮科技革命和产业变革浪潮中的引领作用。

2022 年，国家发展改革委、国家能源局印发《"十四五"现代能源体系规划》的通知，指出坚持把创新作为引领发展的第一动力，着力增强能源科技创新能力，加快能源产业数字化和智能化升级，推动质量变革、效率变革、动力变革，推进产业链现代化；随后国家发展改革委、国家能源局联合印发《关于完善能源绿色低碳转型体制机制和政策措施的意见》，指出鼓励传统加油站、加气站建设油气电氢一体化综合交通能源服务站。2023 年，国家能源局印发《关于加快推进能源数字化智能化发展的若干意见》，指出推动数字技术与能源产业发展深度融合，加强传统能源与数字化智能化技术相融合的新型基础设施建设，释放能源数据要素价值潜力，强化网络与信息安全保障，有效提升能源数字化智能化发展水平，促进能源数字经济和绿色低碳循环经济发展，构建清洁低碳、安全高效的能源体系，为积极稳妥推进碳达峰碳中和提供有力支撑。作为能源零售重要终端的加油站，是能源行业数字化转型的主战场，在多项政策支持下，各油品销售公司正在积极寻求数字化转型。

一、加油站数字化转型的意义

（一）"双碳"目标给加油站运营带来了新的挑战

在全球碳中和的背景下，传统化石能源行业正面临着巨大的挑战，燃油车是温室气体的主要来源之一。2023年全球新能源车渗透率达到22%，而中国新能源汽车占全球63.5%，中国在政策与市场的驱动下，已成为全球最大的新能源汽车市场，以电动汽车、氢燃料电池车等为代表的新能源汽车数量的持续增加，这一变化推动加油站对转型进行积极探索。"双碳"目标推动加快形成绿色低碳交通运输方式，对加油站的基础设施建设与经营管理方式提出新要求，对传统加油站的经营盈利方式带来冲击。交通运输领域作为中国第三大碳排放来源，"双碳"目标的制定无疑将对传统加油站运营产生巨大影响与挑战。

（二）加油站数字化转型助力"双碳"目标实现

随着国家碳达峰碳中和目标的推进，传统加油站向综合能源服务站转型是大势所趋，综合能源的互补利用已是未来能源发展的主流趋势。作为能源产业链零售终端消费的窗口，加油站绿色运营在行业"碳中和"实践过程中起着引领作用。通过物联网、大数据、AI等数字化技术的运用，加油站内部精细化管理，降低各方面的成本，提升运营效率，打造新型综合能源服务站，实现加油站绿色运营，达到了更好的碳减排效果。数字化也是促成"双碳"目标的"试验田"和"使能者"，信息技术引领数字产业化发展，带动数字化产业化成为低碳绿色发展的良好"试验田"；数字化有助于减少现实能源消耗，是低碳绿色发展的重要"使能者"，加油站的数字化能够提高整个能源、经济和各方面工作的效率，助力"双碳"目标的实现。

（三）数字化转型为油品销售企业提供新的业务增长点

在加大环境污染治理、国家供给侧结构性改革等背景下，油品需求增速明显放缓，出行能源需求增加，能源结构加快向低碳清洁化方向发展。随着国际油价剧烈震荡，石油公司面临生存挑战，需大幅降低成本，寻找新的业务增长点，互联网技术、信息技术应用的蓬勃发展，使得成品油零售业的业态发生很大的变化，客户需求不断提升，现有加油站传统的经营模式已经不适应市场竞争及客户多样化服务的要求，加油站正面临着经营管理上的重大变革。加油站向综合供能发展，积极进行数字化转型，有助于实现降本增效；通过数据分析运用，抓住客户特点，进行大数据营销，均是油品销售企业产生新的业务增长点的主要途径。

二、中国加油站发展现状

（一）中国加油站行业分析

加油站是现代石油消费的终端，其经营模式主要有直营、加盟和特许连锁三种。在中国，加油站行业内企业分为国企、民营、合资、外企四大类。经过多年的发展，中国加油站行业已经基本形成了以国有企业为主导，民营和外资企业参与竞争的市场格局。其中中国石油、中国石化、中国海油等国企依托政策优惠、资金实力、上下游优势等在成品油批发、零售行业占据主导地位；外资企业凭借资本优势、管理水平等在加油站行业也占据一席之地；广大民营企业则依托其灵活的营销策略等，在行业内迅速发展壮大。国有企业的代表企业有中国石油、中国石化等大型国有企业；外资企业的代表企业有 bp、埃克森美孚、壳牌等跨国企业；民营企业大部分规模较小，受区域限制明显。

中国的加油站行业目前正处于快速发展阶段，但在城市化进程加快、新能源汽车不断推广、油价持续走高及环保要求趋严等因素的影响下，国内汽油需求增幅并没有想象中那么大。2023 年全世界汽车销量 8918 万台，其中新能源汽车销量 1428 万台，中国 2023 年新能源汽车销量 887 万台，占 63.5%，总量优势明显。而 2023 年全世界燃油车销售比例为 78.4%，比 2022 年明显下降了 4 个百分点。新能源汽车销售量和保有量的不断增长，将对传统加油站形成冲击，未来中国加油站行业发展面临着巨大的挑战。

（二）中国加油站行业特点

结合中国加油站市场发展现状来看，中国加油站主要朝着多元化经营、向综合能源服务站转型的方向发展。其中多种经营主要体现在除传统的成品油销售外，加油站必须寻找新的利润增长点，开展多元化服务。综合能源服务站，关键是"综合"，建设综合能源服务站实质是打造"人·车·生活"多元化产品和服务生态。新能源时代已经来临，未来人工智能技术的广泛应用将使传统加油站转型成为必然，多元化、智慧化发展是大势所趋。

一是中国加油站市场集中度较高。国企加油站两大主营加油站为中国石油和中国石化。据隆众资讯数据统计，截至 2023 年 10 月，中国境内加油站总量达 112787 座，同比下跌 1.99%。其中两大主营加油站数量占据了中国境内加油站总量的 47.51%，同比增长 1.2 个百分点；民营等加油站占据 49%，同比下跌 1.16 个百分点；中国海油、中国中化及外资占据剩余的 5% 左右。但销量上，两大主营销量依然高居首位，占比为七成，得益于其良好的站点位置及品牌效应；其余三成的销量来自中国海油、中化道达尔、外资及民营加油站。其中外资加油站仍以中外合资的形式为主，主要包括壳牌、埃克森美孚、bp、中化道达尔，外资企业在品牌、经营管理、数字化营销、定价方面有自己独特的优势。外资企业的加入，在加剧行业竞争的同时，也在推动传统国有、民营加油站提升服务质量，推动行业整体转型升级。

二是中国加油站非油品业务发展空间较大。从中国加油站经营现状来看，中国加油站经营存在利润较高及非油品业务发展空间大两个特点。从利润角度来看，中国代表性企业，如中国海油、中国石油、中国石化等加油站毛利率均保持在较高水平，而小型石油公司毛利率也维持在 10% 左右，处于较高水平。从非油品业务发展的空间来看，中国非油品业务利润占总销售利润比例较小，存在较大的发展空间。

三是向综合能源服务站转型趋势明显。数字时代，万物互联，业务数字化浪潮逐渐涌入各行各业。在能源供给多元化的背景下，油气企业的发展思路也发生了转变。加油站是油品零售行业最主要的生活化服务场景。随着油品零售行业需求增速趋缓，降价、油非互动等传统促销模式已收效甚微，行

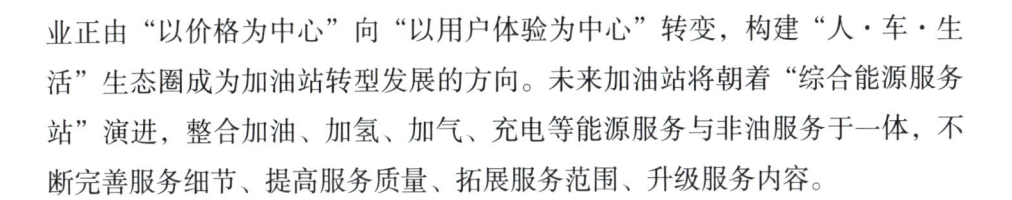

业正由"以价格为中心"向"以用户体验为中心"转变，构建"人·车·生活"生态圈成为加油站转型发展的方向。未来加油站将朝着"综合能源服务站"演进，整合加油、加氢、加气、充电等能源服务与非油服务于一体，不断完善服务细节、提高服务质量、拓展服务范围、升级服务内容。

（三）中国加油站行业面临的问题分析

随着行业的发展、互联网＋加油站等新趋势的到来，对传统加油站来说，如何快速、高质量地转向综合能源服务，仍是亟待解决的难题。

一是竞争加剧，行业洗牌加速。随着近年来国内成品油市场的不断扩大，国内油品市场的竞争也越来越激烈。加油站作为现代石油消费的终端，其发展状况不仅关系到社会经济健康发展和社会稳定，而且与人民群众生活息息相关。近年来石油石化行业在不断改革中逐渐趋于市场化，民营加油站迅速发展起来，外资加油站也加入了竞争的行列，使得中国成品油市场竞争日益激烈，企业利润空间不断缩小。

二是行业监管难度大。《成品油市场管理办法》及《原油市场管理办法》已经废止，然而新的法规暂未出台，进而造成油品质量、加油机计量、税控等问题突出。由于监管不到位，少量油品经营商不按规定执行油品质量升级要求、违规销售非标准油品、偷漏消费税，巨大的价差对于优质完税产品造成很大冲击，扰乱市场秩序。由于加油站经营方式和进货渠道复杂，部分加油站财务制度不健全，致使成品油的销售数量和金额无法准确掌握，造成国家税款大量流失。对加油站的计量监管和税收管理，成为精细化管理的一个难题。

三是综合能源服务站转型冲击。随着市场的竞争越来越激烈，企业想要生存和发展，就必须对经营模式进行不断创新。面对市场利润空间正在被挤压的情形，加油站也一直在寻求新的出路，包括朝着智慧加油站推进，同时不断探索加油站的多元化发展。在经营模式上，加油站企业由单一的直营模式逐渐向多元化转变，开始采用特许连锁经营、加盟连锁经营等其他类型经营模式。在业务上，传统加油站业务以销售成品油为主，随着互联网时代的到来，在智慧化转型的推动下，加油站业务开始向新零售平台转变，从而实现线上线下相结合的发展模式。智慧化转型升级不仅能够为客户提供更加便捷和智能化的服务、降低运营成本，而且能够实现客户关系与企业文化的重塑。

三、CSY 石油销售公司数字化转型案例分析

（一）CSY 石油销售公司加油站转型历程

CSY 石油销售公司成立于 2000 年，截至 2020 年，运营加油站 950 余座，油库 12 座，库容 30 余万立方米，成品油年销售能力 400 余万吨，便利店 800 余座，非油品年销售 10 亿元。作为集团公司的"市场战略"的重要一环，CSY 石油销售公司被选作数字化转型智能化的试点建设单位。早在 2014 年，CSY 石油销售公司就已经提出了"智慧加油站"的建设理念，2014 年末到 2015 年 6 月，开始进入试点运行阶段，以试点建设线下体验店、升级硬件设备设施、打造示范便利店、建设加油书吧和综合服务区等为核心，开始建设智慧加油站；2015 年 7 月到 2018 年 12 月逐步进入全面推进阶段。公司通过总结前期智慧站建设经验，根据加油站位置、线路、客户群体等客观因素的差异，在原智慧站基础上，引入"加油站+互联网"，以线上"宝石花"商城建设和线上线下一体化销售为核心，对加油站进行升级改造，致力于打造智慧加油站 2.0 版；2019 年 1 月开始，CSY 石油销售公司进入创新发展阶段，借助大数据、互联网、云技术等科技手段，通过融合、共享、跨界，从而实现"加油站+互联网+N"，以创新合作模式拓展跨界合作、"好客油油"全会员平台建设与一体化精准营销为核心，推进智慧加油站 3.0 版建设。

（二）CSY 石油销售公司加油站转型措施

在国内"双碳"目标的背景下，燃油车作为温室气体的重要来源之一，市场备受挤压，与此同时，新能源汽车快速发展进一步压缩了传统燃油汽车的市场份额。多重压力之下，市场对成品油的需求量逐步下降，传统加油站转型势在必行。CSY 石油销售公司加油站已采取行动，在这些现有的场地基础上进一步扩建充电桩，打造"油、气、氢、电、非"等多功能于一体的综合能

源服务站，主动探索转型路径，并取得了良好成效。

在品牌打造方面，按照"一站一策"的原则，通过大数据分析支持，CSY石油销售公司在不同区域不同加油站，根据不同客户群体的不同消费需求特点，对站点选定、经营主题与售后服务进行差异化处理，努力打造特色加油站品质服务，满足各地区公司的个性化营销需求。如对位于旅游线路上的加油站，其主要客户群体为观光旅游的游客，出行目的是游玩体验，在对客户群体及出行目的进行分类后，将处于该地区的加油站定位为"家乡美特色站"，站内主要销售来自该地区的土特产；同样，对地处于社区商圈的加油站，针对周边几个大型社区，分析居民购物消费特点，定期开展促销推广，将加油站打造为名副其实的"社区生活馆"；位于交通要道的加油站，车流量较大，主要消费群体为驾车出行的过路客户，将该地区加油站定位为"平安心驿站"，便利店主要为客户提供便捷多样的出行商品服务；地处于靠近主城区、商务氛围浓厚的加油站，周边大型会所、酒店、商场等场所比较多，消费人群多为商务人士，因此，将该地区加油站定位为"商务型加油站"，主营高端乳制品、特色产品、高品质家居用品、进口商品、茶叶礼盒、名优酒品等。

在开拓市场方面，CSY石油销售公司积极搭建异业合作平台。基于后疫情时代、互联网背景下企业间、企业与政府间合作与发展需要，CSY石油销售公司构建异业合作联盟、央企战略联盟，发挥各方优势，深挖市场价值。结合企业的实际情况，创新思路，因地制宜，在智慧加油站中新增汽车服务模块，首创了"加油站+2S店"，以车为中心，增加汽车租赁、整车销售等汽车服务业务，为汽车提供全生命周期服务，实现了资源共享、客户叠加、互利双赢。围绕客户衣食住行打造"人·车·生活"权益生态，搭建会员权益超市场景，通过API和SDK数据对接模式，打通与各合作方线上平台接口，将合作方会员权益、入驻商家等引入会员超市，为客户构建丰富的权益生态。在合作方线上平台植入会员权益，通过合作方来对外输出，引导客户进站消费，实现与合作单位的业态互融、携手共进、合作共赢。

在油品质量把控方面，CSY石油销售公司，始终严守"诚实守信、精益求精"的质量方针，严格把控油品质量关口。为保证油品质量，紧盯"储、运、销"全业务链环节，严格执行日常油品出入油库质量检验程序，建立健全上下联动监督管理机制，有序强化升级油品检测化验能力，对运输车辆实行"专车专用"，铅封、视频监控、GPS监控等措施严密，确保油品运输过程质量安全和无缝对接。此外，CSY石油销售公司分布在各地的加油站油品均实现统一配送，并全面检查地罐含水和杂质情况，确保不违规、不超标，确保质量优良。除了内部的质量把关，CSY石油销售公司还积极与当地质检部门建立长期联动机制，对油品质量进行定期抽检；积极筹备"3·15开放日"相关活动，主动接受社会大众的监督。内外部齐头并进，不断完善加油站质量考评体系。

在加油站管理方面，CSY石油销售公司借助数字化手段，多措并举，助力加油站发展。通过搭建数字化信息共享平台，量化数据分析应用，整合各类经营、客户、视频、设备等数据；搭建综合管理平台和大数据应用平台，实现了60余种数据分析模型，涵盖市场分析、客户服务、量本利分析和营销策略优化等方面，初步实现了以客户画像、数字运营分析、商品管理与开发、精准促销等为代表的数字化加油站新零售运营模式的转变；利用客户服务管理平台和智能营销平台，精准实现客户管理、销量分析、流失客户预警；运用数据爬虫技术，实现固定客户、意向客户、潜在客户管理维护；利用智能报告平台，实现加油站日报、月度经营活动分析自动生成，助力加油站经营分析。

四、CSY石油销售公司加油站转型给国内加油站的启示

（一）打造企业综合供能强势品牌

品牌是企业的重要资产，也是企业在市场竞争中的重要抓手，加油站数字化转型的基础，是对自身品牌已有清晰的定位。国内加油站应当勇于创新、追求卓越，积极探索适合自身的转型之路。企业加油站通过区位特征分析，运用大数据技术，分析客户需求特征，确定"用户画像"，明确自身定位，将对标明确出来，成为深化改革的"一杆枪"；注重提升服务品质和油品质量、践行环保理念等措施，以适应不断变化的区域市场环境和社会需求，赋能当

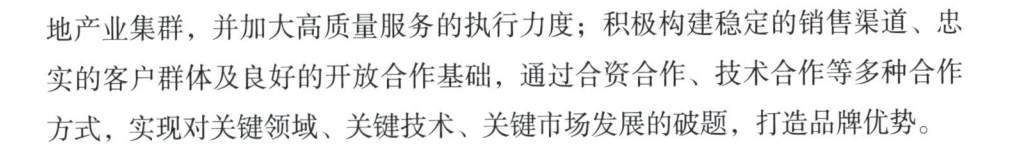

地产业集群，并加大高质量服务的执行力度；积极构建稳定的销售渠道、忠实的客户群体及良好的开放合作基础，通过合资合作、技术合作等多种合作方式，实现对关键领域、关键技术、关键市场发展的破题，打造品牌优势。

（二）制定企业顶层数字化战略

数字化转型需要企业顶层的支持。在顶层管理者的支持下逐步开展数字化转型，是数字化转型能够开展的前提条件。加油站的数字化转型并不是一蹴而就的，应当制定严谨、稳重、理性、官方的数字化转型战略，形成一套完整的实施过程。合理的构建过程应当是前期进行硬件基础设施搭建、中期进行信息化建设、后期再推进数字化转型；企业应当在科技创新方面保持稳定的资金投入，加强对人才的重视，引进数字化人才，这对适应新能源技术和加快新技术开发具有重要意义。培养数字文化也是重要一环，只有让员工充分认识到数字化转型的重要性和意义，才能形成共同的文化价值观念，推动加油站的可持续发展。

（三）合作共赢，打破数字孤岛

要实现单纯的油品销售向非油品销售的拓展，只有注重合作共赢，通过与上下游企业、政府部门等合作，才能有助于企业在市场竞争中获得优势和可持续发展。在加油站转型过程中，合作共赢和打破数字孤岛是关键，企业应积极寻求与合作伙伴的共赢，加强企业间的信任，通过与供应商、物流公司等相关企业建立紧密的合作关系，共同推动产业链的优化和发展。通过跨界合作和创新业务模式的探索，拓展加油站的业务范围和盈利能力。与物流企业合作，提供物流车辆的加油服务；与电商企业合作，开设线上商城，提供商品销售和配送服务；与旅游企业合作，提供旅游景区的加油和导览服务。

（四）多措并举，搭建数字化平台

借助大数据和 AI 技术，对加油站的运营数据进行深入分析，挖掘潜在的商业价值。通过实时监控和分析油品销售数据、用户行为数据等，可以优化产品组合和服务策略，提高运营效率和市场竞争力。同时，利用机器学习算法预测油品需求和市场趋势，为采购和销售决策提供有力支持。

以用户需求为导向，提供个性化的服务和体验。通过智能化营销和个性化服务，满足不同用户的需求和偏好。可根据用户的车牌号或手机号等信息，推送定制化的优惠信息和服务推荐；提供在线购物、智能导航等便捷服务，让用户感受到贴心和个性化的关怀。

加强安全与监控管理，保障加油站运营安全和用户财产安全。通过安装智能摄像头和传感器，实时监测加油站的安全状况，及时发现异常情况并采取相应措施。同时，加强员工安全培训和应急演练，提高员工的安全意识和应对突发事件的能力。

能源央企产业链自用能低碳转型及对策

邓钰暄　孙仁金

中国石油大学（北京）经济管理学院

进入"十四五"规划以来，中国的生态文明建设已经进入以降碳为重点的关键时期，从完善能源消耗总量与强度调控逐步转向碳排放重量与强度的"双控"制度，在"双碳"目标与"十四五"现代能源体系规划的双重加持下，中国的能源结构正在朝着绿色低碳化的方向加速转型。截至2023年底，中国的能源消费结构一直以化石能源为主，虽然天然气等清洁化石能源以及绿电、绿氢等可再生能源的使用比例逐年增长，煤炭以及石油等化石能源占能源使用的总量依旧超过50%。

能源央企作为市场的重要参与者，可以促进低碳技术的创新与应用，调整能源消耗结构，完善碳交易以及可再生能源交易的市场化建设，从而在能源结构转型中起到关键作用，推动"双碳"目标的实现。能源央企实现绿色发展分为三个阶段：第一阶段推进生产用能的清洁替代；第二阶段实现外供绿色低碳能源超过自身能耗；第三阶段则需要大幅提高新能源业务产能。本文主要探讨的是能源央企在生产过程中所消耗的自用能源低碳化转型以及相关的减碳技术。

一、能源央企能耗结构分析

能源企业是能源消耗以及碳排放的大户，从勘探开发、储存运输，到下游的炼油与化工生产环节都会排放大量的二氧化碳。中国能源央企在自用能耗方面积极推行清洁能源替代政策，推进可再生能源的布局；同时提高二氧化碳的捕集与处理水平，旨在助力"双碳"目标的实现。

能源企业的产业链包括上游勘探开发、中游储存运输以及下游炼油化工这三部分。其中勘探开发环节的碳排放占全产业链的64%，在所有环节中碳排放水平最高，但这部分的碳排放主要来源于逸散排放，而不是化石燃料燃烧所造成的；储运环节的碳排放主要来源于燃料燃烧及电力的供能，仅占全产业链碳排放的5%；炼油化工是全产业链中碳排放强度第二高的环节，占全产业链碳排放的21%，主要来源于电力、热力以及氢气生产（表15）。

表15 能源生产全产业链碳排放占比

阶段		碳排放占比
勘探开发	提取和钻孔	10%
	主动燃烧	14%
	逃逸气体	40%
储存运输	燃料与电力	5%
炼油化工	电力与热力系统	10%
	氢气生产与FCC排放	3%
	逃逸气体	8%
残值回收	化工产品回收处理	10%

能源央企大力发展可再生能源，中国石油累计建成风光发电的装机规模超过140万千瓦，可再生能源开发利用能力达到800万吨标煤/年。中国石化建设分布式光伏1199座，发电量超过5000万千瓦·时，平均单站节省电费2万元；新增地热供暖能力超过1000万平方米，余热综合利用能力达到4000万吉焦/年。

在二氧化碳的回收处理方面，中国能源企业应用二氧化碳捕集技术，以减少二氧化碳的逸散，并将捕集到的二氧化碳加以利用。中国石油在众多能源企业中率先部署了CCUS技术，早在2012年便开始研发碳捕集技术，2020年已经建成许多CCUS试点项目，现已逐步形成产业化格局。中国石化也积极推进CCUS技术，建成百万吨级CCUS示范工程项目，"生物质CCS潜力与示范可行性"以及"百万吨年烟气碳捕集传质强化关键技术及设备研发"入围国家重点研发计划。

二、勘探开发环节能源替代

油气勘探开发是油气产业的上游，其能源消耗主要来源于原油勘探开发过程中的机械驱动。油气开采环节可以使用 CCUS-EOR 技术，不仅能够有效减少碳排放，还能对二氧化碳进行有效利用；同时充分利用油田的土地资源，开展风力或光伏发电项目，作为油田的能源供给之一。

（一）CCUS-EOR 技术

CCUS 技术作为石油行业减少碳排放的托底技术，可以减少碳排放并有效利用二氧化碳，该技术在油气行业的上游产业的主要应用场景为二氧化碳地质封存，即 CCUS-EOR 技术，利用二氧化碳气驱，强化石油开采，减少化石能源与电能使用的同时，提高油气采收率。

CCUS-EOR 主要包括注气、驱替、采油、埋存以及油藏废弃后 CCUS 深度埋存阶段，作为新型的碳减排技术，CCUS-EOR 拥有广泛的应用前景，但同时也有着较大的进步空间。CCUS-EOR 技术根据中国陆相沉积的非均质性油气储层特点进行工艺改进，积极探究同心双管分层注气技术，以满足多层分注工艺需要；加强井下管道腐蚀防护措施；研发水气交替、化学封窜等工艺。

中国石油、中国石化与中国海油这三家大型能源央企对 CCUS 技术都在油田实现了应用。中国石油对 CCUS 技术布局最早，2012 年之前，CCUS 技术尚处于探索与技术攻关阶段，2013—2020 年属于示范阶段，从 2021 年开始，中国石油的 CCUS 技术逐步朝向产业化发展，部署 "四大六小" 产业化工程，许多油田也开展了 CCUS-EOR 技术试验。中国石化开展中国首个百万吨级 CCUS 项目，2022 年已顺利投产。中国海油则建立了中国海上首个二氧化碳封存示范工程设备，进行气田二氧化碳分析、液化及制取干冰项目。

（二）油气田建设风光发电

在油田开展光伏电厂或风电项目，有效利用可再生能源的同时，又能够充分盘活油田自有土地资源，承担油田作业的能源消耗，显著减少碳排放。

中国石油在多个地区的油田开展光伏项目，分担油田作业的能源消耗；2022年，中国石油在吉林开展首个风电场项目。早在2012年，中国石化在新疆的油田建设光伏电站，发电功率可达40千瓦，年均发电总量达到6.8万千瓦·时，为油气开采过程提供了新能源；在风电方面，中国石化在山西也建立了20兆分布式风电项目。

三、油气储运环节能源替代

油气储运包括仓储和运输这两个环节，储运环节的能源使用主要来源于设备日常运维、增强流体流速以及交通运输所产生的能耗。油气储运环节的能源替代关键在于两方面，一是加快布局氢能，二是推进发展绿电，实现燃料结构转型。

（一）加快氢能技术产业化

油品运输方式有管道、水路、铁路以及公路运输四种形式。在水路以及陆路运输过程中，减少化石燃油使用，提高甲烷、醇类和氢能等清洁能源使用比例，公路运输油气可以尝试使用新能源汽车。

能源央企积极推进氢能的大规模制取及其产业化布局。中国石油在玉门部署能源制氢示范项目，开展乌海液氢储运加一体化示范工程设计工作。中国石化在投运氢气检测实验室，打造"氨现场制氢加氢一体站"，并与国家电投集团海南电力有限公司进行氢能共享合作项目的技术研发。

（二）推进绿电发展

管道运输在原油运输中占比超过70%，是原油的主要运输方式。在管道运输环节，为了减少管内原油与管道壁的阻力，增强原油流动性，需要使用压缩机等电机产品，消耗大量电能，在这一环节可以适当提高绿氢绿电在能源消耗中所占的比例。

中国石化正在积极筹备建设绿色油库，在油气仓储处建立可再生能源发电站，充分利用风能、光伏以及余热蒸汽等绿色能源，建立发电站，自发自用、余量上网，满足油气仓储能耗的同时将剩余电量外供，与其他系统联动，实现碳减排。

四、炼制化工环节能源替代

从生产碳排放的来源来看，中国的工业部门碳排放量占国内生产的总排放量接近40%，仅次于电力与热力领域的排放水平，石油炼制与化工制造的碳排放量占工业总排放量的10.2%，占国内总碳排放量的4%。

（一）制氢环节的能源替代

氢气是石油炼制化学工艺过程中必不可少的反应物，现阶段中国主要的制氢方式包括化石能源制氢、化工原料制氢、工业副产氢以及电解水制氢等。从碳排放效果来看，化石能源制氢的碳排放量较高，化工原料产氢次之，电解水制氢排放量最少。在制氢方面采用传统工艺制取氢气会产生极大的碳排放，使用可再生能源则会大大降低碳排放。

1. 甲醇制氢

甲醇在常温下化学性质稳定，可以通过化学反应分解成氢气，体积与能量密度都远高于氢气，便于储存运输，可以实现跨区调度，是良好的氢能载体。甲醇制氢也是化工原料制氢的主要方法。以甲醇和水蒸气作为反应物，在200℃~260℃的高温以及催化剂的条件下发生重整反应，可以制取高纯度的氢气，甲醇制氢阶段中，制取1吨氢气的二氧化碳排放量为6.95吨。石油炼制企业可以根据氢能需求量，为炼厂配备甲醇制氢装置，并提高甲醇的运输、制取以及储存容量。

在工业上，制取甲醇的原材料主要包括煤与天然气，其中煤制取1吨甲醇的二氧化碳排放量为4.3吨，天然气制取1吨甲醇的二氧化碳排放量为1.2吨。在考虑甲烷泄漏的条件下，煤产甲醇制取1吨氢气的全生命周期碳排放为45.4吨，天然气产甲醇制取1吨氢气的全生命周期碳排放为20.7吨。中国石化石油化工科学研究院自主研发分布式甲醇制氢，在北方能源（大连）有限公司大连盛港综合加能站调试成功。

2. 绿电制绿氢

电解水制氢全过程的碳排放仅发生在有电力消耗的环节，其生命周期碳排放仅考虑制氢阶段。电网供电、光伏发电以及风力发电制取 1 吨氢气的二氧化碳排放量分别为 39.7 吨、2 吨和 0.7 吨，可再生能源发电是碳排放量最低的制氢方式。

海上风电制氢是可再生能源制氢的重要方式之一，可以有效平滑风电出力，提高绿氢的成本竞争力，为炼厂提供更加低碳的制氢路径。从全球范围来看，电解水制氢的总规模已经达到 32 吉瓦，海上风电项目接近一半。中国海油成立中海油能源发展股份有限公司清洁能源分公司，培育海上风电技术制氢科研示范项目。中国石化集团新星石油有限责任公司牵头推进内蒙古绿电与绿氢综合项目，包括陆上风电一体化与输氢管道。

光伏发电进行电解水制氢也是一种低排放的工业制氢法。中国西北地区太阳能资源充足，宁夏、青海、新疆及内蒙古等省、自治区均为 I 类资源区，可以充分利用其太阳能资源优势兴建光伏发电项目，利用可再生能源产生的电能实现电解水产氢作为炼化的反应物，满足化工生产用电的同时还可以有效提高西部地区的绿电消纳量。中国石化在新疆库车部署了光伏制氢示范项目，在世界范围内的光伏制氢项目中规模最大；同时在中原油田开展了质子膜电解水制氢项目，其电力均来源于风力与光伏发电，其制氢规模可达到兆瓦级。

3. 工业副产氢

轻烃裂解装置制氢是工业副产氢的来源之一。轻烃裂解是石油化工的其中一个环节，包括乙烷裂解与丙烷脱氢等反应，轻烃裂解装置制取的氢气产生的碳排放微乎其微，借助管道运输氢气，能够促进一定范围的氢能循环，在不考虑氢气收益的情况下具有良好的投资回报。

轻烃裂解在各大炼厂均可实现，在中国大连长兴岛、河北曹妃甸、江苏连云港、浙江宁波、上海漕泾、广东惠州以及福建古雷这七大炼化基地都计划或已经建成多个轻烃裂解项目；在民营炼化产业中，淄博齐翔腾达化工股份有限公司部署了 70 万吨的丙烷脱氢项目。

（二）能源供给环节的能源替代

炼油化工业是社会主要的能源生产者，也是能源消耗与碳排放大户，主要包括工艺过程、换热网络以及公共工程这三大高能耗系统，以及常减压蒸馏、催化裂化、加氢裂化以及延迟焦化等众多环节，其中所需进行的加热、调节压强、抽气以及吹气等流程都需要能源供给。炼化生产的碳排放分为直接排放与间接排放，直接排放主要为尾气、燃料燃烧、工业废料处理以及逸散排放等，间接排放指的是外购热电所产生的碳排放。2023年炼化行业，直接排放占比超过50%，间接排放占比约40%，主要来源为能源供给。化工生产中的热电供应是炼化过程中碳排放的主要来源，如果可以实现新能源为主体的能源供应，则可以有效减少化工生产的碳排放。

提高可再生能源在炼化过程中的供能比例，同时建立智慧能源系统，推动化学工艺耦合技术的发展，实现多种能源在各个子系统在时间空间上耦合，追求能源在供给、需求与储能这三个维度下的动态平衡。在能源转型的趋势之下，增强石油化工行业的电气化水平，并大力发展可再生能源发电在化工行业中的应用，在加热、加压、蒸馏、吹汽等工艺中，以绿电代替燃料燃烧，提高电力在能源供给中的占比。陶氏、壳牌与巴斯夫等公司纷纷寻求电加热裂解装置的研发；Coolbrook公司则依托可再生电力开发涡轮机，将设备的动能转化为热能，高效利用能源，实现工艺的供热。

（三）原材料的替代

化工生产过程中所需要的原材料可以实现能源替代，不仅传统的化石能源可以作为石油化工炼制的反应物，新型生物质能乃至二氧化碳都可以作为化工产品生产的反应物。

1. 生物质能

生物质能是指地球上的动植物直接或间接将太阳能转化为化学能，贮存在体内，分布广泛，总量丰富，作为一种环境友好的可再生能源，在工业生产中有着大量应用前景。生物质能可以作为化工原料，在化工生产当中，代替传统化石能源作为生产化工品的原材料，从原材料端进行化工业的能源转型。

生物质可以作为反应物与劣质重质油耦合生产生物焦炭；制取一氧化碳、氢气、甲烷等固、液、气有机物，并催化生物质焦油这一副产物的裂解；以小桐子油、棕榈酸化油、厨余废弃油脂等原料，制备生物航煤与生物柴油；同时，还可以利用玉米纤维素、酒糟蛋白饲料降解转化制备生物乙醇，利用农林废弃物等原料通过液体发酵制取纤维素酶。中国石油在生物航煤领域展开深度研究，中国石油国际事业伦敦公司深度参与欧洲生物燃料市场以及欧洲碳排放交易，将生物柴油与生物航煤向欧洲销售。

2. 二氧化碳

CCUS 能够有效降低工业生产中所产生的碳排放，在工业中具有广阔的场景。二氧化碳可以作为碳源，生产许多化工品与反应原料，干基浓度大于 98.5% 的二氧化碳可以作为生产尿素的原料。

将 CCUS 捕集得到的二氧化碳加氢，经过还原反应制取甲醇，用作化工生产的重要原料。二氧化碳还原制取甲醇主要分为热催化转化、光催化转化以及电催化转化这三种方式。二氧化碳与甲烷为原料，通过自热重整制取合成气，转化二氧化碳，有效利用温室气体。二氧化碳还可以与环氧乙烷共同反应，制取磷酸二甲酯。

五、结论及建议

基于对能源央企全产业链的能源替代途径分析，能源央企自用能源转型路径可以总结为如下几点：一是推广 CCUS-EOR 技术在油气开采环节的使用，根据实际情况对 CCUS-EOR 技术进行完善与创新，同时在油田开展风光发电项目；二是提高清洁能源与绿电在油气储运与化工生产过程中的使用比例，改善能源消耗环节的用能结构；三是在炼化生产过程中，改进制氢工艺，开发绿电驱动下的电解水制氢，在制氢过程中充分开发化工原料与工业副产氢，推进化工生产的原材料转型，充分利用生物质、二氧化碳等环境友好的可再生能源。

附 录

附件1 2023年成品油与新能源行业大事记

1月

1月1日，国家第六阶段机动车污染物排放第二阶段标准（以下简称国六排放标准6b阶段）车用汽油全国上线，全国范围全面实施国六排放标准6b阶段，禁止生产、进口、销售不符合国六排放标准6b阶段的汽车。

1月4日，国家能源局印发《2023年能源监管工作要点》，加快推进全国统一电力市场体系建设，实现党的二十大关于构建全国统一大市场和深入推进能源革命的决策部署，进一步发挥电力市场机制作用，加强对各地交易方案的事前独立审查评估，加快建设电力价格与成本监管平台。

1月10日，美国政府发布了首份交通部门脱碳蓝图，涵盖所有客运和货运出行方式与燃料，强调了多种清洁技术在各种应用中的作用，部署零排放车辆和燃料，向清洁运输过渡。

1月10日，美国能源信息署发布《短期能源展望》，预测2023年的世界石油消费为1.0048亿桶/日，比2022年仅增加91.05万桶/日，还不到100万桶/日的水平，总量比2019年的世界石油需求仍低75万桶/日。

1月12日，西藏自治区发展和改革委员会印发《关于促进西藏自治区光伏产业高质量发展的意见》，落实自治区优势资源开发利益共享机制实施办法，建立健全当地政府、当地群众和能源企业共享光伏资源开发利益的长效机制。

1月15日，北京市人民政府在北京市第十六届人民代表大会第一次会议上递交2023年北京市政府工作报告：进一步优化能源结构，提高可再生能源比例，逐步淘汰国四重型柴油营运货车，在公交、环卫、出租等重点行业推广新能源车。

1月17日，国家能源局福建监管办公室、福建省发展和改革委员会发布《福建电力市场运营基本规则（试行）》，作为福建电力市场统领性、纲要性规则，明确了市场建设的总体框架，后续配套实施细则将在基本规则的框架下动态制修订。

1月18日，国家能源局在北京召开2023年监管工作会议，系统总结2022年能源监管工作，统筹部署2023年能源监管任务，全面推进高质量监管，助力能源高质量发展。

1月18日，习近平总书记通过视频连线塔里木油田轮南油气储运中心西气东输第一站克拉集气区，看望慰问基层石油干部员工，强调能源安全关系中国经济社会发展全局，是最重要的安全之一，中央企业是能源保供的"顶梁柱"，要多措并举全力增产保供，确保经济社会发展用能需求。

1月20日，上海印发《上海市提信心扩需求稳增长促发展行动方案》，延续实施新能源车置换补贴，2023年6月30日前个人消费者报废或转出名下在上海市注册登记且符合相关标准的小客车并购买纯电动汽车的，给予每辆车10000元的财政补贴。

1月20日，辽宁省发展和改革委员会印发《省发展改革委2023年生态环境保护工作措施》，加快推进清洁能源强省建设，推进风电光伏重点项目建设，研究编制全省海上风电建设方案。

1月24日，欧盟委员会发布《欧洲研究区（ERA）纺织、建筑和能源密集型行业循环技术和商业模式的工业技术路线图》，确定了纺织、建筑和能源密集型行业的92项循环技术和创新投资需求。

2月

2月5日，欧盟对包括柴油在内的俄出口成品油实施新的价格上限，将俄柴油的出口价格限制在100美元/桶至110美元/桶之间，这一方案也得到了七国集团（G7）的同意。

2月7日，英国首相里希·苏纳克宣布设立能源安全部，确保长期能源供应安全，降低能源费用和通货膨胀，提高英国家庭、企业和公共部门建筑的能源效率，以达到能源需求减少15%的目标。

2月7日，山东省发布《2023年全省能源工作指导意见》，以"五大清洁能源基地"为主战场，以煤电转型升级为重点，加快能源结构调整步伐，积极服务绿色低碳高质量发展先行区建设。全年新投产新能源和可再生能源装机 1000 万千瓦以上，在建大型高效煤电机组规模 1000 万千瓦以上。

2 月 8 日，国际能源署（IEA）发布《2023 年电力市场报告》(*Electricity Market Report*)，报告指出，可再生能源将在未来三年内主导世界电力供应的增长，可再生与核电一起可满足到 2025 年全球需求的绝大部分增长，这使得电力部门的碳排放量不太可能大幅增加。

2 月 9 日，日本新能源产业技术综合开发机构（NEDO）发布《汽车和重型卡车用燃料电池路线图》和《固定式燃料电池路线图》，提出到 2030 年，实现纯氢聚合物电解质燃料电池发电效率 60%、固体氧化物燃料电池发电效率 60% 以上；到 2040 年，普及使用绿氢的独立分布式能源系统，纯氢聚合物电解质燃料电池发电效率 65%，固体氧化物燃料电池发电效率 70% 以上。

2 月 10 日，日本内阁批准"以实现绿色转型为目标的基本方针"，重点推进节能减排和发展可再生能源，安全利用核电，促进氢和氨使用，发展储能电池产业，鼓励企业采用可再生能源、核电等非化石能源以及研发节能减排、资源循环利用技术。

2 月 10 日，广东省能源局、广东省农业农村厅、广东省乡村振兴局印发《广东省加快农村能源转型发展助力乡村振兴实施方案》，加快推进 32 个整县（市、区）推进屋顶分布式光伏发电项目建设，并以此为抓手，探索县域清洁能源规模化开发新模式。支持具备资源条件的地区，特别是脱贫地区、革命老区，建设集中式风电、光伏发电项目。

2 月 13 日，欧盟委员会通过了两项《可再生能源指令》要求的授权法案，提出了详细规则以定义可再生氢的构成，将确保所有非生物来源可再生燃料（RFNBO）均由可再生能源电力生产；定义了在何种条件下氢、氢基燃料或其他能源载体可被视为 RFNBO，旨在确保可再生氢的生产能够激励可再生能源并网。

2 月 15 日，美国政府发布美国电动汽车（EV）充电网络建设规则，计划在高速公路和社区建造 50 万个充电桩 / 站，力争到 2030 年，电动汽车销量至少占新车销量的 50%，加速建立零排放车辆走廊，扩大美国电动汽车和氢燃料电池车基础设施，推进中型和重型货运汽车电气化。

2 月 16 日，甘肃省发展和改革委员会公布《2023 年度省列重大建设项目名单》，共 287 个项目，其中计划新开工项目 119 个，续建项目 148 个，预备项目20个。其中，能源项目计划新开工、续建项目62个。

2月17日，陕西省人民政府印发《陕西省人民政府关于印发碳达峰实施方案的通知》：到2025年，全省非化石能源消费比重达到16%左右，单位地区生产总值能源消耗和二氧化碳排放下降确保完成国家下达目标，为实现碳达峰奠定坚实基础，到2030年，非化石能源消费比重达到20%左右。

2月21日，中国石化海南炼化公司100万吨/年乙烯项目龙头装置——乙烯装置投料开车成功，并打通全流程，实现全项目一次开车成功，产出合格产品。项目投产标志着海南乙烯工业实现"零的突破"，投产后可拉动超千亿元的下游产业发展，有效助力海南自贸港建设。

2月23日，宁夏回族自治区发展改革委印发《宁夏"十四五"新型储能发展实施方案》，计划到2025年，实现新型储能从商业化初期向规模化发展转变，逐步培育完善市场环境和商业模式，具备大规模商业化应用条件。在源、网、荷侧应用场景建设一批多元化新型储能项目，力争新型储能装机规模达到500万千瓦以上，储能设施容量不低于新能源装机规模的10%、连续储能时长2小时以上，为新型电力系统提供容量支撑和灵活调节能力。

2月24日，河南省生态环境厅、河南省发展和改革委员会牵头印发《河南省减污降碳协同增效行动方案》，积极推进风电、分布式光伏、生物质天然气等新能源建设，进一步提高太阳能、风能发电占比。支持豫北、豫东、豫中南、黄河两岸浅山丘等平价风电基地建设，集约高效开发风电基地。推动光伏利用与建筑一体化发展，推进能源供给体系清洁化低碳化。鼓励有条件的园区、厂区充分利用太阳能、风能、生物质能等可再生能源。

3月

3月1日，中国渤海再获亿吨级大发现——渤中26-6油田，这是中国海油在该区域连续3年勘探发现的亿吨级油田。

3月2日，在广东省广州市黄埔区九龙镇的半山之间，总投资5.7亿元的500千伏科北变电站正式建成投用。该站是广州供电局的第400座变电站，也是全国首个"近零能耗"双碳示范站。

3月7日，全国政协十四届一次会议在北京人民大会堂举行第二次全体会议，张恩迪委员代表致公党中央发言：构建现代能源体系，统筹推进碳达峰碳中和。

3月7日，中国电动汽车充电基础设施促进联盟（以下简称中国充电联盟）联合能链智电（NASDAQ：NAAS）发布《2022中国电动汽车用户充电行为白皮书》。

3月7日，山东省能源局颁布《山东省能源绿色低碳高质量发展2023年重点工作任务》，对新能源供给消纳体系、化石能源清洁高效开发利用体系、能源产供储销体系、绿色低碳创新支撑体系、能源安全防控体系、能源利民惠民体系进行了逐项分解细化，明确了年度推进的重点任务、重大项目和主要目标，实现了清单化、条目化、项目化管理，确保推动能源绿色低碳高质量发展的各项任务可操作、可实施。

3月8日，国家能源局综合司编制了《2023年能源行业标准计划立项指南》，提出要以本领域的标准体系为指导，坚持急用先行、先进适用、协调一致的原则，优先健全能源新兴领域标准，完善提升传统领域标准，进一步提升能源行业标准立项工作的计划性、导向性。

3月10日，硅谷银行经历挤兑之后宣布破产，引发了美国银行股票的抛售潮，也带动原油跟随美国股市一同回落。

3月16日，欧盟提出《净零工业法》，旨在提供适合扩大净零工业规模的监管环境，其总体目标是到2030年欧洲每年至少有40%的清洁能源设备由境内制造。该法为太阳能光伏和热能、陆上风能和海上可再生能源、电池与储能、热泵和地热技术、电解器和燃料电池、可持续沼气/生物甲烷技术、"碳捕集、利用与封存（CCUS）"以及电网技术等八项战略性净零排放技术制定了2030年制造目标。

3月20日，山西省能源局、山西省工业和信息化厅公布《山西省光伏产业链2023年行动方案》，围绕光伏产业链"建链、延链、补链、强链"的整体部署，通过政策引导、产业支持、招商引资等方式，强化龙头带动，引进配套企业，打造大中小微企业优势互补、协调发展的业态发展新格局。到2023年底，力争省内光伏产业综合产能稳定在20吉瓦以上，产业链"延链""补链"取得实效。

3月20日，山西省能源局、山西省工业和信息化厅印发《山西省风电装备产业链2023年行动方案》，以"链主"企业风电整机带动风电零部件企业数量增加、规模扩张，着力引进缺链环节企业，补齐断链。力争到2023年底，风电装备产业链营业收入同比提高10%以上。

3月21日，国际可再生能源署（IRENA）发布了最新版本《2023年可再生能源装机容量统计报告》，报告以三种语言以表格形式统计了过去十年（2013—2022年）全球可再生能源装机容量。报告显示，尽管全球面临着能源危机，可再生能源仍然实现了创纪录的增长。

3月22日，国家能源局发布《加快油气勘探开发与新能源融合发展行动方案（2023—2025年)》。这是国家能源主管部门首次就油气勘探开发与新能源融合发展发布政策。

3月23日，欧盟委员会通过了一项新的"海事燃料"协议，该法规将通过设定船舶使用能源的年度温室气体强度的最大限制，并引入额外的泊位零排放要求，要求客船和集装箱船在港口使用岸上电源或替代零排放技术，采用基于目标和技术中立的方法，允许创新和开发新燃料技术。

3月24日，中国电力企业联合会在北京举办以"推动能源转型，服务绿色发展"为主题的2023年经济形势与电力发展分析预测会。会议深入分析经济社会发展面临的新形势、新挑战，展望能源电力发展态势，引导行业企业把握宏观经济形势，全力推进新型能源体系建设，服务经济社会高质量发展。

3月25日，中国西部地区首台"华龙一号"核电机组——中广核防城港核电站3号机组正式具备商业运行条件；随着该机组的投产发电，中广核在运核电机组达到27台，在运装机容量超过3056万千瓦。

3月26日，沙特阿美石油公司宣布在华设立合资公司，开工建设大型炼油化工联合装置。

3月26日，国家能源局组织国家发展改革委能源研究所、电力规划设计总院、水电水利规划设计总院、国家电力投资集团有限公司、二峡集团、中广核集团有限公司、光伏行业协会、风能协会等单位开展了案例解读编制工作，形成了《〈关于促进新时代新能源高质量发展的实施方案〉案例解读》第一章，总结推动新能源高质量发展的成功经验和优秀做法。

3月28日，国家能源局发布《关于加快推进能源数字化智能化发展的若干意见》，提出针对电力、煤炭、油气等行业数字化智能化转型发展需求，通过数字化智能化技术融合应用，急用先行、先易后难，分行业、分环节、分阶段补齐转型发展短板，为能源高质量发展提供有效支撑，对提升能源产业核心竞争力、推动能源高质量发展具有重要意义。

3月28日，自然资源部联合国家林业和草原局、国家能源局出台了《关于支持光伏发电产业发展规范用地管理有关工作的通知》，进一步支持绿色能源发展，加快大型光伏基地建设，规范项目用地管理，严格保护耕地红线和生态红线。

3月28日，上海市发展和改革委员会印发《关于做好2023年风电、光伏发电开发建设有关事项的通知》，全力推进海上风电项目建设，高水平开发陆上风电、光伏电站项目，各区选择条件成熟的陆上风电和光伏电站申报纳入年度开发建设方案，申报项目应符合用地用海、生态保护要求，陆上风电年内核准，光伏电站年内开工，全面实施光伏+工程。大力推广建筑光伏一体化。

3月29日，美国能源部（DOE）发布《推进美国海上风能：实现并超越30吉瓦目标的战略》，旨在实现美国到2030年海上风电部署达到30吉瓦、到2050年超过110吉瓦的目标。

3月30日，英国能源安全和净零排放部（DESNZ）发布一揽子计划——《为英国提供动力》(*Powering Up Britain*)，推动新建核电项目交付并开发先进小型模块化反应堆，投入2.4亿英镑资助20个氢能项目，通过差价合同计划进行2.05亿英镑的第五轮可再生能源项目招标，并投入1.6亿英镑启动漂浮式海上风电港口基础设施项目。

3月30日，广东省能源局、国家能源局南方监管局发布《关于印发广东省新型储能参与电力市场交易实施方案的通知》，明确了源、网、荷各侧储能参与电力市场的方式、准入条件等各项规定。

4月

4月2日，由中国节能协会主办的"2023中国节能与低碳发展论坛"在北京召开。论坛以"创新、低碳、发展"为主题，深入学习贯彻党的二十大精神，落实《中华人民共和国国民经济和社会发展第十四个五年规划和2035年远景目标纲要》要求，牢固树立生态文明建设新理念，推动工业、交通运输和建筑等领域实现绿色低碳高质量发展。

4月2日，OPEC+多国宣布实施自愿石油减产165万桶/日，减产从5月开始，持续到2023年底。具体包括俄罗斯（50万桶/日）、沙特阿拉伯（50万桶/日）、阿联酋（14.4万桶/日）、科威特（12.8万桶/日）、伊拉克（21.1万桶/日）、阿曼（4万桶/日）、阿尔及利亚（4.8万桶/日）和哈萨克斯坦（7.8万桶/日）。如果这份减产计划得到执行，OPEC+目前已经接近超额生产，部分国家（俄罗斯、沙特阿拉伯等）要进行实际减产。

4月4日，青海省能源局公布《青海省能源局关于2023年首批重点研究课题承担单位公示》，其中与新能源相关20个重点研究课题，包含源网荷储四端协同研究、外送支撑电源实施及燃料保障研究、新型储能协同发展研究、风电规模发化发展研究、新能源电站并网可靠性研究等。

4月6日，国家能源局发布《关于印发〈2023年能源工作指导意见〉的通知》，深入贯彻落实党中央、国务院有关决策部署，扎实做好2023年能源工作，持续推动能源高质量发展。

4月6日，广东省能源局印发《广东省能源局关于下达2023年地面集中式光伏电站开发建设方案的通知》，确定本年度首批开发项目82个，总投资525.32亿元，2023年计划完成投资额为245.34亿元。

4月6日，贵州省能源局印发《贵州省2023年度风电光伏发电建设规模项目计划》，贵州省2023年度风电光伏发电建设规模项目计划为3040万千瓦，第一批下达项目计划为1781.16万千瓦，为消纳不受限区域、申报规模在电网消纳空间范围内规模的市州、黔南州北部区域项目和基地化、一体化项目，其中接入贵州电网1741.16万千瓦，接入兴义地方电网40万千瓦。

4月7日，湖南省人民政府印发《湖南省2023年国民经济和社会发展计划》，开工建设一批风电和光伏发电项目。积极稳妥推进碳达峰碳中和，完善"1+1+N"政策体系，有序实施"碳达峰十大行动"，加快重点行业企业节能降碳改造，坚决遏制"两高"项目盲目发展。

4月12日，国家能源局印发《2023年能源工作指导意见》。其中提出，大力发展风电太阳能发电。积极推进光热发电规模化发展。稳妥建设海上风电基地，谋划启动建设海上光伏。大力推进分散式陆上风电和分布式光伏发电项目建设。

4月14日，国家能源局发布《〈关于促进新时代新能源高质量发展的实施方案〉案例解读》第二、三章，再次指出新能源企业的不合理投资成本。

4月14日，日本内阁通过了首个国家核聚变战略，反映了日本国内建立聚变工业的需求。该战略呼吁私营企业更广泛地参与聚变能研发，争取在2050年左右实现核聚变发电。

4月16日，德国关闭最后3座核电站。最后3座德国核电站的关闭意味着大约4吉瓦的可控装机容量短缺。鉴于当前的地缘政治背景以及今年夏天补充天然气储备的潜在困难，如果德国天然气发电厂没有满负荷运行，供应安全可能会进一步受到影响。

4月16日，中国石油发布消息，用现有天然气管道长距离输送氢气技术获得突破，为中国今后实现大规模、低成本的远距离氢能运输提供技术支撑。

4月17日，中国国家能源局局长章建华会见来访的阿联酋工业与先进技术部部长苏尔坦·艾哈迈德·贾比尔。双方就油气、可再生能源、氢能以及气候变化等议题交换了意见。

4月17日，据中国石化新闻办消息，随着下游对燃料电池氢需求的逐步回暖，4月份，中国石化广州石化氢燃料电池供氢中心日充装量稳步提升，其中，4月6日单日充装出厂量达1.033吨，创2023年日充装出厂量新高。截至4月14日，广州石化已累计向粤港澳大湾区供应高纯氢911.9吨，推动粤港澳大湾区氢能产业发展。

4月18日，中国与国际可再生能源署合作研讨会在北京召开。中国国家能源局局长章建华和国际可再生能源署总干事弗朗西斯科·拉·卡梅拉出席会议，并共同为中国—国际可再生能源署合作办公室揭牌。国家能源局副局长任京东参加会议。

4月20日，中国海油发布消息，深海油气勘探开发的核心装备实现产业化，这将大幅提升中国深海深层油气藏勘探精度。

5月

5月5日，由国务院国有资产监督管理委员会、工业和信息化部、国家能源局等相关部门提供指导和支持，中国石化主办的氢能应用现代产业高质量发展推进会暨专家咨询委员会成立大会在北京举办，国家能源投资集团有限责任公司、国家电力投资集团有限公司、中国航天科技集团有限公司等有关企业、协会团体等国内 70 多家协会团体、研究机构和企业代表参加会议。会议围绕打造原创技术策源地、核心链环建设、完善产业链协同机制、把握前沿发展趋势、防范产业链重大风险等方面，集聚全产业链智慧力量，推动我国氢能应用现代产业链高质量发展。

5 月 6 日，英国阿格斯和标普全球普氏能源首次将美国西得克萨斯生产的米德兰原油（WTI 米德兰原油）纳入实货布伦特原油价格体系。这意味着世界三大原油价格体系中，美国生产的原油将涉及两大体系，其在原油市场的影响力或进一步提升。

5 月 8 日，深圳市发展和改革委员会发布《2023 年战略性新兴产业专项资金项目申报指南（第一批）》，明确新技术新产品示范应用推广支持工业园区储能、光储充示范等两个方向。按经专项审计核定项目总投资的 30% 给予事后资助，最高不超过 1000 万元。

5 月 9 日，荷兰鹿特丹举办 2023 年世界氢能峰会暨展览会，有超过 350 家企业参展，吸引来自 100 多个国家和地区的约 11500 名能源政策制定者、大型企业领导人以嘉宾的身份参与，有望为世界绿色转型和可持续发展事业铺平道路和做出切实贡献。

5 月 16 日，国家发展改革委发布消息，根据近期国际市场油价变化情况，按照现行成品油价格形成机制，自 2023 年 5 月 16 日 24 时起，国内汽、柴油价格每吨分别降低 380 元和 365 元。本次调价是国内成品油价 2023 年以来最大一次降幅，实现"两连跌"，年内成品油调价呈现出"三涨五跌两搁浅"的格局。

5 月 23 日上午，由中国科学技术协会、中国机械工业联合会、国际氢能协会共同主办的 2023 世界氢能技术大会在佛山南海开幕。

5 月 26 日，国际能源署发布《2023 年世界能源投资》报告，全面分析了全球能源行业的投资现状及发展前景，指出清洁能源投资的快速增长趋势，并评估了能源行业未来发展面临的风险与机遇。报告预测 2023 年全球能源投资将达到 2.8 万亿美元，其中近三分之二将投向包括核能在内的清洁技术。

5 月 29 日，中能建松原氢能产业园（绿色氢氨醇一体化）项目获吉林省能源局新能源建设指标的批复。该项目是目前全球最大体量的绿色氢氨醇一体化项目，总投资 296 亿元。项目基于"氢动吉林"中长期发展规划，以吉林省"中国北方氢谷"和"陆上风光三峡"为发展契机，积极践行中国能建"30·60"系统解决方案"一个中心"和氢能、储能"两个支撑点"发展战略的重要举措。

5 月 30 日，中国首口万米深井——"深地塔科 1 井"在新疆塔里木盆地正式开钻，预计钻探深度 11100 米，突破 10 余个层系。

5 月 30 日，中国石油举行新闻发布会，宣布广东石化炼化一体化项目全面投入商业运营。广东石化炼化一体化项目是中国石油推动企业高质量发展取得的实践成果，也是进一步推动中国炼化产业转型升级迈向高端的坚实一步。这个项目的建设将增强中国石油保障国家能源安全的能力，为中国石化行业加快实现高水平科技自立自强发挥示范作用。

5 月 30 日，广东珠海市人民政府印发《珠海市碳达峰实施方案》。该方案提出，到 2030 年，单位地区生产总值能源消耗和单位地区生产总值二氧化碳排放确保完成省下达指标，确保 2030 年前实现碳达峰。《珠海市碳达峰实施方案》提出重点实施"碳达峰十三大行动"，其中包括从能源利用、产业发展、科技创新、绿色金融等方面协同推进减碳行动，支持横琴粤澳深度合作区建设碳中和试点，加快建立应对气候变化共同机制。

5 月 30 日，国内一次性建设规模最大的世界级炼化项目——广东石化炼化一体化项目全面投入商业运营，这是中国石油炼化产业转型升级新的里程碑。广东石化项目是中国石油一次性投资规模最大的炼化项目，项目规模为 2000 万吨 / 年炼油 +260 万吨 / 年芳烃 +120 万吨 / 年乙烯，配套建设 30 万吨级原油码头和 10 万吨级产品码头，工艺装置 41 套。

5 月 31 日，南方电网最高电力负荷达 2.22 亿千瓦，接近历史最高。在广东、广西、云南、贵州、海南五省区中，广东电网最高负荷达到 1.38 亿千瓦；广西电网用电负荷两次创新高，达到 3137 万千瓦；海南电网负荷已六创新高，首次突破 700 万千瓦。

6月

6月2日，国务院常务会议研究促进新能源汽车产业高质量发展的政策措施。为更大释放新能源汽车消费潜力，会议提出要延续和优化新能源汽车车辆购置税减免政策。

6月6日，国际能源署、国际可再生能源署（IRENA）、联合国统计司（统计司）、世界银行和世界卫生组织发布了一份新报告，指出世界目前无法按计划到2030年实现关于能源的可持续发展目标，具有成本竞争力的可再生能源再次显示出非凡的韧性，但世界最贫穷的人口在很大程度上仍然无法从中充分受益。

6月12日，根据《中华人民共和国标准化法》《能源标准化管理办法》，国家能源局发布《新能源基地送电配置新型储能规划技术导则》等310项能源行业标准、Code for Seismic Design of Hydropower Projects 等19项能源行业标准外文版，涵盖太阳能供热、光伏发电（电站）、风能、生物质、储能、空气源热泵等新能源利用方式标准。

6月12日，商务部研究起草了《成品油流通管理办法（征求意见稿）》，加强成品油流通管理，规范企业经营行为，维护国内流通秩序。

6月13日，根据国际能源署的一份新报告，阿曼有潜力成为最具竞争力的可再生氢气生产国之一，到2030年，阿曼可能会以每千克1.6美元的价格生产低排放氢气。根据该报告，近年来碳氢化合物出口占阿曼出口总收入的60%，到十年之后，该国可能占中东氢气出口的一半以上。

6月13日，新加坡《联合早报》网站报道，巴基斯坦石油国务部长穆萨迪克·马利克说，巴基斯坦以人民币支付了首批俄罗斯折扣原油。这是巴基斯坦以美元为主的出口支付政策的重大转变。

6月14日，中国国家发展改革委组织召开全国电视电话会议，安排部署2023年能源迎峰度夏工作，抓紧制定出台恢复和扩大消费的政策，稳定汽车消费，加快推进充电桩、储能等设施建设和配套电网改造，大力推动新能源汽车下乡。

6月14日，欧洲议会以587票赞成、9票反对、20票弃权投票通过

《欧盟电池与废电池法》。按照立法流程，这一法规将在欧洲公告上发布，并在 20 日后生效。法规要求电动汽车电池与可充电工业电池计算产品生产周期的碳足迹，未满足相关碳足迹要求的，将被禁止进入欧盟市场。

6 月 14 日，国际能源署发布 2023 年中期石油市场报告，认为随着向清洁能源转型进程加速，未来几年全球石油需求增长幅度将显著放缓。

6 月 14 日至 16 日，备受瞩目的中国（江苏）国际储能大会暨智慧储能技术及应用展览会在江苏南京国际博览中心成功举办。展会平台发挥了重要作用，其间举办了一系列与储能相关的高规格论坛和会议，推进了储能产业的建设。展会期间，欧洲储能行业协会（EAEST）中国代表处举办了隆重的落成典礼，引起了全国储能行业的关注。

6 月 15 日，工业和信息化部牵头发布《关于开展 2023 年新能源汽车下乡活动的通知》，促进农村地区新能源汽车推广应用，引导农村居民绿色出行，助力美丽乡村建设和乡村振兴战略实施。

6 月 19 日，温州市瓯海区委全面深化改革委员会发布《关于构建"1+5+16"产业政策体系推动经济高质量发展的意见》的通知，明确对 2023 年 6 月 30 日前通过验收并网的，且系统容量在 300 千瓦·时及以上的用户侧储能项目，按照实际容量给予项目业主 0.1 元 / 瓦的一次性建设补贴，单个项目补贴不超过 10 万元。

6 月 22 日，美国能源部宣布为福特汽车与韩国 SK On 合资的企业提供 92 亿美元政府贷款，用于生产电动汽车电池，这是美国能源部贷款项目办公室迄今为止最大的一笔贷款。

6 月 26 日，俄罗斯总统普京签署总统令，宣布俄罗斯将把针对俄罗斯石油和石油产品设置价格上限的反制措施延长至 2023 年 12 月 31 日。

6 月 28 日，全球首台 16 兆瓦海上风电机组在福建北部海域顺利完成吊装。这标志着中国海上风电高端装备制造能力、深远海海上风电施工等全产业链实现整体提升，达到国际领先水平。

6 月 29 日，国家能源局发布《〈关于促进新时代新能源高质量发展的实施方案〉案例解读》，全面落实税务部门征收可再生能源发展基金有关要求，确保应收尽收。利用好现有资金渠道支持新能源发展。

6月30日，财政部、税务总局发布《关于部分成品油消费税政策执行口径的公告》，公布成品油消费税政策执行口径公告《成品油消费税征收范围注释》。

7月

7月5日，石油输出国组织（OPEC）秘书长、尼日利亚人巴尔金多去世，在短期内增加OPEC下一步行动的不确定性。但长期来看，不会改变该组织的行动方向。

7月7日，墨西哥国家石油公司报告坎塔雷尔油田Nohoch Alfa平台天然气处理中心发生爆炸，损失了约45万桶石油和超过1585万立方米的天然气，约占墨西哥国家石油公司天然气总产量的11%。

7月10日，挪威油气运营商DNO ASA在挪威北海Carmen区块发现了一个重要的天然气和凝析油区块。综合数据初步评估表明，Carmen的总可采资源量在1.2亿至2.3亿桶当量之间，是2013年以来挪威大陆架最大的发现。

7月10日，卡塔尔能源公司与阿联酋国家石油公司签署为期10年的凝析油供应协议，从2023年7月开始向阿联酋供应凝析油，10年总供应量最多可达1.2亿桶。

7月11日，新型电力系统技术创新联盟2023年理事会会议在北京召开，编制发布了《新型电力系统重大技术联合创新框架》，成员单位聚焦新型电力系统重大关键共性问题，共同研究提出58项重点研究建议，在大型风光基地、统一电力市场建设、高比例新能源消纳等方面发挥各自技术优势，合作共享、联合攻关，开展了多项务实合作。

7月11日，国际能源署发布《2023年关键矿业市场回顾》，指出计划中的矿业项目激增，但为支持能源转型，需进一步确保多样化和可持续的矿产供应。报告显示，在过去五年中，为电动汽车、风力涡轮机、太阳能电池板和其他清洁能源转型关键技术提供动力的矿产市场规模翻了一番。创纪录的清洁能源技术规划正在推动对锂、钴、镍和铜等矿产的巨大需求。从2017年到2022年，锂总体需求增长三倍、钴需求增长70%、镍需求增长40%。2022年，能源转型矿产市场达到3200亿美元，并将继续快速增长，使其日益成为全球采矿业的中心舞台。

7月11日，中央全面深化改革委员会第二次会议审议通过了《关于进一步深化石油天然气市场体系改革提升国家油气安全保障能力的实施意见》等重磅文件。该意见明确，要围绕提升国家油气安全保障能力的目标，针对油气体制存在的突出问题，积极稳妥推进油气行业上、中、下游体制机制改革，确保稳定可靠供应。

7月11日，伊拉克总理办公室主任阿瓦迪当天与伊朗驻伊拉克大使萨迪克签署一项易货贸易协议，以伊拉克的原油和重油换取伊朗的天然气，进口天然气将被用于伊拉克当地发电站运营。

7月27日，国际能源署发布《煤炭市场报告》，预计2023年全球煤炭总体需求将略增0.4%，达到约83.88亿吨。同时全球煤炭供应量将创下新纪录，而煤炭贸易量将回升至2019年水平。

7月27日，全球能源互联网发展合作组织召开2023年年中工作会议。会议指出在能源生产侧实施清洁替代，以太阳能、风能、水能等清洁能源替代化石能源；能源消费侧实施电能替代，以电代煤、以电代油、以电代气，用的是清洁发电。

7月28日，国家能源局综合司就《2023年能源领域拟立项行业标准制修订计划及外文版翻译计划项目意见》公开征求意见。其中，2023年能源领域拟立项行业标准制定计划项目中包含多项储能行业标准，涉及液流电池储能、铁铬液流电池、压缩空气储能、电化学储能电站经济评价、户用电化学储能系统、抽水蓄能电站等多项储能项目标准。

8月

8月2日，由中国能源研究会、中关村储能产业技术联盟主办的第八届储能西部论坛在西安国际会议中心召开，针对近两年诸如新能源强配储能导致利用率不高、储能电站盈利模式、规模化储能安全等问题，聚焦电力市场新机制，提升储能规模化运营效率，迎接规模化储能新阶段。

8月4日，国家发展改革委办公厅、国家能源局综合司印发2023年可再生能源电力消纳责任权重和2024年预期目标，对全国各省、自治区、直辖市

2023 年可再生能源电力消纳责任权重设定了约束性指标，同时对各省、自治区、直辖市 2024 年可再生能源电力消纳责任权重设立了预期目标。

8 月 8 日，国家标准化管理委员会与国家发展改革委等部门联合印发《氢能产业标准体系建设指南（2023 版）》，系统构建了氢能制、储、输、用全产业链标准体系，并明确了标准体系建设目标。这是中国首次从国家层面对氢能全产业链标准体系建设给出指导意见，也是多年来业界期盼的一件大事。

8 月 10 日，中国能建中电工程华东院与 Swiss KTG DOO 公司于塞尔维亚首都贝尔格莱德市签署 140 兆瓦光伏储能一体化项目 EPC 框架协议书。该项目是中国能建中电工程华东院在欧洲区域签署的首个 EPC 框架协议，此次签约为中国能建中电工程华东院在巴尔干地区及欧洲拓展新能源业务奠定了良好的基础。该项目位于塞尔维亚西南部的谢尼察市，具有丰富的太阳能光照资源。

8 月 15 日，法国 Maurel&Prom 石油公司宣布该公司董事会已授权与凯雷国际投资集团（Carlyle International Energy Partners）签署股份购买协议，以 7.3 亿美元收购英国 Assala 能源加蓬子公司 100% 股份。

8 月 18 日，挪威国家石油公司 Equinor 在北海获第 9 个油气发现，产量估计在 900 万至 3500 万桶油当量之间。

8 月 19 日，浙江平湖市人民政府印发《关于促进平湖市能源绿色低碳发展的若干政策意见（试行）》，文件指出，对单体容量 2 兆瓦·时及以上，且累计建设 5 兆瓦·时及以上具有示范意义的用户侧典型场景储能项目，且全量数据接入市电力负荷管理中心统一管理、统一调控的，经备案建成投运，按不超过实际设备投资总金额的 8% 给予一次性补助，最高限额 300 万元。

8 月 20 日，杭锦旗人民政府办公室印发《杭锦旗关于加强标准化服务管理促进新能源高质量发展的实施意见》，精准引进新能源产业链土企业，补齐产业链条短板，大力发展新能源新材料上下游产业，形成与新能源发电规模相适应的装备制造产业集群，实施好产业培育工程。

8 月 21 日，美国阿帕奇公司（Apache）计划明年在埃及的能源产业投资 14 亿美元，该公司是该北非国家最大的投资者和最大的石油生产商之一。

8 月 26 日，2023 世界清洁能源装备大会在四川省德阳市召开，聚焦"绿

动地球 智造未来"主题，围绕提高科技创新能力、建设现代化产业体系等热点和前瞻性问题，着力打造产业交流合作国际化平台，实现以会展集聚带动产业集聚。

8月30日，美国能源信息署（EIA）公布的数据显示，截至8月25日当周，美国原油库存骤降1058万桶，创下2022年以来最低，预期为减少159.55万桶，此前一周为减少613.4万桶。

8月30日，随着配套的光伏电站实现全容量并网，中国首个万吨级光伏绿氢示范项目——新疆库车绿氢示范项目全面建成投产。

9月

9月1日，广西壮族自治区发展和改革委员会印发《完善广西能源绿色低碳转型体制机制和政策措施的实施方案》，加快推进风电、光伏发电基地建设，推动分布式新能源就地开发利用，促进新能源多领域跨界融合发展。

9月3日，广西壮族自治区发展和改革委员会发布《关于调整陆上风电项目核准权限的通知》。风电项目核准权限由市县发改委（能源局）核准调整为省发改委（能源局）核准。

9月4日，工业和信息化部印发电力装备行业稳增长工作方案（2023—2024年）的通知，依托国家风电、光伏、水电、核电等能源领域重大工程建设，鼓励建设运营单位加大对攻关突破电力装备的采购力度，依托重点工程建设推动攻关成果示范应用，通过示范引领，促进电力装备推广应用。

9月5日，沙特阿拉伯能源部宣布，将把每日100万桶的石油减产措施延长三个月，至2023年年底。

9月5日，俄罗斯也宣布继续自愿减少30万桶/日的石油供应至2023年12月底，俄罗斯副总理亚历山大·诺瓦克表示，将每月进行审查，以考虑进一步减少产量或增加产量的可能性。

9月5日，国际原油价格基准——布伦特原油期货涨破每桶91美元，为2022年11月以来首次，日内涨幅达到了2美元。

9月5日，OPEC+9月石油大会在奥地利举行。

9月7日，天津市发展和改革委员会公示拟纳入天津市2023年风电、光伏发电项目开发建设方案的项目清单，共包含 3 个集中式光伏项目、7 个集中式风电项目，总装机规模 2384.1 兆瓦，其中光伏 856 兆瓦、风电 1528.1 兆瓦。

9 月 7 日，浙江省经济和信息化厅发布《浙江省推动新能源制造业高质量发展实施意见（2023—2025 年）》，积极探索大规模海上风电等新兴领域技术装备发展，持续拓展风电服务型制造新模式。

9 月 7 日，湖南省发展和改革委员会发布《关于规范全省新能源项目开发市场秩序有关事项的通知》，统筹推进新能源资源开发与经济社会融合发展，处理好短期和长远、局部和全局的关系，处理好项目开发与能源保供、产业发展的关系。

9 月 7 日，在广州南沙华润电厂码头，由广州海事部门主导，供油船舶为国际航行船舶"宝宁岭"轮成功加注了 300 吨保税生物燃料油，标志着全国首单船舶保税生物燃料油加注成功，这将引领国内绿色航运的发展。

9 月 10 日，为期 4 天的首届伊拉克石油项目和许可招标国际会议暨展览会在首都巴格达国际会展中心开幕，中国企业展台吸引了包括伊拉克石油部长哈扬·阿卜杜勒·加尼在内的众多与会代表驻足参观。

9 月 10 日，广西壮族自治区发展和改革委员会发布《关于推进分散式风电开发建设有关事项的通知》（第二征求意见稿），鼓励利用存量建设用地发展分散式风力发电产业。不得强行要求项目开发与配套产业捆绑，不得以任何名义增加分散式风电项目的不合理投资成本，不得以整县开发为由暂停、暂缓其他风电项目核准电网接入等工作。

9 月 11 日，防城港市防城区人民政府办公室印发《防城港市防城区分散式风电开发建设实施方案（试行）》，推动低风速、低噪声、智能化运维等技术创新，鼓励推广应用节地技术和节地模式，推动分散式风电与产业、景观旅游、设施农业等深度融合，培育分散式风电开发新模式新业态，促进分散式风电高质量发展。

9 月 11 日，扬州市政府印发《扬州市新能源产业集群高质量发展实施方案（2023—2025 年）》，以打造"江苏新能源产业重要极"为目标，重点瞄准晶硅光伏、储能电池、风电装备和氢能等四大领域，实施区域布局优化、园区功能提升、产业链条完善、技术创新突破和试点应用引领等五大行动。

9月12日，OPEC公布月度原油市场报告，由于沙特阿拉伯持续减产，OPEC预计四季度全球石油市场面临超过300万桶/日的供应缺口。

9月13日，国际能源署公布的月报表示，沙特阿拉伯和俄罗斯延长减产协议至年底，将导致市场供应严重不足，第四季度全球石油市场可能会出现每天约110万桶的供应短缺，可能导致油价波动加剧。

9月14日，山东省能源局开展能源绿色低碳转型试点示范建设工作，加快发展风电、光伏发电。在风能和太阳能资源禀赋较好、建设条件优越、具备持续开发条件、符合区域生态环境保护等要求的地区，有序推进风电和光伏发电集中式开发。

9月15日，国家发展改革委等部门印发《电力需求侧管理办法（2023年版）》，鼓励电力需求侧管理服务机构开展合同能源管理、综合节能、电力交易、可再生能源绿色电力证书交易以及碳交易等多元化能源服务。

9月15日，中国"十四五"重大能源基础设施工程——川气东送二线天然气管道工程川渝鄂段正式开工建设。该工程是实现中国天然气管网"五纵五横"新格局的关键一步，也是川渝地区千亿立方米大气田和百亿立方米储气库的战略输送通道。

9月18日，国家发展改革委、国家能源局联合发布的《电力现货市场基本规则（试行）》提出，发挥电力现货市场分时价格信号作用，鼓励火电机组提升运行灵活性，促进源网荷储协同互动，有序推动新能源参与电力市场交易。

9月18日，国家能源局发布关于2022年度全国可再生能源电力发展监测评价结果的通报。通报显示，2022年全国可再生能源电力实际消纳量为26810亿千瓦·时，占全社会用电量比重31.6%，同比提高2.2个百分点；全国非水电可再生能源电力消纳量为13676亿千瓦·时，占全社会用电量比重为15.9%，同比增长2.2个百分点。

9月19日，第十四届中国国际石油化工大会在浙江宁波召开。以"驾驭不确定性 共促绿色复苏"为主题，以高端论坛、高峰会议和高层对话为核心，研讨在不确定性增加的背景下，如何抓住并善用全球经济发展的新动能，打造石化行业韧性供应链，争取使其转变为石化行业的核心竞争力。

9月24日，河南省发展和改革委员会发布《关于印发2023年首批市场化并网风电、光伏发电项目开发方案的通知》。印发项目共计340.1万千瓦，其中风电共计310万千瓦、光伏共计23万千瓦、分布式光伏共计7.14万千瓦。

9月25日，国家林业和草原局办公室印发《关于支持光伏发电产业发展规范使用草原有关工作的通知》，开展光伏项目生态适应性评价，鼓励在沙漠、戈壁、荒漠及沙化退化盐碱化草原布局光伏发电项目。

9月25日，广东省珠海市工业和信息化局官网发布《珠海市促进新型储能产业高质量发展的若干措施（征求意见稿）》。文件指出：对用户侧新型储能示范项目，自投运次月起按实际放电量给予投资主体不超过0.3元/千瓦·时补贴，补贴累计不超过2年。同一项目补贴累计最高不超过300万元。

9月26日，全国首个深层油气创新联盟在山东青岛成立。

9月25日，中国海洋石油集团有限公司最近与韩国SK创新的资源开发子公司SK earthon一起，在中国南海矿区勘探8年后，成功生产出了原油。

10月

10月1日起，京瓷集团面向日本企业销售可再生能源。

10月4日，OPEC+举行第50届联合部长级监督委员会会议。会议结束后，国际石油价格出现了自2022年9月以来的最大单日跌幅。

10月7日，由中国企业承建的阿联酋首个风电项目——阿联酋风电示范项目在阿联酋首都阿布扎比正式投入运营、并网发电。

10月9日，从国际标准化组织（ISO）官网获悉，由宝鸡石油机械有限责任公司主导修订的国际标准ISO 10425:2023《石油天然气工业用钢丝绳最低要求和验收条件》经国际标准化组织批准正式发布。

10月10日，在江西中国石化九江分公司，习近平总书记详细了解企业转型升级打造绿色智能工厂、推动节能减污降碳等情况，希望企业按照党中央对新型工业化的部署要求，坚持绿色、智能方向，扎扎实实、奋发进取，为保障国家能源安全、推动石化工业高质量发展作出新贡献。

10月10日，泰安市人民政府关于印发《泰安市碳达峰工作方案》的通知。通知指出，以光伏发电为重点，以生物质能、地热能为补充，推动新能源多元化、协同化、规模化发展，打造"国内能源绿色低碳转型示范城市"。

10月10日，GE Vernova第一台Haliade-X风机已在英国Dogger Bank风电场安装发电，此风电场拥有277台Haliade-X风机，建成后将成为世界上最大的海上风电场。

10月11日，中国能源建设股份有限公司发布2023年光伏组件集中采购招标公告。根据公告，本次招标为光伏组件采购，预估总量为15000兆瓦。

10月11日，国内首艘氢燃料电池动力船"三峡氢舟1"号从湖北宜昌三峡游客中心出发，在宜昌水域完成首航。这是国内氢燃料电池技术在内河船舶应用实现零的突破，对推动"氢化长江"进程、加快内河航运绿色低碳发展具有示范意义。

10月11日，华润电力在广东省2023年省管海域海上风电项目竞争配置工作中取得了100万千瓦竞配指标，分别取得了汕尾红海湾五50万千瓦海上风电项目、阳江三山岛四50万千瓦海上风电项目的开发权，实现了在广东省海上风电业务零的突破。

10月11日，Kosmos Energy宣布在美国墨西哥湾的Tiberius勘探井发现石油。

10月12日，大理华晟2.5吉瓦高效异质结电池项目正式投产。该项目是云南省首个5吉瓦高效异质结光伏制造项目，主要生产210异质结电池片和组件。

10月12日，中国石油海南区域总部基地项目在海口市江东新区开工。

10月12日，国家发展改革委办公厅、国家能源局综合司联合发布《关于进一步加快电力现货市场建设工作的通知》，明确了各省推进进度和电力市场框架和制度安排，"新能源+储能"将进入现货市场。

10月12日，浙江余姚市发布《关于推动产业高质量发展的若干政策意见》发改相关政策的实施细则，提出鼓励高质量储能示范项目削峰填谷。对已建成投运的工业企业用户侧储能示范项目，年利用小时数不低于600小时的，分档给予一次性补助。对设备功率在400千瓦及以上的（每个企业设备可多台合并计），按照功率0.15元/瓦补助，单个项目最高不超过15万元；对功率2万千瓦及以上的，给予一次性50万元的补助。

10月13日，美国总统拜登和能源部长格兰霍姆宣布，全美将建立7个地区性清洁氢气中心。这些中心将获得《两党基础设施法案》提供的70亿美元资金，以加速美国清洁氢气市场发展、加强能源安全并助力国内制造业。

10月14日，由山西建投国际投资有限公司参与投资、山西建投安装集团承接建设的孟加拉国科克斯巴扎尔风电项目正式投产。这是孟加拉国第一个集中式风电项目。

10月23日，国家能源局发布1—9月份全国电力工业统计数据。截至9月底，全国累计发电装机容量约27.9亿千瓦，同比增长12.3%。其中，全国新增太阳能发电装机128.94吉瓦，太阳能发电装机容量约521.08吉瓦，同比增长45.3%；新增风电33.48吉瓦，风电装机容量约400.21吉瓦，同比增长15.1%。

10月23日，能源巨头雪佛龙（Chevron Corporation）在官网宣布，其与石油生产商赫斯公司（Hess Corporation）达成最终协议，将收购赫斯所有已发行股票。

10月24日，国际能源署发布了《世界能源展望2023》。报告预测，到2030年，世界能源系统将发生重大变化，清洁能源技术将发挥更大作用，届时，全球电动汽车的数量将是现在的近10倍，可再生能源在全球电力结构中的份额将接近50%。

10月24日，欧盟委员会正式提出欧洲风电行动计划，旨在通过解决其面临的挑战来加强欧盟风电行业。

10月24日，新加坡能源市场管理局（EMA）宣布，已通过临时批准，将从越南进口1.2吉瓦以风电为主体的可再生能源。

10月25日，国家发展改革委颁布《国家发展改革委等部门关于促进炼油行业绿色创新高质量发展的指导意见》，提出到2025年，国内原油一次加工能力控制在10亿吨以内，千万吨级炼油产能占比55%左右，产能结构和生产力布局逐步优化，技术装备实力进一步增强，能源资源利用效率进一步提升，炼油产能能效原则上达到基准水平、优于标杆水平的超过30%。

10月25日，国家能源集团国华投资（氢能公司）氢能研究院牵头申报的国家重点研发计划"政府间国际科技创新合作"重点专项"1.8氢能及燃料电池汽车碳足迹和可持续性评估方法研究"获得科技部立项批复，正式进入实施环节，将助力中德两国绿色能源低碳发展和标准互认。

10月27日，中共中央政治局召开会议，审议《关于进一步推动新时代东北全面振兴取得新突破若干政策措施的意见》。其中提到，要加快发展风电、光电、核电等清洁能源，建设风光火核储一体化能源基地。

10月27日，中共中央政治局召开会议，审议《关于进一步推动新时代东北全面振兴取得新突破若干政策措施的意见》，要加强生态保护，树立增绿就是增优势、护林就是护财富的理念，积极发展林下经济、冰雪经济，筑牢北方生态安全屏障。要加快发展风电、光电、核电等清洁能源，建设风光火核储一体化能源基地。

10月28日，国家能源集团西藏那曲色尼区100兆瓦风电项目第24台、第25台风机同时完成整机吊装，标志着西藏首个100兆瓦风电项目完成全部风机吊装。

10月30日晚，阿特斯阳光电力集团股份有限公司（以下简称阿特斯）发布公告，划在美国组件产能投资的基础上，持续布局海外N型电池片产能，启动美国阿特斯年产5吉瓦高效N型电池片项目计划，预期将于2025年底投入生产。

10月30日，深圳国氢新能源科技有限公司与中国人民财产保险股份有限公司山东省分公司在济南签署战略合作协议，达成氢能关键装备应用推广保险合作，并推出全国首个氢燃料电池产品质量和产品责任保险。

11月

11月2日，工业和信息化部发布《绿色建材产业高质量发展实施方案（征求意见稿）》，要求优化用能结构，提高太阳能、风能等可再生能源的利用比例，提升终端用能电气化水平，鼓励氢能、生物质燃料、垃圾衍生燃料等替代能源在水泥等工业窑炉中的应用。

11月5日，俄罗斯副总理亚历山大·诺瓦克表示，俄罗斯将继续自愿减少石油和石油产品的出口量，日出口量共减少30万桶，措施将延至2023年年底。

11月6日，国家发展改革委发布《国家碳达峰试点建设方案》，指出将在全国范围内选择100个具有典型代表性的城市和园区开展碳达峰试点建设，聚焦破解绿色低碳发展面临的瓶颈制约，探索不同资源禀赋和发展基础的城市和园区碳达峰路径，为全国提供可操作、可复制、可推广的经验做法。

11月7日，华电上海虹梅南路高架隔声棚光伏项目正式开工建设，项目总装机1.5兆瓦，是国内首个高架隔声棚光伏项目，为光伏在交通建设领域的运用开了先河。

11月7日，2023中国（临沂）新能源高质量发展大会在山东临沂举行。

11月8日，历经近一个半月的时间，由首航高科参与的联合体总承包的三峡能源青海格尔木100兆瓦光热项目定日镜组装车间设备安装调试工作已完成，后期将按计划进行批量的产品安装和吊装。

11月8日，中国有色金属工业协会硅业分会公布本周多晶硅料最新价格。N型硅料成交价区间在7万~7.8万元/吨，成交均价7.39万元/吨，环比下跌1.73%。单晶致密料成交价区间在6.3万~6.8万元/吨，成交均价为6.64万元/吨，环比下跌2.21%。

11月9日，中国有色金属工业协会硅业分会公布本周单晶硅片最新价格。M10单晶硅片（182毫米/150微米）成交均价降至2.39元/片，周环比持平；N型单晶硅片（182毫米/130微米）成交均价降至2.48元/片，周环比降幅0.8%；G12单晶硅片（210毫米/150微米）成交均价降至3.34元/片，周环比跌幅为0.3%。

11月9日，河南平顶山市新华区高新技术产业园区内，一座投资百亿元的储能及动力电池超级工厂项目正式启动。

11月10日，韩国K造船（原STX造船海洋）开发的搭载氢/LNG混烧动力发动机的MR型成品油运输船（Energy Efficient Tanker）概念设计，获得了意大利船级社（RINA）颁发的原则性认可（AIP）证书。

11月11日，江苏淮安市涟水县五岛湖光储充放检超充生态站正式对外开放。该充电站由涟水投资控股集团有限公司与特来电新能源股份有限公司共同投资建设，是苏北首座集"光伏车棚、液冷超充、直流充放电、储能、电池检测"于一体的微电网充电站，是响应国家政策，实现"双碳"目标的样板站。

11月13日，黎巴嫩迈亚丁（Al Mayadeen）电视台报道称，美国在叙利亚东部代尔祖尔省科尼科油田的基地遭火箭弹袭击。

11月13日，OPEC发布月度石油市场报告，小幅上调今年全球石油需求预测，称石油市场基本面依然强劲。

11月13日，工业和信息化部、交通运输部等八部门印发《关于启动第一批公共领域车辆全面电动化先行区试点的通知》，确定北京等15个城市为此次试点城市。

11月14日，国际能源署预测：由于中国对化石燃料的需求创历史新高、以色列和哈马斯之间的战争没有打击到供应流，今年的世界石油需求将略高于预期。

11月15日，中美两国联合发布《阳光之乡声明》，旨在促进清洁能源和可持续发展。声明指出两国支持二十国集团领导人宣言所述努力，争取到2030年全球可再生能源装机增至三倍，并计划从现在到2030年在2020年水平上充分加快两国可再生能源部署。本次声明进一步强调了清洁能源的重要性，呼吁各国加强在清洁能源领域的合作，共同推进清洁能源技术的发展和创新。

11月15日，国家能源投资集团有限责任公司龙源西藏聂荣整县屋顶分布式光伏项目成功并网。

11月15日，2023第六届中国国际光伏产业大会全球首发《2023中国与全球光伏发展白皮书》。

11月16日，美国财政部发表声明表示，美国财政部外国资产控制办公室（OFAC）对与俄罗斯有关的8名个人和6个实体实施制裁，因运载俄罗斯石油高于价格上限，对3名油轮船东实施制裁，并将3艘船只列为冻结财产。

11月16日，在《联合国气候变化框架公约》第二十八次缔约方大会（COP28）即将召开之际，全球最大的单体太阳能光伏发电站——艾尔达芙拉（Al Dhafra）举办了竣工典礼。

11月16日，美国负责能源事务助理国务卿皮亚特表示美国正在就对俄制裁以及石油价格上限有关问题上与中国进行非常密切的合作。

11月16日，由中汽中心牵头编著的《节能与新能源汽车发展报告2023》在"2023中国汽车节能低碳国际论坛"上正式公开发布。

11月20日，沙特阿拉伯顶级航运公司Bahri已经与韩国Sinokor签订两艘新造阿芙拉型油轮的租船协议。

11月21日，美国海岸警卫队表示，联邦官员正在调查路易斯安那州海岸附近一条水下输油管道的泄漏事件，该管道可能已向墨西哥湾泄漏了多达110万加仑的原油。

11月21日，由国家能源局、江苏省人民政府指导，水电水利规划设计总院、中国欧盟商会和盐城市人民政府共同举办的2023中欧海上新能源发展合作论坛在江苏盐城成功召开。

11月22日，俄罗斯联邦政府决定取消9月21日实施的夏季柴油燃料出口临时禁令。

11月28日，斯里兰卡内阁批准了与中国的石油公司中国石油化工集团有限公司签订的在汉班托塔港口建立炼油厂的合同。

11月29日，受黑海风暴影响，哈萨克斯坦多个主要油田出现大规模关停，引发供应担忧。与此同时，"OPEC+"内部谈判进展缓慢也给原油市场带来很多不确定性。

11月29日，利比里亚《非洲首页报》官网报道，利比里亚参议院批准通过与格博尼企业集团（Gboni Enterprises Incorporated）的石油储存投资协议。根据协议，格博尼企业集团将建设2.5万吨超现代化石油储存设施，投资额2200万美元。

11月29日，阿布扎比金融和经济事务最高委员会（SCFEA）当天推出了阿布扎比酋长国低碳氢能新政策框架。

11月30日，OPEC秘书处在官网宣布，OPEC+的多个成员国宣布额外自愿减产，总减产量达到每日220万桶，以支持石油市场的稳定与平衡。

11月30日，中集安瑞科控股有限公司（香港股份代号：3899.HK）旗下中集氢能此前为城巴交付安装的香港首个橇装加氢站，以及使用了中集合斯康公司供应的Ⅳ型氢能车载瓶及供氢系统的双层氢能巴士，在香港特区行政长官李家超先生的见证下正式启用。这是香港史上首个投入运营的加氢站及首辆用以载客的氢能巴士，标志着香港在氢能应用上取得了里程碑式进展。

11月30日，伊拉克石油部发表声明表示，伊拉克将从2024年1月1日起至2024年3月自愿额外减产石油21.1万桶每日。预计到2024年3月底，伊拉克的石油产量将达到日均409万桶左右，额外的石油减产额度将视情况逐步恢复。

11月30日，记者援引知情人士消息称，西方石油公司（Occidental Petroleum）正就收购美国二叠纪盆地生产商CrownRock进行谈判，包括债务在内，该交易估值可能远高于100亿美元。

11月30日，巴西政府已收到由OPEC成员国和非OPEC产油国组成的"OPEC+"发出的加入邀请，目前政府相关部门正对此进行分析。

11月30日，土库曼斯坦日前对《油气资源法》进行修改和补充。根据修改后的相关条款，在土库曼斯坦开采石油和天然气的公司，以后可将原料加工成石化和天然气化工产品，包括加工成液化气。

12月

12月1日，瑞典Nilar International AB公司申请破产，并委托Advokatfirman Fylgia的律师Lars Nylund为破产管理人。

12月1日，俄罗斯副总理亚历山大·诺瓦克表示，俄罗斯将在2024年第一季度末之前进一步每天自愿削减石油供应50万桶，出口量的减少将按照5月和6月平均水平计算，即每天减少30万桶石油和20万桶石油产品。

12月1日，阿联酋将与OPEC+协调，从2024年1月1日起至3月底，每天额外自愿减产16.3万桶原油。基于此，到2024年3月底，阿联酋的原油日产量将为291.2万桶。这一额外的自愿减产，旨在加强OPEC+国家为支持石油市场的稳定与平衡而做出的预防性努力。

12月1日，鹭岛氢能（厦门）科技有限公司自主研发的高性能100千瓦PEM电解水制氢设备通过了TÜV-南德的功能安全评估，成功获得TÜV-南德颁发的IEC 61508 SIL3及IEC 61511 SIL3功能安全产品认证，成为国内首个获此认证的制氢装备。

12月1日，在迪拜举办的《联合国气候变化框架公约》第二十八次缔约方大会上，全球五大海运巨头发布联合声明，呼吁逐步淘汰燃油船，以回应《联合国气候变化框架公约》第二十八次缔约方大会的减碳宗旨。

12月1日，奥斯陆上市投资公司挪威亨特集团（Hunter Group）宣布，继去年出售其全部超大型原油运输船（VLCC）船队之后，将重返油轮业务。

12月1日，为保持石油市场稳定、配合OPEC+采取的预防性减产措施，阿尔及利亚能源和矿业部部长宣布，在2024年1至3月期间，阿尔及利亚主动将每日石油生产配额额外减少5.1万桶。阿尔及利亚曾于2023年4月宣布自当年5月至12月底，阿尔及利亚原油日产量削减4.8万桶。

12月2日，《联合国气候变化框架公约》第二十八次缔约方大会主席国阿联酋联合沙特阿拉伯在大会期间宣布，全球50家石油和天然气公司已加入《石油和天然气脱碳章程》，该章程旨在加快油气行业气候行动。

12月4日，赤几国家石油公司、美国跨国公司雪佛龙和赤几矿产与石化部就EG06和EG11区块的油气开发签署投资条款清单。

12月6日，由中国企业承建的孟加拉国首个海陆一体化超大型石油储运工程成功完成首次海上投油，直接通过海上单点系泊装置将大油轮的石油输送到炼油厂，大幅提升了孟加拉国原油和成品油储运效率，保障了能源供应需求。

12月6日，全球首座电热熔盐储能注汽试验站在位于辽宁盘锦的辽河油田竣工投产。这标志着中国自主研发的电热熔盐新型储能注汽技术实现"从0到1"的突破。

12月6日，中国物流与采购联合会、山东省港口集团有限公司（以下简称山东港口）联合主办，山东港口烟台港承办的"2023件杂货国际物流发展大会"在烟台举行。会上，"中国北方海上风电母港"揭牌成立。

12月7日，俄罗斯与沙特阿拉伯发表联合声明，指出两国就未来扩大在石油和天然气领域合作方面达成一致，还决定加强在国防领域的合作。

12月7日，加拿大政府公布限制石油和天然气行业污染的框架草案，建议将2030年的排放量限制在比2019年水平低35%至38%的范围内。

12月8日，在郑州高新区化工路春兰路郑州一达建设科技有限公司停车场院内，河南省最大加氢站——金马氢能固定式加氢站正式投运，标志着高新区布局氢能储能产业取得又一重要成果。

12月8日上午，由中国航天科技集团有限公司六院101所牵头的国家能源研发创新平台——液氢技术重点实验室建设启动会在北京隆重召开。

12月8日，标普全球大宗商品（S&P Global Commodity Insights）援引普氏能源资讯（platts）的数据显示，哈萨克斯坦2023年11月原油产量为153万桶/日，较哈萨克斯坦在OPEC+减产协议框架内的11月原油生产配额（155万桶/日）少2万桶/日。

12月8日，阿联酋航运物流集团Tristar与土耳其最大船厂Akdeniz签署一艘750立方米混合动力加油驳船建造合同，这是Akdeniz船厂近4年接获的首份新船订单。

12月9日，孟加拉国石油公司董事长阿扎德表示，一艘10万吨级油轮通过中国建造的单点系泊系统成功卸油，标志着孟加拉国首个海陆一体化超大型石油储运系统已正式投入运营。该项目由中国石油管道局工程有限公司建造。

12月10日，孟加拉国电力、能源和矿产资源部国务部长纳斯鲁尔·哈米德称，锡莱特10号油井发现新的四层油气层。

12月10日，国家第一批以沙漠、戈壁、荒漠地区为重点的大型风电光伏基地项目之一——中国广核集团有限公司兴安盟300万千瓦风电项目全容量并网，成为中国在运最大陆上风电基地。

12月11日，沃伦·巴菲特支持的西方石油公司（Occidental Petroleum）今日宣布，将以约120亿美元的价格收购私人持股的二叠纪盆地石油生产商CrownRock。

12月13日，玻利维亚政府内阁会议上批准对原油和柴油进口无限期免征关税的决定，将由经济和公共财政部、碳氢化合物和能源部共同负责执行。

12月15日，俄罗斯财政部宣布，根据既定的关税计算程序，从2024年1月1日起，俄罗斯石油出口关税将从当前的每吨24.7美元下调为每吨0美元。

12月17日，湖北荆门沙洋县高桥工业园内，随着国网荆门供电公司变电运维人员合上最后一个储能单元的变流器开关，国内首座百兆瓦时级构网型储能电站——荆门新港储能电站进入全容量并网运行状态。

12月18日，英国石油公司宣布，鉴于红海航运安全形势不断恶化，暂停所有经过红海的运输。该公司表示，保障员工和相关人员安全是其首要任务。

12月18日，欧洲议会和欧洲理事会已就加强《建筑物能源性能指令》（EPBD）达成临时协议，旨在提升建筑物的能源性能，并要求新建建筑必须为安装太阳能做好准备。

12月19日，浙江省宁波市发展改革委公示了2023年宁波市氢能示范应用第二批补贴情况，中国石油化工股份有限公司镇海炼化分公司的镇海炼化加氢示范站入围，该加氢站设计日加氢能力500千克，将获得300万元的补贴。

12月20日，中国石化在西南地区的首个供氢中心——3000标准立方米/小时氢燃料电池供氢加氢项目在重庆正式投运。

12月20日，中国海关总署发布的数据显示，2023年1至11月，俄罗斯共向中国供应原油9746万吨，交易额是550.18亿美元，供应量较其他国家保持领先。

12月20日，荷兰最大银行之一荷兰国际集团（ING）行长表示，作为最新气候战略的一部分，到2040年将停止为石油和天然气勘探和生产提供融资，并将在未来两年内将可再生能源贷款增加两倍。

12月20日，法国公布更新版《国家氢能战略》：到2035年低碳氢产能增加至10吉瓦。

12月20日，浙江省能源局印发《浙江省用户侧电化学储能技术导则》，这是行业期盼已久的国内首个用户侧储能技术导则，对于规范行业无序竞争，完善相关技术标准将起到积极的示范作用。

12月21日，安哥拉矿产资源、石油和天然气部长迪亚曼蒂诺·阿泽维多于当天宣布，安哥拉将退出OPEC。

12月21日，2024年全国能源工作会议在北京召开。会议以习近平新时代中国特色社会主义思想为指导，全面贯彻党的二十大和二十届二中全会精神，贯彻落实中央经济工作会议部署，认真落实全国发展和改革工作会议要求，总结2023年工作成绩，部署2024年重点任务。

12月22日，重庆电力交易中心发布《独立储能电站注册公示（2023年第一批）》。

12月23日，由中国宝武钢铁集团有限公司建设的国内首套百万吨级氢基竖炉项目在广东湛江成功点火投产，这是国内最大的采用多气源并最终实现全氢工业化生产直接还原铁的竖炉，标志着中国钢铁行业向绿色低碳转型再次迈出了示范性、标志性的一步，将进一步引领传统钢铁冶金工艺变革。

12月24日，晶澳科技曲靖基地年产10吉瓦高效电池和5吉瓦高效组件项目正式投产。该项目是云南省曲靖市首个太阳能电池、组件项目，是打造硅片、电池、组件、光伏电站的垂直一体化全产业链的关键项目，也是云南省首个光伏全产业链企业项目。

12月25日，由中国华能集团有限公司牵头建设的全球最大商用尺寸兆瓦级钙钛矿组件光伏示范项目在华能青海共和光伏电站全面投运，标志着中国钙钛矿光伏电池技术商业化应用取得了重要进展。

12月26日，缅甸皎漂经济特区深水港项目补充协议签约仪式在内比都举行，皎漂经济特区深水港有限责任公司和皎漂经济特区管理委员会代表签署协议。

12月26日，全国首个大规模近海桩基固定式海上光伏项目——中国广核集团有限公司烟台招远400兆瓦海上光伏项目正式开工。

12月26日，国家电力投资集团有限公司华东氢能产业基地第1000台燃料电池下线暨宁波区域氢能车辆批量交付仪式在慈溪滨海经济开发区隆重举行。

12月27日，海关总署发布通知，决定对进口原油检验实施采信管理。根据进口原油质量安全风险评估结果，进口货物收货人或者其代理人进口的原油（HS编码2709000000），可以委托采信机构实施检验，海关依照《中华人民共和国海关进出口商品检验采信管理办法》对采信机构的检验结果实施采信。

12月27日,《广东省用户侧新型储能先进产品推广应用工作方案（试行）》

发布，从明确参数标准，创新应用场景，协同产业发展三个方面细化了促进用户侧储能发展的重点任务。

12月27日下午，山东省能源工作会议在济南召开。

12月27日，位于四川省成都市郫都区的中国首座中欧合作的氢能产业园——东方氢能产业园正式开园，并同步发布三款最新研制的氢能产品。

附件2 国内外成品油与新能源相关数据

1	2012—2022年全球主要国家、组织或共同体炼油能力
2	2020—2022年全球主要地区新能源分种类发电量
3	2012—2022年全球主要国家和地区的石油消费量
4	2023年中国石油石化主要产品产量
5	2023年国内主要油价调整一览表
6	2023年国际原油现货市场月平均价格（普氏现货报价）
7	2013—2022年中国新能源装机容量
8	2013—2022年中国新能源分种类发电量
9	2013—2023年中国新能源汽车产销量
10	2023年中国新能源汽车充电基础设施整体情况

附表1 2012—2022年全球主要国家、组织或共同体炼油能力

单位：千桶/日

国家、组织或共同体	2012年	2013年	2014年	2015年	2016年	2017年	2018年	2019年	2020年	2021年	2022年
美国	17823	17925	17967	18317	18617	18598	18808	18974	18143	17941	18061
中国	13681	14503	15253	15024	14895	15231	15655	16199	16691	16990	17259
俄罗斯	5767	6229	6366	6472	6543	6545	6551	6676	6736	6861	6821
巴西	2004	2097	2238	2281	2289	2285	2285	2290	2290	2303	2304
德国	2097	2061	2077	2049	2051	2069	2062	2062	2062	2121	2121
意大利	2098	1861	1900	1900	1900	1900	1900	1900	1900	1900	1794
沙特阿拉伯	2107	2507	2899	2899	2901	2826	2835	2905	2947	2977	3312
印度	4279	4319	4319	4307	4620	4699	4972	5008	5018	5005	5045
日本	4254	4123	3749	3721	3600	3343	3343	3343	3285	3285	3264
韩国	2878	2878	3123	3128	3259	3298	3346	3393	3334	3363	3363

续表

国家、组织或共同体	2012年	2013年	2014年	2015年	2016年	2017年	2018年	2019年	2020年	2021年	2022年
经济合作与发展组织（OECD）	45376	44881	44485	44771	44853	44684	45154	45503	44543	43654	43416
非经济合作与发展组织（NON-OECD）	50045	51800	53254	53397	53835	54280	55194	56468	57250	57713	58486
欧洲联盟	13143	12777	12824	12871	12761	12757	12735	12748	12643	12313	12210
全球总计	95421	96681	97739	98168	98688	98964	100348	101971	101793	101367	101902

数据来源：EI《世界能源统计年鉴2023》。

附表2　2020—2022年全球主要地区新能源分种类发电量

单位：亿千瓦·时

年份	2020年			2021年			2022年		
新能源种类	光电	风电	核电	光电	风电	核电	光电	风电	核电
北美洲	1458	3967	9401	1914	4378	9246	2315	4970	9096
中南美洲	260	855	247	366	1062	249	548	1184	220
欧洲	1757	5127	8332	1987	5004	8823	2464	5545	7415
独联体国家	34	25	2190	44	47	2302	49	71	2312
中东地区	127	26	80	192	29	141	237	3	267
非洲	161	213	139	179	228	124	182	239	101
亚太地区	4667	5751	6550	5910	7792	7141	7432	9009	7379
总计	8462	15964	26940	10593	18541	28025	13226	21048	26790

数据来源：EI《世界能源统计年鉴2023》。

附表3　2012—2022年全球主要国家和地区的石油消费量

单位：千桶/日

年份 地区	2012年	2013年	2014年	2015年	2016年	2017年	2018年	2019年	2020年	2021年	2022年
美国	17581	17992	18111	18499	18593	18845	19417	19424	17183	18785	19140
中国	10061	10563	11018	11890	12297	13003	13643	14322	14408	14893	14295
日本	4676	4499	4283	4116	3983	3949	3815	3692	3276	3339	3337
加拿大	2420	2413	2408	2431	2439	2408	2476	2487	2124	2210	2288
巴西	2579	2651	2747	2583	2453	2485	2368	2361	2218	2394	2512
德国	2276	2336	2273	2269	2307	2374	2255	2270	2049	2042	2075
俄罗斯	3184	3218	3365	3277	3338	3343	3376	3438	3294	3483	3570
沙特阿拉伯	3467	3468	3789	3964	4100	4052	3871	3642	3445	3610	3876
印度	3674	3717	3832	4147	4544	4724	4974	5150	4700	4798	5185
韩国	2466	2476	2473	2586	2811	2804	2800	2789	2630	2816	2858
经济合作与发展组织（OECD）	44943	44969	44569	45208	45781	46298	46645	46346	40801	43673	45108
非经济合作与发展组织（NON-OECD）	43724	44981	46144	47496	48742	50179	51066	51612	48338	50699	52202
欧盟	11195	10981	10795	10974	11143	11400	11390	11359	9933	10460	10802
全球总计	88667	89950	90713	92704	94523	96477	97711	97958	89139	94372	97310

数据来源：EI《世界能源统计年鉴2023》。

附表4 2023年中国石油石化主要产品产量

产品名称	1—2月	3月	4月	5月	6月	7月	8月	9月	10月	11月	12月	合计
原油/万吨	3417.4	1764.7	1720.1	1732.5	1687.2	1747.1	1731.3	1752.5	1807.4	1727.7	1818.3	20906.2
天然气/亿立方米	398.0	208.6	199.4	190.2	179.4	181.0	183.8	182.7	189.7	189.4	204.6	2306.8
原油加工量/万吨	11605.7	6011.5	5953.5	6392.7	6362.1	6469.4	6313.3	6095.5	6200.2	6113.6	6329.1	73847.6
汽油/万吨	2476.7	1296.2	1269.0	1408.4	1422.8	1468.6	1435.2	1326.3	1340.5	1315.4	1333.2	16138.4
煤油/万吨	694.5	395.6	408.5	455.0	473.7	510.1	494.6	399.2	393.5	353.3	378.4	4956.4
柴油/万吨	3391.9	1840.0	1765.4	1943.8	1874.1	1835.3	1784.9	1792.3	1850.8	1834.5	1853.5	21766.5
燃料油/万吨	828.5	398.6	434.0	448.6	487.1	455.2	440.6	447.3	437.8	496.4	514.8	5388.9
石脑油/万吨	1041.5	734.7	707.4	702.1	649.6	638.2	645.0	698.1	580.4	537.2	586.4	7520.6
液化石油气/万吨	803.6	442.5	415.4	445.5	439.1	442.9	432.2	419.2	452.1	442.6	434.3	5169.6
石油焦/万吨	537.9	314.2	288.7	292.3	276.6	274.9	276.9	270.1	273.4	266.0	273.9	3344.9
石油沥青/万吨	507.1	289.3	350.0	335.7	344.6	353.3	336.3	324.0	333.5	324.3	324.3	3822.4

数据来源：国家统计局。

附表 5　2023 年国内主要油价调整一览表

调整时间	调整类别	89# 汽油 价格（元/升）	89# 汽油 涨跌（%）	92# 汽油 价格（元/升）	92# 汽油 涨跌（%）	95# 汽油 价格（元/升）	95# 汽油 涨跌（%）	0# 柴油 价格（元/升）	0# 柴油 涨跌（%）
2023-12-20	下调	7.06	↓0.31	7.54	↓0.34	8.03	↓0.36	7.24	↓0.35
2023-12-6	下调	7.37	↓0.04	7.88	↓0.04	8.39	↓0.04	7.59	↓0.04
2023-11-22	下调	7.41	↓0.26	7.92	↓0.27	8.43	↓0.29	7.63	↓0.29
2023-11-8	下调	7.67	↓0.11	8.19	↓0.12	8.72	↓0.12	7.92	↓0.12
2023-10-25	下调	7.78	↓0.05	8.31	↓0.05	8.84	↓0.06	8.04	↓0.06
2023-10-11	下调	7.83	↓0.06	8.36	↓0.07	8.9	↓0.08	8.1	↓0.07
2023-9-21	上调	7.89	↑0.29	8.43	↑0.31	8.98	↑0.33	8.17	↑0.32
2023-8-24	上调	7.6	↑0.04	8.12	↑0.04	8.65	↑0.05	7.85	↑0.05
2023-8-10	上调	7.56	↑0.18	8.08	↑0.20	8.6	↑0.21	7.8	↑0.20
2023-7-27	上调	7.38	↑0.21	7.88	↑0.22	8.39	↑0.23	7.6	↑0.23
2023-7-13	上调	7.17	↑0.11	7.66	↑0.12	8.16	↑0.13	7.37	↑0.13
2023-6-29	上调	7.06	↑0.06	7.54	↑0.06	8.03	↑0.06	7.24	↑0.06
2023-6-14	下调	7	↓0.05	7.48	↓0.05	7.97	↓0.04	7.18	↓0.05
2023-5-31	上调	7.05	↑0.08	7.53	↑0.08	8.01	↑0.08	7.23	↑0.09
2023-5-17	下调	6.97	↓0.29	7.45	↓0.30	7.93	↓0.32	7.14	↓0.32
2023-4-29	下调	7.26	↓0.12	7.75	↓0.13	8.25	↓0.14	7.46	↓0.13
2023-4-18	上调	7.38	↑0.42	7.88	↑0.44	8.39	↑0.47	7.59	↑0.45
2023-4-1	下调	6.96	↓0.26	7.44	↓0.27	7.92	↓0.29	7.14	↓0.28
2023-3-18	下调	7.22	↓0.07	7.71	↓0.08	8.21	↓0.08	7.42	↓0.08
2023-2-4	上调	7.29	↑0.16	7.79	↑0.17	8.29	↑0.18	7.5	↑0.17
2023-1-18	下调	7.13	↓0.16	7.62	↓0.16	8.11	↓0.18	7.33	↓0.17
2023-1-4	上调	7.29	↑0.19	7.78	↑0.20	8.29	↑0.22	7.5	↑0.21

附表 6　2023 年国际原油现货市场月平均价格（普氏现货报价）

月份	西得克萨斯中质油（WTI）（美元/桶）	布伦特（美元/桶）	迪拜（美元/桶）	辛塔（美元/桶）	大庆（美元/桶）	胜利（美元/桶）
1月	78.11	82.78	80.38	52.94	78.74	82.47
2月	76.85	82.49	82.09	61.75	79.34	83.08
3月	73.29	78.26	78.50	57.38	75.12	78.42
4月	79.44	84.94	83.41	63.19	79.56	82.83
5月	71.62	75.55	74.93	58.22	71.90	75.25
6月	70.27	74.70	74.99	59.41	71.52	74.82
7月	76.44	80.05	80.45	65.44	76.21	79.08
8月	81.59	85.84	86.54	71.21	82.85	85.64
9月	89.58	94.00	93.31	77.25	91.22	93.76
10月	85.57	91.05	89.76	71.97	85.78	88.05
11月	77.41	83.18	83.56	66.25	80.76	83.26
12月	72.11	77.93	77.34	60.94	76.68	79.28
2023年均价	77.69	82.56	82.11	63.83	79.14	82.16

数据来源：中国石油和化学工业联合会。

附表 7　2013—2022 年中国新能源装机容量

类别	2013年	2014年	2015年	2016年	2017年	2018年	2019年	2020年	2021年	2022年
光电/万千瓦	1589	2486	4318	7742	13025	17446	20430	25300	30600	39261
风电/万千瓦	7652	9657	13075	14747	16400	18427	21005	28172	32800	36544
生物质/万千瓦	850	940	1034	1214	1476	1781	2254	2952	3798	4132

数据来源：国家能源局。

附表 8　2013—2022 年中国新能源分种类发电量

类别	2013年	2014年	2015年	2016年	2017年	2018年	2019年	2020年	2021年	2022年
光电/亿千瓦·时	84	235	385	662	967	1778	2243	2605	3259	2290
风电/亿千瓦·时	1412	1561	1858	2371	2950	3660	4057	4665	6526	6867
核电/亿千瓦·时	1116.1	1325	1707	2132	2480	2943	3483	3662	3971	4178
生物质/亿千瓦·时	370	425	527	650	795	906	1111	1326	1637	1824

数据来源：国家能源局。

附表 9　2013—2023 年中国新能源汽车产销量

年份	2013年	2014年	2015年	2016年	2017年	2018年	2019年	2020年	2021年	2022年	2023年
产量/万辆	1.75	7.85	34.05	51.70	79.40	127.00	124.20	136.60	354.50	705.8	958.7
销量/万辆	1.76	7.48	33.11	50.70	77.70	125.60	120.60	136.70	352.10	688.7	949.5

数据来源：中国汽车工业协会。

附表 10　2023 年中国新能源汽车充电基础设施整体情况

月份	1月	2月	3月	4月	5月	6月	7月	8月	9月	10月	11月	12月
保有量/万台	183.9	186.9	195.8	202.5	208.4	214.9	221.1	227.2	246.2	252.5	262.6	272.6
充电量/亿千瓦·时	23.1	25.4	24.9	26.8	27.4	29.6	32.5	32.6	31.8	32.1	35.4	38.1

数据来源：中国充电联盟。

参考文献
REFERENCE

[1] 冯艳玲，黄林迪."双碳"背景下物流行业绿色发展对策[J]. 物流工程与管理，2023，45（9）：1-4.

[2] 戴淼，齐涛. 我国重卡换电模式发展前景分析[J]. 专用汽车，2021（8）：38-40.

[3] 杜莎，高驰."车电分离"商业模式大进展[J]. 汽车与配件，2020（17）：60-61.

[4] 殷晓雪. 换电重卡产业链的环境与经济优化研究[D]. 哈尔滨：哈尔滨工业大学，2022.

[5] 姚美娇. 电动重卡市场有望迎井喷[N]. 中国能源报，2023-03-13（14）.

[6] 姜运哲，宋承斌，周怡博，等. 典型场景下换电重卡的技术经济性分析[J]. 工业技术经济，2022，41（2）：154-160.

[7] 杜廷召，刘欣，叶昆，等. 对"双碳"目标下石油公司发展氢能的思考和建议[J]. 国际石油经济，2022，30（2）：33-38.

[8] 贾英姿，袁璇，李明慧. 氢能全产业链支持政策：欧盟的实践与启示[J]. 财政科学，2022（1）：141-151.

[9] 陈健，姬存民，卜令兵. 碳中和背景下工业副产气制氢技术研究与应用[J]. 化工进展，2022，41（3）：1479-1486.

[10] 李玲. 我国氢能大规模运输难题有解了[N]. 中国能源报，2023-04-24（3）.

[11] 朱珠，廖绮，邱睿，等. 长距离氢气管道运输的技术经济分析[J]. 石油科学通报，2023，8（1）：112-124.

[12] 马雪飞，李宗鸿，肖植煌，等. 有机液体储运氢技术经济分析与比较[J]. 现代化工，2022，42（6）：202-205+210.

[13] 徐舒. 氢能储运关键技术应用与对比[J]. 化工设计通讯，2023，49（4）：154-156.

[14] 曹军文，覃祥富，耿嘎，等.氢气储运技术的发展现状与展望[J].石油学报（石油加工），2021，37（6）：1461–1478.

[15] 宋百爽.国外储氢技术发展现状及发展趋势[J].一重技术，2023（2）：61–63.

[16] 赵强，李力军，赵朝善，等.固态储氢技术在"氢进万家"示范工程中的应用前景分析[J/OL].洁净煤技术，2023: 1-8[2023-09-01].http://kns.cnki.net/kcms/detail/11.3676.TD.20230816.1146.006.html.

[17] 李凤迪，程光旭，贾彤华，等.加氢站发展现状与新模式探析[J].现代化工，2023，43（4）：1–8.

[18] 仲蕊.发展绿氢是我国降碳重要路径[N].中国能源报，2022-05-23（22）.

[19] 李明丰，吴昊，李延军，等.我国炼油行业低碳发展路径分析[J].石油炼制与化工，2023，54（1）：1–9.

[20] 邹才能，李建明，张茜，等.氢能工业现状、技术进展、挑战及前景[J].天然气工业，2022，42（4）：1–20.

[21] 王守信，马娜，秦凡.中国氢能产业有序发展面临的挑战与对策[J].现代化工，2023，43（9）：1–5.

[22] 刘玮，万燕鸣，熊亚林，等."双碳"目标下我国低碳清洁氢能进展与展望[J].储能科学与技术，2022，11（2）：635–642.

[23] 陈丽阳.中国新能源产业参与国际合作的机遇与挑战[J].国际经济合作，2016（5）：73–76.

[24] 李昕蕾."一带一路"框架下中国的清洁能源外交——契机、挑战与战略性能力建设[J].国际展望，2017，9（3）：36–57，154–155.

[25] 谢越韬，王新峰，靖顺利，等.我国新能源企业参与国际竞争的优势与挑战[J].中国能源，2022，44（10）：5–10.

[26] 余珮，郝瑞雪，孙永平.全球清洁能源合作伙伴关系下的中欧技术合作[J].欧洲研究，2023，41（4）：30–54+5–6.

[27] 王双.中国与绿色"一带一路"清洁能源国际合作：角色定位与路径优化[J].国际关系研究，2021（2）：68–85，156–157.

[28] 许勤华.中国能源国际合作成就及其地区动力[J].China Oil&Gas，2019，26（2）：21–23，74–75.

[29] 许嫣然. 中国与巴西的可再生能源合作——基于全面战略伙伴关系的视角 [J]. 当代财经, 2019（4）: 110-118.

[30] 邓秀杰. 东南亚能源贫困与中国–东南亚可再生能源合作 [J]. 国际石油经济, 2023, 31（3）: 33-42.

[31] 李昕蕾. 全球气候能源格局变迁下中国清洁能源外交的新态势 [J]. 太平洋学报, 2017, 25（12）: 33-46.

[32] 蕾希. 中国清洁能源发展之国际化路径 [J]. 中国电力企业管理, 2015（17）: 83.

[33] 李斯胜, 霍翔远. 中国企业参与新能源国际合作的机遇与挑战 [J]. 国际工程与劳务, 2020（12）: 34-36.

[34] 戴瑜. "一带一路"可再生能源的国际金融合作路径 [J]. 中国外资, 2021（3）: 58-62.

[35] 涂强, 莫建雷, 范英. 中国可再生能源政策演化、效果评估与未来展望 [J]. 中国人口·资源与环境, 2020, 30（3）: 29-36.

[36] 郑新业. 全面推进能源价格市场化 [J]. 价格理论与实践, 2017（12）:17-22.

[37] 王风云. 我国可再生能源电价补贴及优化研究 [J]. 学习与探索, 2020（3）: 95-102.

[38] SUN Peng, Pu-yan Nie. A comparative study of feed-in tariff and renewable portfolio standard policy in renewable energy industry[J]. Renewable Energy, 2015, 74.

[39] Andy S. Kydes. Impacts of a renewable portfolio generation standard on US energy markets[J]. Energy Policy, 2006, 35(2).

[40] Lincoln L D. Incentivizing renewable energy deployment: renewable portfolio standards and feed-in tariffs[J]. KI, RI Journal of Law and Legislation, 2011, 1: 41-91.

[41] 张翔, 陈政, 马子明, 等. 适应可再生能源配额制的电力市场交易体系研究 [J]. 电网技术, 2019, 43（8）: 2682-2690.

[42] 林伯强, 蒋竺均, 林静. 有目标的电价补贴有助于能源公平和效率 [J]. 金融研究, 2009（11）: 1-18.

[43] 任东明, 张正敏. 我国可再生能源发展面临的问题及新机制的建立 [J]. 中国能源, 2003（9）: 38-41, 21.

[44] 蒋铁澄, 曹红霞, 杨莉, 等. 可再生能源配额制的机制设计与影响分析 [J]. 电力系统自动化, 2020, 44（7）: 187-199.

[45] 滕飞，张奇，曲建升，等.基于专利竞争力指数和 Doc-LDA 主题模型的关键核心技术识别研究——以新能源汽车为例 [J/OL].数据分析与知识发现，2023：1-19（2023-11-21）.http://kns.cnki.net/kcms/detail/10.1478.g2.20231118.1750.002.html.

[46] 柯婉萍."双碳"背景下我国新能源汽车产业国际竞争力分析 [J].全国流通经济，2023（20）：40-43.

[47] 郭北晨.中国新能源汽车产业核心竞争力是完备的供应链 [N].河南日报，2023-09-27（5）.

[48] 姜国刚，冯豆.江苏省新能源汽车产业竞争力评价研究 [J].经营与管理，2023（9）：179-186.

[49] 李东阳，关建波."一带一路"背景下新能源汽车出口竞争力分析——以广东省为例 [J].商展经济，2023（16）：89-92.

[50] 杜壮.安徽：从新兴产业集聚发展基地到先进制造业集群 [J].中国战略新兴产业，2018（9）：48-49.

[51] 管小涵.日本新能源汽车产业竞争力及其成因研究 [D].上海：上海外国语大学，2023.

[52] 吴慧珺，汪海月.聚链成群 集群成势 [N].新华每日电讯，2023-06-24（1）.

[53] 周东洋.加大技术投入 提升新能源汽车海外竞争力 [N].中国贸易报，2023-06-15（3）.

[54] 郭瑶.政府促进长三角地区新能源汽车产业竞争力提升问题研究 [D].蚌埠：安徽财经大学，2023.

[55] 张春贺.新能源汽车产业链上市公司财务竞争力评价研究 [D].北京：北京化工大学，2023.

[56] 何飞燕.上汽集团新能源汽车的国际竞争力研究 [D].南宁：广西民族大学，2023.

[57] 温郑鉴.中国新能源汽车产业国际竞争力研究 [D].昆明：云南财经大学，2023.

[58] 武兰芬，吴登晓.专利视角下中国新能源汽车动力电池机构技术竞争力研究 [J].情报探索，2023（5）：61-69.

[59] 邓志璇.XP 新能源汽车公司的企业竞争力提升策略研究 [D].广州：广东财经大学，2023.

[60] 尚楠，陈政，卢治霖，等.电力市场、碳市场及绿证市场互动机理及协调机制 [J].电网技术，2023，47（1）：142-154.

[61] WANG Haichao, LIU Dunnan, YANG Xiaoyue, et al. The Impact of Carbon Emission

Trade on Power Generation[P]. Proceedings of the 3rd International Conference on Advances in Energy and Environmental Science, 2015.

[62] 黄姗姗, 叶泽, 罗迈, 等. 中国电力中长期市场分时段交易价格形成机制及模型[J]. 中国电力, 2023, 56（1）: 17-27.

[63] 袁浩, 董晓亮, 刘强, 等. 全国统一电力市场体系下电力零售侧市场框架设计[J]. 电网技术, 2022, 46（12）: 4852-4862.

[64] ZHAO Yihang, ZHOU Zhenxi, ZHANG Kaiwen, et al. Research on spillover effect between carbon market and electricity market: Evidence from Northern Europe[J]. Energy, 2023, 263: 126107.

[65] QIAO Sen, DANG Yijing, REN Zhengyu, et al. The dynamic spillovers among carbon, fossil energy and electricity markets based on a TVP-VAR-SV method[J]. Energy, 2023, 266: 126344.

[66] ZHU Bangzhu, HUANG Liqing, YUAN Lili, et al. Exploring the risk spillover effects between carbon market and electricity market: A bidimensional empirical mode decomposition based conditional value at risk approach[J]. International Review of Economics and Finance, 2020, 67: 163-175.

[67] MENG Ming, JIANG Lan. Optimal production decision of hybrid power generation enterprises in complex trading conditions[J]. Energy Reports, 2023, 9: 4195-4204.

[68] TONG Yongjie, MENG Zhen, QIU Peng, et al. The carbon trading operation optimization for virtual power plants of industrial parks considering wind power[J]. Journal of Physics: Conference Series, 2023, 2474(1).

[69] LIU Feng, LIU Feng, WEI Yihang, et al. Mechanism and Influencing Factors of Low-Carbon Coal Power Transition under China's Carbon Trading Scheme: An Evolutionary Game Analysis[J]. International Journal of Environmental Research and Public Health, 2023, 20(1).

[70] 叶晨, 牟玉亭, 王蓓蓓, 等. 考虑动态碳交易曲线的电-碳市场出清模型及节点边际电价构成机理分析[J]. 电网技术, 2023, 47（2）: 613-624.

[71] 李亚鹏, 赵麟, 王祥祯, 等. 不确定碳-电耦合市场下梯级水电双层竞价模型[J]. 电力系统自动化, 2023.

[72] 马云聪, 武传涛, 林湘宁, 等. 计及碳排放权交易的光热电站市场竞价策略研究[J].

电力系统保护与控制, 2023, 51（4）: 82-92.

[73] LU Yan, XIANG Jing, GENG Pengyun, et al. Coupling Mechanism and Synergic Development of Carbon Market and Electricity Market in the Region of Beijing–Tianjin–Hebei[J]. Energies, 2023, 16(4).

[74] YANG Su, ZHAO Tian, WU Zechen, et al. Considerations for Chinese power industry to participate in carbon market[J]. Conference Series: Earth and Environmental Science, 2019, 227(5).

[75] 吕书贺. 基于系统动力学的碳价对我国电源结构的影响研究[D]. 北京：华北电力大学, 2022.

[76] WANG Haoran, FENG Tiantian, ZHONG Cheng. Effectiveness of CO_2 cost pass-through to electricity prices under "electricity–carbon" market coupling in China[J]. Energy, 2023, 266.

[77] 尚楠, 卢治霖, 陈政, 等. 基于向量自回归模型和Copula理论的电碳价格相关性实证分析[J]. 电网技术, 2023, 47（6）: 2305-2317.

[78] 李兴, 刘自敏, 杨丹, 等. 电力市场效率评估与碳市场价格设计——基于电碳市场关联视角下的传导率估计[J]. 中国工业经济, 2022（1）: 132-150.

[79] 赵志文, 杨慧超, 彭毳鑫. 自回归模型偏自相关函数截尾性检验[J]. 统计与决策, 2019, 35（8）: 5-8.

[80] 彭毳鑫, 殷珍妮, 赵志文. 自回归模型参数和的置信区间估计[J]. 统计与决策, 2018, 34（15）: 11-14.

[81] 卓睿. 基于VAR模型的人民币汇率、国际油价对国内航企股价的影响研究[D]. 上海：上海财经大学, 2019.

[82] 王瑞花. Copula函数在金融时间序列中的研究与应用[D]. 西安：西安电子科技大学, 2020.

[83] 王一鸣, 周泳光. 中国与国际股市波动的时变相关性检验[J]. 大连理工大学学报, 2023, 44（5）: 46-56.

[84] 刘莊. 基于藤Copula的股票市场联动性分析[D]. 长春：东北师范大学, 2022.

[85] 许先鑫, 李娟, 孙秀慧, 等. 基于Copula相似性的航空发动机RUL预测[J/OL]. 航空动力学报, 2022: 1-10（2022-11-23）. https://doi.org/10.13224/j.cnki.jasp.20220576.